소비자주권시대의
소비자교육

채정숙 · 김정숙 · 유두련 · 김정희 · 박명숙 공저

Consumer

Consumer Education

Education

JEONG 신정

머리말

PREFACE

고도의 자본주의가 발전하는 과정에서 구조적으로 발생하는 소비자문제가 사회문제로 대두되면서 소비자피해를 예방하려는 차원에서 소비자교육의 필요성이 제기되었다. 그러나 세계화 · 정보화로 상징되는 21세기에 접어들면서 시장환경의 변화에 따른 소비자주권 의식의 강화로 새로운 관점에서 소비자교육을 실시해야 할 필요성이 제기되고 있다. 우리 나라에서는 2007년 3월부터 기존의 '소비자보호법' 이 '소비자기본법' 으로 전면 개정 · 시행되면서 소비자정책의 방향도 지금까지의 소비자보호 위주에서 소비자주권 확립으로 전환되었다. 이에 따라 소비자주권의 확립을 위하여 소비자의 자주적 역량을 강화하기 위한 소비자교육에 더욱 역점을 두게 되었다.

소비자교육은 소비환경의 변화에 따라 그 추구하는 목표와 주안점이 달리 요구되고 있다. 현대의 소비자교육은 올바른 소비가치관을 가지고 합리적인 의사결정을 하며, 개인과 사회의 삶의 질을 향상시키기 위하여 책임 있는 행동을 하고, 경제사회의 변화에 적절하게 대처할 수 있는 자주적인 소비자 시민상을 강조함으로써 소비자주권의 실현과 바람직한 소비문화의 창달에 기여할 수 있어야 한다. 즉, 현대사회에서는 자주적이고 책임감이 있으며, 정보를 충분히 잘 활용할 수 있는 능력을 갖춘 새로운 소비자상이 요구되고 있다.

이 책은 21세기 소비자주권시대에 부합되는 소비자상을 재정립하고 소비자교육의 새로운 방향을 설정하며, 새로운 시대에 요구되는 소비자능력 함양을 위한 이론을 토대로 대상별 소비자교육 프로그램의 개발과 실제 적용을 위한 지침을 제공하기 위한 목적으로 저술하게 되었다. 이 책은 모두 5부 17장으로 구성되어 있다. 1부에서는 소비자교육의 기초로서 소비자교육의 의의와 목표, 그리고 소비자교육의 발전과정과 전망에 대해서 다루고, 소비자사회화와 능력개발에 대한 내용을 다루었다. 2부에서는 소비자교육의 내용과 방법에 대한 것으로서 소비자교육 요구조사와 소비자교육의 내용, 소비자교육의 형태, 소비자교육의 기술적 방법에 대해서 구체적으로 다루었다. 3부에서는 소비자교육을 모든 사람에게 평생교육의 일환으로 실시해야 한다는 점에서 교육대상을 분류하여 각 대상에 적합한 소비자교육 방안을 제시하고자 하였다. 즉, 교육대상을 소비자생애주기를 고려하여 유아소비자, 아동소비자, 청소년소비자, 성인소비자, 고령소비자로 분류하고, 또 소비자능력이 부족한 특수소비자로 장애인소비자와 다문화소비자를 포함시켜 각 대상별로 소비생활에서 당면하는 소비자문제와 그들에게 적용할 수 있는 소비자교육의 내용과 방법에 대해서 구체적으로 소개하였다. 4부에서는 소비자교육을 실제 적용하는데 도움을 줄 수 있도록 소비자교육 프로그램의 설계에 대한 내용과 소비자교육 프로그램의 실제 사례를 제시하였다. 5부에서는 디지털 시대에 요구되는 정보 활용 능력의 중요성을 감안하여 소비자정보의 획득 및 활용, 소비자정보 지원에 대한 내용을 구체적으로 다루었다.

이 책은 5인의 공동 저서로 1 · 2 · 8장은 채정숙 교수, 3 · 4 · 5 · 10장은 박명숙 교수, 6 · 7 · 9장은 김정숙 교수, 11 · 12 · 14장은 김정희 교수, 16 · 17장은 유두련 교수, 13장은 채정숙 교수와 김정숙 교수, 15장은 모두가 공동으로 집필하였다.

이 책은 가정학 분야의 소비자학을 전공하는 대학생들을 위한 전공교재로 저술되었으나, 그외에도 소비자교육에 관심이 있는 대학생들을 위한 교양교재와 일반인들을 위한 참고서적으로 활용될 수 있을 것이다. 또한 유치원이나 학교에서 소비자교육을 담당하는 교사들과 평생교육기관에서 소비자교육을 담당하는 강사들을 위한 참고서적과, 소비자상담사 국가자격고시를 준비하는 사람들을 위한 참고서적으로도 활용될 수 있을 것이다.

책 내용을 서술함에 있어서 소비자교육에 관한 이론과 함께 각 교육 대상에 적합한 소비자교육 프로그램의 개발과 교육현장의 적용에 도움을 주기 위해 각 대상별 우수 소비자교육 프로그램의 실제 사례를 수록하였다. 그리고 책의 내용을 보다 알차게 꾸미기 위하여 알아두어야 할 상식이나 최신 정보를 넣었으며, 각 장마다 연구과제를 주어 학습활동을 충실하게 하도록 하였다.

책을 잘 만들기 위해 충분히 계획하고 노력을 기울였으나 시간과 능력의 부족으로 여러 가지 미흡한 점이 많을 줄로 안다. 앞으로 더욱 충실한 내용이 되도록 지속적으로 수정 · 보완해 갈 것을 다짐하며, 아울러 이 책을 접하는 모든 분들의 건설적인 비평과 좋은 의견이 있기를 바란다.

끝으로 이 책이 나오기까지 각별한 관심과 애정을 쏟아주신 도서출판 신정의 최용구 사장님과 수고하신 임직원 여러분께 깊은 감사를 드린다.

2008년 6월

저자 일동.

차 례

Part 1 소비자교육의 기초

CHAPTER 15 소비자교육 프로그램의 실제

Part 5 소비자정보

CHAPTER 16 소비자정보의 수집 및 활용

PART 1

소비자교육의 기초

01 CHAPTER

소비자교육의 의의와 목표

1. 소비자교육의 필요성과 효과
2. 소비자교육의 개념
3. 소비자교육의 목표

01 CHAPTER

소비자교육의 의의와 목표

고도의 자본주의가 발전하는 과정에서 구조적으로 발생하는 소비자문제가 사회문제로 대두되면서 소비자피해를 예방하려는 차원에서 소비자교육의 필요성이 제기되었다. 그러나 세계화 · 정보화로 상징되는 21세기에 접어들면서 시장환경의 변화에 따른 소비자주권의식의 강화로 새로운 관점에서 소비자교육을 실시해야 할 필요성이 제기되고 있다. 이러한 시대적 흐름을 반영하여 우리 나라는 2007년 3월 28일부터 기존의 '소비자보호법' 을 '소비자기본법' 으로 개정 · 시행하면서 소비자주권 확립을 소비자정책의 목표로 설정하고 소비자의 자주적 역량 강화를 위한 소비자교육에 역점을 두고 있다.

이 장에서는 이러한 시대적 상황을 고려하여 새로운 관점에서 소비자교육의 필요성과 그 효과를 살펴보고, 소비자교육의 개념을 새로이 정립하며, 21세기 소비자주권시대에 요구되는 소비자역할을 토대로 소비자교육의 목표를 재정립하고자 한다.

01 소비자교육의 필요성과 효과

1) 소비자교육의 필요성

소비자교육의 필요성은 이미 1920년대 미국의 하랍(Harap)이 《소비자교육》이라는 저서를 발간하면서부터 일반 소비자들에게 인식되어 왔다. 그후 1962년 케네디 대통령의 '소비자권리 장전' 의 발표와 1975년 포드 대통령 당시 '소비자교육을 받을 권리' 를 제창하면서부터 소비자교육의 필요성이 정책적 관점에서 강조되었다. 고도의 자본주의 발전과정에서 구조적으로 발생하는 소비자문제가 사회문제로 팽배하게 되면서 소비지교육에 대한 관심은 미국을 선두로 하여 전세계적으로 확대되어 갔다.

소비자교육은 소비환경의 변화에 따라 그 추구하는 목표와 주안점이 달리 요구되고 있다. 21세기에 접어들면서 세계화, 정보화, 기술의 고도화, 서비스화, 무현금화가 진행되는 경제사회 구조의 변화 속에서 새로운 관점에서의 소비자교육이 절실히 요구되고 있다. 즉, 가격과 안전 등의 개인적인 이익에 대한 관심으로부터 환경보존 등 사회적 공익에 대한 관심으로 소비자교육의 지평을 넓혀 나가야 한다. 현대의 소비자교육은 올바른 소비가치관을 가지고 주체적인 판단과 합리적인 의사결정을 하며, 개인과 사회의 생활의 질을 향상시키기 위하여 책임있는 행동을 하도록 한다. 아울러, 경제사회 조직의 변화에 적절하게 대처할 수 있는 능력을 가진 자주적인 소비자 시민상을 강조함으로써 소비자주권을 실현하는데 기여할 수 있어야 한다(서정희, 1998). 오늘날 새로운 관점에서 소비자교육을 해야 할 필요성을 구체적으로 살펴보고자 한다.

(1) 기술혁신과 마케팅 고도화

오늘날의 시장환경은 고도의 기술혁신에 의해 무수한 상품들이 쏟아져 나오고 있으며, 상품 기능이 보다 전문화되고 복잡해짐에 따라 소비자들은 제품을 구매할 때 품질에 대한 평가를 제대로 할 수가 없고, 사용할 때에도 어려움을 느끼게 된다. 게다가 판매촉진을 위한 기업의 마케팅 전략으로 허위 · 과장광고와 기만상술, 불공정한 판매 등이 성행하고 있어 소비자의 정보판단능력을 흐리게 할 뿐만 아니라 그로 인한 소비자피해도 늘어나고 있다.

대부분의 소비자는 자신이 필요로 하는 상품의 가격이나 품질, 판매자에 관한 정보를 충분히 가지지 못하며, 비록 많은 정보를 획득했다고 할지라도 정보 평가에 대한 어려움을 겪게 된다. 정보화의 진전으로 정보는 엄청나게 증가하지만 그에 미치지 못하는 정보선택 능력의 부족과 합리적 소비자로서의 훈련 부족으로 현명한 의사결정을 내리기 어려운 상황에 처해 있다. 끊임없이 소비자욕구를 자극하여 소비를 촉진시키는 시장환경 속에서 소비자들은 한정된 자원을 효율적으로 배분하고 사용해야 하는 과제를 안고 있다. 그러기 위해서는 지각 있고 분별력 있는 소비자가 되기 위한 교육을 받아야 할 것이다.

(2) 세계화, 정보화로 인한 소비자문제의 확산

세계화, 정보화의 진전으로 소비자는 예전에는 경험해 보지 못한 새로운 소비자문제에 직면하게 되었다.

시장개방에 따른 소비자문제로는 수입소비재의 유통마진 과다 문제, 정보의 불안전성 문제, 위해발생 문제, 피해보상처리 문제 등을 들 수 있다. 수입소비재의 경우 대개 독과점적 공급계약으로 높은 가격에 판매되고 있으며, 수입 농·수·축산물의 경우에는 위해문제가 심각하게 대두되고 있다. 예를 들면 미국산 쇠고기의 광우병 파동을 위시한 성장촉진제 및 항생제 잔류 문제, 중국산 수입생선에서의 납덩이 검출, 수입농산물의 방부제 및 농약 잔류 문제, 방사선조사의 허용기준 문제, 유전자조작 식품 문제 등이 소비자의 건강을 위협하고 있다. 더욱이 전자상거래의 발달로 외국과의 거래가 늘어나면서 국제적인 소비자피해와 분쟁이 더욱 늘어날 것으로 보인다.

정보화로 인한 소비자문제로는 전자상거래 시의 소비자문제와 개인정보 유출에 따른 소비자문제를 들 수 있다. 전자상거래가 확대되면서 조작실수로 인한 잘못된 계약이나 이중 계약 문제, 배송의 지연이나 다른 제품의 배송 문제, 반품과 환불의 거절 및 회피 문제가 나타나고 있으며, 대금을 선불로 받고 사이트가 폐쇄되는 사기행위, 주소 도용 행위, 전자우편을 통한 허위정보 유포 등으로 인한 피해가 속출하고 있다. 또 인터넷 거래상의 개인정보가 유출되어 잘못 활용되거나 도용될 우려가 있고, 해킹에 의한 비밀번호 유출로 통장에서 자금이 인출되는 사태가 벌어지기도 한다.

이러한 시장 상황에 적절하게 대처하고 소비자피해를 최대한 줄여나가기 위해서는 이에 대응한 소비자교육이 이루어져야 한다.

(3) 지속가능한 소비의 필요성

오늘날 급속한 산업발전과 경제성장으로 사람들은 풍요롭고 편리한 생활을 누리게 되었으나, 한편으로는 재화의 과잉소비, 자원의 과다 사용으로 인한 자원고갈 문제와 생활 폐기물 과다 발생으로 인한 환경오염 문제를 야기시켰다. 이러한 환경오염과 파괴는 매우 급속하게 진전되어 자연의 생태적 회복능력을 훨씬 상회하고 있기 때문에 국민의 보건과 건강을 위협하고 기상이변과 지구온난화, 오존층 파괴, 산성비 등으로 인한 피해의 심각성이 지구의 미래를 위태롭게 하고 있는 실정이다. 따라서 자본주의 경제발전의 산물인 '풍요함과 편리함'의 딜레마인 환경문제의 심각성과 생활에 미치는 영향을 인식하고 우리의 소비생활을 지속가능한 소비, 즉 환경친화적 소비생활로 전환해 나가야 할 것이다. 환경친화적 소비생활을 촉진시키는 가장 좋은 방법은 그러한 생활을 실천할 수 있는 능력을 함양하는 환경소비자교육을 시키는 것이다(김영신 외, 1999).

(4) 바람직한 소비문화 형성의 필요성

최근 한국 사회는 소득계층의 양극화 현상이 두드러지면서 부유층을 중심으로 한 과시소비 풍조가 중산층 이하의 모방소비로 이어지면서 소득수준에 비해서 과도한 소비지출을 하는 과소비 풍조가 만연하고 있다. 과소비 현상은 사교육비 지출이나 혼례비 지출에서 두드러지고 있다. 경쟁에 뒤질세라 과도하게 지출하게 되는 사교육비의 부담은 중산층 이하의 가계를 압박할 뿐만 아니라, 소득격차에 따른 학력격차를 초래하고 있어 사회적 문제가 되고 있다. 특히 과시적인 호화혼수와 사치스러운 결혼 행태가 확산되면서 그 폐단이 나타나고 있어 건전한 혼례소비문화의 정립이 요구된다.

물질적 풍요로움을 중시하여 재산의 보유 정도나 소비생활 수준을 개인의 품위 및 사회적 성공의 잣대로 여기는 물질주의 가치관이 팽배하고 있어 이는 물질만능주의로 이어지고, 소비주의 문화를 추구하게 된다. 소비주의 문화는 종종 과소비, 과시소비, 쾌락적 소비, 충동적 소비, 중독적 소비 등 무절제하고 비이성적인 소비행동으로 나타나고 있다. 이러한 소비풍조는 신용카드 사용이 보편화됨에 따라 가계부채의 증가나 가계파산 등과 같은 가계의 건전성을 위협하는 요인으로 작용하고 있다. 따라서 이러한 문제를 해소하기 위해서는 올바른 가치관의 확립을 통하여 자신의 분수에 맞고 사회적으로 바람직한 소비문화를 형성할 수 있도록 하는 소비자교육이 필요하다.

(5) 소비자안전을 위협하는 요인의 증가

과학 기술의 발달로 인류는 생활의 풍요로움과 편리성을 누리고 있지만 그에 못지않게 소비자의 안전을 위협하는 요인들은 더욱 늘어나고 있다. 가장 문제시되는 소비자 안전문제 영역으로는 인체에 해로운 유해물질과 위생문제가 가장 많이 거론되었고 의약품 위해, 안전사고, 환경안전, 감전 · 누전 화재, 식품첨가물, 주택결함, 자동차 안전의 순으로 심각성이 제기되었다(김성숙 · 이기춘, 1995). 소비자보호원의 안전보고서(2006년 상반기)에 의하면 품목군별 위해발생 현황에서 식료품 · 기호품이 가장 많았으며, 그 다음 스포츠 · 레저 · 취미/놀이용품, 토지 · 건물 · 설비, 가구, 보건 · 위생용품의 순으로 나타났다. 이처럼 소비자안전에 관련된 문제가 소비생활의 전 영역에 걸쳐서 발생하고 있어 안전문제에 대한 소비자들의 관심이 고조되고 있다.

소비자 안전문제를 해결하기 위해서는 우선 정부 차원에서의 안전대책이 수립되어야겠지만 소비자 스스로가 안전문제에 대한 관심을 가지고 위험의 원인을 분석하여 사전에 예방하고 제거할 수 있는 능력을 키워야 할 것이다. 이를 위해 소비자교육이 필요하다.

(6) 소비자주권시대의 도래

시장개방에 따른 경쟁이 치열해지고 인터넷의 보급으로 소비자정보의 획득이 용이해지는 현대의 시장환경에서는 소비자주권의 실현이 더욱 용이해질 것이다. 소비자주권이란 소비자의 자유로운 선택에 의한 구매행위가 무엇을 얼마만큼 생산할 것인가 하는 생산의 방향을 결정짓게 되는 것을 의미한다. 20세기 산업사회에서는 기업이 수요를 예측하고 수요를 창출해 가는 생산자주권의 시대였다면, 21세기 정보화 사회에서는 정보화된 소비자가 현명한 선택을 통해 시장을 바람직한 방향으로 이끌어 갈 수 있는 소비자주권의 시대에 와 있다고 할 수 있다.

소비자주권의 실현은 현대사회에서 구조적으로 발생하는 소비자문제를 해결하여 궁극적으로 소비자복지를 달성할 수 있는 최선의 방도이자 소비자가 추구하는 이상이기도 하다. 그러나 이러한 소비자주권이 실현되기 위해서는 무엇보다 소비자 스스로가 주권의식을 가지고 합리적인 판단과 올바른 선택을 할 수 있는 능력을 길러야 할 것이다. 그러기 위해서는 소비자가 올바른 가치관을 가지고 정보를 잘 활용하여 합리적 의사결정을 함으로써 공정한 시장경제를 이끌어 갈 수 있는 소비자시민을 육성하는 교육이 필요하다.

2) 소비자교육의 효과

소비자교육의 필요성이 강조되고 있는 현대사회에서 과연 소비자교육을 실시함으로써 기대되는 효과는 무엇인가?

소비자교육은 소비자로 하여금 현대사회에서 요구되는 소비자역할을 현명하게 수행하도록 함으로써 소비자복지 증진에 기여할 뿐만 아니라 기업과 사회 전체에도 긍정적인 효과를 가져다 준다. 소비자교육을 실시함으로써 달성하게 될 효과를 개인, 기업, 사회의 입장에서 구체적으로 살펴보고자 한다(今井光映 · 中原秀樹, 정용선 외 역, 1998; 김혜선 외, 2002; 이승신 외, 2004 참조).

(1) 개인의 입장에서 본 효과

① 건전한 소비가치관이 확립되어 소비문화를 바람직한 방향으로 이끌어 갈 수 있는 능력이 배양된다.
② 소비자로서 비판적인 사고능력이 배양된다.
③ 합리적 소비자의사결정 능력의 개발로 주체적이고 자신감 있는 소비생활을 할 수 있는 능력이 배양된다.
④ 소비자권리와 책임, 소비자보호 관련 법과 제도에 대한 지식과 정보의 활용으로 소비자문제를 예방하고 대처할 수 있는 능력이 배양된다.
⑤ 다양한 가치를 받아들이고 자신의 가치기준에 따라 생활문화를 창조하는 능력이 개발된다.
⑥ 구매의 차원을 넘어서 소비자시민으로서의 권리 실현을 위해 협력하며, 나아가 지구 시민으로서 더불어 사는 데 동참하는 능력이 개발된다.
⑦ 현재의 자신과 미래의 후손들을 위하여 지속가능한 소비를 하며 생활의 질을 향상시키는 능력이 배양된다.

(2) 기업의 입장에서 본 효과

① 소비자에게 필요한 정보를 충분히 제공함으로써 소비자선택에 도움을 줄 수 있다.
② 만족한 소비자가 구전으로 만족한 상품과 기업명을 널리 알리게 된다.

③ 기업 이미지와 상표충성도를 높일 수 있다.
④ 소비자불만과 불평을 감소시키고 소비자만족을 증대시킴으로써 궁극적으로 이익이 증가된다.
⑤ 시장 메커니즘을 통하여 건전한 기업이 발전한다.
⑥ 건전한 기업이 생존하는 시장 메커니즘 환경이 준비되고 기업의 자율규제가 지원된다.

(3) 사회의 입장에서 본 효과

① 소비자의 입장과 관점에서 문제를 인식하고 소비자정책을 효과적으로 시행하게 하는 원동력이 된다.
② 생활자의 입장과 관점에서 생활의 질 향상을 우선시하는 사회의 실현을 도모한다.
③ 공공의 이익에 대한 관심을 불러일으켜 사회적 비용을 줄인다.
④ 소비자와 기업 사이에 힘의 균형을 이루게 한다.
⑤ 경제 시스템에 대한 만족도를 높인다.
⑥ 소비자 지향적인 정책이 수립되고 시행됨으로써 사회 전체의 소비자복지 수준이 향상된다.

02 소비자교육의 개념

소비자교육에 대한 개념은 여러 학자와 기관에 의해서 다양하게 정의되어 왔으며, 경제사회의 변화에 따른 시대적 요구에 따라 소비자교육에서 다루는 내용도 변화되어 왔다. 1920~30년대에는 소비자교육에서 주로 구매기능을 강조하였으나 1960~70년대에는 가치관과 의사결정능력, 시민참여를 포함하는 보다 넓은 개념으로 다루어졌다. 그리고 1980~90년대에는 소비자의사결정이 공공분야에 미치는 영향과 보다 광범위한 환경과의 순환적인 상호작용 관계를 포함하는 내용으로 변화되었다(이기춘, 1999). 2000년 이후에는 정보화시대에 발맞추어 정보활용능력을 포함하고 소비자주권의식에 입각한 책임 있는 소비를 강조하고 있다.

1980년대 이후의 소비자교육 개념에 대한 정의를 살펴보면 다음과 같다.

미국의 소비자교육 개발 프로그램(Consumer Education Development Program: CEDP)의 연구보고서(1980)에 의하면 "소비자교육은 소비자가 소비자자원을 관리하고 소비자의사결정에 영향을 미치는 여러 요인을 변화 · 조정할 수 있도록 시민으로서 행동하는데 필요한 지식과 기능을 가르치는 것"이라고 정의하고 있다.

바니스터와 몬스마(Bannister & Monsma, 1980)는 "소비자교육이란 소비자자원을 관리하기 위해 필요한 지식과 기술을 획득하고, 소비자의사결정에 영향을 주는 사회적, 정치적, 경제적, 기술적, 환경적 요인을 고려한 의사결정행동을 학습하는 과정"이라 하였다.

일본의 소비자교육학회(1983)에 의하면 "소비자교육은 소비자가 문화적이고 주체적인 소비생활을 건강하게 영위하는 데 필요한 지식과 기능을 익혀 소비자 권리의 행사자로서 소비자문제 해결을 위해 조직적, 사회적으로 행동하는 주체로서의 역할을 잘 할 수 있도록 돕는 것"이라고 하였다.

우리 나라의 경우 소비자교육에 대한 연구를 처음으로 시도한 이기춘(1985)은 소비자교육을 "소비자로서의 다양한 역할을 수행하기 위하여 필요로 하는 소비자능력(Consumer Competency)을 개발할 수 있도록 도와주는 것"이라고 하였다. 여기서 소비자능력이란 소비자역할을 현명하게 그리고 효율적으로 수행하기 위하여 필요한 소비자지식, 소비자태도, 소비자기능의 총체라고 규정하였다. 구체적으로는 소비자가 자신의 가치체계를 인식하고 발전시키며, 사회적, 경제적, 생태적 여러 상황을 고려하여 합리적인 의사결정을 하고, 소비자의 권리와 책임을 이해하고 사회에서 소비자시민의 역할을 잘 수행할 수 있는 능력을 개발하고 양성하는 것으로 정의하였다. 최근에는 이러한 소비자교육의 정의를 수정 보완하여 "소비자교육은 경제적 효용을 높이는 구매론적 관점에서 벗어나, 소비자가 개인적 · 사회적 존재로서 자아실현을 해 나가기 위한 소비생활 방법을 추구하고, 새로운 소비문화를 형성하는 데 필요한 소비자능력을 개발할 수 있도록 도와주는 것"이라 하였다(이기춘, 1999).

이득연 · 송순영(1992)은 "소비자교육은 소비생활에서의 최대만족을 위한 합리적인 자원관리 능력 및 의사결정 능력, 그리고 소비자이익 실현을 위한 참여행동 능력을 기르는데 필요한 지식과 기술을 익히는 과정"이라 하였다.

장홍섭 · 안승철(1998)은 "소비자교육은 소비자로 하여금 소비자로서의 지위와 역할, 권리와 책임을 자각하도록 유도하며, 구매 및 소비활동을 합리적으로 영위하는 데 필요한 소비자지식을 습득하게 하고, 소비자로서의 기능과 태도를 함양시켜 소비자능력을 증진시키기 위한 일련의 교육활동"이라 하였다.

2000년대에 들어와서 김영신 외(2000)는 "소비자교육은 소비자에게 소비가치, 경제윤리 등을 부여하여 올바른 소비자의식을 갖게 하며, 이러한 소비자의식에 기초하여 합리적 구매활동을 할 수 있는 능력을 향상시키기 위한 교육활동"을 의미한다고 하였다.

김혜선 외(2002)는 "소비자교육은 소비자가 소비자로서 역할을 수행하는 데 필요한 소비자지식, 소비자가 지녀야 할 태도, 소비자기능, 나아가 참여행동 등 소비생활과 합리적인 의사결정을 위한 소비자능력을 개발하는 도구"라 하였다.

이승신 외(2005)는 "소비자교육은 현대의 복잡한 소비환경 변화에 적절하게 대처하여 소비자 스스로를 보호하고 아울러 합리적인 소비자의 역할 수행을 위한 소비자능력을 향상 · 발전시키는 것"이라고 하였다.

한국소비자원(2007)에서는 소비자교육을 "소비자가 개인적, 사회적 존재로서 자아를 실현할 수 있도록 소비자능력, 즉 소비자역할을 효과적 · 효율적으로 수행하기 위해 필요한 소비자지식, 태도, 기능을 개발시켜 주는 것"이라고 정의하고 있다.

이처럼 소비자교육에 대한 개념 정의는 다양하게 이루어지고 있으나, 궁극적으로는 시대적 변화에 따라 요구되어지는 소비자역할을 잘 수행할 수 있는 능력을 향상 · 발전시키는 것이라고 할 수 있다. 따라서 정보화 · 세계화로 대변되는 21세기에는 새로운 소비자역할이 요구되므로 이를 감안한 소비자교육 개념의 재정립이 필요해진다. 즉, 현대사회에서는 자주적이고 책임감이 있으며, 정보를 충분히 잘 활용할 수 있는 능력을 갖춘 새로운 소비자상이 요구되므로(www.kca.go.kr), 소비자교육에서는 이러한 소비자역할을 잘 수행함으로써 소비자주권을 확립하고 바람직한 소비문화를 이끌어 갈 수 있는 소비자능력을 함양시켜야 할 것이다.

03 소비자교육의 목표

소비자교육을 제대로 실시하기 위해서는 무엇보다 소비자교육을 통하여 추구하고자 하는 목표를 설정하는 것이 중요하다. 그렇다면 오늘날 소비자교육을 통하여 추구해야 할 목표를 구체적으로 어떻게 설정해야 할 것인가? 앞에서 살펴본 바와 같이 소비자교육이란 시대적 변화에 따라 요구되어지는 소비자역할을 잘 수행할 수 있는 능력을 향상 · 발전시키는 것이라고 할 수 있으므로, 먼저 세계화, 정보화의 진전으로 소비자주권이 강조되는 시대적 상황에서 새로이 요구되는 소비자역할이 구체적으로 어떤 것인지를 살펴보고 거기에 합당한 소비자교육의 목표를 설정해야 할 것이다.

1) 소비자주권시대의 소비자역할

전통적으로 소비자역할은 시장에서 소비생활에 필요한 재화와 서비스를 구입하는 구매자로서의 역할에 치중되었으나 경제사회가 발전함에 따라 점차 그 역할이 확대되어 갔다. 즉, 종래의 구매자로서의 역할뿐 아니라 소비생활에 필요한 소득을 획득하기 위한 획득자로서의 역할과 주어진 소득을 자신의 가치관과 목표에 따라 적절히 배분하는 배분자로서의 역할, 구매한 제품이나 서비스를 현명하게 사용하고자 하는 사용자로서의 역할, 사용목적이 다한 제품을 환경오염을 최소화하는 방향으로 처분하고자 하는 처분자로서의 역할, 그리고 민주시민으로서 소비자권익 옹호와 공익추구를 위해 기업과 정부에 영향력을 행사하는 사회참여자로서의 역할이 요구되어 왔다. 최근에는 세계화, 정보화가 진전되면서 소비자주권이 더욱 강화되고 있어 이러한 시대적 상황에 부합하는 소비자역할이 기대되고 있다. 이에 21세기 소비자주권시대에 기대되는 소비자역할을 살펴보고자 한다(김기옥, 2006 참조).

(1) 적극적 경제 주체로서의 선택자의 역할

소비자의 선택은 무엇을 얼마나 생산할 것인가를 좌우하는 기본 요소가 되고, 이것은 시장에서 소비자가 어떤 재화와 서비스를 선택하느냐로 나타난다. 따라서 소비자는 자신의 가치관에 따라 합리적인 의사결정을 함으로써 기업의 생산 활동을 건전하게 이끌 수 있는 적극적인 경제 주체가 되어야 한다. 소비자가 한정된 자원으로 만족을 극대화할 수 있는 선택을 하는 것은 소비자 자신에게 이익을 가져다 줄 뿐만 아니라 시장에 올바른 신호로 작용하여 국가 자원의 효율적 배분을 이끄는 효과가 있다. 소비자는 자신의 소비생활을 자율적으로 운용하려는 적극적인 주인의식을 가지고 선택자로서의 귀중한 역할을 성공적으로 행사함으로써 시장의 지휘관이 되어야 한다.

(2) 적극적 참여를 통한 시장조정자로서의 역할

소비자가 개인적 차원에서 합리적인 선택을 통하여 시장경제에 미치는 영향도 크지만 더욱더 큰 힘을 발휘하기 위해서는 단체를 조직하고 적극적으로 참여해야 한다. 소비자문제나 소비자정보는 공공재적 성격을 띠는 것으로서 자신이 구태여 비용을 지불하면서 문제해결이나 정보탐색에 나서려 하지 않고 다른 소비자가 나서서 문제를 해결하거나 정보를 획득하여 제공해 주기를 바라는 무임승차자(free-rider)의 동기가 강하게 작용한다. 소비자행동주의는 소비를 이기적이지 않은 인간 행동으로 해석하여 도덕적인 맥락에서 모든 소비자의 권익을 향상시키는 집합적인 원리에 따라 조직화될 수 있는 가능성을 여는 것으로 소비자의 적극적인 참여에 기초한다.

(3) 시장경제를 지키는 파수꾼으로서의 소비자시민의 역할

시장경제의 발전은 시장실패와 외부 비경제성이라는 한계를 드러내며 그 폐해를 최소화하는 데에도 소비자의 역할을 요구한다. 이것은 소비자의 개념을 시민의 개념 쪽으로 확대해 나가는 것으로서 지역사회 단위의 협소한 틀로부터 세계적 규모의 사회통합이라는 새로운 사회규칙 수립에의 결속을 요구한다.

소비자시민 개념의 대두는 소비자로서의 개인적인 선택과 시민으로서의 공동체적 책임감을 조화시켜야 함을 의미한다. 오늘날의 소비자는 사회 전체가 지향하는 가치관이나 환경을 의식하는 의사결정을 함으로써 공동체적 책임감을 조화시켜 시장경제를 건강하게 지켜나가는 파수꾼이 되어야 한다.

(4) 지속가능한 발전을 위한 환경친화적 소비자의 역할

지구촌 경제시대를 맞아 갈수록 심화되는 지구환경의 위기를 극복하기 위해 소비자들은 환경친화적이고 지속가능한 사회경제 체제로의 전환을 도모하고, 새로운 생활양식의 확립을 위한 실천적 노력을 기울여야 할 책임에 직면했다. 환경친화적 소비자의 역할에는 소비생활 양식의 개선, 소비자의 환경오염 행위에 대한 직접적인 감시활동 및 환경정책에의 적극적 참여 등이 포함된다. 대안적 소비(alternative consumption)가 모색되고 환경친화적 제품의 사용으로부터 소비 자체를 절제하는 데에 이르는 다양한 방법으로 환경을 보호하는 데에서 소비자가 주도적인 역할을 담당해야 한다.

(5) 정보의 선순환을 유도하는 소비자정보 제공자의 역할

디지털 기술과 통신 기술의 발전은 소비자와 생산자 간의 거래 능력, 즉 교섭력을 대등하게 만들 수 있는 정보력을 소비자에게 제공함으로써 소비자시장의 효율화를 꾀할 수 있게 만들었다. 소비자는 적극적인 정보탐색과 활용 및 가공, 그리고 그 결과를 다시 유통시켜 다른 소비자와 이익을 공유하려는 열린 자세의 정보제공자가 되어야 한다.

(6) 시장환경 변화에 능동적으로 대처하는 학습자의 역할

시장은 끊임없이 변화하고 혁신되어 가면서 온라인과 오프라인으로 확대된 경제활동의 장에서 현명한 경제 주체로서의 역할은 어려운 과제가 되었다. 변화하는 속도와 폭을 이해하고 현명하게 의사결정하기 위해서는 끊임없는 학습이 요구된다. 소비자는 전 생애를 걸쳐 주체적으로 판단하고 의사결정을 하며 현대사회 조직의 변화에 적절하게 대처할 수 있는 능력을 가진 자립적인 소비자시민이 되어야 한다. 이를 위해 소비자는 정규 학교교육 이후에도 전 생애를 걸쳐 지식과 기술을 습득하려는 적극적인 학습자의 자세를 가져야 한다.

(7) 신용사회 정착을 위한 신용자의 역할

신용사회의 도래와 함께 우리는 신용이 주는 편리함과 동시에 문제를 안고 살아가고 있다. 신용은 거래의 투명성을 높이고 현금 없이 거래를 가능하게 함으로써 경제활동의 효율성을 증대시키는 순기능이 있다. 그러나 한편으로 개인의 경제 능력을 넘는 과다한 지출과 충동구매라는 역기능도 가지고 있다.

신용불량자의 문제는 신용거래가 급증하는 속도를 의식이나 시스템이 따라가지 못한 결과로 발생하는 혼란이다. 따라서 신용사회를 살아가는데 있어서 가장 큰 자산이 신용의 확보와 유지라는 사실을 인식하고 자신의 신용을 철저하게 관리하는 성숙함을 발휘할 수 있어야 한다.

(8) 디지털사회의 질적 향상을 위한 디지털정보 사용자의 역할

디지털사회는 정보획득의 신속성과 양적인 면에서 획기적인 전환을 가져왔으나 불건전 정보의 유통과 저작권 침해의 행위는 디지털 콘텐츠 산업의 발전을 저해하는 요인이 되고 있다. 인터넷의 발전과 더불어 발생하는 각종 역기능들은 기술적인 방법으로 접근하는 데에는 한계가 있고, 올바른 네티즌 윤리에 대한 소비자의 자발적인 각성이 요구된다.

(9) 권리에 부응하는 책임을 다하는 경제 주체로서의 역할

소비자권리는 소비자 자신이 이를 자각하고 권리의 주체로서 적극적으로 행동할 때 비로소 실현된다. 소비자주권시대를 맞는 오늘의 소비자는 주권의식에 부응하는 책임의식을 겸비하여 균형 잡힌 역할 수행을 담당해야 한다. 국제소비자기구(Consumers International)는 소비자책임에 대해 ① 모든 재화와 서비스의 유용성, 가격, 품질 등에 대하여 비판의식을 가져야 하고, ② 자신의 요구가 받아들여질 수 있도록 적극적인 참여를 해야 하며, ③ 자원과 에너지 사용에 대한 생태학적 책임을 인식해야 하며, ④ 자신의 이익을 우선시한 선택이 문화적 · 사회적으로 어떤 결과를 가져오는지 사회적 책임을 인식해야 하며, ⑤ 공공의 관심과 지지를 확보하기 위해 소비자조직을 통한 활동을 해야 한다고 지적하고 있다.

이상에서와 같이 소비자주권 실현을 위해 요구되는 역할들을 소비자가 효과적으로 수행할 수 있기 위해서는 한층 더 성숙된 소비자능력이 요구되고 이에 적합한 지식, 태도, 기능이 요구된다.

2) 소비자교육의 목표

소비자교육의 목표는 궁극적으로 시대적 변화에 따라 요구되는 소비자역할을 잘 수행할 수 있는 능력을 함양시키는 것이라고 할 수 있다. 그리하여 소비자가 생활하는 환경이 소비자 중심으로 구성되어 삶의 질을 향상시키고 나아가 미래의 소비생활 환경을 소비자복지 지향적으로 조성해 나가고자 하는 것이다.

소비자교육의 개념 정의에서와 마찬가지로 소비자교육의 목표도 사회경제의 발전에 따라 재정립되어 왔다. 소비자교육의 목표를 우리 나라 연구를 중심으로 살펴보면 이득연 · 송순연(1992)은 가치교육, 구매교육, 시민의식교육 차원에서의 교육목표를 제시하였다. 그리고 박명희 외(2000)는 21세기의 소비자교육은 소비환경 변화에 적극적으로 대처할 수 있는 소비자교육으로서, 자립적 · 자율적 소비자를 육성하는 데 있다고 하였다. 그러므로 21세기 소비자교육의 목표에는 가치교육 부분과 자원관리교육 부분에 지속 가능 소비 개념을, 합리적 구매 부분에 소비시장의 탈국경화와 세계화의 개념을, 소비자시민교육 부분에 소비자참여 확대 · 실천 부분을 통합하였다.

또한 김혜선 외(2002)는 소비자교육의 목표를 인간의 생활양식 및 가치와 관련된 교육, 소비자의사결정, 소비자이익 및 구매와 관련된 교육, 소비자 시장환경과 관련된 교육, 소비자문제해결 및 예방과 관련된 교육, 시민의식과 관련된 교육 차원으로 구분하여 제시하였다.

이승신 외(2004)는 소비자교육 목표를 가치교육, 구매교육, 시민의식 관련 교육, 소비자문제 예방 및 해결능력교육 차원으로 설정하였다.

한국소비자원(2007)에서는 소비자교육 종합 발전계획의 기본 방향에서 디지털경제시대에 걸맞는 신 소비자상의 양성을 목표로 자주적인 소비자, 책임감 있는 소비자, 정보화된 소비자를 제시하였다. 자주적인 소비자란 소비자의사결정을 자신의 가치에 맞게 스스로 결정하는 소비자를 의미하며, 책임감 있는 소비자란 자신의 소비가 경제, 사회, 정치, 자연환경에 미칠 제반 영향을 고려할 줄 아는 소비자를 의미하고, 정보화된 소비자란 소비자정보의 중요성을 인식하고 이를 의사결정에 충분히 활용하는 소비자를 의미한다.

이상의 여러 연구결과와 소비자주권시대에 요구되는 소비자역할을 고려하여 이 책에서는 소비자교육의 목표를 소비자주권의식을 가지고 소비생활에 필요한 지식과 정보를 스스로 적극적으로 수집 활용하여 자주적이고 합리적이며 책임감 있는 행동을 할 수 있는 소비자를 육성하는 데 두고자 한다. 이를 위해 소비자교육의 영역을 구체적으로 소비자주권과 자립, 자원관리, 의사결정, 소비자문제해결, 소비자정보의 수집과 활용, 소비문화의 여섯 가지 차원으로 설정하여 목표를 제시하고자 한다.

(1) 소비자주권과 자립을 위한 교육

① 소비자주권의식에 입각하여 소비자권리와 책임을 행사할 수 있다.
② 건전한 소비가치관을 가지고 윤리적 소비를 실천할 수 있다.
③ 소비자시민으로서 공동체의식을 가지고 소비자단체의 활동에 적극 참여할 수 있다.

(2) 자원관리교육

① 시장경제를 이해하고 각 경제 주체의 역할과 상호관계를 이해할 수 있다.
② 개인 및 가족이 지닌 자원과 소비자욕구와의 관계를 알고, 자원의 가치와 중요성을 인식할 수 있다.
③ 소득의 획득과 소비지출에 대한 관리를 계획적, 합리적으로 할 수 있다.
④ 저축과 투자, 보험의 원리를 이해하고 재산의 형성과 관리에 대한 방법을 터득할 수 있다.
⑤ 공공재와 시간 등 생활자원의 관리를 효율적으로 할 수 있다.
⑥ 각종 제품과 서비스를 안전하고 올바르게 사용할 수 있다.

(3) 의사결정교육

① 소비자의사결정의 합리성과 효율성의 개념을 인식하고 합리적인 의사결정을 하기 위한 원리와 방법을 터득할 수 있다.
② 구매의사결정 과정과 이에 영향을 미치는 각종 요인들을 이해함으로써 합리적인 구매를 할 수 있다.
③ 다양한 구매방법에 대해 그 특성과 장단점을 이해하고 적절하게 이용할 수

있다.

④ 신용카드의 특징과 장단점을 이해하고 올바른 사용 및 관리 방법을 알 수 있다.

⑤ 기업의 마케팅 활동에 대한 소비자의 대응전략을 인식하여 실제 의사결정 상황에서 적용할 수 있다.

(4) 소비자문제 해결 교육

① 소비자기본법을 위시한 소비자 관련 법과 제도의 필요성과 그 내용에 대해서 알 수 있다.

② 소비자문제의 발생 원인과 소비자문제의 유형에 대해서 알 수 있다.

③ 소비자피해구제 방안과 피해구제 절차를 알고 소비자피해 발생 시 대처할 수 있다.

(5) 소비자정보의 수집과 활용에 관한 교육

① 소비자정보의 종류와 그 특징을 알고 정보 내용을 비교 평가해서 활용할 수 있다.

② 인터넷상에서 정보를 적극적으로 탐색하여 활용하고, 다른 소비자에게 도움이 되는 정보를 생산 · 가공해서 유통시킬 수 있다.

③ 인터넷 뱅킹, 전자상거래 등 인터넷 거래를 능숙하게 할 수 있다.

④ 개인정보를 적절히 관리하고, 자신과 타인의 권리와 이익을 배려하며 정보통신을 잘 활용할 수 있다.

(6) 소비문화교육

① 소비문화의 의미와 역사적 변화과정을 이해할 수 있다.

② 다양한 소비문화와 새로운 소비 트렌드에 대해서 알고 이해할 수 있다.

③ 안전의식을 강화하여 건강하고 안전한 삶을 지향하는 소비문화를 창조할 수 있다.

④ 공동체의식을 가지고 더불어 사는 삶의 가치를 추구하는 소비문화를 창조

할 수 있다.

⑤ 자원을 아끼고 절약하며 제품의 구매, 사용, 처분 단계에서 환경오염을 최소화할 수 있는 환경의식의 함양과 이를 실천할 수 있는 소비문화를 창조할 수 있다.

연 구 과 제

1. 세계화와 정보화가 촉진되는 오늘날의 시장환경에서는 소비자가 더이상 약자가 아니라 강력한 영향자로서 부각되고 있는데, 과연 우리는 강력한 영향자로서의 역할을 제대로 하고 있는가? 강력한 영향자가 되기 위해서는 어떻게 해야 하는지 토론해 보자.

2. 소비자주권시대에 요구되는 자주적이고 합리적이며 책임감 있는 소비자상을 육성하기 위해 설정한 여섯 가지 세부 목표인 소비자주권과 자립, 자원관리, 의사결정, 소비자문제해결, 소비자정보의 수집과 활용, 소비문화 각 차원의 교육목표를 달성하기 위하여 어떤 교육내용을 다루면 좋을지 조별로 토론을 해보자.

02 CHAPTER

소비자교육의 발전과정과 전망

1. 소비자교육의 발전과정
2. 소비자교육의 전망

소비자교육의 발전과정과 전망

소비자교육이 경제사회의 변화와 더불어 어떤 역사적 과정을 거쳐서 발전해 왔는지를 고찰해 보는 것은 소비자교육의 바람직한 방향을 설정하는 데 필요하다. 소비자교육은 사회구조적으로 소비자문제가 확산되면서 그 필요성이 제기되어 왔으므로 그 발단은 경제성장을 가장 빠르게 이룩한 미국을 선두로 하여 유럽지역으로 확산되어 갔으며, 동양권에서는 일본이 우리 나라보다 앞서 실시되었다.

이 장에서는 소비자교육의 발전과정에 대해서 미국과 일본의 경우를 살펴보고, 이어서 우리 나라의 발전과정에 대해서 살펴보고자 한다. 그리고 우리 나라 소비자정책 환경의 변화에 따른 향후 소비자교육의 전망에 대해서 살펴보고자 한다.

01 소비자교육의 발전과정

1) 미국 소비자교육의 발전과정

미국에서 소비자교육이 인식되기 시작한 것은 1920년대에 들어서부터이다. 소비자교육의 발전은 경제적, 사회적, 정치적 변화 과정과 더불어 진행되었는데, 대별하여 1920년대부터 1950년대까지를 소비자교육의 형성기로, 1960년대부터 1970년대까지를 소비자교육의 확대기로, 1980년대 이후를 소비자교육의 성숙기로 보고자 한다. 미국 소비자교육의 발전은 학교교육에서의 자각을 선두로 하여 소비자교육이 시작되었으며 그후 소비자단체, 행정, 기업순이라는 과정을 통해 발전되었다. 여기서는 주로 학교 소비자교육에 초점을 맞추어서 살펴보기로 한다.

(1) 형성기(1920~1950년)

1920년대의 미국 경제는 제1차 세계대전 이후 부흥기에 접어들었으며, 소비자들의 생활수준도 급격히 향상되었다. 자동차의 대중화, 주택건설의 활성화와 라디오, 세탁기, 청소기 등 각종 내구재의 수요가 증가함에 따라 대량생산 · 대량소비 체제로 이행하게 되었다. 이러한 시대적 상황 속에서 소비자 입장에서는 제품 구매 시 복잡한 기술에 대한 지식 부족과 허위 · 과장광고를 위시한 기업의 공격적인 판매 전략으로 올바른 선택에 혼란을 받는 등 소비자불만이 누적됨으로써 소비자교육의 필요성을 인식하게 되었던 것이다. 1924년에 하랍(Harap)은 《소비자교육 The Education of the Consumers》이라는 저서를 발간하였는데, 그 책에서 국민 대중의 소비실태를 파악한 자료를 토대로 소비자들의 올바른 소비습관을 발전시키기 위해서는 소비자교육이 필요하다고 강조하면서 소비자교육을 위한 커리큘럼을 제시하였다.

1930년대에는 경제대공황으로 인하여 실직자가 늘어나고 물가가 급등하는 바람에 사람들이 현명하게 소비하는 문제에 대해서 심각하게 생각하지 않으면 안 되는 상황이었다. 그리하여 소비자교육이 더욱 강조되었고, 체계화된 소비자교육과정이 발전하는 계기가 되었다. 1939년에는 소비자교육의 정규과정이 대학교 및 중 · 고등학교 수준에서 개설되어 25,000여 개 중 · 고등학교에서 소비자교육을 실시하였는데, 교육내용은 주로 구매기능과 금전관리에 중점을 두고 소득의 사용, 차입, 저축, 투자 등을 다루었다. 이 시기에 처음으로 소비자교육 교과서가 발간되었는데 대표적인 것으로 1938년에 발행된 주터번과 블록(Jutavern & Bullock)의 《소비자조사 Consumer Investigates》를 들 수 있다. 그 책에는 금전관리, 구매법을 비롯한 다양한 영역을 포함하고 있다(이기춘, 1999).

1940년대에는 소비자교육의 목적이 더욱 확대되어 구매기능 외에 소비이론, 가격, 수요 및 공급 등의 경제 개념이 포함되었다. 1945년에 미국 전국의 중 · 고등학교 교장협의회에서는 소비자교육의 목적을 '보다 지적이고, 보다 효율적이며, 보다 양심적인 소비자가 되도록 돕는 것' 이라고 밝혔다.

1950년대는 전반기와 후반기로 나누어 볼 때, 전반기는 중 · 고등학교 교과과정을 보다 실용적으로 운영하고자 하는 생활적응교육의 영향으로 실용교육에 해당되는 소비자교육을 중요시했다. 특히 이 시기에 가계가 할부지불 문제, 재정관리 문제, 생명보험이나 내구재 선택 문제로 어려움을 당하고 있었기 때문에 소비자교육에 대해서 관심이 있었다. 그러나 후반기에는 순수과학에 역점을 두는 교육방향 때문에 소비자교육은 보다 이론적인 경제학 교육에 밀려나게 되었다. 이러한 가운데서도 1959년에는 빌헬름(Wilhelms)의 《소비자생활 Consumer Living》이라는 중·고등학교 교과서가 발행되었다(이기춘, 1999).

(2) **확대기**(1960~1970년)

1960년대에는 미국에서 인플레이션이 심해 소비자들의 실질적인 생활수준이 저하되고, 소비자문제가 구조적으로 확산되어 감에 따라 행정 차원에서도 소비자보호에 관심을 가지게 되었다. 1962년에 케네디(Kennedy) 대통령이 소비자권리가 표명된 「소비자의 권익보호에 관한 특별교서」를 의회에 보냈으며, 경제 자문회의에 소비자 자문회의를 두도록 요청하였다. 1964년에 존슨(Johnson) 대통령은 소비자문제에 관한 대통령 특별보좌관제도를 채택하였으며, 닉슨(Nixon) 대통령은 이 제도를 보존시켰고, 구매자의 권리장전(buyer's bill of right)을 의회에 제출하였다. 구매자의 권리장전에는 안전할 권리, 알 권리, 선택할 권리, 의사반영의 권리 외에 소비자불만이 만족스럽게 해결되어야 할 권리가 추가되었다. 이때에는 일반 대중들이 학교 프로그램이나 직업교육으로서 소비자교육이 필요하다는 것을 인식하게 되었으며, 소비자교육이 영어, 수학, 사회, 자연 등의 과목과도 연결되어 자리 잡게 되었다. 1967년에는 주정부에서 의무화한 소비자 프로그램이 대두되었다. 일리노이 주에서는 중학교 2학년부터 고등학교 3학년까지의 학생에게 구매, 예산, 비교구매를 포함한 소비자교육 과목을 필수로 하는 법안을 통과시켰으며, 이 법안과 이에 따라 개발된 프로그램이 다른 주에도 모델이 되었다. 1968년에는 직업교육 보칙에 소비자교육이 직업·가정과 프로그램에 있어서 절대적인 필요 분야로 규정되었다.

1970년대에 들어와서는 포드(Ford) 대통령이 소비자교육을 받을 권리를 추가적으로 발표함으로써 소비자교육이 전국적으로 확대되어 갔다. 1970년대 초부터 미국의 주 교육위원회는 소비자교육의 발전에 우선적인 관심을 두고 소비자교육에 관한 연구에 박차를 가하게 되었다. 1973년에서 1978년 사이에 소비자교육에 관한 정책적인 방향을 제공한 주의 수가 19개에서 38개로 증가하였다. 또

소비자교육이 직업교육 분야에서 1/2정도의 비중을 차지하고, 교과과정 및 일반 강의에서도 1/2정도의 비중을 차지하고 있었다. 미국 전체 주의 약 2/3가 주정부, 지방정부에서 마련한 소비자교육 교과과정을 수락하고, 40개 주에서는 가정과 사회 과목을 중심으로 소비자교육을 위한 교사양성 및 교사 재교육 프로그램을 실시하고 있었다. 이 시기에는 중 · 고등학교 교과과정의 소비자 교과서가 많이 발간되었고, 소비자교육의 역할과 사회적 기여에 대한 관심이 현저히 증가되었다(이기춘, 1999).

(3) 성숙기(1980년 이후)

1980년대에 와서는 소비자보호에 관한 관심이 약화되기 시작했으며, 레이건(Reagon) 대통령 당시 복지정책의 변경으로 소비자주의가 정책적 이슈로 부각되지는 않았다. 이에 따라 소비자교육도 양적인 확대보다는 질적인 향상과 내실화가 이루어졌다. 많은 학자들에 의해 소비자교육의 개념 정립과 교육내용의 체계화 및 교육방법에 관한 연구가 진전되면서 중 · 고등학교 교과과정에서 소비자교육이 상대적으로 중요하게 다루어졌다. 미국의 각 주에서 다루어진 소비자교육의 내용은 유능한 소비자 육성을 목표로 학습자 특성에 맞게 나선형 교육과정의 원리에 의하여 선정 · 조직한 내용을 지도하도록 하고 있다. 소비자교육을 통해 가치, 태도 및 기능 영역의 행동 목표를 달성하기 위하여 유치원 및 초등학교 저학년부터 지속적으로 학습이 되풀이되고 있음을 알 수 있다. 또 정책 결정, 가치 있는 정보 찾기, 소비자권리의 보호 등은 중등학교 수준에서 학습하도록 선정 · 조직해 놓고 있다. 미시간 주 외에도 텍사스 주, 사우스다코다 주, 인디애나 주, 엘라바마 주, 뉴욕 주, 알래스카 주, 아이다호 주 등 42개 주 이상의 중 · 고등학교에서 소비자교육을 채택하고 있는데 각 주마다 자율적으로 다양한 방법을 채택하여 소비자교육을 실시하고 있다.

주별 교육과정에 나타난 특징을 살펴보면 다음과 같다(조도근, 1996).

첫째, 단순히 소비자교육에만 국한하지 않고 각 학년 수준에 따라 미국의 역사적, 경제적, 사회적, 정치적 발전에 대한 종합적 · 통합적 학습차원에서 소비자교육의 접근을 시도하고 있다.

둘째, 소비자교육 관련 내용만을 다루지 않고 관련 경제 개념이나 이론과 연계시켜 내용을 선정 · 조직하고 있다.

셋째, 동일한 내용을 학년 수준에 따라 단계별(도입, 발전, 강화)로 심화시켜 나가면서 지도할 수 있도록 내용을 구성하였다.

넷째, 학습자의 환경과 경험을 넓힐 수 있는 지역 확대 개념의 원리를 고려하여 소비자교육 내용을 구성하고 있다.

다섯째, 저학년에서부터 소비자의 자각, 소비자의 상품 구매, 소비자의식 등 가장 기본적인 내용을 통합적인 관점에서 학습할 수 있도록 하였다.

여섯째, 실제의 소비생활에 도움을 줄 수 있는 구체적인 내용을 주로 다루고 가치 · 태도 · 기능의 목표 달성에 역점을 두고 있다.

일곱째, 문제해결 능력, 비판적 사고, 사회 · 정치적인 참여 기능 습득과 더불어 개인 또는 시민으로서 직면하고 있는 경제문제에 대한 합리적인 태도 함양 측면도 강조하고 있다.

이상에서와 같이 미국의 학교 소비자교육은 소비자능력을 함양시켜 책임 있는 시민의 한 사람으로서 소비자역할을 잘하게 하여 자신의 소비생활의 질적 향상을 도모할 수 있도록 치밀하게 고려하고 있다.

1980년대 이후 대학 교육 차원에서도 소비자학 분야가 더욱 강화되어 대학의 명칭이나 학과의 명칭, 교육 내용에 소비자학이 반영되는 대학이 늘어나게 되었다. 대학에서는 소비자교육 전문가를 양성하고, 지역사회와 연계하여 평생교육 차원에서 지역민을 위한 소비자교육을 실시하였다. 그리고 소비자교육에 관한 연구와 소비자학 전반에 관련된 연구가 활발히 진행되었다.

2) 일본 소비자교육의 발전과정

일본은 1950년대에 들어서서 고도의 대중소비시대를 맞이하게 됨에 따라 소비자문제의 확산과 더불어 소비자교육의 필요성이 제기되었다. 일본에서는 미국의 소비자교육 전개과정과는 반대로 기업을 필두로 하여 행정, 소비자단체, 학교의 순으로 전개되어 왔으며, 그 결과 4자 합의시스템으로 정착된 경위를 보이고 있다(今井光映, 1994; 권정원 · 이기춘, 2002에서 재인용).

일본에 있어서 학교 소비자교육의 발전단계는 소화(昭和) 1920년대(1944~1953년)의 이식기, 소화 1930년대(1954~1963년)의 후퇴기, 소화 1940년대(1964~

1973년)의 전개기, 소화 1950년대(1974~1983년)의 정체기, 소화 1960년대 및 평성(平成)시대(1984년~현재)의 고양기로 나누어 볼 수 있다(권정원 · 이기춘, 2002).

(1) 이식기(1944~1953년)

일본의 학교 소비자교육은 제2차 세계대전 이후에 도입된 신교육체제와 함께 시작되었다. 당시 미국에 의해 주도된 일본의 교육개혁에 있어서, 소비자교육 커리큘럼의 주제는 주로 실생활과 관련된 문제, 그 중에서도 특히 금전관리와 구매기술의 두 영역이 중심이 되었으며, 이들 주제는 가정 교과를 중심으로 해서 다루어지게 되었다. 1947년에 처음으로 공표된 '학습지도요령' 에서 중 · 고교 사회교과에 '소비자보호' 의 이념이 도입되었으며, 1951년의 '학습지도요령' 에는 사회 교과 3학년에 "일상 소비생활의 개선 · 합리화 방법을 연구하여 그에 따라 생산에 훌륭히 기여하고, 국가경제의 발전에 공헌하려는 자각과 태도를 가져야 한다."라고 명시되어 있다. 1950년대에는 미국의 경험주의 교육자 존듀이의 영향을 받아 문제해결학습에 기초를 둔 생활교육을 중요시했던 시기이다.

(2) 후퇴기(1954~1963년)

1950년대 후반부터 일본이 경제발전의 본 궤도에 진입하게 되면서 수준 높은 노동력이 필요하게 됨에 따라 학력배양에 주력하게 되는 바람에 학교 소비자교육의 발전은 주춤하게 되었다. 1955년의 '학습지도요령' 에는 초등 5학년에 '소비생활의 궁리' 가 포함되었으며, 중등과정의 교육목표에 '소비생활을 합리화하는 기술 양성' 을 명시하였고, 직업과 가정 교과에 '소비자로서의 위치와 책임' 내용을 부가하였다. 1958년의 3차 개정안에는 고교 가정 교과에 '소비에 따른 생산의 방향 결정, 능숙한 구매' 가 포함되었다. 1960년경에 일본 소비자교육 전문사찰단이 미국으로 파견된 것은 일본 소비자교육의 발전에 커다란 계기가 되었다.

한편 이 시기에는 평생교육을 실시하기 위한 초석을 다지게 되었다. 1958년에 일본 생산성본부가 '소비자교육위원회' 를 설립했으며, 1960년에는 '소비자교육실' 로 발전시켰다. 이후 1961년에는 일본 생산성본부에서 독립하여 '일본 소비자협회' 가 되어 처음으로 소비자교육을 주 사업으로 하는 소비자단체로서 독자적인 활동을 개시하였다. 미국의 소비자연맹(CU)과 같이 상품의 비교 테스트와 고발처리를 하고 기관지인 〈구매를 잘 하는 법〉을 발간하여 보급하는 것을 목표로 하였지만, 넓은 의미로 보면 소비자교육 사업이었다.

행정 면에서도 1961년에 소비자문제의 대응책을 검토하기 위해서 경제기획청의 자문기관으로서 '국민생활향상대책심의회'가 설치되었으며, 1963년에 '소비자보호에 관한 보고서'를 발표하여 국가로서는 처음으로 소비자교육에 관해 제언을 하였다. 이 보고서에 의하면 소비자는 조직되어 있지 못하고 상품에 관한 정보의 결핍으로 심리적인 약점을 지니고 있는 보호받아야 할 약자임을 강조하면서, 국가 및 지방공공단체가 소비자보호의 중심이 되어야 한다는 기본 방침을 내세우고 있다. 또한 일반 소비자에 대한 소비자교육을 사회교육에서 보다 충실히 함과 아울러 학교교육에서 소비자교육을 강화할 것을 강조하였다(이기춘, 1999).

(3) 전개기(1964~1973)

이 시기에는 '소비자보호기본법'의 제정으로 행정에 의해 주도되는 소비자교육의 시기를 맞이하게 되었다. 1965년에 국민생활심의회는 '소비자보호조직 및 소비자교육에 관한 보고서'에서 소비자교육의 목표, 대책을 구체적으로 명확히 하였다. 소비자교육의 목표를 자주성을 가진 현명한 소비자를 양성하는 것으로 하였으며, 구체적으로 다음과 같은 세 가지 목표를 제시하였다.

① 소비자로서 상품·서비스에 대한 합리적인 가치판단을 하는 능력을 기르는 것
② 소비생활을 향상시키는 합리적인 방법을 체득시키는 것
③ 경제사회 전체 내에서 소비 및 소비자의 의의를 자각시키는 것

그후 1968년 5월에 '소비자보호기본법'이 제정되어 국가 및 지방공공단체, 사업자의 책임 및 의무, 소비자의 역할이 명확해졌다. 제5조에는 소비자 스스로 소비생활에 관한 지식을 습득함과 아울러 자주적이고 합리적으로 행동하도록 노력할 것을 명시했으며, 제12조에서 국가는 소비자에 대해 능력 개발 활동을 추진함과 동시에 소비생활에 관한 교육을 충실히 하도록 국가의 책임과 의무를 밝

히고 있다.

1969년과 1970년에 개정된 '학습지도요령' 에서는 중학교 사회 교과에 '소비자의 보호' 가, 고교 사회 교과 정치/경제 영역에 '소비자보호' 가 단원으로서 명기되었다. 일상생활에 뿌리를 두고 있는 소비자교육적인 사고는 차츰 가정 교과로 이행되어, 고교 가정 교과에 '구입과 소비', '소비자의 입장' 이 기술되는 등 합리적인 구매와 소비에 대해 언급하였다.

(4) 정체기(1974~1983)

이 시기에는 학교교육은 정체기에 해당되나 평생교육은 여전히 전개기에 해당된다. 1975년에는 지방공공단체에서 소비자교육에 관한 보고서를 제출하여 그때까지 행정주도형으로 진행되어 온 소비자교육을 '소비자에 의한, 소비자를 위한 소비자교육' 에로의 전환을 제창하였다. 1980년 12월에는 동경도 소비생활 심의회에서 '소비자행정에 있어서 정보활동과 소비자교육에 관한 보고서' 를 발표하였는데, 그 내용을 보면 '소비자교육의 목적은 소비자가 건강하게 문화적이고 주체적인 소비생활을 영위하기 위해 필요한 지식과 기술을 습득하고, 권리의 담당자로서 소비자문제 해결을 위해 스스로 조직적 · 사회적으로 행동하는 주체가 되도록 하는 것' 이라고 진술하였다(이기춘, 1999).

(5) 고양기(1984년 이후)

이 시기에는 고도 성장기에 진입함에 따라 공해문제가 심각한 사회문제로 대두되었고, 소비자문제의 형태도 변화하였으며, 그 정도가 점차 심각한 수준으로 확대되었다. 이러한 상황을 반영하여 당시 소비자운동의 초점이 소비자주권이나 소비자권리 확립에 맞추어짐에 따라 소비자교육에서도 '구매기술' 이나 '정보제공' 에만 한정하지 않고 '소비자 자신의 자립' 이라는 주제를 중요하게 다루게 되었다. 소비자가 경제사회의 시민으로서 확고한 위치를 확립하고 자리매김하기 위해서는 복잡하고 다양한 선택대안 중에서 무엇을 선택할 것인가와 관련된 의사결정능력을 키워나가는 것이 필요하며, 경제사회를 움직이는 것은 다름 아닌 바로 나 자신의 소비행동이라는 자각까지 포함하는 개념으로서의 소비자교육이 요구되었으며, 이는 현대 일본 소비자교육의 중심 주제로 자리잡게 되었다.

1986년에 국민생활심의회에 '학교소비자교육에 대하여' 라는 의견서를 제출한 이후 학교소비자교육에 일대 전환이 찾아오게 되었다.

1988년에 경제기획청은 '소비자교육을 생각하는 연구회' 를 설립하고 문부성과 협력하여 검토한 후 '소비자교육의 주체성 확립을 위하여' 라는 보고서를 공표하였다. 1990년에 경제기획청의 국민생활국과 문부성의 평생교육국이 공동으로 주관하여 교육계, 재계, 소비자단체 등으로 구성된 사단법인 '소비자교육지원센터' 를 설립하였다. 소비자교육지원센터의 설립이 계기가 되어 각 자치단체는 소비자행정과 교육행정을 연계하여 정보교환이 이루어지게 하였고, 교육대상자를 위한 교재와 지도자료의 작성, 교원 연수 등 학교 현장의 요구에 부응하는 다양한 지원활동을 모색하고 있다.

1989년에 개정된 제6차 교육과정에 의하면 자립의 기초를 육성하는 핵심적 교과로서 생활과 교과가 신설되고 거래와 계약의 중요성이 강조되었다. 1991년부터 초등학교 2학년에서 생활과 교과가 필수과목으로 지정되었고, 1992년부터 생활경제학 단원이, 1994년부터는 소비자경제학 단원이 고등학교 교육과정에 필수로 설정되었다.

2004년에 기존의 '소비자보호법' 이 '소비자기본법' 으로 전면 개정되면서 소비자정책의 기본 이념이 '소비자의 권리 존중' 과 '소비자 자립의 지원' 을 지향하게 됨에 따라 행정 차원에서 소비자의 자주적 능력을 개발하기 위한 소비자교육에 대한 지원을 적극 추진하게 되었다.

2006년에 일본 국민생활심의회는 '소비자교육의 체계화' 에 관하여 심의하였다. 일본의 소비자교육지원센터가 작성한 회의 자료인 '소비자교육의 체계화' 는 영역별, 생애주기별로 짜여졌다. 그 내용을 보면 소비자교육의 목표를 '자립적인 소비자' 양성에 두고, 세부 목표를 첫째, 소비생활에 관하여 스스로 필요한 지식을 습득하고, 필요한 정보를 수집하는 등 자주적이고 합리적으로 행동할 수 있는 소비자 육성, 둘째, 소비생활에 관하여 환경의 보전 및 지적재산권 등의 적정한 보호를 배려하는 소비자육성에 두었다. 그리고 소비자교육의 영역을 안전, 계약, 거래, 정보, 환경의 다섯 영역으로 설정하고 각 영역별 구체적인 목표를 제시하였다.

일본의 '소비자교육 체계화' 내용

-2006년 3월 28일 국민생활심의회에서 심의한 내용-

■ 소비자교육의 목표: 자립적인 소비자

- 목표 ① 소비생활에 관하여 스스로 필요한 지식을 습득하고, 필요한 정보를 수집하는 등 자주적이고 합리적으로 행동할 수 있는 소비자를 육성
- 목표 ② 소비생활에 관하여 환경의 보전 및 지적 재산권 등의 적정한 보호를 배려하는 소비자 육성

■ 소비자교육의 영역: 안전, 계약 · 거래, 정보, 환경

■ 영역별 목표

▶안전

① 상품(식품 포함)의 안전성 등에 관한 정보를 확인하고, 생명 · 건강에 미치는 영향을 고려하여 상품을 선택 · 이용할 수 있다.

② 상품에 의한 사고 · 위해에 적절히 대처할 수 있다.

③ 안전하게 생활할 수 있는 사회를 지향하고, 소비자의 안전을 확보하기 위해 협력하여 추진할 수 있다.

▶계약 · 거래

① 자기의 필요성을 충족시키기 위해 적절하게 판단하고 합리적인 선택을 할 수 있다.

② 가계를 적절히 관리하고, 합리적인 생활설계 및 돈을 사용할 수 있다.

③ 계약의 의미 · 내용과 계약상의 권리와 의무를 이해하고, 계약을 성실히 이행할 수 있다.

④ 트러블이 발생하였을 때 적절히 대처할 수 있음은 물론, 안심하고 거래 · 계약을 할 수 있는 사회를 목표로, 협력하여 필요한 추진을 할 수 있다.

▶정보

① 소비생활 향상을 위하여 정보통신을 이용할 수 있다.

② 개인 정보를 적절히 관리하고, 자기와 타인의 권리와 이익을 배려하여 정보통신을 적절히 활용할 수 있다.

③ 지적 재산권을 배려하고, 타인의 창작물 등을 이용할 수 있다.

▶환경

① 상품의 구입단계에 있어서, 상품환경에 관한 정보를 확인하고, 환경에 대한 영향을 배려한 상품을 선택할 수 있다.

② 상품의 사용 · 폐기 단계에 있어서 물품을 귀중히 여기고, 소비생활이 환경에 미치는 영향을 인식하고, 적절히 대처할 수 있다.

③ 지속가능한 사회를 지향하고, 소비생활에 관계되는 환경보전에 협력하여 추진할 수 있다.

출처: 한국소비자원 인터넷 자료(www.cpa.go.kr).

이상에서 살펴본 바와 같이 일본의 학교소비자교육은 종전 후 '구매기술' 과 '금전관리' 에 치중하던 교육에서 출발하여 '합리적인 의사결정' 과 '소비자시민 의식 고양' 을 강조하는 방향으로 변화되어 왔으며, 최근에는 '자립적인 소비자' 의 양성을 목표로 하고 있다. 일본의 학교교육과 평생교육에서의 소비자교육은 성숙과 쇠퇴를 반복하는 과정을 거치면서 현재는 상당한 수준으로 발전해 왔다.

3) 우리 나라 소비자교육의 발전과정

우리 나라는 1962년부터 경제개발 5개년 계획을 추진하면서 그동안 미국의 의존에서 벗어나지 못했던 우리 경제가 독자적으로 괄목할 만한 성장을 이룩하게 되었다. 지속적인 경제개발의 추진으로 산업이 발전하고 대량생산이 이루어지면서 소비가 촉진되어 물질적인 풍요를 누리게 되었다. 그러나 급속한 인플레이션으로 인한 물가상승 압박과 불량상품 범람에 의한 소비자피해를 예방하려는 소비자의식이 싹트기 시작하면서 소비자교육의 필요성이 제기되었다. 우리 나라의 경우 소비자교육의 발전이 메스컴과 소비자단체를 선두로 하여 행정, 학교, 기업의 순으로 진행되어 왔으며, 그 결과 4자 합의시스템으로 정착되었다.

우리 나라 소비자교육의 발전단계는 1960년대 후반부터 1970년대에 이르는 시동기, 1980년대의 성립기, 1990년대의 관심 고조기, 2000년 이후의 확장기로 구분해 볼 수 있다(한국소비자보호원 연구보고서, 2002).

(1) 시동기(1960년대 후반~1970년대)

이 시기는 소비자교육에 대한 인식을 시작한 시기이다.

1960년대 후반에는 가짜 외제상품과 불량상품들이 시장에 범람하고 있어서 이로 인한 소비자피해가 속출하였다. 이에 1965년 대한어머니회가 어머니 교육 프로그램의 하나로 소비자교육과 경제교육을 실시하였고, 1967년 한국부인회는 소비자불만의 창구를 개설하여 소비자문제를 해결하고자 하였으며, 소비자정보지인 〈소비자보호〉를 발간하여 소비자들에게 정보를 제공하였다. 1968년에는 서울의 YWCA에서도 사회문제부 내에 소비자보호위원회를 구성하여 불량 외래상품을 추방하고 좋은 상품을 고를 수 있도록 소비자들을 교육·계몽시키려는 움직임이 일어났다. 또 우리 나라의 경우에는 매스컴이 소비자의식 계몽에 앞장을 서서 여성 중심의 소비자단체 활동에 활력을 불어넣을 수 있었다. 특히 매일경제신문사는 1968년에 생활대학을 개강하여 주부들을 대상으로 소비자교육을 실시하였는데, 이것이 우리 나라에서 실시한 최초의 소비자교육이었다.

1970년대 초반에 전국주부교실 중앙회(1972), 주부클럽연합회(1972), 여성단체연합회(1973) 등의 여성단체들이 창설되었고, 후반에는 한국소비자연맹(1978)이 소비자전문단체로서 활동을 재개하였으며, 이들 단체들이 소비자보호활동을 보다 조직적이고 협조적으로 하기 위해 소비자보호단체협의회(1978)를 조직하였다. 그 당시 여러 가지 소비자피해가 사회문제로 대두되기 시작함에 따라 이들 단체들은 보다 적극적으로 활동을 전개하였는데, 소비자교육과 관련해서는 소비자의식을 고취시키기 위한 불량상품전시회, 우수공산품전시회를 개최하고 소비자의식 계몽교육을 실시하였다.

학교에서의 소비자교육은 '소비자교육' 이라는 독립과목은 없고 가정, 사회, 상업 교과목에서 부분적으로 다루어졌다. 중 · 고등학교의 교육과정에 소비자교육이 포함되기는 했으나 이 시기에는 양적으로 빈곤하고 경제이론에 치우친 것이었다.

(2) 성립기(1980년대)

이 시기에는 학교 및 사회에서 소비자교육을 시작한 시기이다.

1980년대에 이르러서는 정치, 경제, 사회 면에서의 급격한 변화와 더불어 소비자문제가 더욱 확대됨에 따라 정부의 소비자보호정책의 필요성이 제기되었고, 또한 여성단체 및 소비자단체의 적극적인 소비자운동은 정부의 소비자보호정책을 촉진시켰다. 그 결과 1980년에 소비자보호법이 제정되어 1982년부터 시행되었으며, 1986년에 소비자보호법을 개정하여 소비자의 7대 권리가 소비자보호법에 명시되었고, 1987년에는 정부 출연 소비자전문기관으로 한국소비자보호원이 개원하는 등 정부의 소비자보호정책이 활발하게 추진되었다. 이 시기는 법적 · 제도적 뒷받침하에 민간 소비자단체와 한국소비자보호원에서 실시하는 사회교육 차원의 소비자교육이 활발히 이루어질 수 있었다. 이 시기에 설립된 소비자전문단체로는 한국소비자생활교육원(1981)과 소비자문제를 연구하는 시민의 모임(1983)이 있는데, 이들 단체를 중심으로 소비자고발 상담, 상품테스트, 실량검사, 교육 및 홍보 프로그램, 조사 · 연구활동을 통한 정보제공형 소비자교육이 활발하게 이루어졌다(채정숙, 1991).

1984년에는 기업소비자전문가협회(The Organization of Consumer Affairs Professional: OCAP)가 조직이 되어 기업 내의 소비자문제에 대한 논의와 정보교환을 하고, 기업에서 소비자업무를 담당하는 직원들을 대상으로 하는 교육이 실시되었다.

한편, 이 시기에는 학교교육에서도 소비자교육의 내실화가 이루어졌다.

제4차 교육과정의 수립 시기인 1981년 즈음은 우리 사회가 대량소비사회로 진입하게 됨에 따라 학교교육에서도 소비자교육에 대한 관심이 증가되어 초등학교 교육과정의 목표와 내용에 소비자교육이 포함되었다. 뒤이어 1986년에 개편된 제5차 교육과정에서는 중학교 교육과정에서 실업 · 가정 교과는 교육목표와 교육내용에 소비자교육을 채택하였으며, 1987년에 개편된 고등학교 교육과정에서도 소비자교육 내용이 포함되었다. 제5차 교육과정에서는 제4차보다 소비자교육 내용이 상당히 증가되었고, 소비자의식, 구매 및 금전관리, 소비자권리와 책임에 대한 내용들이 다루어졌다. 고등학교 교육과정에서는 경제교육, 진로교육, 환경교육 등이 강조되었는데, 특히 경제교육은 고도 산업사회로 진입함에 대비하여 자본주의 윤리관 및 경제의식의 확립에서부터 소비자교육을 포함하는 넓은 의미의 경제교육이 필요함을 강조하였다(교육부, 1988).

우리 나라의 대학교육에서도 1980년대부터 소비자교육의 필요성과 의의를 인식하게 되었다. 일부 가정학 분야의 대학에서 가계관리에 대한 내용을 주로 다루던 가정경제학을 근간으로 하여 소비자문제에 대처하기 위한 '소비자권익 향상' 이라는 과제와 삶의 질 향상을 통한 소비자복지의 실현이라는 학문적 목표를 갖는 '소비자학' 이라는 새로운 학문 분야를 탄생시켰다. 서울대학교를 비롯하여 대학교육에서 개설되는 소비자 관련 과목이 양적으로나 질적으로 증가해 왔으며 소비자학 교육이 강화되었다. 대학교육 차원의 소비자교육은 대학생들의 소비자능력을 향상시킬 뿐만 아니라, 미래의 소비자교육을 담당할 전문가를 양성한다는 점에서 그 의의가 크다(이기춘, 1999).

(3) 관심제고기(1990년대)

이 시기에는 소비자교육의 체계화에 관심을 둔 시기이다.

사회적으로는 과소비문제, 새로운 판매기법들에 의한 소비자피해 문제, 시장개방으로 인한 수입식품과 관련된 식품안전문제, 환경문제 등이 대두되었으나 소비자교육을 통해 소비자복지 증진을 이룩할 수 있다는 신념으로 소비자교육에 대한 관심이 아주 고조되었다.

사회교육 차원에서 보면 소비자보호원에서는 1990년 이후부터 학생, 일반소비자, 기업직원, 공무원, 교원 등을 대상으로 소비자교육을 실시하였다. 교육 횟수는 1990년 73회(11,496명)에서 1999년 153회(17,506명)로 증가하였으며, 교육내용은 교육대상에 따라 다르게 편성하였다. 대학생의 경우 소비자상담실무, 허위 · 과장광고 실습, 모의분쟁조정위원회 운영을 하도록 하고 공무원의 경우 소비자 관련 법률, 소비자정책, 경제 관련 내용 등을 다룬다(한국소비자원에서 제공한 자료). 소비자단체에서도 소비자교육을 실시하였는데, 내용은 주로 소비자의 생태학적 책임, 소비윤리 및 가치관, 재정관리에 관한 것이었다. 교육은 강좌나 강연의 형태로 이루어지며 교육 횟수는 그다지 많지 않은 편이다.

학교교육에 있어서는 1992년 제6차 교육과정의 개편에 따라 소비자교육 내용이 강화되었으며, 내용 구성 면에서 시대적 상황을 반영하여 조정이 되었다. 초등학교의 경우 환경 관련 권리와 책임 및 안전 관련 권리와 책임의 내용이 크게 증가하였고, 개인자원의 사용 및 공공시설의 이용에 관한 내용도 상당히 증가하였다. 그러나 소비자의식, 구매 및 금전관리 내용은 이전 시기보다 감소되었다.

소비자교육 정책의 확대로 중 · 고교의 소비자교육을 활성화하기 위하여 시범학교가 운영되었다. 대학교에서도 1990년대 후반부터 가정학 계열에서 '소비자학과' 또는 '소비자 · 아동학과', '소비자 · 가족학과' 등과 같은 명칭으로 소비자 관련 학과가 많이 생겨났고, 대학원 교육도 강화되었다. 소비자학의 학문적 체계화가 이루어짐에 따라 전공 교육과정에 가정경제 영역, 소비자교육 영역, 소비자경제 및 정책 영역, 소비자행태 영역을 두고 관련 과목들을 개설하도록 하였으며, 심도 있는 연구를 할 수 있는 자질을 기르기 위해 소비자연구법을 개설하도록 하였다. 소비자학 전공자들의 전문직 진출을 위해 1990년에 창립한 한국소비자학회의 소비자교육분과위원회 주도로 '소비자상담사(1996년)[1]'와 '소비자재무설계사(1997년)'의 자격인증제를 제도화함으로써 대학에서의 전문직 양성을 위한 소비자교육이 한층 강화되었다. 전공영역뿐만 아니라 대학의 교양과정에서도 '소비자와 시장환경', '소비자교육' 등의 강좌로 대학생들의 소비자능력을 향상시키기 위한 교육이 확대되어 갔다.

또한 대학원 교육의 활성화로 연구 인력이 많이 배출되었고, 소비자학 분야의 해외 유학파들이 들어오면서 소비자교육의 개념 정립과 교육내용의 체계화, 소비자교육의 활성화를 위한 많은 연구들이 진행되어 소비자교육을 한 단계 도약시킬 수 있는 발판이 마련되었다.

(4) **확장기**(2000년 이후)

이 시기는 소비자교육이 활성화된 시기라고 할 수 있다.

2000년대에 접어들면서 정보화·세계화의 진전으로 정치·경제·사회 전반이 공급자 중심의 사고에서 소비자 중심의 사고로 옮아감에 따라 사회 전반에 걸친 새로운 변혁이 요구되었으며, 소비자교육도 새로운 패러다임의 전환이 필요하게 되었다.

2002년에는 새로운 시대에 부합하는 새로운 소비자교육을 개발·보급하기 위한 목적으로 소비자학 전공교수들이 주축이 되어 교육계와 소비자단체, 기업, 정부기관, 언론기관과 연계하여 소비자교육지원센터를 창립하였다. 소비자교육지원센터는 소비자에 관한 학제적이고 체계적인 연구와 국제적인 정보교류를 추진하였으며, 2003년부터는 소비자교육의 질을 발전·보급시키기 위하여 해마다 소비자교육 우수사례공모전을 실시하여 우수 사례에 대해서는 시상을 하고 있다.

2006년 9월에는 소비자보호법을 전면 개정하여 소비자기본법을 탄생시키고 2007년 3월부터 시행하게 되었다. 그 법에 따라 소비자정책의 기본 목표가 종래의 '소비자보호 위주'에서 합리적 구매선택을 할 수 있는 기반조성과 역량강화를 통해 '소비자주권 실현'을 지원하는 방향으로 전환되었다. 그리하여 소비자교육의 목표도 '자주적이고 책임 있는 정보화된 소비자'를 양성하는 데 두고 소

1) 2003년부터 국가자격증인 소비자전문상담사 1급, 2급 제도의 시행으로 소비자상담사가 소비자 업무 전문가로 명칭이 변경되었음.

비자교육의 활성화에 더욱 관심을 가지게 되었다. 소비자보호원이 2007년 3월부터 소비자원으로 출범하면서 공정거래위원회 산하로 들어가게 되었다. 소비자원에서는 소비자교육 종합발전계획을 세우고 소비자교육의 정체성 확립, 소비자교육의 다양화, 소비자교육에의 참여 확대라는 추진 방향을 설정하여, 학습자중심전략, 파트너십전략, 정보화전략, 균형화전략에 박차를 가하고 있다.

공정거래위원회에서는 소비자원 출범과 새로운 소비자주권시대를 맞아 향후 추진할 정책 청사진으로 '소비자정책 발전방안' 을 수립 · 발표하였는데(2006년), 소비자교육 정책과 관련해서는 실용적 · 통합적인 교육기반을 구축하고자 하였다. 즉, 합리적 소비생활에 필요한 지식 · 태도 · 기능 등 소비자능력을 객관적으로 측정할 수 있는 지수를 개발 · 활용하고, 정부 · 지자체 · 소비자단체 · 사업자단체 · 학계 등을 네트워크화하는 소비자교육 실행 협력체를 구축 · 운영하고자 하였다.

사회 소비자교육의 현황으로는 한국소비자원이 공무원, 사업자, 학생, 교원, 일반소비자를 대상으로 2001년에 총223회(24,414명), 2006년에는 330회(33,426명) 소비자교육을 실시했으며, 온라인 강좌로 소비자방송을 보내고 있다. 금융감독위원회에서는 2002년부터 일반소비자 및 업무전문가를 대상으로 금융 소비자교육을 확대 실시 중에 있으며, 공무원 교육기관 및 교원 교육기관에서도 2002년부터 경제실무과정에 '소비경제와 소비자경쟁력' 이라는 강좌과목이 5시간 설정되어 있다. 지방자치단체도 2001년까지는 경기도 소비자보호정보센터만 소비자교육을 시행하였으나, 그 이후 광주, 부산, 대구 등 각 지방에 소비생활센터가 생겨나면서 소비자교육을 시행하고 있다.

소비자단체에서는 주로 주부들을 대상으로 소비자교육을 실시하고 있는데, 2001년 자료에 의하면 부정기 교육 · 연수는 일반소비자 대상으로 70회, 모니터 · 실무자 등의 업무 전문가를 대상으로 22회를 실시하였다. 정기 교육프로그램의 경우는 녹색소비자연대, 한국소비자연맹, 대한주부클럽연합회, 전국주부교실중앙회, 한국YMCA 등이 개설하고 있는데, 교육내용은 단체가 지향하는 바에 따라 다양하다.

기업의 경우 일반적으로 전문적인 교육 · 연수보다는 정보제공을 주로 하고 있으나, 최근에는 대기업이나 대형 유통기관들이 고객들을 대상으로 다양한 교육프로그램을 실시하고 있다. 2004년부터 삼성카드회사는 소비자연맹과 공동으로 대학생을 대상으로 신용카드 사용에 관한 교육을 실시하였으며, 태평양화장품은 시각장애인을 대상으로 소비자교육을 실시하여 소비자교육 공모전에서 수상을 하기도 했다. 기업소비자전문가협회(OCAP)에서는 기업의 실무자를 대상으로 상·하반기별로 한 번씩의 교육을 시행하고 있는데, 교육내용은 상담방법, 피해구제 사례, 소비자법과 정책 설명, 직장인 소양교육 등이 주요 내용이다. 그외에도 고객만족 관련 주요 이슈나 실무자의 자질 향상을 위한 세미나와 소비자전문상담사 자격증 시험에 대비하기 위한 교육을 실시하고 있으며, 대학생들에게 고객상담 현장실습을 제공하고 있다.

기타 사회교육기관으로 대학 평생교육원, 지역문화센터, 노인기관 및 사회복지관에서 생활경제와 재테크 등 재무관리 관련 교육이 부분적으로 행해지고 있으나 소비자교육의 본래적 목적을 위해서 개설된 강의는 거의 없는 실정이다(한국소비자보호원, 2002).

학교교육에 있어서는 2000년 이후 제7차 교육과정 개편을 통하여 교육정책의 방향이 '21세기의 세계화·정보화 시대를 주도할 자율적이고 창의적인 한국인 육성'이라는 기본 목표를 두게 됨에 따라 새로운 환경 변화에 적응할 수 있는 자기 주도적 능력의 신장과 학습자 중심의 교육을 중요시하게 되었다. 학교 소비자교육의 내실화를 기하기 위하여 유치원부터 소비자교육을 실시하게 되었다. 유치원의 경우 2000년부터 시행된 제6차 교육과정에 의해 건강생활 영역의 '건강'과 '안전' 부문, 사회생활의 '기본 생활습관', '사회 현상과 환경', '정보자료에 관심 가지기' 등이 소비자교육과 관련이 있으나 아주 미미한 수준이다.

초·중·고등학교의 경우 2000년부터 2004년까지 단계적으로 시행된 제7차 교육과정의 교과목 편성에서 소비자교육은 단독 교과 없이 여러 관련 과목에 분산되어 주제 분야로 존재하고 있었다. 초등학교 교육과정에서 소비자교육과 관련되는 과목은 1, 2학년의 경우는 바른생활, 슬기로운 생활, 3·4·5·6학년의 경우는 도덕·사회·실과 등 과목에 분산되어 있는데, 제6차 교육과정까지는 사회교과에서 소비자교육을 가장 많이 다루다가 제7차 교육과정에서는 바른생활과 도덕 교과에서 소비자교육이 강화되었다. 중학교의 경우는 사회, 기술·가정, 도덕 교과에서 소비자교육을 시행하고 있는데, 제6차 교육과정에서는 가정 교과에서 소비자교육을 많이 다루었으나 제7차 교육과정에서는 기술·가정이 통합됨으로써 사회와 도덕에 주로 포함되었다. 고등학교의 경우는 국민 공통 기본 교과에서는 공통사회, 기술 · 가정에서 소비자교육이 시행되고 있으며, 일반 선택과목인 시민윤리, 생활경제, 심화 선택과목인 경제, 가정과학 등에서 소비자교육 내용을 포함하고 있다. 그리고 교과 외 학습활동의 재량활동 분야에서 소비자교육을 실시하고 있다. 교육과정의 소비자교육 관련 내용을 살펴보면 유치원의 경우 2000년부터 시작된 제6차 교육과정에서는 유아용 교과서는 없고 '유치원 교육활동 지도자료' 라는 교사용 지침서에 의해 교육이 실행되고 있다. 유치원 및 어린이집에서는 소비자교육이 구체적으로 시행되지는 않고 '우리 나라와 다른 나라', '건강한 몸과 마음', '지구와 환경', '도구와 기계' 라는 생활 주제에서 통합적으로 다루어지고 있다. 초 · 중 · 고등학교 교과서 중 소비자교육과 관련이 있는 내용은 각 교과목마다 주요 주제를 가지면서 상호 보완하는 체제로 되어 있다(한국소비자보호원, 2002; 표 2-1 참조). 제7차 교육과정에서는 중학교 1, 2학년의 기술 · 가정 과목에서 소비자정보기술 영역이 많이 보강되었으며, 금전관리 부분은 사회 교과로 많이 이관되었다. 소비자권익을 강조하는 내용은 생활경제와 가정과학 과목에서 많이 다루고 있는데 이는 학교의 재량에 따라 선택하지 않을 수도 있는 선택과목이므로 전체 학생들에 대한 교육 효과는 크게 기대하기 어려울 수도 있다.

표 2-1 초 · 중 · 고등학교 소비자교육 관련 교과목의 주요 주제

교과목	주요 주제
도 덕	- 자신의 소비생활에 대한 반성과 검약생활 실천의지, 근검절약하는 생활과 정당한 부의 추구에 대해 언급
사 회	- 합리적인 가계운영, 저축방법, 소비와 국민경제, 소비와 저축, 올바른 소비행태, 소비자선택 등에 대해 언급
기술 · 가정	- 소비자정보 활용법, 정보기술, 청소년 소비생활 특성과 건전한 소비생활, 소비자권리와 책임, 소비자보호에 대해 언급
시민윤리	- 소비자윤리에 대해 언급
생활경제	- 소비자문제, 소비자의 권리와 의무 및 이를 보장하려는 법과 제도, 소비자보호, 소비자권리를 지키는 자세에 대해 언급
경 제	- 합리적 소비와 바람직한 소비문제에 대해 언급
가정과학	- 소비자보호와 피해구제, 소비생활과 관련한 직업세계의 특성에 대해 소개

출처: 한국소비자보호원(2002). 소비자교육종합발전계획, p.67.
이승신 · 김민경 · 조정자(2003). 7차교육과정의 학교 소비자교육 내용 분석. 대한가정학회지 41(1), pp.231-248의 내용을 참고로 작성.

대학교의 경우 교양과정에서 '소비자와 시장' 외에도 '인간생활과 경제', '소비와 문화', '생활과 경제' 등의 과목들이 개설되면서 대학생 소비자들의 소비자능력을 향상시키는데 기여하였다. 전공과정의 경우 소비자 관련 학과가 '소비자학과' 또는 '소비자정보학과' 등의 명칭으로 독립하게 됨에 따라 소비자학의 학문적 체계에 맞게 교육과정이 재편성되었고, 전공자들의 사회진출이 두드러지게 되었다. 2003년부터 산업인력공단에서 '소비자전문상담사 1급, 2급' 자격시험제도를 시행하게 됨에 따라 대학에서는 이에 대비하기 위한 교과목을 개설하여 전문직 진출을 돕고 있다. 소비자학 전공자의 진출 분야로는 소비자전문상담사, 소비자교육담당자, 소비자업무전문가, 소비자재무설계사, 소비자정책 입안자, 소비자행정가 등으로 학교, 기업, 소비자단체, 행정기관 등 다양한 분야로 진출할 수 있다. 이들은 소비자업무협회를 통하여 서로의 정보를 교류할 수가 있다. 2005년에는 소비자학자들이 주축이 되어 소비자 정책·교육학회를 창립하였다. 이 학회는 현대소비사회에서 소비자주권 실현을 위한 소비자정책의 수립과 소비자능력 향상을 위한 소비자교육 분야의 이론적 틀을 개발하고, 소비자문제를 해결하기 위하여 소비자학계와 정부, 기업, 소비자단체 등 소비자 관련 기관과의 교류를 통하여 소비자복지 증진을 도모하고 있다(소비자교육·정책학회 홈페이지 자료).

이상에서 살펴본 바와 같이 우리 나라는 소비자교육의 발전이 미국이나 일본에 비해서 시작은 많이 뒤졌지만 그동안 꾸준히 발전을 거듭해서 선진국 수준에 육박하고 있다. 소비자교육 발전의 토대가 되어온 소비자보호기본법이 일본에 비해서 12년 늦게 제정되었지만 소비자주권 확립을 지향하는 소비자기본법은 일본에 비해 불과 2년 늦게 제정이 되었다. 그리고 소비자기본법에 의거하여 한국소비자원이 새로이 출범하고 공정거래위원회 산하로 이관됨으로써 소비자정책 추진에 활력을 얻고 있다. 소비자정책의 목표가 종래 소비자보호 위주에서 소비자주권 실현을 지원하는 방향으로 전환됨에 따라 소비자교육의 중요성은 더욱 커지게 되었다. 21세기 소비자주권시대를 열어갈 수 있는 자주적이고 정보화된 책임 있는 소비자 양성을 위해 정부와 기업, 소비자단체 그리고 학계, 교육계가 합심해서 노력한다면 어느 나라보다 앞서서 소비자복지를 실현할 수 있을 것이다.

02 소비자교육의 전망

소비자주권 실현이라는 소비자정책의 변화와 함께 소비자교육의 전망에도 많은 변화가 예상되고 있다. 그러면 소비자정책 환경의 변화와 이에 따른 소비자교육의 추진방향에 대해 살펴보기로 한다.

1) 소비자정책 환경의 변화

소비자정책 환경의 변화로는 소비환경의 변화와 소비자정책 패러다임의 변화를 들 수 있다(공정거래위원회 · 소비자본부, 2007).

(1) 소비환경의 변화

① 신유형 소비자문제의 증가

동시다발적 FTA 체결 등 세계화의 진전, 정보통신기술의 발달에 따라 해외로부터 사기적 마케팅 기법 유입 및 새로운 형태의 소비자 안전문제 발생 등 신 유형의 소비자문제가 증가하고 있다. 시장개방과 전자상거래 증가로 상품의 기능 및 종류가 전문화되고 사용이 복잡해짐에 따라 품질과 가격의 평가가 곤란한 경우가 많다. 그리고 정제되지 않은 무분별한 정보의 유입 속에서 정보에 대한 접근성은 높아졌으나 정보선택 능력 부족으로 인한 혼란이 발생하고 있다.

② 신유형 소비자문제에 신속한 대응불가

과거 규제 중심의 소비자보호 및 사후구제정책으로는 급격한 시장변화로 야기되는 새로운 유형의 소비자문제에 신속하게 대응하는 것이 불가능하다. 또한 소비자피해에 대한 사후구제적 조치로 소비자문제를 해결하기에는 사회적 손실이 지나치게 크고 이러한 피해규모는 더욱 증가할 것으로 예상된다. 예를 들어 미국 FTC(연방거래위원회)의 "소비자 사기 및 명의도용 민원(Consumer Fraud and Identity Theft Complaint Data)에 관한 '06 연차보고서"에 따르면 사기(fraud)로 인한 1인당 소비자 평균 피해액은 연간 약 $500(약 45만 원) 정도나 된다고 한다.

③ 사전적 소비자교육 필요

신유형의 소비자문제가 속출하는 상황에서는 스스로 합리적인 분석을 통해 정확한 평가를 내리며, 자신의 소비가 개인 · 시장 · 국가 · 환경에 미치는 결과까지 고려한 신중한 구매결정을 할 수 있도록 하는 사전적 소비자교육이 필요하다.

(2) 소비자정책 패러다임의 변화

과거 국가에 의한 소비자보호 관점하에서는 소비환경 변화에 효과적으로 대응할 수 없다는 인식하에서, 소비자주권 관점으로 소비자정책의 패러다임이 전환되었다. 이를 반영하여 2006년 소비자보호법이 소비자기본법으로 전면 개정되었고, 소비자정책 추진체계가 전면 개편되었다. 개정 소비자기본법에서는 소비자의 교육받을 권리(법 제4조) 외에 새롭게 국가의 소비자교육 의무를 규정(법 제14조)하는 등 소비자교육에 관한 규정이 강화되었다.

또한 정부의 소비자정책 추진체계 개편에 따라 공정거래위원회가 소비자원 · 소비자단체와의 협력업무 및 소비자안전 · 정보제공 · 교육 등 분야별 소비자시책을 전반적으로 수행하게 되었다. 앞으로는 공정거래위원회가 소비자원, 소비자단체와 협력하여 "우리 나라 중장기 소비자교육 추진계획"을 수립 · 시행하게 되었다.

2) 소비자교육의 추진방향

공정거래위원회 소비자본부(2007)에서는 앞으로의 소비자교육을 발전적으로 추진하기 위해서 소비자주권시대의 소비자교육 추진전략을 제시하고 있다. '소비자주권 실현'이라는 소비자정책의 목표를 달성하기 위하여 '소비자의 자주적 역량 강화'라는 소비자교육의 전략목표를 설정하고 '소비자교육의 체계화, 다양화, 국제 · 지방화'라는 3대 추진전략을 제시하였다.

(1) 소비자교육의 체계화

소비자교육의 체계화를 위해 첫째, 국가적 차원의 소비자교육 시책을 수립하고 소비자교육 업무를 전담할 수 있는 전담부서를 공정거래위원회 소비자본부 산하에 신설한다.

둘째, 평생 · 학교 소비자교육과 연계된 소비자교육의 비전 · 전략을 제시하고 중장기 · 연도별 소비자교육 종합계획을 수립 · 시행한다.

셋째, 체계적이고 유기적인 소비자교육이 실행될 수 있도록 소비자교육 협력체를 운영하여 일관성 있고 조화로운 소비자교육 시책을 추진한다.

넷째, 소비자교육과 관련된 법령 정비 및 제도개선을 통하여 소비자교육이 효과적으로 시행될 수 있는 기반을 조성한다. 즉, 교육기본법 · 유아교육법 등의 기존 교육 관련 법령에 소비자교육 내용을 강화하도록 추진하고, 소비자교육이 정식 교과목으로 채택될 수 있도록 관계 부처와 협의한다.

다섯째, 산발적 · 비체계적으로 실시된 소비자교육을 체계적으로 실행할 수 있는 소비자교육 협력체를 구축하고 자율과 비교 우위의 원칙에 따른 역할 배분을 통하여 시너지 효과를 극대화한다.

- 공정거래위원회: 소비자교육 추진계획 수립, 종합 · 조정기능 수행
- 소비자원 : 소비자교육 콘텐츠 제공, 전문가 교육
- 소비자단체: 접점 영역에서 계층별 · 대상별 소비자교육 실행
- 기타: 소비자교육지원센터, 학계, 기업, 기타 정부부처 등도 협력체에 참여 인적 · 물적 협력

(2) 소비자교육의 다양화

소비자교육의 다양화를 위해서 소비자능력지수를 개발 · 활용하고, 소비자교육 대상과 내용 및 방법의 다양화를 추구한다.

① 소비자능력지수의 개발 · 활용

소비자들의 능력을 객관적으로 측정할 수 있는 소비자능력지수를 개발 · 산출하여 소비자교육 시책의 우선순위 결정 및 사후 평가의 기초 자료로 활용한다. 소비자능력지수를 통하여 시급한 소비자교육 분야를 발굴하고 효과적인 소비자교육 방법을 모색하는 등 소비자교육 시책의 객관성 · 적시성을 제고한다. 또한 소비자교육의 대상별 · 내용별 · 방법별 문제점 및 보완점을 발굴하여 인적 · 물적자원의 투입을 집중한다.

② 소비자교육 대상의 다양화

취약계층 소비자 · 주권추구 소비자 · 전문가(지도자)로 구분하여 대상의 특성별로 교육방법 · 교육매체 등을 다양화하여 차별화된 소비자교육을 실시한다.

- 취약계층 소비자: 노인 · 미취학 아동 · 빈곤층 · 결혼이민자 등 사회적 취약계층 소비자문제를 발굴하고 교육수요를 파악하여 상담 및 교육프로그램 개발
- 주권추구 소비자: 주권추구 소비자의 경우 교육보다는 정확하고 다양한 정보제공에 초점을 맞추고 사기 등 특정 이슈 위주의 교육 실시
- 전문가 및 지도자: 소비자정책 담당 공무원 · 교사 · 소비자교육 전공자 등을 대상으로 e-learning을 활용한 원격교육시스템 등 특별한 교육프로그램 및 교육교재 제작 · 보급

③ 소비자교육 내용의 다양화

소비자교육 내용의 다양화를 위해서는 첫째, 학교 소비자교육의 내실화를 통하여 학교에서의 정규교과과정을 통해 소비자교육이 체계적으로 이루어질 수 있도록 관계 부처와 협력한다. 또한 교과과정 개선을 통하여 소비자교육을 강화하고 향후 정규 교과목 채택 추진, 소비자교육 교재개발 · 보급 등을 통하여 학교에서의 소비자교육 기반을 구축한다. 정규 교과과정 내에서 소비자교육이 특수한 교육 · 부수적 교육이 되지 않도록 소비자교육의 정의 · 목표 · 내용 영역을 명확화한다. 소비자교육과 정보제공의 차이를 정보제공의 한계 측면에서 재인식하고, 경제교육과의 관계 설정 등을 통하여 소비자정책에서 소비자교육의 독립적 영역과 범위를 확보한다.

둘째, 평생 소비자교육의 활성화를 통하여 연령별 · 계층별 · 직업별 소비자교육 수요를 파악하고 생애주기(life-long)에 걸친 소비자교육이 실시될 수 있는 기반을 구축한다. 이를 위해 사회교육기관과의 협력을 통한 소비자교육 활성화 방안을 모색하고, 기업을 통한 소비자교육 지원 방안을 마련하며, 일반인 소비자교육을 위한 인력풀을 구축한다.

④ 소비자교육 방법의 다양화

사기 · 기만과 관련된 사회적 특정 이슈 위주의 소비자교육뿐 아니라 '소비자의식, 가치관, 소비생활에서의 비판적 태도' 등을 포함하는 이(異)분야 연합적 ·

학제적(interdisciplinary) 접근을 실시한다.

(3) 소비자교육의 국제 · 지방화

① 소비자교육의 국제화

소비자교육의 국제화를 위해서는 OECD 소비자정책위원회 등 소비자교육과 관련된 국제적 논의 동향에 적극 참여하고 국경을 넘는 거래에서 나타나는 새로운 소비자문제에 대한 교육을 실시한다. 일본 소비자교육지원센터(National Institution on Consumer Education: NICE), 미 FTC, 영국 OFT 등 선진 소비자교육기관들과의 교류를 통해 선진 소비자교육 정책을 국내에 도입한다. 또한 동시다발적 FTA 체결에 따라 증가하게 될 국경 간 거래로 인해 유입될 새로운 사기적 마케팅 기법에 대비하기 위한 교육을 실시하여 미국, EU 등 선진국 소비자들에 대한 경쟁력을 확보한다.

② 소비자교육의 지방화

중앙 위주의 소비자교육이 아니라 그간 소외되었던 지방에 필요한 소비자문제를 발굴하고 지방에서 요구되는 소비자교육을 실시한다. 공정거래위원회 지방사무소 · 지방 소비자단체 · 지자체 소비생활센터 · 소비자업무협회 지역 분과 등과 연계한 지역단위 협력체를 구축하여 정보교환 및 상호협력을 강화한다. 지방에서의 소비자교육 수요를 파악하여 지방에 대한 소비자교육 교 · 강사 파견제, 시범학교 운영, 교육 교재 제작 · 보급을 실시한다.

이상에서 살펴본 바와 같이 향후 소비자교육의 전망은 소비자를 열등한 경제주체로 보호의 대상으로 인식했던 과거의 소비자보호적 관점에서, 소비자를 시장에서의 사업자와 대등한 합리적 경제 주체로 인식하는 소비자주권적 관점으로의 전환에 따라 과거의 규제, 사후적 피해구제 등에 치우쳤던 소비자정책에서 탈피하여 소비자의 자주적 역할을 강조하고 소비자의 합리적 선택을 위한 기반조성과 역량강화에 초점을 둔 교육 및 정보제공 등에 주력하게 될 것이다.

소비자교육의 성공적 발전을 위해서는 공정거래위원회와 소비자원 · 소비자단체 · 학계 · 기업이 모두 힘을 합쳐 소비자주권을 실현하기 위하여 노력해야 할 것이다. 특히 정부는 참여기관들의 자율과 창의를 최대한 존중하고, 자발적

참여와 협력을 유도하며, 기관 간 시너지 효과가 극대화될 수 있도록 연계체계를 강화해 나가야 할 것이다.

『소비자주권 실현』이라는 소비자정책의 목표를 달성하기 위하여 「소비자의 자주적 역량 강화」라는 소비자교육의 전략 목표를 설정하고 '소비자교육의 체계화, 다양화, 국제 · 지방화' 라는 3대 추진전략을 제시

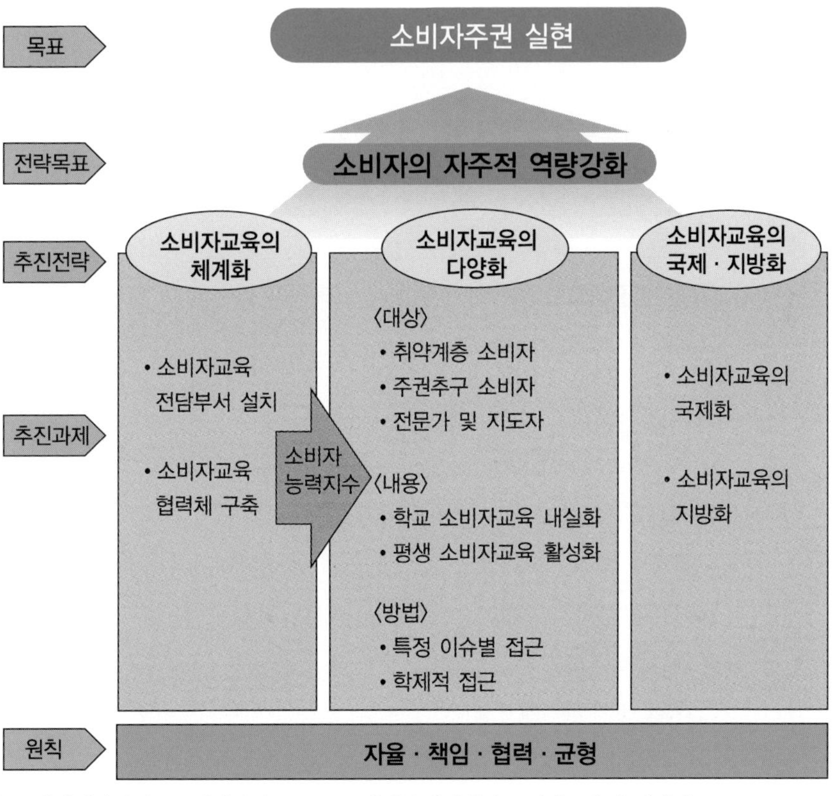

출처: 공정거래위원회 · 소비자본부(2007). 소비자주권시대의 소비자교육 추진전략, p.13.

연구과제

1. 미국에서 소비자교육의 필요성이 대두되게 된 사회 · 경제적 배경에 대해서 조사해 보자.

2. 일본의 학교 소비자교육에서 다루어지고 있는 핵심적인 내용들과 우리 나라 학교 소비자교육에서 다루어지고 있는 핵심적인 내용들을 조사해 보고 공통점과 차이점을 비교해 보자.

3. 우리 나라 소비자교육의 발전과정을 단계별로 살펴보고 앞으로 지향해야 할 소비자교육의 목표와 교육내용에 대해서 토론해 보자.

4. 소비자교육을 성공적으로 추진하기 위해서 고려해야 할 점들을 토론해 보자.

03 CHAPTER

소비자사회화와 소비자능력 개발

03 CHAPTER

소비자사회화와 소비자능력 개발

소비자교육의 궁극적인 목적은 소비자능력을 개발하여 시장에서 자주적인 소비자로 활동할 수 있게 하는 것이다. 소비자능력 개발은 어린 시절부터 소비생활과 관련하여 어떻게 사회화 과정이 이루어지느냐에 따라 좌우되며, 이후 학교교육과 사회화 과정이 병행되면서 소비자능력은 학습된다. 그런데 소비자시장 환경은 빠른 속도로 변화하기 때문에 한번 습득된 소비자능력으로는 시장에서 자주적인 소비자역할을 수행하기 어렵다. 따라서 소비자능력 개발은 전 생애에 걸쳐 지속적으로 이루어져야 할 것이다. 본 장에서는 소비자사회화와 소비자능력 개념 및 이에 영향을 미치는 요인에 대해서 살펴봄으로써 소비자능력 개발을 위한 방안을 알아보고자 한다.

01 소비자사회화

1) 소비자사회화 개념 및 접근이론

(1) 소비자사회화 개념

사회화란 개인이 집단이나 사회의 구성원으로서 효과적으로 참여할 수 있게 하는 지식, 기능, 성향을 획득하는 과정, 또는 개인이 다른 사람과의 교류를 통하여 사회적으로 적절한 행동과 경험을 발전시키는 과정을 뜻한다(이기춘, 1999).

일반적인 사회화 이론을 소비자연구에 적용시켜 소비자사회화 이론을 제시한 학자는 워드(Ward, 1974)인데, 그에 따르면 소비자사회화(consumer socialization)란 사회화의 하위 개념으로써 소비자로서의 역할을 올바르게 수행할 수 있도록 소비자지식, 소비자태도, 소비자기능을 습득해 나가는 과정이라고 정의하고 있다. 인간은 태어나면서부터 소비자로서의 역할을 수행하는데, 이때 어떻게 역할을 학습하는가에 따라 소비자사회화 정도는 달라질 수 있다. 또한 소비자사회화란 우리 일상생활에서 소비자로서의 지식, 태도, 기능 등을 변화하는 상황에 적합하게 계속적으로 개발시켜 나간다는 점에 있어서 전 생애에 걸친 과정이라고 할 수 있다.

(2) 소비자사회화 접근이론

소비자사회화는 어떻게 이루어지는가? 이를 설명해 주는 대표적인 이론으로 인지발달이론과 사회학습이론을 들 수 있다.

① 인지발달이론을 기초로 한 소비자사회화

인지발달이론을 기초로 한 소비자사회화란 유아기와 성인기 사이에 나타난 소비자행동에 대한 인지구조의 질적 변화를 사회화로 간주하는 것이며(Stampfl, Moschis, Lawton, 1978), 이는 피아제와 콜버그(Piaget & Kohlberg)에 의해 체계화되었다.

피오나 등(Fiona et al., 1999)은 아동들은 아동기 때의 소비자 역할수행은 물론 성인이 된 후 효과적으로 소비자역할을 수행하기 위해 소비자와 관련된 적합한 기능, 행동지침, 지식, 태도 등을 습득해야만 함을 주장하면서, 소비자사회화와 관련된 이런 부분들은 아동이 성장하면서 수동적에서 능동적으로 습득되는 것이 보편적임을 설명하였다. 그런가 하면 워드(Ward, 1974)는 소비자사회화와 관련하여 소비자사회화 과정은 어떻게 이루어지는가, 소비자사회화의 학습내용은 무엇인가, 그리고 사회화와 관련된 초기학습은 언제까지 지속되는가와 같은 물음을 제시한 바 있다.

워드와 로버트슨(Ward & Robertson)은 소비자사회화 과정의 개념적 모델을 인지발달 이론을 기초로 설명하였는데, 그들은 소비자사회화 과정을 자극 → 유기체 → 반응의 3단계로 설명하고 있다. 이를 그림으로 설명하면 〈그림 3-1〉과 같다.

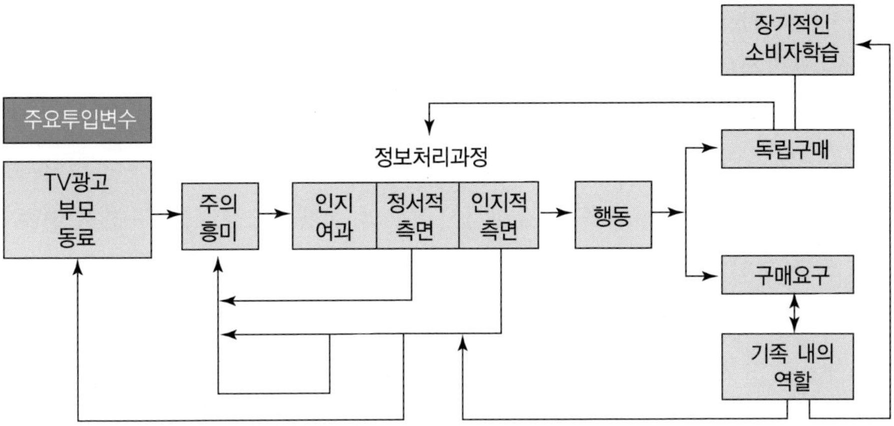

출처: 이기춘(1999). 소비자교육의 이론과 실제. 교문사, p.94에서 재인용.

그림 3-1 워드와 로버트슨의 소비자사회화 모델

주요 투입변수는 학습자의 주의와 흥미를 끌고, 호기심을 자극하게 된다. 주의와 흥미를 느낀 학습자는 자극에 대해 정보처리를 하게 되는데, 정보처리과정은 소비자 개인의 정보선택능력에 의해 크게 영향을 받는다. 성인의 정보처리과정에는 자극에 대해 걸러내는 기능인(거짓과 진실, 필요와 불필요 등) 인지여과기능이 발달되어 있다. 반면에 어린 아동에게는 이 기능이 제대로 발달되어 있지 못하며, 노인의 경우는 이 기능이 쇠퇴해져 거짓 정보나 판매전략에 현혹당하기가 쉽다. 정보처리가 끝나면, 그 결과는 두 가지 행동 유형으로 나타나는데 하나는 원하는 제품이 있을 때 독립적으로 구매하는 독립구매 형태와 다른 하나는 다른 가족에게 사달라고 요구하는 구매요구 형태이다. 워드와 워크맨(Ward & Wackman, 1972)의 연구에 의하면 연령이 높아질수록 아동소비자의 구매요구는 감소하는 반면, 독립구매에 대한 부모의 수락 정도는 많아진다고 하였다.

② 사회학습이론을 기초로 한 소비자사회화

사회학습이론은 사회화를 개인과 환경의 상호작용으로 보고 소비자의 인지와 행동 형성이 다른 환경적 요인에 의해 이루어진다고 보는 것이다. 이 이론에 의하면 소비자사회화 과정은 모방(modeling)과 강화(reinforcement)를 혼합한 사회적 상호작용의 과정이라고 볼 수 있으며, 이는 반두라(Bandura)의 모방이론과 스키너(Skinner)의 강화이론으로 구분하여 설명할 수 있다. 모방이론에 의하면 아동기에는 타인이 행하는 소비행동을 모방하면서 소비자로서의 역할 학습이 이

루어지므로 가정에서 부모의 소비자역할이 매우 중요하다고 하겠다. 또한 소비행동은 긍정적인 면과 부정적인 면으로 양면성을 띠며 보상이나 칭찬 등의 긍정적 강화나 꾸중이나 벌 등의 부정적 강화를 통해 소비자역할이 학습된다.

모쉬스와 처칠(Moschis & Churchill, 1978)은 사회학습 이론에 의한 소비자사회화 모델을 제시하였다. 그들은 소비자사회화의 선행요소로 사회구조적 변수와 연령 또는 생활주기 단계를 들고 있으며, 소비자들은 가족, 대중매체, 동료집단, 학교 등 사회화 대행 변수에 의한 모방, 강화 또는 모방과 강화가 혼합된 사회적 상호작용을 통해 다양한 학습 결과가 소비자사회화로 나타날 수 있음을 설명하였다(그림 3-2).

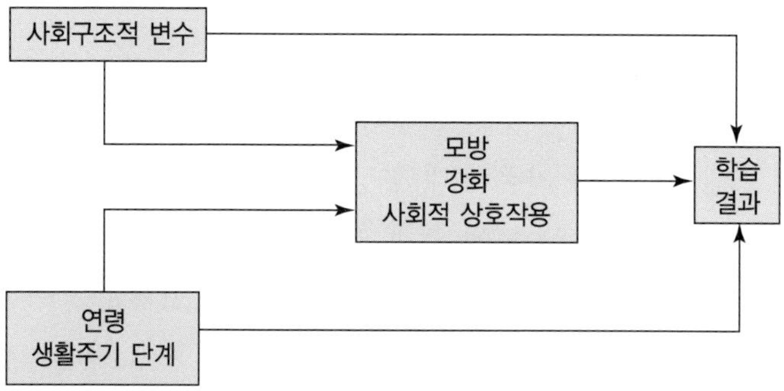

출처: Moschis, Churchill(1978). Consumer Socialization: A theoretical and empirical analysis. Journal of Marketing Research, Vol. 15, p.600.

그림 3-2 모쉬스와 처칠의 소비자사회화 모델

한편 카마루딘과 모컬이스(Kamaruddin & Mokhlis, 2003)는 소비자사회화가 이루어지는 과정을 조사한 연구에서 사회화 대행변수와 관련된 사회구조적 변수로 사회계층, 성별, 민족성, 거주지, 종교를 제시한 바 있다.

2) 소비자사회화 관련 요인

소비자사회화는 인지발달과 같은 개인의 내면적 발달 측면뿐만 아니라 부모나 형제, 대중매체, 친구, 학교 등의 외부 환경에 의해 서로 영향을 받는 것으로 알려져 있다.

(1) 개인적 요인

소비자사회화와 관련된 개인의 내면적 발달요인은 인지발달(cognitive development)을 들 수 있다. 즉 소비자사회화는 아동이 아동기를 거치면서 성숙해 나가는 일련의 과정에 따라 발달한다는 것이다(John, 1999).

존(John, 1999)은 이러한 소비자사회화의 발달단계를 취학 전 아동부터 청소년기에 이르기까지 지각적 단계(3~7세), 분석적 단계(7~11세), 사려 깊은 단계(11~16세)의 세 단계로 설명하고 있다.

첫째, 지각적 단계(Perceptual stage, 3~7세)이다. 이 시기의 아동들은 사물을 보는 그 자체를 지각하는 시기로서, 이 시기는 구체적이고 일차원적이며 단순하고 자아중심적인 특성을 지녔다. 따라서 이 시기의 아동들이 의사결정 전략은 편리하고, 단순하며 눈에 띄는 하나의 속성 그리고 제한된 정보 등을 이용하게 된다. 둘째, 분석적 단계(Analytical stage, 7~11세)이다. 이 시기의 아동들은 사물을 볼 때 보다 섬세하고 분석적인 방법으로 접근한다. 이 시기 아동들의 지식 구조는 추상적이며 다차원적이고, 가정법을 사용할 줄 알며, 자기 자신뿐만 아니라 타인의 상황도 생각할 줄 안다. 이 시기의 아동들이 사용가능한 의사결정 전략은 사려 깊을 뿐만 아니라 관련된 속성을 헤아릴 줄 알며 사물을 상대방 시각으로 분석할 줄도 안다는 것이다. 셋째, 사려 깊은 단계(Reflective stage, 11~16세)이다. 이 시기는 소비와 관련된 사회적 상황과 의미를 종합적으로 이해할 수 있는 시기로, 지식구조가 추상적이고 다차원적이며 가정법을 사용하며, 타인의 시각으로 사물을 이해할 줄 안다. 이 시기의 아동들이 사용하는 의사결정 전략은 기능적이고 기초적인 특성은 물론 관련된 특성과 다차원적 속성 등을 반영하며, 사회적 상황을 고려한 타자의 시각으로 사물을 생각하는 사려 깊은 특성을 보인다.

이상에서 설명한 인지발달에 따른 소비자사회화 과정을 존(John, 1999)은 여덟 개 영역으로 구분하여 설명하고 있는데 이를 정리하면 〈표 3-1〉과 같다.

표 3-1 인지발달 단계에 따른 소비자사회화 과정

주제	지각적 단계(3~7세)	분석적 단계(7~11세)	사려 깊은 단계(11~16세)
광고와 관련된 지식	• 광고와 프로그램을 구별할 수 있다. • 광고내용을 사실이라고 믿는다. • 광고에 대해 긍정적 태도를 보인다.	• 광고에 설득적 의도가 있음을 안다. • 광고내용에 편견과 허위가 내포되어 있음을 안다. • 광고에 대해 부정적 태도를 보인다.	• 광고의 설득적 의도와 광고의 세세한 소구방법까지 이해한다. • 광고에 허위가 있음을 알며, 편견과 허위의 특정 사례까지 제시할 수 있다. • 광고에 대해 회의적 태도를 보인다.
상품/상표와 관련된 지식	• 상품군 내에서 상표명을 인식한다. • 상품군을 구별할 때 지각 가능한 큐만을 사용한다. • 원하는 품목의 정보원을 자기중심적 시각으로 찾는다.	• 아동과 관련된 상품군 내에서 상표에 대한 인식도가 높아진다. • 상품군을 구별할 때 기능적인 면을 고려한다. • 소비의 상징적인 측면에 대한 이해가 높아진다.	• 아동과 관련된 것은 물론 성인과 관련된 상품군까지 상표에 대한 인식도가 높아진다. • 상품군을 구별할 때 기능적인 면을 고려한다. • 상품과 상표명이 갖는 복합적 소비의 상징성을 이해한다.
쇼핑과 관련된 지식, 기술	• 기초적인 쇼핑 계획을 세운다.	• 복합적이고, 추상적인 쇼핑계획을 세운다.	• 복합적이고, 부수적인 것까지의 쇼핑계획을 세운다.
의사결정과 관련된 기술, 능력: 정보탐색	• 정보원에 대한 인식이 한정적이다.	• 인적 정보원과 대중매체에 대한 정보원으로 인식이 확산된다.	• 상품이나 상황에 따라 다양한 정보원을 사용할 수 있다.
상품 평가	• 이득과 손실에 대한 계산을 하려고 한다. • 감각적으로 눈에 띄는 정보를 사용한다.	• 이득과 손실을 계산할 수 있다. • 감각적일 뿐만 아니라 기능적으로 중요한 정보에 초점을 둔다.	• 이득과 손실을 계산할 수 있다. • 감각적이고, 기능적인 요소와 더불어 사회적 측면까지 고려한 중요한 속성의 정보에 초점을 둔다.
의사결정 전략	• 하나의 속성만을 사용한다. • 제한된 전략만을 사용한다.	• 두 개 이상의 속성을 사용한다. • 다양한 전략 : 특히 비보상적 전략을 사용하기 시작한다.	• 여러 개의 속성을 사용한다. • 사용가능한 전략 모두를 사용한다.

구매 협상 전략	• 직접적인 요청이나 감정적 어필 전략을 시도한다.	• 홍정과 더불어 설득적 어필을 시도하려고 한다.	• 홍정과 설득적 어필 등 자신이 좋아하는 전략 방법으로 시도한다.
소비 동기, 가치: 물질주의 성향	• 외형적 특성으로 소유물을 평가한다.	• 사회적 의미와 중요성에 기초를 두고 가치를 평가하려고 한다.	• 사회적 의미, 중요성과 더불어 희소성까지 고려하여 가치를 평가하려고 한다.

출처: John, Deborah Rodder(1999). Consumer Socialization of Children: A Retrospective Look at Twenty-Five Years of Research. Journal of Consumer Research 26(3), p.204.

일반적으로 인지발달의 정도를 나타내는 대체변수로는 연령을 들 수 있다(이기춘, 1999). 연령은 비록 구체적이진 못하지만 소비자로서 축적된 경험을 나타내는 일반적 지표로 연령에 따라 사회화 정도가 달라지기 때문이다. 따라서 어느 정도까지는 연령이 증가할수록 인지는 발달하며 그에 따라 소비자사회화도 발달된다고 볼 수 있다.

(2) 환경적 요인

소비자사회화에 영향을 미치는 환경적 요인으로 가족, 동료집단, 대중매체, 학교교육 등을 들 수 있다.

① 가정

가정은 사회화를 발달시키는 첫 번째 환경으로 아동소비자가 부모의 소비행동을 관찰하고 모방할 기회를 제공하고 아동이 소비자로서 행동할 기회와 경험을 갖게 하는 다양한 강화기제를 사용하며, 의사소통과정을 통하여 소비자사회화에 영향을 미친다(이승신 외, 2004). 로즈, 달라카스, 크롭(Rose, Dalakas, Kropp, 2003)은 부모의 양육형태와 소비자사회화에 관한 연구를 실시했는데, 연구결과 온화하면서도 엄격한 형태의 권위적인 양육형태를 지닌 부모가 냉정하면서 엄격한 형태의 권력적 양육형태를 지닌 부모보다 아이들의 독립심을 키워주면서도 TV 시청이나 미디어 노출 등에 대한 통제를 잘 하며, 자녀와 함께 쇼핑하는 등 가족 구매에 자녀를 참여시킴으로써 소비자사회화를 높여준다고 하였다. 그러나 카마루딘과 모킬이스(Kamaruddin, Mokhlis, 2003)는 말레이시아 청소년들을 대상으로 한 사례연구에서 부모가 소비자사회화에 영향을 미치는 중요한 요인이긴 하지만 아동기를 벗어나 청소년이 되면 부모의 영향력은 거의 없음을 밝히고 있다.

② 동료집단

청소년기는 부모나 권위의 존재에 의존해 왔던 위치로부터 자아의 정체성 확립을 이행해 가는 단계로 이 시기의 청소년은 부모의 간섭을 싫어하고 기존의 기성세대에 의해 형성된 질서를 거부하는 경향이 있다. 이 시기의 동료집단은 일상생활에서의 준거집단으로서 긍정적 측면에서건 부정적 측면에서건 다양한 측면에서 청소년의 소비자사회화에 영향을 미치는 중요한 변수이다(Kamaruddin, Mokhlis, 2003).

③ 대중매체

신문, 잡지와 같은 인쇄매체든, 텔레비전과 같은 영상매체든 대중매체로서 소비자사회화에 모두 영향을 미치지만 음향과 영상이 결합되어 수용자에게 표현적인 이미지를 제시하는 힘을 지닌 텔레비전이 특히 큰 영향을 미친다고 할 수 있다(이기춘, 1991). 워드(Ward, 1974)는 텔레비전 프로그램보다 광고가 소비자 학습에 더욱 큰 영향을 미친다고 보고하였는데, 정보처리의 인지여과 기능이 아직 제대로 발달되지 못한 아동기에는 광고의 과장성 혹은 허위성을 여과 없이 받아들이기 쉬우므로 이들을 대상으로 한 광고규제는 보다 강화되어야 할 것이다.

④ 학교교육

학교교육은 강제성이 있으며, 교육목표가 명확히 설정되어 있고 학습자의 수준에 따라 체계적이고 단계적인 교육이 이루어질 수 있다는 점에서 소비자사회화에 영향을 주는 중요한 요인이다. 그러나 학교에서의 소비자교육은 단순히 좋은 물건을 능숙하게 구매하고 생활의 지혜를 습득하는 것뿐만 아니라, 평생 동안 생활인으로서 올바르게 사는 능력과 주체적으로 판단하여 의사결정할 수 있는 평생교육 체계의 일환으로서의 교육내용을 구성하는 것이 중요하다(정용선 외, 1998). 또한 시장변화를 반영한 탄력적인 교육내용이 반영돼야만 학교 소비자교육은 청소년들의 소비자사회화에 긍정적인 영향을 미칠 수 있을 것이다.

3) 역소비자사회화

정보화 사회에 접어들면서 가족 내의 정보를 가진 가족구성원과 그렇지 않은 구성원 사이에 권한의 이동이 일어나고 있다. 즉 전통적 사회에서는 부모가 자녀의 사회화 대리인으로서 새로운 지식과 소비기술을 자녀들에게 가르쳤다면, 정보화 사회에서는 인터넷 사용 등으로 인해 새로운 정보를 빨리 접하는 자녀들이 부모에게 새로운 지식과 소비기술을 가르침으로써 부모 행동에 영향을 미치고 있다. 특히 가족 내의 자녀 수 감소나 이혼 등으로 편부모 가정과 맞벌이 가정이 늘어나면서 가족 내에서 자녀들의 상대적인 영향력(결정권)이 보다 커지고 있다고 볼 수 있다. 자녀들의 이러한 영향력은 실제로 부모에게 내재화되어(internalized) 부모의 가치체계, 자아개념 그리고 소비행동에 어느 정도 지속적인 변화를 유도하게 되는데 이러한 패턴을 종래의 소비자사회화 개념에 근거하여 역사회화(reverse socialization) 또는 호혜적 사회화(reciprocal socialization)라고 부른다(Ekstrom et al., 1987; 이학식 · 이희정, 1991; 박명희 외, 2005).

정보화 사회에서의 세대 간 정보격차는 노인뿐 아니라 젊은 세대인 10대 20대에 비해 30~40대가 정보화에 뒤져있고, 50대 이상의 경우 정보화에서 급격한 하락세를 보여줌으로써(이성림 외, 2003), 정보격차는 한창 자녀를 교육시키고 사회화시키는 중심에 있어야 하는 중년기 부모세대에도 나타나고 있다(박명희 · 이성림, 2004). 자녀가 정보화를 통해 부모보다 더 많은 정보와 지식을 가지고 있을 때 의사결정과정에서 어떻게 권한을 행사하는가? 즉 자녀들은 자신의 정보화역량을 자원이론에 따라 권력화하여 자신들이 원하는 성과를 얻기 위한 기재로 사용하는가? 아니면 교환이론에 따라 자신이 가진 자원을 베푸는 여유로 대응하는가? 또한 이러한 자녀들의 권한행사로 권위가 실추된 부모가 이를 어떻게 대응하고 해결해야 하는가? 등은 정보화 사회에서 우리가 풀어야 할 새로운 문제로 대두된다. 만일 가족 내에서 합의된 목표가 있고, 가정의 리더인 부모가 가족구성원에 대한 설득력이 높다면 부모-자녀 간의 갈등은 덜 지속적이고 해결되기 쉬울 것이다. 또한 정보화 역량이 부족한 부모라도 정보화 역량 외에 신체적인 힘, 재정 능력, 지식 또는 전문성과 같은 자원이 월등히 우위인 경우에는 정보화 역량을 보상할 수 있을 것으로 보인다. 그러나 문제는 각 자원의 우월성을 평가하는 데 있어 양측의 평가가 서로 다를 경우가 많고, 이에 따라 갈등이 일어날 가능성은 많은데 이러한 갈등을 어떻게 해결하는 것이 좋은가? 하는 것이다. 이에 대해서는 앞으로 심도 있게 연구해봐야 할 것으로 생각한다.

02 소비자능력 개발

1) 소비자능력의 개념 및 구성 요인

(1) 소비자능력의 개념 및 관련 요인

소비자능력의 개념과 구성요인에 대한 학자들의 견해는 다양하다. 브라운(Braun, 1979)은 소비자능력이란 경제시스템 안에서 생존하기 위하여 개인에게 필요한 지식과 기능을 의미한다고 하였다(제미경 · 김효정, 2001, 27쪽에서 재인용). 신혜선(1994)은 소비자능력이란 소비자사회화 과정을 거쳐 나타난 학습 결과로서 소비자가 현명하게 소비자역할을 수행하기 위하여 갖추어야 할 기능, 지식, 태도라고 정의하였다.

그런가 하면 디킨슨(Dickinson, 1980)은 소비자능력을 소비자로서의 역할을 수행할 수 있게 하는 개인의 역량, 기능, 재능으로 정의함으로써 소비자능력의 구성요소 중 소비자기능을 중시하였다. 이기춘(1999)은 소비자능력이란 개인이 다양한 소비활동의 장에서 적절하게 역할수행을 할 수 있게 하는 역량 또는 능력으로서 소비자역할을 현명하게, 효율적으로 수행하기 위해서 필요한 소비자지식, 소비자태도, 소비자기능의 총체로 정의하고 있는데, 이는 소비자능력을 설명하는 가장 일반적인 개념으로 받아들여지고 있다.

소비자능력과 관련 요인에 대한 선행 연구들(제미경 · 김영옥, 2005; 윤숙현, 2002; 황덕순 외, 1999; 이수희, 1997; 박순덕 · 박명숙, 1999)에 의하면, 소비자능력에 영향을 미치는 공통 요인으로 소비자교육, 부모의 학력이나 직업 등과 같은 부모 관련 변수, 소비생활 경험 등을 제시하고 있다. 특히 김기옥(2000)은 오늘날과 같은 정보사회에서는 정보의 접근과 이용의 불평등으로 인한 정보격차가 소비자능력에 큰 영향을 미쳐 소비생활의 질적 차이를 유발할 수 있음을 강하게 제시하였다. 더불어 그는 정보사회에서의 소득격차는 산업사회에서의 소득격차가 가져온 불평등보다도 한층 더 심각한 결과를 가져올 수도 있음을 강조하였다. 이러한 지적은 정보사회에서의 소비자능력 향상을 위해 'know-how'가 아닌 'know-where'에 초점을 맞춰 교육이 이루어져야 하는 당위성을 설명해 주고 있는 것이다.

(2) 소비자능력의 구성요인

① 소비자지식

국어사전에 의하면 지식이란 '사물에 대한 단편적인 사실적 · 경험적 인식을 말하며, 객관적 타당성을 요구할 수 있는 판단의 체계를 말한다'고 정의되어 있다. 따라서 소비자지식이란 소비자가 합리적인 판단력을 가지고 현명한 의사결정을 하기 위해 필요한 지식으로, 사물에 대한 단편적인 사실적 · 경험적 인식을 말하며 객관적 타당성을 요구할 수 있는 판단의 체계라고 개념을 정의할 수 있다. 오늘날과 같은 지식사회에서는 도처에 있는 정보를 구체적으로 적용하고 생산적으로 활용할 수 있도록 학제적, 종합적, 통일적, 맥락적인 지식체계를 갖출 것이 요구된다.

② 소비자태도

태도는 특정 사물이나 특정 행동에 대하여 나타내는 호의적 또는 비호의적 반응으로 피쉬바인 모델에서는 이러한 감정적인 태도가 인지적인 신념에 근거하여 이루어진다고 본다. 그런데 태도는 어느 한 가지 신념만으로 형성되는 것이 아니고, 여러 신념들을 종합하여 좋고 나쁨으로 요약한 것이라고 볼 수 있다(박명희, 2002). 소비자태도를 보다 구체적으로 표현하면 소비자로서의 역할에 대한 태도로 이는 소비자가 특정 현상에 대하여 지속적으로 갖고 있는 신념이라고 할 수 있다. 소비자의 행동 경향은 소비자역할 태도를 통해 기대할 수 있기 때문에 소비자능력을 학습하는 데는 소비자역할에 대한 태도가 어떻게 형성되었는가가 매우 중요하다(박순덕 · 박명숙, 1999).

③ 소비자기능

소비자기능은 합리적인 소비행동을 위한 활동 능력으로, 선행 연구들은(신혜선, 1994; 김숙희, 1996) 소비자기능을 구매기능과 금전관리기능으로 분류하여 설명하고 있다(제미경 · 김영옥, 2002).

소비자능력을 인지적 영역인 소비자지식, 정의적 영역인 소비자태도, 운동 기능적 영역인 소비자기능의 총체로 정의하는데, 이때 '총체'의 의미는 소비자능력을 향상시키기 위해서는 이 세 영역의 화학적 혼합에 의한 능력향상이 중요하며, 이를 각각 분리한 독립 영역으로서의 능력 향상은 총체적 의미에서의 소비자능력으로 볼 수는 없다는 것을 뜻한다. 따라서 소비자능력을 향상시키기 위해서는 이 세 영역의 혼합된 총체적 수준을 향상시키기 위한 노력이 요구된다.

한편 소비자사회화를 한 사회 내에서의 자신의 위치와 관련된 기능, 지식, 가치, 동기, 역할을 학습하는 과정이라고 한다면 소비자사회화는 소비자능력을 포괄하는 확장된 개념으로 볼 수 있다.

2) 소비자주권 실현을 위한 소비자능력 개발

소비자교육의 궁극적 목적은 소비자들의 능력을 개발시켜 스스로 소비자주권을 실현할 수 있도록 하는 데 있다. 소비자주권이란 시장경제에서 주어진 생산자원으로 무엇을 얼마만큼 생산할 것인가를 의미하는 사회 전체 자원배분이 소비자들의 자유로운 선택에 의하여 최종적으로 결정되는 것을 의미한다(서정희, 1991). 따라서 소비자주권이 실현된다는 것은 시장에서 '무엇이 얼마만큼 생산되어야 하는가?'와 '생산된 제품에 대한 선택'을 소비자들이 자유롭게 결정할 수 있음을 뜻한다. 그렇다면 소비자주권을 실현하기 위한 방안에는 어떤 것이 있는가?

소비자주권을 실현하기 위한 조건에는 두 가지가 있다. 하나는 시장에 유효경쟁이 유지되어야 하는 객관적 조건과, 다른 하나는 소비자가 합리적으로 선택할 수 있어야 하는 주체적 조건이다. 소비자주권이 실현되기 위해서는 두 가지 조건 모두가 충족될 때 가능하며, 이는 동전의 양면성과 같은 관계에 있다. 시장에 유효경쟁이 유지되어야 하는 객관적 조건이 제도적이고, 정책적으로 보완해야 할 사항이라면, 소비자가 합리적으로 선택할 수 있는 주체적 조건은 소비자교육을 통한 소비자능력 개발로 가능한 영역이다. 따라서 시장에서의 소비자주권을 실현하기 위한 주체적 조건을 충족시키기 위해서는 소비자선택의 합리성을 제고시킬 수 있는 소비자능력 개발은 필수적 요소이다.

연구과제

1. 소비자사회화, 소비자능력, 소비자교육의 개념적 관계를 설명하시오.

2. 자신의 소비자능력 정도를 평가해보기

(1) 최근 6개월 이내에 자신이 구매한 품목 중 가장 비싼 제품을 선택하시오.

(2) (1)에서 제시한 제품을 중심으로 자신의 소비자지식, 소비자태도, 소비자기능 정도에 대해 알아보기.

① 그 제품을 구매할 때 제품, 판매처, 지불방법에 대한 지식 정도는?

② 추가적으로 필요한 정보를 얻기 위한 노력을 기울일 때, 자신의 태도는 긍정적이고, 적극적이었다고 말할 수 있는가?

③ 정보를 어디에서 얻을 수 있는지, 또는 자신에게 적합한 지불방법, 혹은 쿠폰 사용 및 할인카드 등을 손쉽게 적용받았는가?

(3) 소비자능력 평가하기

① (2)의 질문을 답해본 결과 종합적으로 평가할 때 나의 소비자능력 정도는 10점 만점에 몇 점을 줄 수 있는가?

② 소비자지식, 태도, 기능의 영역별로 구분해서 평가할 때 가장 좋은 점수를 보이는 것과 가장 나쁜 점수를 보이는 영역은?

PART 2

소비자교육의 내용과 방법

04 CHAPTER

소비자교육 요구분석

1. 요구의 개념 및 요구분석의 의의
2. 요구분석 실행

04 CHAPTER

소비자교육 요구분석

소비자의 교육요구를 충족시킬 수 있는 교육프로그램과 정책을 개발하고, 궁극적으로 사회변화에 적극 대응할 수 있는 능력 있는 소비자를 양성하기 위해서는 소비자교육 요구분석이 중요하다. 이를 위해 요구(need)의 개념과 요구분석(needs assessment)의 의의 및 실행방법을 알아보고자 한다.

01 요구의 개념 및 요구분석의 의의

1) 요구의 개념

요구분석의 의의를 살펴보기 위해 먼저 요구(need)에 대한 개념을 살펴보고자 한다. 요구(need)란 무엇인가? 요구란 인간의 행동을 유발시키는 어떤 내재된 힘으로, 많은 학자들은 요구에 의한 행동과 행동을 통한 만족과의 관계에서 인간의 동기를 규명하는데 많은 노력을 기울여 왔다. 이런 맥락에서 요구에 대한 연구는 생물학적, 심리학적 그리고 교육학적 측면에서 많이 이루어졌다(최돈민 · 이희수 · 윤여각, 1997). 요구의 개념을 생리적, 심리적 측면과 교육적 측면에서 살펴보면 다음과 같다.

(1) 생리적, 심리적 측면에서의 요구

먼저 사전적 의미의 요구는 생물학적 접근에 가깝다. 웹스터 사전은 요구란 '필요한, 바람직한 또는 유용한 어떤 것이 부족한 상태 즉 어떤 유기체의 안녕을 위하여 요구되는 생리적, 심리적 필요상태' 라고 정의하고 있다. 유기체는 체온과 혈액순환과 같이 자동적으로 일관된 정상 상태인 항상성을 유지하기 위하여 노력하는데, 유기체 내의 항상성이 깨지면 생물학적 불균형이 발생하고 이러한 불균형 혹은 적응력 부족이 바로 요구로 나타난다는 것이다.

생물학적 요구와 밀접한 관계가 있는 것은 심리학적 접근에서의 요구이다. 심리학적 차원에서의 요구는 요구가 타고난 것 못지않게 학습될 수 있다는 가능성을 열어놓고 있다. 매슬로우는 인간의 욕구를 생리적 욕구, 안전 욕구, 애정과 소속욕구, 자기 존중 욕구, 자아실현 욕구의 5단계설로 설명하고 있는데, 그의 욕구는 결핍욕구(deficit needs)와 성장욕구(growth needs) 두 가지 구조로 분류된다. 결핍욕구란 생리적 욕구, 안전 욕구, 애정과 소속욕구로 인간의 기본적인 욕구가 이에 해당된다. 후자인 성장욕구는 자기 존중 욕구, 자아실현 욕구 등 보다 높은 수준의 욕구 등이 여기에 해당된다. 즉 생리적 욕구는 생존을 위해 필요한 것들로 결핍욕구의 범주로 분류되며, 그 이상의 것은 심리적 욕구로서 성장욕구의 범주로 분류된다는 점에서 매슬로우는 생리적 차원과 심리적 차원 모두를 포함하는 차원에서 요구를 정의하였다. 결론적으로 생리적 요구는 타고난 것으로, 그리고 심리적 요구는 학습된 것이라고 설명할 수 있으며, 개념 구분을 위하여 생리적 요구를 의미하는 경우는 충동(drives)이라는 용어를, 학습된 심리적 요구를 의미하는 경우는 동기(motive)라는 용어로 구분하여 적용하고 있다. 생리학적 요구와 심리학적 요구의 구조를 그림으로 제시하면 다음과 같다.

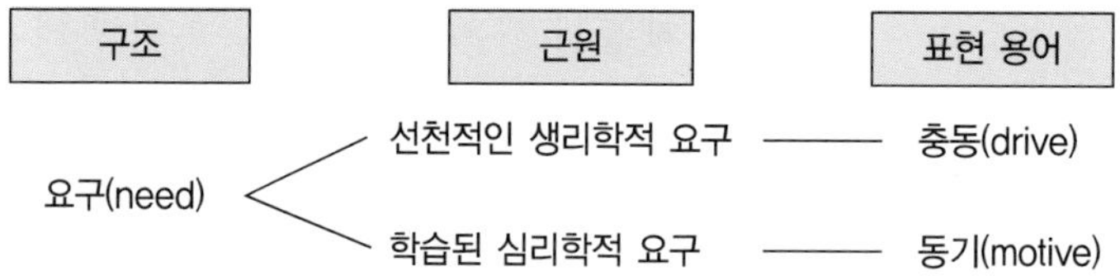

출처: Long, Huey B., (1983). Adult learning: Research and practice. New York: Cambridge, p.86.

그림 4-1 생리학적 · 심리학적 요구 구조

(2) 교육적 측면에서의 요구

생리학적 · 심리학적 요구를 바탕으로 하여 교육학자들은 교육적 요구에 대한 개념 정의와 유형화를 꾸준히 시도하여 왔다.

타일러(Tyler, 1949; 최돈민 외, 1999 재인용)는 교육목표 원천으로서 학습자를 연구해야 함을 강조하면서 교육적 측면에서의 요구모형으로 결핍모형 또는 격차모형을 제시한 바 있다. 그는 학습자의 현재의 상태와 받아들여야 하는(what should be) 기준 사이의 차이가 발견되면 이러한 차이 또는 격차를 교육적 측면에서의 요구라고 하였다.

놀스(Knowles, 1977)도 타일러(Tyler)의 개념에 기초하여 교육요구 개념도를 설명하였다. 그는 교육요구를 자신의 현재의 능력 수준과 자신, 조직, 그리고 사회가 정의한 효과적 수행을 위해 요구되는 더 높은 수준 간의 격차로 설명하고 있다. 따라서 교육요구는 어떤 개인(또는 조직, 사회)이 도달하기 원하는 상태와 현재의 상태 간의 불일치, 또는 열망과 현실 간의 격차로 결핍이 곧 학습행동을 유발시키는 요인이 된다는 입장이다.

보일(Boyle, 1981)은 요구는 불균형 상태를 일으킨다는 점에서 행동을 유발시키는 열쇠로, 사람들은 요구를 충족시키도록 동기 유발되거나 균형 상태를 회복하기 위하여 대체재를 찾는다고 설명하고 있다. 그는 요구란 불균형, 적응의 부족, 현 상황과 보다 더 바람직한 상황 간의 격차를 나타내는 것으로, 성인교육 프로그램을 개발할 때 필요한 것은 현 상황과 바람직한 상황 사이를 비교할 수 있는 능력이라고 강조하였다. 그는 이러한 비교는 격차 또는 요구에 대한 구체적 서술로 나타내야 하며, 이것이 학습자의 지식수준, 현재의 태도와 기능, 또는 학습자가 따라야 할 필요가 있는 실제의 행동을 의미한다고 하였다.

퀴니(Queeney, 1995)도 교육적 측면에서의 요구를 설명하기 위해 불일치 개념을 취하면서 요구를 실제의 조건이나 상태와 원하는 기준 간의 불일치라고 규정하였다. 더불어 그는 요구는 주어진 상황을 해결하는데 필요한 교육을 받기 위해 자원을 투입할 의지가 있음을 시사한다고 하였다. 퀴니는 요구분석은 나타난 현재의 상태와 당위 사이의 격차 또는 불일치를 찾아내는 과정이라고 정의하고 있다는 점에서 불일치로서의 요구 개념을 지지하고 있다.

이상을 정리하면 학자마다 조금씩 강조하는 부분은 차이를 보이나 요구(needs)란 현재와 원하는 수준 간의 격차이며, 요구분석(needs assessment)이란 이런 결핍 또는 격차가 무엇인지를 찾아내는 하나의 도구라는 것이다. 궁극적으로 학습은 이러한 격차를 채우거나 치유하기 위하여 수행되는 하나의 활동이라고 할 수 있다.

2) 요구분석의 의의

요구분석(needs assessment)이란 학습자가 배우고자 하는 교육적 요구를 조사, 분석하여 파악하는 것으로(이기춘, 1999), 교육기획, 교육훈련, 프로그램 개발 등 거의 모든 교육 수준 및 교육 영역에서 이루어지고 있는 활동이다(Knowles, 1977; Queeney, 1995). 카우프만(Kaufman, 1991)은 요구분석을 전략적 교육기획 측면에서 설명하고 있는데, 그에 따르면 요구분석은 어떤 과정이나 해결책을 선택하기 전에 정확하고 중요한 요구를 찾아냄으로써 효과성과 효율성을 증진시키는데 있는 것으로, 요구의 확인은 계획수립을 위한 실증적 기반을 제공하는데 그 의의가 있다고 설명하고 있다. 일반적으로 요구분석의 목적은 학습자를 분석하고, 학습 주제를 확인하고 특정 요구를 찾아내는 데 있다. 그러므로 요구분석의 가장 기본적인 가치는 어떠한 프로그램을 제공해야 하며, 어떠한 내용이 교육에 포함되어야 하는가를 결정하는 데 있다. 이러한 요구분석은 교육에 필요한 데이터를 제공할 뿐만 아니라 교육내용, 교육전달 방식, 학습자의 참여계획 등을 포함한 교육시장 분석의 지침이 된다(Queeney, 1995). 따라서 요구분석은 교육프로그램 개발 등에 널리 적용될 수 있는데, 특히 소비자 교육 분야의 교육훈련 기관 운영이나 구체적인 교육프로그램 설계에 있어 요구분석은 매우 중요하다. 왜냐하면 소비자교육의 특성상 소비자교육 내용은 다양하고 포괄적이어서, 소비자교육 내용을 체계적으로 선정하고 학습자들이 자발적으로 교육에 참여하기 위해서는

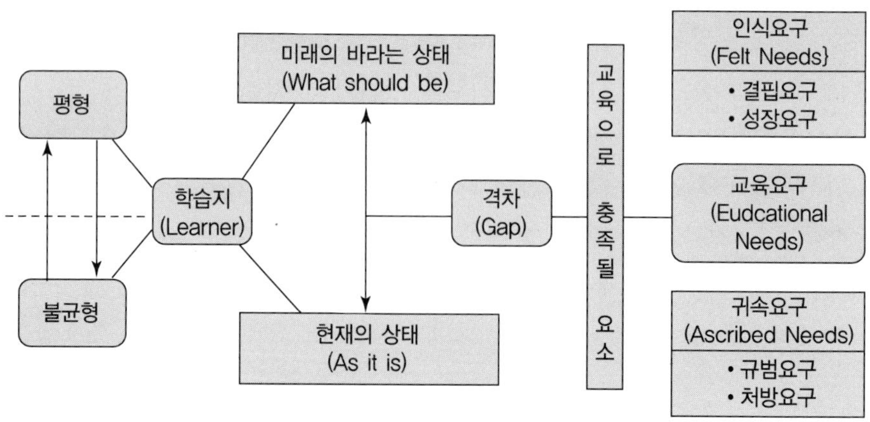

출처: 김진화(2002). 평생교육프로그램 개발론. 교육과학사.

그림 4-2 요구의 교육적 의미

학습활동이 학습자의 요구와 흥미에 기초하여 개발되어야 하기 때문이다. 이는 궁극적으로 볼 때 학습자의 참여 동기 부여는 물론 교육활동의 적극성과 교육 결과의 효과성을 가져올 수 있는 최선의 방법으로 여겨진다. 요구분석의 의의가 여기에 있는 것이다. 요구의 교육적 의미를 그림으로 나타내면 〈그림 4-2〉와 같다.

02 요구분석 실행

1) 요구분석 모형

(1) 카우프만의 요구분석 모형

요구분석과 관련하여 가장 많은 지지를 받고 있는 카우프만은 요구분석 모델을 개념화하고 정교하게 발전시킨 대표적인 사람이다. 그의 모델은 요구분석 이론의 정교화뿐만 아니라 전략적 교육기획, 교육 재구조화, 교육체제 기획, 교육훈련 요구분석, 교육과정 개발 및 평가, 성인교육 프로그램 개발 등 다양한 분야에서 적용되고 있다. 카우프만(1991)은 요구분석을 결과에 있어서의 불일치를 알아내는 과정, 그러한 불일치를 우선순위별로 배치하는 과정, 그러한 격차를 좁히기 위하여 가장 중요한 것을 선택하는 과정이라고 정의하고 있다. 카우프만의 체제적 모형은 투입과 과정보다는 결과를, 개인보다는 조직과 상황을 강조하는 것이 특징이다. 그가 제시한 요구분석의 절차모형은 다음과 같다.

① 요구분석으로부터 얻어질 자료를 활용할 계획을 결정하라.
② 요구분석 수준을 선정 또는 확인하라. 그리고 계획의 범주와 수준(매가, 매크로, 마이크로)을 결정하라.
③ 요구분석 및 계획의 동반자를 찾으라.
④ 요구분석 동반자의 참여자를 확보하라.
⑤ 요구분석 및 계획의 기본 틀에 대한 수용과 지지를 확보하라.
⑥ 조직 안팎으로 요구 자료를 수집하라.
⑦ 밝혀진, 입증된 그리고 합의된 요구를 열거하라.
⑧ 우선순위별로 요구를 배치하고 이견을 조정하라.
⑨ 해결되어야 할 문제점(선정된 요구)을 열거하고, 동반자들의 동의를 확보하라.

(2) 윗킨의 요구분석 모형

윗킨(Witkin, 1977)의 요구분석 모형은 특정 상황에서 현재의 상태와 원하는 상태를 확인하여 기술하고, 요구에 대한 진술문을 이끌어 내고, 향후 취해야 할 행동의 우선순위를 순서대로 배정하는 일련의 절차를 말한다. 윗킨의 분석 모형은 요구의 확인과 분석을 분리하기보다는 요구분석의 총체적 과정의 일부분으로 본다는 점이 특징이다.

윗킨은 요구분석을 3단계로 설명하고 있다. 그는 제1단계를 탐색 단계인 사전분석 단계(pre-assessment)로, 제2단계는 자료수집 단계(assessment) 그리고 제 3단계는 활용단계인 요구분석 이후 단계(post-assessment)로 제시하고 있는데 이를 구체적으로 설명하면 〈표 4-1〉과 같다.

표 4-1 윗킨의 3단계 요구분석 모형

제1단계: 사전평가(탐색)	제2단계: 본 평가(자료수집)	제3단계: 사후평가(활용)
• 요구분석 운영계획 수립 • 요구분석의 일반목적 정립 • 주요 요구영역 및 문제점 발굴 • 요구영역에 관한 기존 정보 확인 • 수집할 자료, 자료원, 방법, 자료의 잠정적 활용 등에 관해 결정 • 결과물: 제2 · 제3단계를 위한 예비 계획 및 요구 분석에 대한 평가 계획 수립	• 요구분석의 맥락, 범주, 경계 결정 • 요구에 대한 자료 수집 • 제1수준의 요구에 대한 예비적 우선순위 설정 • 제1, 2, 3 수준에서의 인과관계 분석 • 모든 자료에 대한 분석, 종합 • 결과물: 우선순위가 높은 요구에 기초한 실행 준거	• 적용 가능한 모든 수준에서의 요구에 관한 우선순위 설정 • 대안적 해결책 강구 • 해결방안을 실행에 옮길 실행계획 수립 • 요구분석에 대한 평가 • 결과 통보 • 결과물: 실행계획, 서면보고, 구두보고, 보고서

출처: Witkin, B. R., & Altschuld, J. W(1995). Planning and conducting needs assessment : A practical guide. Thousand Oaks, CA: Sage Publication, p.15.

특히 윗킨은 요구분석의 대상과 수준을 분명히 해야 함을 강조하면서, 요구분석 대상이 좀더 명확해지기 위해서는 요구수준(level of need)이 분석되어야 함을 설명하였다. 그는 요구수준과 대상을 다음과 같이 세 수준으로 구분하였다. 제1수준(일차적 수준)은 서비스를 받는 자들로서 학생, 정보사용자, 잠재적 고객 등으로 이들이 요구분석 과정의 핵심이라고 볼 수 있다. 제2 수준(2차적인 수준)은 교사, 부모, 행정가 등을 뜻하고, 제3 수준(3차적 수준)은 시설, 장비, 프로그램 전달 시스템 등을 말한다. 요구분석의 일차적 대상은 궁극적으로 혜택을 받아야 할 사람인 제1 수준에 있는 사람들이지만 요구분석은 제2 수준에 있는 사람들과 제3 수준에 있는 사람들을 대상으로 하여 이루어질 수도 있다.

윗킨의 3 수준 모형은 시스템 접근에 기초하여 요구분석 대상과의 관계와 영향력을 종합적으로 다루고 있다. 특히 그는 교육 요구수준을 서비스 대상자, 서비스 제공자, 시스템 지원의 세 수준으로 명확히 구분하고, 이러한 세 수준은 외부의 상황과 조건의 영향관계에 놓여 있어 교육이 요구분석에서 내적, 외적 관계를 모두 고려해야 한다는 점을 인식시키고 있다. 윗킨 모형은 주로 개인의 요구보다는 조직과 다른 집단의 요구를 평가하는 데 주안점을 두고 있는 것이 특징이다.

(3) 스터플빔의 요구분석 모형

스터플빔과 그의 동료들(Stufflebeam et al., 1985)은 요구는 그 자체로서 존재하는 것이 아니라 주어진 상황 내에서 인간의 판단, 가치, 상호작용의 결과라는 가정에 기초하고 있다. 요구는 그 요구가 기여하기 위한 목적, 현재의 상황, 그리고 주어진 목적에 기여하는 것과 관련하여 필요로 하는, 그리고 원하는 지식에 따라 달라지는 상대적이고 추상적인 개념으로 정의하고 있다. 그들은 이러한 정의를 기초로 요구분석 절차를 상호 관련된 5개 활동 체제로 설명하고 있다.

① 요구분석을 위한 준비단계

준비단계에서는 정보의 수집과 활용을 위한 기초공사를 한다. 즉 이 단계는 요구분석 정의의 기술단계로서 일차적으로 기획과 의사소통의 활동을 포함한다. 준비단계에서는 누가, 어떤 방법과 자원을 활용해서 일정에 따라 목적을 위하여 어떤 문제를 다룰 것인가에 대한 해답이 나오게 된다.

② 원하는 요구분석 정보수집단계

정보수집단계에서는 정보를 어디로부터, 그리고 어떠한 절차에 의하여 획득할 것인가에 대한 구체적인 해답이 나와야 하며 이와 함께 정보의 실제적 수집과 저장이 이루어져야 한다.

③ 요구분석 정보를 분석하는 단계

이 단계에서는 정보 분류, 정보 계산, 정보 서술 활동, 결과 해석 활동, 그리고 결과로 나타나는 요구를 확인하는 활동을 포함한다.

④ 요구분석 정보와 결과를 보고하는 단계

결과를 보고하는 목적은 관련 대상자들에게 요구분석의 과정과 결과를 정확하게, 적기에, 이해 가능한 말로 유용하게 제시하는 데 있다. 따라서 요구분석자는 정보를 명료하게 작성하고, 말하고, 제시할 수 있어야 한다.

⑤ 요구분석 정보를 활용하는 단계

이 단계는 요구분석의 목적에 맞게 수집된 정보를 활용하는 단계이다. 요구분석 정보가 어떻게 활용되느냐는 요구분석의 목적에 따라 달라질 수 있다.

2) 요구분석 방법

요구분석이란 추구하는 프로그램 또는 실제의 방향과 가치에 대한 결정을 하기 위하여 정보를 수집하고 활용하는 과정으로 대부분 다음과 같은 문제를 다룬다. 첫째, 결과(performance)의 문제이다. 어떤 교육 결과를 원하는가? 원하는 결과와 현재의 상태는 무엇인가? 둘째, 현재 또는 잠정적 활동의 문제이다. 어떤 수단을 써서 원하는 결과를 달성하고, 유지하고, 개선할 것인가? 현재의 활동과 잠정적 활동과 관련하여 장 · 단기 비용(알려진 비용과 숨겨진 비용 포함)은 얼마인가? 셋째, 결정의 문제이다. 모든 관련 정보를 고려할 때 어떤 조치를 취할 것인가? 예를 들면 자원 배당, 우선순위 설정 등을 결정하는 것이다(최돈민 외, 1999).

이상의 문제를 수행하기 위한 요구조사는 다양한 방법을 통해 이루어질 수 있다. 각 방법마다 특징과 장 · 단점이 있으므로 요구조사의 목적과 조사 대상에 적합한 방법을 선택하는 것이 바람직하다. 요구분석을 위한 조사방법의 특징과 장 · 단점을 정리하면 다음과 같다(김기혁, 2006).

(1) 설문조사

요구를 파악하는 데 가장 널리 쓰이는 방법이다. 일반적인 의미로서의 설문조사는 질문지를 통해서 의견, 기호도, 사실에 대한 지각 등을 수집하는 것을 말한다.

<장점>

- 비용이 적게 든다.
- 이미 개발한 표준적인 조사도구가 많다.
- 비교적 많은 자료를 수집할 수 있다.
- 제작, 실시에 특별한 훈련이 필요하지 않다.

<단점>

- 명확한 문항과 지시가 필요하다.
- 회수율이 낮다.
- 설문조사는 문제에 대한 해결을 얻는데 한계가 있다.
- 자체적인 도구개발이 어렵다.

(2) 면접조사

직접적인 접촉 과정을 통해 요구에 관한 정보를 수집할 수 있다.

<장점>

- 심층 분석을 할 수 있다.
- 애매한 분석을 명확하게 할 수 있다.
- 면접은 공감대를 형성할 수 있는 좋은 기회가 된다.

<단점>

- 편파된 집단을 대상으로 실시할 가능성이 있다.
- 시간이 많이 걸린다.
- 비구조화 면접으로 자료통합이 어렵다.
- 면접자 교육이 어렵다.

(3) 초점조사

주제에 관해 관심을 가진 사람들의 의견을 수집할 수 있다.

<장점>

- 문제에 대한 다양한 관점을 획득한다.
- 주제와 관련하여 중요한 인물을 초빙할 수 있다.
- 다양한 대안을 산출한다.

<단점>

- 현실적으로 중요한 인물을 한자리에 모으기 어렵다.
- 다양한 관점을 통합하기 어렵다.
- 비구조화되어 진행이 다소 어렵다.

(4) 관찰조사

관찰 현장에서 태도와 행동 관찰이 가능하며, 비언어적 행동 관찰도 가능하다.

<장점>

- 실제 직무에 대한 생생한 자료 획득이 가능하다.
- 상호작용을 관찰할 수 있다.
- 연구자 효과를 배제할 수 있다.
- 과업수행을 방해하지 않는다.
- 관찰 시간에 융통성이 있다.

<단점>

- 관찰자의 주관과 편견이 개입될 수 있다.
- 시간이 많이 걸린다.
- 관찰자 행동으로 제한되므로 심층 분석이 어렵다.

3) 소비자교육에서의 요구분석 사례

소비자교육에 대한 요구도를 조사하여, 소비자교육 내용을 제시한 국내 연구는 학습자 입장에서 특정 소비자 집단을 대상으로 조사한 연구(성영애 · 이기춘, 1988; 김효정, 1992; 이혜임, 1995; 윤경희, 1993; 권정원 · 이기춘, 1997; 전은경, 1998; 송순영, 2001; 심미영, 2004)가 대부분이나, 교육자 입장에서 교사를 대상으로 한 연구(김영옥과 이기춘, 1991)와 소비자 분야 전문가 집단과 일반 소비자 집단을 비교한 연구(배윤정, 1999)도 일부 있는 것으로 나타났다. 조사방법은 대부분 설문지법을 이용하고 있는데, 이를 정리하면 다음과 같다.

김영옥과 이기춘(1991)은 아동소비자교육을 위해 교사를 대상으로 교육 요구도를 조사하였다. 조사 결과 교사들은 사회의 공적 이익을 의식한 소비자로서 자원과 환경을 바람직하게 관리, 유지, 활용과 관련된 영역과, 소비에 대한 가치관과 태도영역에 대한 교육 요구도가 높은 것으로 나타났다.

전은경(1998)은 청소년 소비자를 대상으로 교육 프로그램을 개발하기 위해 실시한 연구에서 연구에서 설정한 14개의 소비자교육 영역별 요구도는 높은 것으로 나타났는데, 가족의 사회적 지위에 따라 요구도는 차이가 있는 것으로 나타났다.

성영애와 이기춘(1988)은 성인소비자를 대상으로 소비자교육에 대한 요구분석을 실시하였다. 연구자가 선정한 17개의 각 주제 영역에 대한 요구도는 모두 높게 나타났다. 심미영(2004)은 성인 소비자를 대상으로 환경 친화적인 소비자교육 내용 구성에 초점을 맞춰 요구분석을 실시하였다. 분석 결과 환경문제에 대한 소비자 정보 요구는 높은 수준이었으며, 특히 '환경 친화적 구매, 사용, 처분'과 관련된 영역에서의 요구도가 높은 것으로 나타났다.

노인소비자 교육프로그램 개발을 위해 교육 요구도를 조사한 연구로는 김효정(1992), 윤경희(1993), 이혜임(1995), 권정원과 이기춘(1997) 그리고 송순영(2001) 등의 연구를 들 수 있다. 소비자 유형별로 볼 때 노인소비자를 대상으로 한 연구가 아동소비자나 청소년소비자 등을 대상으로 한 연구에 비해 비교적 많이 이루어졌다. 이는 노인소비자는 자발적인 학습자로서 교육프로그램이 자신에게 필요하다고 느낄 때 참여도가 높고, 또 교육의 효과도 높기 때문에 학습자인 노인소비자가 필요로 하는 것, 즉 요구하는 바가 무엇인지를 조사, 분석하여 교육을 실시할 필요성이 높기 때문에 이 분야의 연구가 상대적으로 많이 이루어졌음을 알 수 있다.

노인소비자의 교육요구도에 대한 선행연구 결과를 종합해 보면 노인소비자의 소비자교육에 대한 전반적인 요구수준은 매우 높은 것으로 나타났다. 주제 영역별 내용과 요구순위는 연구마다 조금씩 차이를 보이지만 건강과 의료, 병원 및 약품 선택, 피해보상이나 피해구제에 대한 영역, 환경문제, 거래 · 계약에 대한 교육요구가 상대적으로 높은 것으로 나타났다.

이상의 연구결과를 종합해 볼 때 대부분의 소비자교육에 대한 요구도 조사는 연구자들의 문헌적 고찰을 바탕으로 교육내용을 미리 선정하고 이에 대해 연구대상자들이 선정된 내용에 대한 요구도를 조사하는 방식을 취하고 있다. 연구자들은 이 분야의 전문가들이므로 소비자들이 수행해야 할 결과(performance)를 설정한 후, 소비자의 현재의 수준과 요구되는 수준을 파악함으로써 앞으로의 소비자교육 프로그램 및 내용을 결정하는데 유용한 자료를 얻을 수 있는 것은 사실이다. 그러나 소비자는 다양한 소비생활을 경험하고 있고, 그에 따라 요구도는 앞으로 더욱 다양하고 심화될 것으로 예측된다. 따라서 앞으로 소비자교육과 관련된 요구도 조사는 다양하고 심층적인 조사 방법을 도입함으로써 더욱 세분화된 소비자(예를 들면 이민 소비자, 장애인 소비자, 독거노인 소비자 등)의 요구도를 파악하고, 이에 적합한 맞춤형 교육내용이 구성된다면 교육의 효과는 더욱 클 것으로 생각된다.

연 구 과 제

1. 요구(needs)의 개념에서 충동(drive)과 동기(motive)의 개념 차이를 설명하시오.

2. 팀을 구성한 후 다음절차에 따라 소비자교육에 대한 요구분석을 실시해 보시오.

1) 대상 선정하기

- 임의로 동질적 집단의 연구대상자 10명을 선정하기.

(예를 들면 타전공 학생이나 중 · 고등학생 혹은 종교 활동을 같이하는 사람 등)

2) 분석방법 선정하기

- 일상적인 소비생활에서 겪는 문제점과 그로 인해 교육받기를 요구하는(희망하는) 내용을 파악하기 위한 조사도구 구성하기.
- 앞의 '2) 요구분석 방법' 에서 설명한 방법 중 적합하다고 생각하는 방법을 선정하여 조사도구를 구성할 것.

3) 요구도 분석하기

- 조사도구를 구성한 후 요구도를 조사한 내용을 분석할 것

4) 요구도 파악하기

- 분석 결과를 정리하여 조사대상자의 교육요구도가 무엇인지를 파악하고 이를 보고서로 제출하기.

05 CHAPTER

소비자교육 내용

1. 정보사회에서의 소비자교육 내용 구성을 위한 철학
2. 소비자교육 내용 체계
3. 정보사회의 소비자교육 내용

05 CHAPTER

소비자교육 내용

소비자교육에서 무엇을 가르쳐야 하는가? 라는 소비자교육 내용 구성은 소비자교육이 궁극적으로 추구하는 목적에 부합되어야 한다.

최근 정부는 소비자교육의 개념과 목표를 개인 소비자가 개인적 · 사회적 존재로서 자아를 실현할 수 있는 소비자능력(consumer competency)인 소비자 지식 · 태도 · 기능을 개발시켜 주는 것으로 정하고, 21세기 소비자교육은 디지털 경제시대에 맞는 신소비자상의 양성을 목표로 한다고 밝힌 바 있다. 따라서 소비자교육 내용은 이에 부합되게 재구성되어야만 한다.

01 정보사회에서의 소비자교육 내용 구성을 위한 철학

정보사회에서 소비자교육 내용은 어떤 가치관을 바탕으로 구성해야 하는가? 소비자교육은 전 생애에 걸쳐서 주체적으로 판단하고, 의사결정하며 개인과 사회의 생활의 질을 향상시키기 위하여 책임 있게 행동하고, 현대 사회조직의 변화에 적절하게 대처할 수 있는 능력을 가진 자립적인 시민상을 강조한다는 원론적인 지침을 근거로 하여(정용선 외, 1992), 변화하는 소비자교육 환경에 부합되는 새로운 교육내용 모형을 개발해야만 한다.

산업화 시대 우리 나라의 소비자교육 내용은 1970~80년대 미국 소비자교육 모델인 바니스터와 몬스마(Banister & Monsma, 1980) 모델을 중심으로 구매의사결정과 재무관리, 소비자주의 등을 중심 내용으로 하였다. 그러나 정보화 시대의 소비자교육 내용은 이러한 개인 소비자의 경제적 합리성을 추구하는 내용체계에서 더 발전하여 공익적 합리성을 추구하는 공익적 소비자교육 내용이 필요함을 제안하고 있다. 따라서 앞으로의 소비자교육은 민주주의 자유경제 사회에서 '자립' 을 목표로 하는 미국형 소비자교육 개념과, 시민사회에서의 개인의 책임과 '자율'을 도모하는 유럽형 소비자교육 개념의 균형 잡힌 성숙함으로 질 높고 조화로운 성숙한 소비자상을 향해 지평을 확장해야 할 것이다(김기옥, 2006). 더불어 미래 사회는 네트워크를 통해 서로의 의견을 조정하고 네트워크 조직을 통해 의견을 개진하여 행정이나 정책에 참여하는 가버넌스 사회가 될 것이므로 소비자교육도 이를 반영해야 할 것이다(박명희, 2005).

1) 신소비자상

소비자교육은 다양하고 복합적인 내용을 다뤄야 하므로, 소비자교육을 실시하기 위해 가장 먼저 해야 할 중요한 핵심 활동은 시대 변화에 따른 소비자교육의 철학과 이념의 정립, 변모해 가는 소비자의 역할을 뒷받침할 소비자교육 개념과 내용체계를 결정하는 것이다.

한국소비자원은 21세기 소비자교육을 디지털 경제시대에 맞는 신소비자상의 양성을 목표로 설정하고, 소비자교육의 내용과 차원을 이에 맞게 설정하고 있다(http://www. kca.go.kr/include). 신소비자란 자주적이고 책임감 있으며 정보화된 소비자로서 구체적으로 다음과 같은 의미를 내포한다.

① 자주적인 소비자: 소비의사결정을 자신의 가치체계에 맞게 스스로 내릴 수 있는 소비자를 의미한다.

② 책임감 있는 소비자: 자신의 소비가 경제 · 사회 · 정치 · 자연환경에 미칠 제반 영향을 고려할 줄 아는 소비자를 의미한다.

③ 정보화된 소비자: 정보의 중요성을 인식하고 이를 의사결정에 충분히 활용하는 소비자를 의미한다.

2) 소비자정책 패러다임 변화

정부는 소비자들이 국가에 의한 소비자보호 관점하에서는 소비환경 변화에 효과적으로 대응할 수 없다는 인식하에서 소비자주권 관점으로 소비자정책 패러다임을 변화시키고 있다. 이는 소비자를 열등한 경제주체로 보호의 대상으로 인식했던 과거의 소비자 보호 관점에서, 소비자를 시장에서의 사업자와 대등한 합리적 경제주체로 인식하는 소비자주권 관점으로 소비자정책 패러다임의 변화를 의미한다. 이러한 정책 패러다임의 전환으로 소비자보호법이 소비자기본법으로 전면 개정되었고 소비자정책 추진체계가 전면 개편되었다. 또한 과거의 규제나 사후적 피해구제 등에 치우쳤던 소비자정책은 소비자의 자주적 역할을 강조하고 소비자의 합리적 선택을 위한 기반조성과 역량강화에 초점을 둔 교육 및 정보제공 등에 주력하게 되었다(공정거래위원회, 2007).

02 소비자교육 내용 체계

시대변화에 부합되는 소비자교육 내용 모델을 정립하기 위해서는 경제 · 사회 환경 변화와 소비자교육과 관련 있는 타 교육과의 관계를 고려하여 소비자교육 내용 모델을 재정립하고, 소비자교육 내용의 정체성 확립을 시도할 필요가 있다. 이를 위해 기존의 소비자교육 내용 체계를 알아본 후 정보사회에 부합하는 새로운 소비자교육 내용 모형을 제시하고자 한다.

1) 소비자교육 내용체계의 연구 흐름

소비자교육 내용에 대한 체계는 시대와 연구자에 따라 다양하게 구성되어 왔다(표 5-2, 표 5-3). 소비자교육을 실시하기 위해서는 교육 커리큘럼 속에 소비자교육의 개념 분류와 주요 내용을 명확하게 하는 것이 중요한데, 소비자교육의 기본 개념을 명확하게 하고 체계화하는 것에 관한 학문적 필요성은 미국에서 하랍(Harap, 1924)에 의해 최초로 언급되었다. 그후 구성요소에 대한 개념화와 체계화에 대한 연구는 1970년대에 와서 시작되었고, 미국 연방정부의 위탁으로 이루어진 1982년 바니스터와 몬스마(Banister & Monsma)의 '소비자교육 개념 분류' 가 소비자교육의 체계화와 개념화의 완성이라는 평가를 받으며 구미 각국에서 널리 인용되는 표준으로 작용하고 있다(김기옥, 2006).

국내의 경우 소비자교육 내용은 연구자에 따라 개별적이고 간헐적으로 다루어짐으로써 통일된 체계를 갖추고 있지는 못하나, 정부 차원의 노력으로 2002년 한국소비자원의 '소비자교육 종합 발전계획' 의 일환으로 '시대 변화에 부응하는 소비자교육 내용 모델 정리 및 공감대 형성' 이라는 정책 과제 아래 소비자교육 내용 체계 정립을 위한 일관된 노력을 기울인 바 있다. 그 결과 한국소비자원은 소비자교육의 핵심 내용을 추출하여 소비자교육을 효과적·체계적으로 수행하기 위해 기존의 다양한 소비자교육 모형을 바탕으로 새로운 소비자교육 내용 모형을 개발하였다.

2) 한국소비자원이 개발한 소비자교육 내용 모형

한국소비자원은 21세기 소비자교육의 목표를 디지털 경제시대에 맞는 신소비자상의 양성으로 설정하고, 소비자교육의 내용을 크게 세 가지 차원으로 구분하였다(배순영, 2004).

(1) 소비자교육 내용의 세 가지 차원

① 소비생활의 기본 이해

소비생활의 기본을 이해하고, 자신의 가치체계를 인식, 발전시키는 차원이다. 이를 위해서는 소비생활에 필요한 기본 지식과 이해를 터득하고, 소비자로서의 비판의 눈으로 자신의 가치체계를 발전시켜 나가야 한다.

② 합리적 의사결정과 기술개발

자신의 처지를 기반으로 사회적·경제적·생태 상황을 고려하여 합리적 의사결정을 내리는 차원이다. 이를 위해서는 자신의 가치와 지식·이해를 바탕으로 의사결정을 합리적으로 내리고, 합리적 의사결정의 반복을 통해 다양한 생활기술을 개발하고 적용시켜 나가야 한다.

③ 새로운 소비문화 형성

소비자권리와 책임을 이해하고 소비자시민의 역할을 잘 수행하여 새로운 소비문화를 형성해 나가는 차원이다. 이를 위해서는 소비자권리와 책임을 충분히 이해하고, 소비자문제 해결을 위해 현행법과 제도를 적용하고, 자신만의 라이프스타일을 정립하며 소비자시민으로서 각종 경제·사회·정치 시스템에 참여하여 상품·서비스를 바람직하게 변화시켜 나가야 한다.

(2) 소비자교육 내용 모형의 4개 대영역

앞에서 설명한 소비자교육 내용의 방향을 근거로 하여 한국소비자원은 소비자교육 내용 모형을 네 개의 대영역으로 구분한 후, 각 대영역마다 두 개의 중영역과 각 중영역마다 다섯 개의 소영역으로 소비자교육 내용 모형을 구성하였고, 교육대상에 따라 각 내용별 적용단계를 도입, 강화로 구분하여 설명하였다(표 5-1). 네 개의 대영역의 의미하는 바와 각 영역의 세부 특징을 정리하면 다음과 같다.

① 시장경제의 이해교육

소비자경제의 기본원칙 및 개념을 이해하고 개인적 자원을 효과적으로 관리하는 방법 알기.

② 합리적 구매교육

소비자정보의 중요성을 알고 이를 수집 분석하며 구매의사결정 시 올바른 과정과 방법을 적용하기.

③ 소비자문제해결 및 예방교육

소비자권리와 책임을 충분히 인식하고 참여하며 소비자문제 발생 시 이를 적절히 해결할 수 있기.

④ 신소비문화 형성교육

소비문화와 관련된 다양한 트렌드 및 배경을 이해하고 공동체 소비자로서 소비환경 변화에 능동적으로 대처하기.

(3) 소비자교육 내용 모형의 세부 특징

한국소비자원이 개발한 소비자교육 내용 모형의 세부 특징을 설명하면 다음과 같다.

① '자원관리' 대범주 강화

- 시간자원 부분을 특히 강화하였다.
- 금전자원 부분에 있어서는 경제교육 부문과 연결된 개념적인 부분이 많이 축약되었다.

② '합리적 구매' 에서 소비자정보의 수집과 분석 내용 강화

- 오늘날은 소비자정보의 풍요 및 과잉으로 정보의 옥석을 가려내는 기술이 필요함에 따라 이 분야의 내용을 강화하였다.

③ '소비자문제해결' 대범주를 확대 및 강조

- 소비자교육이 다른 관련 주제 분야와 차별화되는 것이 바로 이 부분으로 이를 특히 강화하였다.
- 특히 소비자법과 제도, 국제 소비자문제 부분을 첨가하였다.

④ '신소비문화 창조' 라는 대범주를 개발

- 기존의 소비자 가치나 윤리, 소비자 시민성 등의 범주를 재명명하고 환경과 공동체에 대한 배려 내용을 강화하였다.

표 5-1 한국소비자원이 개발한 소비자교육 내용 모형

대영역	소영역	내용 및 목표	적용 단계		
			어린이	청소년	성인
1. 시장경제의 이해	(1) 시장경제의 기본원리	• 희소성(욕구와 자원), 기회비용(trade-off), 교환, 생산성 등 기본 경제원리 이해하기	도입	강화	강화
		• 수요와 공급, 시장과 가격, 유통, 경쟁과 시장, 시장실패, 정부역할 등 미시경제원리 이해하기	도입	강화	강화
		• 국민총생산, 인플레이션, 실업, 금융정책, 재정정책 등 거시경제원리 이해하기	도입	강화	강화
		• 정부, 기업, 가계 등 경제주체의 역할과 win-win관계 이해하기	도입	도입 강화	강화
		• 환율과 국제수지, 국제경쟁과 국제협력, 주요국 시장동향 등 글로벌 시장경제환경 이해하기	도입	도입	강화
	(2) 소비자 자원의 관리	• 소득 획득의 의미와 관리법 알기(돈의 이해, 소득의 원천, 영향요인, 직업선택, 사회보장 등)	도입	도입 강화	강화
		• 자금 관리의 의미와 관리법 알기(예산수립과 작성, 금융선택, 보험과 위험관리, 세금 납부 등)	도입	도입 강화	강화

1. 시장경제의 이해	(2) 소비자 자원의 관리	• 지출 및 신용의 의미와 관리법 알기(비교구매, 지불방법, 신용유형, 신용비용과 책임 등)	도입	도입 강화	강화
		• 저축과 투자의 의미와 관리법 알기(관련상품, 위험과 수익, 장단기저축플랜, 노후설계 등)	도입	도입 강화	강화
		• 금전 외의 자원(시간, 각종 내구재와 공공재 등)의 의미와 관리법 알기	도입	도입 강화	강화
2. 합리적 구매와 사용	(3) 소비자 정보의 수집과 분석	• 인터넷, 신문, 잡지 등에서 다양한 소비자 정보를 수집하고, 읽고, 분석할 수 있기	도입	도입 강화	강화
		• 광고, 마케팅전략 등 각종 상업적 정보의 목적과 소비자선택에 미치는 영향을 파악하기	도입	강화	강화
		• 소비자단체나 언론, 정부 등이 제공하는 각종 중립적 정보의 중요성을 알고 활용하기	도입	강화	강화
		• 규격 · 품질 · 안전 · 위해 · 가격 등 각종 표시정보를 알고 활용하기	도입	도입 강화	강화
		• 상품 · 서비스 구매 시 계약서, 약관, 사용설명서 등을 읽고 활용하기	도입	강화	강화
	(4) 구매의사결정과정과 구매, 그리고 사용	• 구매의사결정과정을 이해하고 이에 영향을 미치는 각종 요인을 고려하여 선택하기	도입	도입 강화	강화
		• 상품과 서비스 구매 시 적절한 거래 및 계약방식을 알고 부당한 거래 선택하지 않기	도입	도입 강화	강화
		• 전자상거래, 홈쇼핑, 방문판매, 백화점, 할인점 등 다양한 구매유형의 장단점과 올바른 이용방식을 알고 선택하기	도입	도입 강화	도입 강화
		• 현금, 할부, 신용카드 등 다양한 대금지불방식의 장단점을 알고 선택하기	도입	도입 강화	강화
		• 구매한 각종 소비자 제품 및 서비스의 안전하고 편리한 사용과 보존법 알기	도입	도입 강화	강화
3. 소비자 문제 해결 및 예방	(5) 소비자 문제의 해결	• 소비자문제의 원인과 빈번하게 발생하는 소비자문제를 알고 예방하기	도입	도입 강화	강화
		• 제조물책임법과 리콜제도 등 소비자안전과 관련된 법과 제도를 알고 적용하기	도입	도입 강화	강화
		• 효과적인 불만제시방식(서면, 전화, 대면접촉 등)을 알고 실천할 수 있기	도입	도입 강화	강화
		• 소비자피해 및 분쟁 해결 시 활용할 수 있는 제도와 기관 알기	도입	도입 강화	강화

3. 소비자 문제 해결 및 예방		• 소비자이익을 돌보는 지역 및 전국단위, 국제단위의 기관 및 조직을 알고 활용하기	도입	도입 강화	강화
	(6) 소비자 주권과 소비자참여	• 소비자주권의 의미, 소비자권리와 책임의 개념을 알고 그 중요성을 인식하기	도입	강화	강화
		• 누가 소비자법과 제도를 만들며 이것이 위반될 경우 어떠한 손실이 있을지 알기	도입	도입 강화	강화
		• 소비자참여 및 운동의 역사를 알고 이것이 더 나은 경제환경, 법 및 제도를 만듦을 인식하기	도입	도입 강화	강화
		• 기업모니터링, 소비자패널, 인터넷 정보생산 등 각종 새로운 소비자참여방식을 알고 실천하기	도입	도입 강화	강화
		• 소비자단체 등 소비자대표기관의 역할을 이해하고 지원하기	도입	도입 강화	강화
4. 신소비 문화형성	(7) 소비 문화와 트렌드	• 소비의 의미와 소비문화현상의 역사적 변화과정 알기	도입	도입 강화	강화
		• 생활주기와 개인의 욕구에 따라 소비문화가 다름을 알고 자신과 타인의 소비문화 이해하기	도입	도입 강화	강화
		• 연령별, 세대별, 성별, 국가별 등 국내외의 다양한 소비문화를 알고 그 배경을 이해하기	도입	도입 강화	강화
		• 각종 소비유행과 트렌드를 읽고 소비자의 눈으로 다시 보기	도입	도입 강화	강화
		• 나눔의 문화 등 바람직한 소비문화를 인식하고 개발하기	도입	강화	강화
	(8) 공동체와 소비자	• 지역사회에서 선택 가능한 공공시설물을 알고 올바르게 이용하기	도입	강화	강화
		• 공동체에서 건강하고 안전한 소비생활양식(금연, 안전한 제품사용 등)을 알고 선택하기	도입	강화	강화
		• 에너지와 물, 식물, 동물 등 각종 자연자원을 아끼고 보존하는 법을 알고 선택하기	도입	강화	강화
		• 쓰레기를 줄이고 재활용하는 소비생활양식을 선택하고 실천하기	도입	강화	강화
		• 지속 가능한 소비, 국경 없는 소비자 등 각종 글로벌 소비환경 이슈를 알고 행동하기	도입	도입 강화	강화

표 5-2 한국의 소비자교육 내용 체계 관련 연구

박재선 (1985)	최윤선 (1989)	김영옥 (1991)	이득영 · 송순영 (1992)	배윤정 (1999)	김영옥 (1999)
-3개 대영역 · 컨슈머리즘 영역 · 사회적 영역 · 가정생활 영역 -15개 하위영역 -69개 세부 영역	1. 경제적 측면 1) 화폐 2) 시장 3) 거래 2. 관리적 측면 1) 구매관리 2) 금전관리 3) 정보관리 3. 사회적 측면 1) 자원보존 2) 환경공해 3) 사회복지 4. 법적 측면 1) 소비자보호 2) 소비자권리 3) 소비자역학	1. 일반 경제지식 2. 금전관리 및 저축 3. 재화와 서비스의 구매 4. 소비자정보 5. 광고 및 판매촉진 전략 6. 물품관리 및 처분 7. 개인의 소비에 대한 가치관 8. 인간의 욕구와 합리적 선택 9. 사회성원으로서의 소비행동 10. 지역사회자원의 활용과 조세 11. 환경 및 자원의 보존 12. 소비자권리와 책임 13. 소비자조직과 참여 14. 법과 소비자보호	1. 가치 교육 2. 구매 교육 3. 시민의식 교육	1. 소비자정보기술 1) 인터넷 거래이용법 2) 소비자정보 활용법 2. 구매의사결정 1) 외적요인 2) 개인적 요인 3) 의사결정과정 3. 소비자재무관리 1) 수입과 지출의 관리 2) 소득과 자산의 보호 3) 자산의 증대 4) 노후설계와 상속 4. 소비자주의 1) 소비자권리와 책임 2) 소비자보호 3) 소비자활동	1. 소비자의식 1) 소비자개념 2) 욕구와 희소성 2. 금전관리 1) 화폐와 구매력 2) 소득(용돈)의 소비 3) 저축과 신용 3. 구매 1) 구매의사결정 과정 2) 구매시 주의점 3) 경제원리 4) 상품과 상점 5) 광고 4. 개인 및 공공자원의 사용 1) 개인자원의 사용 2) 공공시설의 이용 5. 소비자의 권리와 책임 1) 소비자권리와 책임의 소개 2) 안전 관련 권리와 책임 3) 정보 및 선택 관련 권리와 책임 4) 환경 관련 권리와 책임 5) 소비자보호법과 기구 6) 소비자문제와 해결과정
소비자교육프로그램 체계화에 관한 연구	소비자교육의 체계화 방안에 관한 실증연구	아동소비자교육 내용의 체계화에 관한 연구	소비자교육의 교육 내용 모형 개발연구	정보사회의 소비자교육 내용 체계화를 위한 연구	학교 아동소비자 교육 내용의 구성과 분석
석사학위논문	석사학위논문	석사학위논문	한국소비자보호원 연구보고서	석사학위논문	박사학위논문

이승신 · 박명희 (2000)	김혜선 · 김시월 · 김정훈 · 허경옥 · 정순희 · 배미경 (2002)	송순영 · 김남수 · 정윤선 · 김성숙 (2002)	배순영 (2004)	한국소비자보호원 (2006)
1. 가치관 교육 1) 소비윤리 2) 환경보호 2. 자원관리 교육 1) 경제원칙 2) 금전관리 3) 자원의 사용 4) 공공자원관리 3. 합리적 구매교육 1) 의사결정 2) 구매 3) 영향요인 4) 소비자정보 4. 소비자 시민교육 1) 소비자역할 2) 스비자의 권리와 책임 3) 소비자문제와 해결	1. 의사결정과정 2. 소비자정보의 유형과 내용 및 획득 방법 3. 합리적 소비 4. 재무관리 5. 가치선택 6. 소비자 시민의식 7. 환경보호적 소비 8. 정보화와 전자상거래 9. 안전의 확보	1. 가치관 교육 1) 소비윤리 2) 환경보호 2. 자원관리 교육 1) 경제원칙 2) 금전관리 3. 합리적 구매교육 1) 의사결정 2) 구매 3) 영향 요인 4) 소비자정보 4. 소비자 시민교육 1) 소비자역할 2) 소비자의 권리와 책임 3) 소비자문제와 해결	1. 시장경제의 이해 1) 소비자와 경제 개념 2) 개인자원의 관리 2. 합리적 구매 1) 소비자정보의 수집과 분석 2) 의사결정과정과 구매법 3. 소비자문제해결 및 예방 1) 소비자주권과 소비자참여 2) 소비자문제의 해결 4. 신 소비문화 형성 1) 소비문화와 트렌드 2) 공동체와 소비자	1. 시장경제의 이해 1) 시장경제의 기본 개념 2) 소비자자원의 관리 2. 합리적 구매와 사용 1) 소비자정보의 수집과 분석 2) 구매의사결정 과정과 구매, 그리고 사용의사결정 과정과 구매법 3. 소비자문제해결 및 예방 1) 소비자주권과 소비자참여 2) 소비자문제의 해결 4. 신 소비문화 형성 1) 소비문화와 트렌드 2) 공동체와 소비자
21세기 소비환경이 변화에 따른 학교 소비자 교육의 방향	소비자교육의 이해	소비자교육 종합 발전계획	초 · 중 · 고 소비자교육 내용 모형 개발	소비자교육이란
공정거래위원회 용역연구	소비자학 교재	한국소비자보호원 연구보고서	한국소비자보호원 연구보고서	한국소비자보호원 홈페이지 콘텐츠

표 5-3 외국의 소비자교육 내용 체계 관련 연구

Armstrong · Uhl (1971)	Herrmann (1982)	Bannister · Monsma (1982)		光川五郎 一田剛吉 (1983)
1. 경제사회 내에서의 소비자 2. 소비, 생산 및 소득 3. 관리와 가계소득 4. 저축과 투자 5. 신용 6. 소비자의 위험과 불확실성에 대한 계획 7. 대중사회의 소비와 조세 8. 시장에서의 소비자 9. 소비자원조와 보호 10. 식품소비 11. 의복과 직물 12. 주택과 주거 13. 설비, 가정기기와 가구 14. 교통수단 15. 소비자 서비스 16. 여가 17. 교육 18. 소비자보건 19. 소비자조직 20. 소비자정보	1. 선택 1) 선택에 대한 가치와 사회의 영향 2) 의사결정 3) 자원: 화폐, 시간, 신용, 지식 2. 재무관리 1) 신용 2) 저축과 투자 3) 금융서비스, 수표 4) 생명보험 5) 의료보험 6) 자동차보험 7) 주택보험 8) 사회보장보험 3. 구매법 1) 제품선택 2) 소비자와 시장 3) 공공재 4. 소비자 시민성 1) 미국경제에서의 소비자 역할 2) 소비자권리와 책임 3) 소비자문제 4) 소비자보호	1. 의사결정 1) 외적 요인 · 경제체제 · 정치체제 · 사회체제 · 생태학적 영향 · 기술적 영향 2) 개인적 요인 · 자원 · 생활주기 · 가치와 목표 · 욕구와 욕망 · 생활양식 3) 의사결정과정 · 문제 및 쟁점 · 정보 · 대안 · 결과 · 결정-실행 · 평가 2. 자원관리 1) 재무계획 · 획득 · 지출계획 · 차용 · 저축 · 투자 · 보험 · 조세	2) 구매 · 의사결정 · 재화 · 서비스 3) 보존 · 자원감소 · 효율적 사용 · 대체자원 3. 시민참여 1) 소비자보호 · 소비자권리 · 소비자책임 · 소비자법 · 소비자원조 2) 소비자옹호 · 소비자주장 · 소비자대표 · 소비자단체	1. 소비자주의 1) 소비자의 생활이념 2) 소비자행정과 법률 3) 소비자활동 4) 소비자정보와 구제 2. 소비자와 사회생활 1) 물가와 유통 2) 구입의 실천과 표시 3) 자원문제 4) 생활의 위해 3. 소비자와 가정생활 1) 물품의 사용법 2) 의식주, 여가, 교육문제 3) 건강문제 4) 생활설계
Survey of Consumer Education Programs in the U.S.	The Historical Development of the Content of Consumer Eduation	Classification of Concepts in Consumer Education		
연구논문	연구논문	미국 교육부 소비자교육국 용역연구		

03 정보사회의 소비자교육 내용

정보사회에 부합하는 소비자교육 내용을 어떻게 구성해야 하는가? 이에 대한 기본 방향은 가속적인 사회변화, 시간과 공간의 제약으로부터의 자유, 그리고 지식 사회로 특징지어지는 정보사회에서 소비자가 올바른 의사결정을 할 수 있도록 하는데 초점을 두고 교육 내용이 구성되어야 한다.

1) 정보사회의 소비생활 변화

소비자교육은 기본적으로 소비생활에 관련되는 전 범주를 포함하고 있으나, 소비생활은 경제사회 변화 및 소비환경의 변화에 따라 변화하기 때문에 시대의 변화에 따라 교육내용을 재구성해야 할 필요가 있다. 따라서 정보사회의 소비자교육 내용 구성을 위해 시대 변화를 예측하고, 이에 부합하는 소비자교육의 개념적 범주와 핵심 내용을 정의하여야 한다.

정보사회에서 소비생활 및 가정생활은 자동화되는 생활문화와 유통구조의 변화, 전자상거래의 활성화 등으로 크게 변화하고, 이로 인해 소비자들은 네트워크에 의존하는 행동의 변화와 라이프스타일이 달라지는 등의 간접적 변화가 일어나고 있다. 이와 같은 커다란 변화 속에서 소비자가 정보사회에 적응하여 정보화의 혜택을 골고루 누릴 수 있도록 하기 위해서는, 소비자정보를 자유롭게 활용할 수 있도록 정보기술 측면이 포함된 소비자교육이 절실히 필요하다. 또한 시스템화된 정보처리 기술이 고도로 발달한 정보네트워크 사회에서는 개개인에게 타자와 사회 및 세계가 전례 없이 정보적으로 개방되어 개인 한 사람 한 사람이 취할 수 있는 선택의 자유가 매우 커지기 때문에 범람하는 정보의 옥석을 가릴 수 있는 능력도 교육 내용에 포함되어야 할 것이다. 또 한편으로 정보사회는 산업사회와는 다른 생산 방식인 소량다중 생산이나 주문생산 방식 등 생산자 중심에서 소비자 중심으로 전환된 방식에서 자신들에게 주어진 권리를 누리고 보호받을 수 있어야 하며, 권리에 상응하는 소비자로서의 책임을 다하고 주체적으로 참여할 수 있어야 한다. 이와 같은 변화는 소비자의 구매의사결정에 영향을 미치는 여러 요인들로 의사결정 과정에 변화를 가져올 것이며 기존의 소비자교육에서는 다루지 않았던 부분을 추가하고 내용을 수정하는 작업을 요구한다. 전자상거래의 활성화 또한 소비자교육 내용에 크게 영향을 미치는데, 전자상거래의 확산은 개인정보 보호의 문제나 거래시 신용 문제 등 소비자보호의 측면에서 새로운 이슈를 낳았고, 따라서 소비자 교육 내용에도 이를 반영해야만 한다(배윤정, 1999).

2) 정보사회의 소비자교육 내용 구성

(1) 정보사회의 소비자교육 내용 구성

소비자교육에서 무엇보다도 중요한 것은 시대적 요구와 변화의 추이를 빠르게 받아들이고 그에 알맞은 내용으로 소비자교육이 실시되어야 한다는 점이다. 이런 점에 비추어 볼 때 산업사회에서의 소비생활을 바탕으로 내용을 구성했던 소비자교육은 이제 정보사회의 소비생활에 적합하도록 소비자교육 내용을 재구성해야만 한다. 물론 기존의 소비자교육 내용 중에는 시대의 변화를 초월하여 어느 사회의 소비자교육에든 반드시 포함되어야 하는 기본적인 내용들이 존재하기 때문에 이러한 점을 고려하여 정보사회에 부합하는 소비자교육 내용을 구성해야만 한다.

본 서는 정보사회에서의 소비생활 변화와 이러한 변화에 적응할 수 있는 소비자교육 내용을 문헌고찰을 바탕으로 시대적 변화에 상관없이 반드시 소비자교육에 포함되어야 할 기본 영역과, 정보사회의 변화를 반영한 영역으로 총 6개의 대영역과 17개 소영역으로 구성하였다. 이를 정리하면 〈표 5-4〉와 같다.

표 5-4 소비자교육 내용 구성

대영역	소영역	세부 내용
1. 소비자 주권	1) 소비자 주권	• 소비자주의 • 소비자주권 이해 • 소비자권리와 책임 • 소비자역할
	2) 소비자 가치관	• 소비의 의미 • 소비자 가치관
	3) 소비 윤리	• 소비윤리 • 돈의 가치, 개념
	4) 소비자 시민의식	• 능동적 소비자로서의 참여 의식 • 공동체 의식
2. 자원관리	1) 시장경제	• 시장경제에서의 선택 원리 • 시장경제와 가계경제의 이해
	2) 소득관리	• 가계경제의 구조 이해 • 소득, 지출, 부채 관리 • 소비자신용
	3) 자산관리	• 투자 원리 • 금융자산, 부동산 관리
	4) 생활자원 관리	• 공공재, 시간관리
3. 소비자의사결정	1) 합리적 의사결정	• 소비자의사결정의 합리성 • 소비자의사결정의 효율성
	2) 소비자의사결정 과정	• 소비자의사결정의 영향 요인 • 소비자문제 유형별 소비자의사결정 과정
	3) 마케팅활동과 소비자의 대응전략	• 소비자와 시장환경에 대한 이해 • 기업 활동 이해 및 소비자의 대응전략
4. 소비자 문제	1) 소비자 관련 법과 제도	• 소비자 기본법과 소비자 관련 법 • 소비자 관련 제도
	2)소비자문제의 해결	• 소비자문제 원인 • 소비자문제 유형 • 소비자피해예방 및 구제 방안
5. 소비자 정보 수집과 활용	1) 소비자정보 수집	• 온 · 오프라인 소비자정보원 • 온 · 오프라인 소비자정보 내용체계 • 온 · 오프라인 정보수집 및 분석
	2) 소비자정보 활용	• 온 · 오프라인 소비자정보 활용 • 온 · 오프라인 소비자정보 평가
6. 소비문화	1) 소비트랜드와 문화	• 소비문화현상 변화과정 • 소비자집단별 소비문화특성 • 소비트렌드 이해
	2) 지속가능한 소비	• 지속가능한 생산 · 소비 개념 • 환경 보호 • 재활용, 재사용

(2) 미국, 영국, 일본의 정보사회의 소비자교육 내용 구성의 강조점

외국의 경우 정보사회로의 변화에 따른 소비자교육 내용 구성의 강조점은 무엇인가? 미국, 영국, 일본의 사례를 살펴보고자 한다.

① 미국

미국에서는 1978년 소비자교육청(U.S. Office of Consumers' Education)의 CEDP(Consumer Education Development Program)를 통해 소비자교육의 정의와 개념을 분류하고 확정한 후, 1990년에는 전국 소비자위원회(National Consumer Council)에서 이를 재정립하였다. 미국의 경우 소비자교육에서의 강조점은 소비자교육 내용을 경제 중심의 지식교육에 기반하여 의사결정 과정을 중시하는 교육내용으로 구성하였다.

② 영국

영국에서는 1989년 전국 소비자위원회(National Consumer Council)에서, 1999년에는 전국 소비자교육 협의회(National Consumer Education Partnership)에서 소비자교육의 목표를 정의하고 개념을 재분류한 바 있다. 소비자교육의 강조점은 영국을 포함한 유럽의 경우는 환경문제를 전면에 내세우며 비판적 사고를 중시하는 내용으로 구성하였다.

③ 일본

일본에서는 1985년 동경도 소비생활 대책 심의회에서 소비자교육 내용 모형을 제시한 후 사단법인인 소비자교육지원센터 등에서 소비자교육 내용에 대해서 지속적으로 논의하고 있다. 강조점으로는 소비자문제 현황에 근거한 소비자문제 중심 교육내용으로 구성하였다.

연구과제

1. 소비자정책 패러다임 변화가 실제로 소비자정책에 반영된 사례를 조사하시오.

   예: 소비자보호법이 소비자기본법으로 명칭이 변경됨.

2. 소비자학 관련 서적 다섯 권을 임의로 선정하여 〈표 5-4〉의 소비자교육 내용 구성표를 기준으로 내용분석 하시오.

06 CHAPTER

소비자교육의 형태

1. 가정 소비자교육
2. 학교 소비자교육
3. 사회 소비자교육

06 CHAPTER

소비자교육의 형태

일반적으로 소비자교육은 교육의 장에 따라서 가정 소비자교육, 학교 소비자교육, 사회 소비자교육으로 구분할 수 있다. 각 장에 따라 교육의 주체가 다르며 소비자교육의 동기, 목표, 기대 등이 달라진다. 총체적인 의의와 효과를 위해서 소비자교육은 모든 영역에서 일관성 있게 실행되어야 한다. 각 장에서 이루어지고 있는 소비자교육의 이질성과 상호 관련성을 인식 · 이해하고 서로 연대할 필요가 있다. 가정을 중심으로 학교와 사회가 함께 소비자교육에 힘을 기울인다면 그 효과는 훨씬 커지게 될 것이다.

소비자의 역할학습은 출생과 더불어 사망할 때까지 계속되는 연속적인 과정이다. 인간의 발달주기에서 보면 가정 소비자교육은 아동기에, 학교 소비자교육은 청소년기에, 사회 소비자교육은 성인기에 주로 초점이 맞춰진다. 가정, 학교, 사회 소비자교육에 대하여 살펴보기로 한다.

01 가정 소비자교육

인간은 가정을 중심으로 집단을 이루어 생활하고 있다. 가정은 우리의 삶에서 가장 중요한 곳으로 운명적 결합체이며 인생의 휴식 · 안식처이고 사회를 구성하는 핵심적인 소집단이며 최초의 교육의 장이다. 가정은 성장해 가는 자녀의 생활 속에서 많은 역할을 한다. 가정에서 사회생활에 필요한 기본적인 것을 배우기 때문에 가정교육의 뒷받침 없이는 학교교육이 불가능하다.

1) 가정 소비자교육의 의의

가정은 사회의 기본 단위로 소비자가 살아가는 데 있어서 가장 기본적이고 중요한 생활의 장이며, 태어나서 가장 먼저 접하게 되는 소비자교육의 장이다. 기본적인 소비자교육은 가정에서 이루어지게 되므로 가정 소비자교육은 학교 소비자교육 못지않게 중요하다. 일반적으로 자녀의 연령이 증가하면서 가정에서 보내는 시간이 줄어들게 되므로 가정 소비자교육은 가정에서 보내는 시간이 상대적으로 많은 미취학 자녀들을 중심으로 이루어지게 된다.

개인의 가치는 인간이 태어나서 성장하는 가정의 가치관에 영향을 받는다. 가정은 소비자교육의 중추가 되는 가치관과 생활양식을 교육할 수 있는 장이고 사회화과정에서 불가결한 장이다. 건전한 소비행동은 어렸을 때의 교육에서 비롯된다. 가정 소비자교육은 건전한 소비자를 육성하는 출발점이다. 자녀가 건전한 소비생활을 위한 지식, 기능, 태도를 습득하는 데 필요한 기초적 생활경험을 가정에서 할 수 있어야 한다. 자녀들은 가정 소비자교육을 바탕으로 경제에 대한 바른 인식과 건전한 생활습관을 형성하게 되며 소비자로서의 역할과 책임을 다하고 소비자-시민으로서 책임을 성실하게 수행할 수 있는 소비자로 사회화된다. 부모는 자녀의 눈높이에 맞추어 명확한 목표를 설정하고 일관적인 태도로 자녀의 소비자교육을 수행해야 한다. 아동기에 확립된 소비태도나 습관과 가치관들은 아동이 성장한 후에도 많은 영향을 미치게 된다.

가정에서의 소비자경험은 소비자능력에 영향을 미치는 중요한 변수 중 하나이다. 자녀의 소비자기능은 어머니의 소비자기능에 크게 영향을 받고 있는 것으로 나타나고 있다(고화정 · 정순희, 2007). 아동기에 가정에서 소비생활을 관찰하고, 소비생활에 참여하고, 부모로부터 훈련을 받고, 소비생활에 관하여 부모와 대화를 하는 등의 소비자경험은 소비자능력 향상에 중요한 요인이 된다(이기춘, 1999). 가정 소비자교육은 생활 속에서 시작된다. 교육의 주체는 부모로 부모의 의식과 행동이 곧 소비자교육이다. 일상생활에서 부모의 태도나 행동이 자녀에게 그대로 전달되어 우연히 소비자교육이 이루어지는 경우가 많다. 소비자문제에 무관심한 어른이 소비자문제에 무관심한 자녀를 키우고 그 자녀들이 또 다시 어른이 되어 소비자문제에 무관심한 자녀를 양육하는 악순환이 이루어지게 된다. 가정에서의 소비자교육이 바람직하게 이루어지기 위해서는 부모가 소비자교육을 받을 필요가 있다.

2) 가정 소비자교육에서의 소비자역할 학습

역할(roles)이란 특정 사회에서 개인에게 기대되는 행동 유형이다. 소비자역할이란 소비자 개인에게 기대되는 행동 유형을 의미한다. 인간은 가정에서 태어나서 성장하면서 여러 가지 소비자역할을 학습하게 된다. 소비자역할 학습은 인간이 태어나서 죽을 때까지 계속되는 연속적인 과정이다. 가정에서 부모는 직간접적으로 자녀의 환경을 통제하고 자녀에게 영향을 미치며 관찰학습을 위한 모델이 된다. 자녀들은 부모와의 관계 속에서 특히 어머니와 소비생활에 관한 의사소통을 하면서 소비자역할을 학습하게 된다.

(1) 사용자의 역할

사용은 욕구충족을 위해 재화 및 용역을 사용하는 것이다. 아동소비자가 가장 먼저 학습하게 되는 소비자역할은 사용자의 역할이다. 아주 어린 나이의 소비자일지라도 생활을 영위하기 위하여 많은 종류의 물건을 사용하고 소비하고 있다. 소비하는 물건의 개념과 기능, 바르게 소비하고 사용하는 태도, 효율적으로 사용하는 방법 등을 교육시켜야 한다.

(2) 획득자의 역할

부모로부터 화폐를 받게 되면서 획득자의 역할을 학습하게 된다. 아동소비자는 부모가 화폐를 소비하는 방법이나 화폐에 대한 태도와 인식을 관찰함으로써 화폐에 대한 태도를 학습하기 시작한다. 태도의 형성에서는 말보다 행동이 큰 영향을 미치게 된다. 화폐가 보상이나 뇌물 또는 통제수단으로 사용되는지, 선물을 주는 마음보다 선물 가격에 더 많은 관심을 가지는지 등을 관찰하고 인지한다. 화폐는 보상이나 체벌의 도구로서뿐만 아니라 애정이나 관계 표현의 도구로도 사용되지 않아야 한다. 유아기에 자신이 원하는 것을 모두 가질 수 없다는 점을 깨닫게 해야 하며, 자녀가 원하는 것을 획득할 수 없을 경우에는 그 상황이나 이유에 대하여 설명해 줄 필요가 있다.

(3) 구매자의 역할

구매는 시장거래를 통하여 화폐를 지불하고 그 대가로 재화와 용역을 제공받는 것이다. 아동소비자는 화폐를 이용하여 필요한 상품을 직접 구입하게 되면서 구매자의 역할을 학습하게 된다. 많은 상품들 중에서 선택하는 일은 쉬운 일이 아니다. 구매자의 역할을 잘 수행할 수 있도록 화폐의 단위와 사용법, 물건을 구매할 수 있는 장소와 상품의 종류, 효율적으로 구매하고 선택하는 방법 등에 대하여 학습시켜야 한다.

아동소비자는 상점에 혼자 갈 때 독립감을 느끼며 구매행위를 통해서는 두 가지 만족감을 느낀다. 구매한 상품 자체로부터는 만족감을 느끼며, 자신이 스스로 구매를 했다는 것에서는 성취감을 느낀다(이기춘, 1999). 구매행위는 중요한 독립심의 표현이 될 수 있다.

(4) 배분자의 역할

배분자의 역할은 소유한 자원을 어떤 목표를 가지고 어떻게 배분할 것인가의 문제이다. 아동소비자는 정기적인 용돈을 받게 되면 용돈을 관리하고 배분하는 배분자의 역할을 학습하게 된다. 용돈 중에서 어느 정도를 저축하고 소비할 것인지, 어디에 얼마를 소비할 것인지에 대한 결정을 하는 것이다. 다른 사람에게 베푸는 선행이나 자선에 대한 교육도 필요하다. 욕구의 우선순위와 필요한 것과 원하는 것을 이해하고 욕구를 조절할 수 있는 습관을 들이도록 해야 한다.

(5) 처분자의 역할

처분이란 제품을 통해 욕구를 충족시킨 후 사용한 물건을 처리하는 활동이다. 처분자의 역할은 소비자가 사용 후 환경에 나쁜 영향을 미치지 않는 처분행동을 함으로써 환경을 보호하는 것을 의미한다. 최근의 환경오염과 자원관리 문제는 처분자의 역할을 강조하고 있다. 처분 행동이 희소한 자원의 관리와 바람직한 환경의 유지가능성에 많은 영향을 미치기 때문이다. 중요한 사회문제인 환경문제와 직접적인 연관이 있는 처분자의 역할은 생활습관과 깊은 관련이 있으므로 생활습관의 기초를 형성하는 가정에서부터 교육이 시작되어야 한다.

(6) 소비자-시민의 역할

현대사회에서 각 개인은 시민이면서 동시에 소비자라고 하는 두 가지 역할을 한다. 소비자-시민으로서의 역할은 사회의 구성원으로서 경제문제와 관련된 시민으로서의 역할과 소비자로서의 권리행사 및 책임수행을 의미한다. 시민의 역할과 소비자의 역할은 분리되는 것이 아니라 융화되어 있다. 개인은 시민으로서 그리고 소비자로서 행동하고 있다. 소비자-시민의 역할은 개인의 선택의 자유와 사회적 책임 및 공공의 이익 간의 갈등과 관련되어 발생되는 문제이다. 소비자로서의 여러 가지 활동이 지역사회와 관련이 있다는 것을 깨닫게 해야 한다.

02 학교 소비자교육

학교는 일정한 목적 · 제도 · 규칙에 의하여 교사가 학생을 대상으로 집단으로 교육을 실시하는 기관이다. 일정한 발달수준에 있는 학생집단에게 일정한 건물에서 일정한 교과를 일정한 계획에 따라 조직적으로 교육하는 기관이며, 법적으로 감독 · 보호를 받는 기관이다. 학교 소비자교육의 추진방법으로는 독립 교과목으로 실시하는 방법, 특정 교과목을 중심으로 실시하는 방법, 여러 관련 교과목에서 실시하는 방법, 학교 차원에서 전체적으로 실시하는 방법 등이 있다. 현재 우리 나라의 각급 학교의 소비자교육은 특정 교과목이 아닌 여러 관련 교과목에 일부분으로 분산되어 실시되고 있다.

1) 학교 소비자교육의 의의

정보화, 고령화, 세계화, 신용사회화, 서비스화 등 소비자를 둘러싸고 있는 경제사회 환경이 비약적으로 변화되면서 소비자문제들도 변화되고 있다. 아동소비자나 청소년소비자들이 이러한 경제사회 환경의 변화에 적응하고 적절하게 대응할 수 있는 능력을 갖추기 위해서는 평생교육의 기초를 세우는 학교 소비자교육을 충실하게 시행할 필요가 있다. 아동기나 청소년기는 주체적이고 합리적인 소비생활을 영위할 수 있는 소비자능력을 배양해야 할 시기이다. 이들에 대한 소비자교육을 보다 효과적으로 수행할 수 있는 제도적인 통로로서 학교 소비자교육의 중요성이 부각되고 있다. 경제사회 환경의 변화 속에서 소비자교육은 학교교육에서 배우는 생활교육이 중심이 되어야 한다.

학교교육은 학생으로 하여금 스스로 배우고 스스로 생각하며 스스로 행동하게 함으로써 개성을 존중하는 인간을 형성하는 것이다(정용선 외 4인 역, 1998). 이러한 학교교육의 목표는 책임지고 자립하는 능력을 양성하는 소비자교육의 이념과 동일하다. 따라서 소비자교육을 통하여 학교교육의 목적을 달성할 수 있다. 학교에서의 소비자교육은 학교교육이 지향하고 있는 보다 포괄적인 인간교육의 차원에서 가장 체계적인 형태의 교육이 제도적으로 이루어질 수 있는 장이라는 특징을 가지고 있다. 학교교육은 특정 개인 차원의 생애교육 과정에서 체계적인 교육을 받을 수 있는 단계로서 가장 중요한 장을 제공해 준다.

학교 소비자교육은 단순히 좋은 물건을 능숙하게 구매하고 생활의 지혜를 습득하는 것뿐만 아니라 평생 동안 생활인으로 올바르게 생활하는 능력과 태도를 몸에 익히게 하는 것이다. 학교교육에서는 가정에서의 초보적인 소비자교육을 이어받아 학령기에 이른 아동에서부터 독자적인 경제활동을 앞둔 청소년들을 대상으로 학교라는 제도적인 틀 속에서 인간의 발달단계에 따라 조직적이고 체계적으로 소비자교육을 할 수 있다. 변화하는 경제사회 환경에 적응할 수 있는 소비자능력을 개발하기 위해서는 학교 소비자교육을 강화할 필요가 있다.

2) 학교 소비자교육의 특징

학교 소비자교육은 주체적 · 개인적 · 사회적으로 책임 있는 가치를 선택하고 의사결정을 하며 개인과 사회의 질 높은 라이프스타일을 창조해 가는 능력을 개발하기 위해서 필요하다. 특히 급격하게 변화하는 경제사회 환경에서는 주체적이고 창조적으로 살아갈 수 있는 자질과 능력이 더욱 중요시된다.

(1) 단계적 · 체계적인 소비자교육

가장 단계적이고 체계적으로 소비자교육을 실시할 수 있는 기관이 바로 학교이다. 학교 소비자교육은 학교라는 제도적인 기관을 통하여 피교육자의 수준에 맞추어 단계적이면서 체계적으로 소비자교육을 실시할 수 있다. 인간의 발달 단계에 따라 교육과정과 교재를 통해서 체계적으로 미래의 소비자가 합리적인 소비생활을 할 수 있도록 단계적이고 체계적으로 그 기틀을 형성시킬 수 있다. 학교에서는 초 · 중 · 고등학교에 따른 각급 학교 및 학년별로, 그리고 각 교과별로 학생들에게 무엇이 필요하고 달성해야 할 소비자능력은 무엇인지에 대하여 명확하게 설정한 교육목표를 가지고 일정한 교육과정에 따라 전문적인 교육방법으로 교육이 이루어진다.

(2) 가치관 형성 교육

학교교육은 가치형성 과정으로서 그 중요성이 있다. 학교 소비자교육은 소비자교육의 근간이라고 할 수 있는 합리적이고 바람직한 소비생활과 관련된 가치관 형성을 가장 효과적으로 교육할 수 있다. 학교 소비자교육은 단순히 상품과 서비스에 대한 개별적 지식을 주입하는 것만을 목적으로 하지 않는다. 소비자로서 또 사회의 일원으로서 생활 전반에서 가치관에 기초하여 스스로 의사결정을 하고 올바른 선택을 할 수 있는 능력을 기르는 데 목적이 있다.

(3) 효율적인 소비자교육

학교 소비자교육은 제도적인 교육이므로 효율적으로 소비자교육을 실시할 수 있다. 학교 소비자교육의 중요성은 가정이나 사회에서의 임시적 · 순간적인 교육보다 추구하는 목표를 달성하는 데 직접적으로 큰 성과를 얻을 수 있다는 데 있다. 학교에서의 소비자교육은 교육목표가 수립되고 교육내용이 교육과정 속에 체계적으로 설정되며 선정된 교재를 사용하여 정식수업으로 행해질 수 있기 때문에 다른 교육보다 조직적이다. 학교에서는 피교육자의 수준에 따라 단계적 · 체계적 · 지속적으로 교육을 시킬 수 있기 때문에 소비자교육은 학교교육을 통하여 가장 효율적으로 이루어질 수 있으며 가장 큰 교육 효과를 거둘 수 있다.

(4) 교육의 사회적 형평성 실현

소비자교육은 광범위한 국민 일반을 위한 것이어야 한다. 학교 소비자교육은 제도적인 교육이다. 교육 수혜자 입장에서 볼 때 같은 사회 구성원에게 동등한 교육기회와 교육내용을 제공한다는 점에서 다른 형태의 소비자교육보다 교육의 사회적 형평성을 우월적으로 실현시킬 수 있다. 학교 밖에서 이루어지는 가정이나 사회의 소비자교육에 참가하는 사람은 한정되거나 고정되어 있기 때문에 세금으로 소비자교육을 시행할 경우 사회적 불평등이 된다. 가정 소비자교육은 의식적으로 자녀들에게 소비자교육을 실시하고 있는 일부 가정에서만 이루어지고 있을 뿐이며, 사회 소비자교육은 교육기회를 가진 극히 제한적인 피교육자들만이 교육수혜를 받을 수 있다. 학교 소비자교육은 교육대상자를 특정 대상으로 제한하지 않고 국민 누구나 받을 수 있다는 점에서 교육의 사회적 형평성을 실현하고 유지할 수 있다.

(5) 평생교육 체계의 일환

학교교육은 평생교육의 기반을 양성한다는 관점에서 사회변화에 대한 대응으로 자기학습 능력의 육성을 중시한다. 자기학습 능력은 왕성한 학습의욕, 학습방법의 습득, 생활방식의 탐구로 구성되어 있다(정용선 외 4인 옮김, 1998). 학교 소비자교육은 인간으로서의 기본 자세 및 생활태도와 관련된 교육을 통해 현대 경제사회 구조 속에서 자립할 수 있는 능력을 가진 소비자로 키우는 교육이다. 평생교육 중에서 가장 기본이 되는 부분을 담당하고 있는 것이다.

전 생애에 걸쳐서 생활자로서 인간으로서 왕성하게 생활하기 위해서는 사회인으로서 자립한 후에도 사회의 변화에 적절히 대응할 수 있는 소비자능력이 필요하다. 학교 소비자교육의 중요한 과제는 스스로 학습하는 의욕과 학습하는 태도를 몸에 익혀서 학교에서 배운 것을 기초로 실생활에 응용하고 발전시켜 문제해결을 도모할 수 있는 능력을 길러주는 것이다.

3) 학교 소비자교육의 목표

소비자들은 소비자교육을 통해 자신의 가치를 발견하고 소비자지식을 축적하고 소비자능력을 개발하며 소비사회에 적응하는 방법을 배우게 된다. 학교 소비자교육은 미래사회를 책임질 미래 소비자를 키워가는 과정으로 소비자들이 가정공동체에서 사회공동체로 옮겨 가기 위한 예비적 단계이다. 학교 소비자교육에서는 소비자들이 자아발전과 전인적인 성장을 도모함과 동시에 변화하는 경제사회 환경 속에서 온전한 삶을 영위할 수 있도록 소비자능력을 양성해야 한다.

(1) 학교 소비자교육의 목표

소비자교육의 일반목표는 가치교육, 구매교육, 시민의식교육이라고 할 수 있다. 이러한 일반적인 소비자교육의 교육목표는 구체적인 교육의 장에 적용되었을 때 그 상황에 맞는 형태로 보다 특화되어야 한다. 학교교육의 한 영역으로서 학교 소비자교육의 교육목표는 소비생활을 영위하는데 필요한 기초적인 지식, 태도, 기능을 교육시킴으로써 합리적인 소비생활을 주체적으로 영위할 수 있도록 하는 것이다.

① 가치교육 차원

가치교육 차원에서의 소비자교육은 소비행위의 기저에 놓여 있는 가치문제를 따져 보고 바람직한 소비가치의 형성을 꾀하는 것을 목표로 한다. 소비행위의 주체성 확보, 합리적인 소비문화의 형성, 소비행위의 가치기준 형성 등을 목표로 한다. 가치를 선택하고 조직하는 능력을 개발하는 것이다.

학교 소비자교육은 특히 소비생활에서 고려해야 할 가치를 뚜렷이 하는 가치교육으로서 특성이 강조되어야 한다. 다양한 가치가 존재한다는 것을 인식하고 이 가운데 어떤 가치를 추구할 것인가 하는 가치판별 능력을 개발시키고 바람직한 가치를 선택할 수 있는 능력을 키워주는 교육이 되어야 한다. 경제환경의 변화를 이해하고 가치 있는 소비를 할 수 있는 의식과 행동을 이끌어 내야 하며, 자신의 가치체계를 형성하고 자신의 라이프 스타일을 만들어 내는 능력을 개발해 주어야 한다.

② 구매교육 차원

구매교육 차원에서의 소비자교육은 특정한 소비행위의 의사결정에서 어떤 기준으로 결정을 내리는 것이 가장 합리적인지 그 의사결정능력을 배양시키는 것을 목표로 한다. 기본적인 경제 원리에 대한 이해증진, 합리적인 자원관리 능력의 배양, 소비자문제에 대한 인식제고, 소비자정보의 분석 · 평가능력의 배양, 상품 · 서비스의 합리적인 구매방법의 습득 등을 교육목표로 한다.

학교 소비자교육에서의 구매교육은 단순히 소비자정보를 제공하는 데 그치지 않고 그 정보를 응용하여 주체적인 소비자행동을 할 수 있는 능력을 배양하는 것을 목표로 해야 한다. 구매라는 특정의 의사결정과정에서 고려하여야 할 기준이나 항목들을 숙지하고 이를 구체적인 구매결정 행위에서 응용할 수 있는 능력을 키워주어야 한다. 구매 의사결정 과정에서 자신이 의도하는 가치를 실현할 수 있는 능력을 개발해야 한다.

③ 소비자-시민의식 교육 차원

소비자-시민의식 교육 차원에서의 학교 소비자교육은 변화에 영향을 주는 시민으로 참여할 수 있는 능력을 개발하는 것을 목표로 한다. 작게는 소비생활에서 부당함이나 소비자문제가 발생할 경우 이를 소극적으로 감수하지 아니하고 사회적 차원에서 적극적으로 해결하기 위해 노력함으로써 시민사회의 구성원으로서 그 책임과 의무를 다할 수 있도록 하는 것이며, 크게는 보다 바람직한 경제사회를 이룩하는 데 필요한 소비자의 비판적인 의식과 행동을 이끌어 내는 것을 목표로 한다. 소비자-시민의식 교육은 대(對) 사회적 정향성을 강조하고 있으며, 소비자주권의 정당한 권리행사가 중요시되고 있다. 소비자주권을 행사할 수 있는 능력을 함양하는 것이 소비자-시민의식 교육 차원의 교육목표이다.

(2) 학교 급별 소비자교육의 목표

학교교육을 통하여 소비자교육의 목표를 달성하기 위해서는 학교 급별로 보다 세부적으로 내용 항목을 설정할 필요가 있다. 교육현장에서 소기의 교육효과를 얻기 위해서는 학생들의 발달단계와 상황을 고려해야 한다. 소비자교육 영역에 따른 학교 급별 학생들의 발달단계는 〈표 6-1〉과 같다. 학생의 발달단계와 학교 소비자교육의 일반적인 교육목표를 토대로 학교 급별로 설정한 소비자교육의 목표는 다음과 같다(이득연 · 송순영, 1993).

① 초등학교

초등학교는 교육의 초기단계로 사회생활을 할 수 있도록 여러 가지 생활문제를 알게 하고 기초적인 것을 체험시키는 시기이다. 자신의 문제를 중심으로 생활문제를 처리하게 하고 일부 가족과 협력하는 것을 생각할 수 있다. 초등학교에서는 교육내용이 기초적이고 초보적인 문제인 만큼 구체적인 체험을 통해서 생활을 생각할 수 있도록 하여야 한다.

초등학교 소비자교육에서는 학생들의 인지발달 정도와 독립적인 생활 주체로

표 6-1 소비자교육에서의 초 · 중 · 고등학생의 발달단계

소비자교육 영역	초등학생	중학생	고등학생
소비생활 인식	이미지로 본다. 체험적으로 본다.	생활내용과 성격의 구체화 가능	생활의 총체적 체계에 대한 인식 가능
소비자 의사결정	초보적인 것은 스스로 하지만 대부분 타인에게 의존	타인과 상의하는 것이 꽤 되며 스스로 행함.	기본적으로는 스스로 하지만 일부는 타인과 상의
소비자교육 기술 · 기능	기능 중심	기초적 기술	응용적 기술
소비자교육 경영	타인의 지도를 받아 자신이 조정	간단한 생활관리 가능	생활의 종합적인 관리 가능
소비생활 사고 · 평가	구체화	추상적	추상화하여 객관적으로 평가
소비생활환경	환경적응	환경적응 일부조성(비판)	환경 적응과 조성

출처: 日本消費者教育學會 編(1992). 小・中・高教教師のための學校消費者教育推進のマニュアル, 이기춘(1999). 소비자교육의 이론과 실제. 교문사, p.127에서 재인용.

서의 제약을 고려해야 한다. 지식 측면에서는 자신을 둘러싼 외부 소비생활 환경에 대한 초보적인 이해를 체험으로 획득하게 하고, 기능 측면에서는 이 초보적 지식을 바탕으로 기본적인 독립적 소비생활에 적응할 수 있는 기초적인 행동기능을 숙지하게 한다. 태도 측면에서는 사고 및 행동에서의 자기중심성을 벗어나 사회 구성원으로서 조화로운 삶을 인식하고 이에 필요한 건전한 기본 소양을 배양할 수 있도록 해야 한다.

저학년인 1, 2학년에서는 아동이 직감적으로 판단하는 시기이므로 가능한 한 시각을 통해 인지할 수 있는 구체적인 사실을 기초로 교육해야 한다. 2학년이 되면 다소 논리적으로 생각할 수 있게 되지만 소비생활에 대한 초보적 인식과 좋은 가정의 이미지를 갖게 하는 데 역점을 둘 필요가 있다.

중간 학년인 3, 4학년에서는 소비생활 문제에 대한 자기체험을 시도하도록 하고 실제 생활 내용과 관련시켜 이해시키고 조금씩 논리적으로 생각하도록 한다. 상대방의 기분도 조금씩 이해할 수 있게 되기 때문에 소비생활에서도 다른 사람에 대한 이해심 등 정서적인 교육내용을 넣는 것이 중요하다.

고학년인 5, 6학년에서는 생활활동의 범위가 보다 넓어지기 때문에 생활에서 일어나는 모든 문제를 스스로 처리할 수 있는 능력을 키울 필요가 있다. 특히 사물을 보다 논리적으로 생각하는 교육에 주력해야 한다. 또 손의 정교함도 상당히 향상되기 때문에 생활에 대한 기초적인 처리기술을 올바르게 가르치고 의욕을 갖고 생활문제를 처리하도록 해야 한다.

② 중학교

중학교 단계에서는 생활문제에 대한 보다 구체적인 이해와 함께 추상적, 논리적으로 사고할 수 있도록 하는 교육이 필요하다. 생활을 적극적으로 영위해 나갈 수 있는 역량을 기르고 생활기술을 과학적으로 생각하게 함으로써 구체적인 처리능력을 가질 수 있도록 해야 하며, 간단한 생활문제는 스스로 의사결정을 할 수 있도록 훈련할 필요가 있다. 또한 일상생활의 활동범위가 확대되므로 환경에 대한 적응과 함께 자신을 둘러싼 환경요소의 문제점을 파악하고 개선하려는 노력을 할 수 있도록 교육해야 한다.

중학교 소비자교육에서는 학생들의 인지발달의 성숙과 제한적인 독립적 생활주체로의 성장을 고려해야 한다. 지식 측면에서는 어느 정도 추상화된 외부 소비생활 환경과 관련된 구체적 사실에 대한 기본적인 이해에 중점을 두어야 하며, 기능 측면에서는 추상화된 구체적 지식에 대한 기본 이해를 바탕으로 제한된 독립적인 소비생활을 영위하는 데 필요한 기본적인 행동기능을 숙달하도록 하여야 한다. 태도 측면에서는 사고 및 행동에서 독립성을 가질 수 있도록 하고 이를 기초로 자신의 행위 가치를 사회적 수준에서 반성하고 제한된 수준에서 사회적 합의 가치를 실현할 수 있는 행위 동기화가 이루어질 수 있도록 해야 한다.

③ 고등학교

고등학교 단계는 생활문제를 폭넓게 종합적인 체계로 인식하고 추상적, 객관적으로 이해할 수 있도록 하는 시기이다. 졸업 후에 곧바로 사회로 진출하는 학생도 있기 때문에 가정생활의 관리문제에 역점을 두고 환경적응뿐만 아니라 보다 나은 환경을 구성할 수 있는 태도를 키울 수 있도록 비판적인 사고와 적극적인 실천의지를 갖도록 교육해야 한다.

고등학교의 소비자교육은 학생들의 인지발달의 성숙과 어느 정도 독립적인 생활주체로서의 성장을 고려하여야 한다. 지식 측면에서는 추상화된 형태의 외부 소비생활 환경에 대하여 총체적이고도 체계적인 이해에 중점을 두어야 하며,

기능 측면에서는 추상화된 구체적 지식에 대한 총체적 이해를 바탕으로 독립적인 소비생활에서 주체적이고 합리적인 의사결정을 하는 데 필요한 응용적인 행동기능을 숙달할 수 있도록 해야 한다. 태도 측면에서는 단순히 생활환경에 적응하는 것에서 벗어나 보다 바람직한 형태로 생활환경을 변화시켜 나가는 데 필요한 가치의 수용과 실현에 수반되는 적극적이고 비판적인 사고와 행동의지를 갖출 수 있도록 해야 한다.

03 사회 소비자교육

넓은 의미의 사회교육은 학교를 포함한 전체 사회를 교육기관으로 보고 사회에서 생활하고 성장하는 그 자체 모두를 사회교육이라고 할 수 있다. 좁은 의미의 사회교육은 '학교교육 이외의 형태로 전개되는 국민의 평생교육을 위한 모든 형태의 조직적인 교육활동' 으로 정의되고 있다(이득연 · 송순영, 1992). 일반적으로 사회교육은 주로 성인 학습자를 대상으로 능력을 개발하고 지식의 이해를 높이며, 기능 및 전문적 자질을 향상시키려는 일체의 조직적 교육활동을 의미한다(김정환 · 강선보, 2005). 사회교육이라는 용어는 교육이 이루어지는 공간 개념에 중점을 두고 학교 밖의 사회에서 이루어지는 교육이라는 뜻으로 명명된 것이다. 성인을 대상으로 하는 교육이라는 점을 강조하여 성인교육이라고도 하며 교육형태의 형식성을 기준으로 비형식적 교육이라고도 한다.

1) 사회 소비자교육의 의의

사회 소비자교육은 성인소비자가 주 대상이 된다. 학교라는 테두리 안에서 이루어지는 공식교육을 마친 성인의 소비자교육은 사회교육의 형태로 이루어진다. 사회 소비자교육은 끊임없이 다양하게 변화하는 경제사회 상황에 대응할 수 있는 성인소비자의 능력을 양성시키는 것으로서 소비환경의 변화에 맞추어 소비자를 재사회화하는 기능을 한다. 사회 소비자교육은 학교교육에서 미흡했던 부분이나 새롭게 변화하는 생활환경에 재적응이 필요한 부분을 중심으로 이루어지게 되므로 보완적인 성격이 강하며 평생학습의 의미를 가지고 있다.

소비자들은 평생 소비자로서 소비자역할을 수행하면서 계속 변화하는 새로운 소비생활에 적응하고 새로운 소비자문제에 대응해야 한다. 사회 소비자교육은 평생교육 차원에서 변화하는 경제사회 환경에 소비자들이 효과적으로 참여할 수 있는 능력을 양성하기 위하여 실시되어야 한다. 그러므로 사회 소비자교육을 통하여 새로운 소비생활에 적응하고 사회생활을 영위하는 데 필요한 실용적인 새로운 소비자정보를 제공하고 이를 활용할 수 있는 능력을 개발해야 한다. 그러나 사회 소비자교육은 학교교육처럼 시간적으로 수년에 걸쳐 일정한 과정을 통하여 이루어지기가 쉽지 않기 때문에 교육의 지속성을 유지하고 체계적인 교육을 하기가 어려우며, 단편적인 정보제공에 그칠 가능성이 있다는 한계가 있다. 또한 강제성이 없으므로 학습자들을 유인할 수 있는 동기유발이 이루어져야 하는 문제가 있다.

2) 사회 소비자교육의 필요성

사회 소비자교육은 실시되는 장소를 기준으로 가정과 학교교육 이외에서 실시하는 교육을 의미하기도 하고 시간을 기준으로 학교교육 이전이나 이후에 오는 교육을 의미하기도 한다. 사회 소비자교육은 소비자 스스로가 능동적인 삶을 살아가며 경제사회 환경의 변화에 적극적으로 대처하기 위해 필요하다.

(1) 평생교육 차원

교육은 출생에서 죽음에 이르기까지 계속되는 활동이다. 특히 정보화 사회에서는 배워야 하는 일은 선택의 문제가 아니라 생존을 위한 필연적 문제가 되고 있다. 급격한 경제사회의 변화에 적응하기 위해서는 계속해서 폭발적으로 증가하는 지식과 정보 및 기술을 끊임없이 습득해야 한다. 사회 소비자교육은 끊임없이 변화하는 경제사회 환경에 대처할 수 있는 성인 소비자능력을 개발하고 양성하는 역할을 한다.

(2) 학교교육의 제한성

사회 소비자교육은 학교교육을 보충하고 확장하는 역할을 한다. 제도화 · 획일화된 학교교육은 지식교육과 밀접한 관련이 있으며 사회생활 현장에서 필요한 구체적인 지식을 모두 학습하기에는 현실적으로 한계가 있다. 따라서 사회 소비자교육은 학교교육을 통해 이루어지지 않았거나 미흡했던 부분, 혹은 새롭게 변화하는 경제사회 환경의 변화에 재적응이 필요한 부분들을 중심으로 재사회화하는 기능을 수행한다.

(3) 새로운 직업 기술교육 요구 증대

과학기술의 진보와 산업 · 직업구조의 급격한 변화에 대처하기 위해서는 새로운 형태의 직업교육을 필요로 한다. 산업기술의 급격한 변화에 따른 직업의 구조적 변화는 계속 학습, 수시 학습, 순환 교육을 요구하고 있다. 학교교육을 마치고 직업생활과 사회생활을 하는 과정에서 새로운 지식과 기능과 자질을 갖추지 않으면 뒤떨어지게 된다. 과학기술이 고도화되고 고도의 지식과 정보를 필요로 하는 지식사회가 될수록 다양한 소비자교육이 계속 반복해서 실시되어야 한다.

(4) 여가의 증대

여가의 증대에 따라 여가활용을 위한 다양한 학습 및 활동 프로그램이 필요해지고 있다. 평균수명의 연장, 주 5일제 근무, 자동화에 따른 노동생산성의 향상 등으로 여가시간이 증대되면서 여가선용이 현대사회의 문제로 대두되고 있다. 여가시간을 활용하여 생산적이며 창의적인 활동을 할 수 있도록 도와주고 삶의 질을 향상시킬 수 있는 소비자교육이 필요하다.

3) 사회 소비자교육의 원리

사회 소비자교육은 정규 교육과정에 의해 실시되는 학교교육을 제외하고 학교 밖에서 전개되는 조직적인 교육활동으로 일생 동안 계속되는 자기교육이며 평생학습 활동으로 자발성이 강조되는 교육이다. 그 원리는 다음과 같다.

(1) 자발학습의 원리

사회 소비자교육은 본질적으로 학습자에게 참가에 관한 어떠한 형태의 강제도 이루어지지 않기 때문에 학습자를 모으는 것이 가장 큰 문제점으로 대두되고 있다. 이러한 사회 소비자교육의 문제점을 해결하기 위해서는 소비자교육 활동 자체가 사람들을 모을 수 있을 만큼 내적 유인을 가질 수 있도록 함으로써 자발학습을 유도해야 한다.

(2) 자기학습의 원리

자기학습은 학습자 스스로가 자발적으로 선택한 방법에 따라 개별적으로 학습하고 과제를 해결하고 자아형성을 도모하는 것이다. 사회 소비자교육에서 자기학습을 촉진시키기 위해서는 도서관, 박물관, 근로청소년의 집, 문화회관, 장애아 및 아동복지회관, 노인복지회관 등의 사회복지시설에서 소비자가 혼자서 공부할 수 있도록 자료와 시설을 정비하고 자기학습에 관한 상담과 필요한 소비자정보를 제공해 주는 노력이 필요하다.

(3) 상호학습의 원리

상호학습은 같은 목적을 가진 소비자들이 모여서 서로가 가르치면서 배우는 것이다. 상호학습은 흔히 두 가지 형태로 이루어진다. 하나는 학습자가 모두 같은 입장에서 상호 학습하는 것으로 토의학습이 전형적인 예이다. 다른 하나는 학습자 중에서 주제에 따라 강사 내지 지도자를 선발하여 외부강사에 의존하지 않고 학습을 진행하는 형태이다. 소비자교육에서 재활용, 구매, 예산수립 등 각 분야에서 특기를 가진 사람이 지도자역할을 하는 것을 예로 들 수 있다.

(4) 생활적응의 원리

생활적응의 원리는 생활에 충실하게 적응할 수 있도록 소비자교육 활동을 전개하는 것이다. 사회 소비자교육은 생활 속에서 행하여지는 교육에 근거하며 그 목적은 생활의 질을 향상시키기 위한 것이다. 따라서 사회 소비자교육의 활동목표를 설정하고 교육내용과 방법을 선택할 때에는 현실생활을 직시하고 현실생활에 적용할 수 있어야 한다는 점에 유의해야 한다.

(5) 지역성의 원리

사회 소비자교육이 생활에 적응하여 전개하는 것이 필요하다면, 구체적인 생활은 지역을 기반으로 하여 영위되고 있으므로 생활에 적응하는 것은 지역에 적응하는 것과 밀접한 관련이 있다. 사회 소비자교육은 근본적으로 지역에 밀착되어 있어야 하고, 지역주민의 생활의 질을 향상시키기 위하여 행해져야 한다. 사회 소비자교육에서 지역성의 원리를 도입하기 위해서는 그 지역의 실태를 정확하게 파악함과 동시에 지역소비자들의 과제나 학습에 관한 요구를 분명하게 파악하여 그 지역에 가장 적합하고 효과적인 교육방법을 모색하여야 한다.

(6) 능률성의 원리

최근 경제사회 환경의 변화에 따라 사회 소비자교육 대상의 교육수준이 높아지고 있으며 과학기술의 발달로 생활이 고도화되고 있다. 사회 소비자교육의 방법과 내용에 있어서 능률성을 고려해야만 한다.

4) 사회 소비자교육의 주체

우리 나라에서 실시되고 있는 사회 소비자교육의 종류는 다양하다. 소비자단체, 정부 및 공공기관, 기업, 대중매체 등에 의해 다양한 방법으로 실시되고 있다. 사회 소비자교육 기관들은 서로 다른 시각에서 서로 다른 목적으로 소비자교육을 실시하고 있다. 소비자단체는 소비자운동의 한 형태로, 정부는 소비자행정의 일환으로, 기업은 마케팅 전략의 일환으로 소비자교육을 실시하고 있다.

(1) 소비자단체

소비자단체는 소비자의 복지증진이라고 하는 공유된 목표 또는 가치를 달성하기 위하여 상호작용하는 집단으로 공공의 이익을 다룬다는 점에서 공익집단이라고 할 수 있다(이종혜 · 이기춘, 1998). 소비자들의 집합체인 소비자단체는 소비자주권을 회복하고 경제 · 사회적 지위를 향상시키기 위하여 소비자들이 스스로 모여 조직 · 운영하는 단체로 소비자권익을 실현하기 위하여 지방자치단체와 사업자를 감시하고 소비자를 지원하는 조직이다.

소비자단체의 주된 사회적 역할은 소비자문제를 사회문제화 또는 정책문제화하는 것이며, 공론화된 소비자문제를 해결하기 위한 힘을 시민사회 내에서 발굴하고 결집시키는 것이다(황정선 · 이득연 · 김인숙, 2003). 소비자단체는 소비자보호의 관점에서 펼쳐지는 대부분의 시민운동, 즉 소비자운동의 주체로 활동하고 있다. 우리 나라 소비자기본법에서 규정하고 있는 소비자단체의 업무는 소비자권익과 관련된 시책 건의, 물품 등의 시험 · 검사 및 거래조건이나 거래방법에 관한 조사 · 분석, 소비자문제에 관한 조사 · 연구, 소비자교육, 소비자불만 및 피해처리를 위한 상담 · 정보제공 및 합의권고 등이다.

소비자단체들은 시대적 변화에 따라 폭넓은 활동 내용을 펼치고 있다. 그러나 소비자문제의 양적 · 질적 증가 추세에도 불구하고 소비자단체의 수는 미미한 실정이며, 여성 중심의 단체구성으로 재정적으로 열악한 실정이다(김시월, 2004). 소비자단체들은 한국소비자단체협의회를 중심으로 공동활동을 펼치기도 한다. 한국소비자단체협의회를 구성하고 있는 단체는 아홉 개 소비자단체이다.

표 6-2 공정거래위원회 등록 소비자단체 현황(2007. 8. 현재)

소비자단체	설립 연도	형 태	지부 · 지회수	홈페이지
한국소비자단체협의회	1996.10.	사단법인	9 소비자단체	www.consumernet.or.kr
녹색소비자연대	1996.10.	사회단체	12지부	www.gcn.or.kr
대한주부클럽연합회	1966.7.	사단법인	12지회 56지부	www.jubuclub.or.kr
대한YWCA연합회	1922.4.	사회단체	56지부	www.ywca.or.kr
소비자 시민의 모임	1982.11.	사단법인	7지부	www.cacpk.org
전국주부교실중앙회	1971.12.	사단법인	16지부 232지회	www.nchc.or.kr
한국소비생활연구원	1994.12.	사단법인	3지부	www.sobo112.or.kr
한국소비자교육원	1981.6.	사회단체	5 지부	www.consuedu.com
한국소비자연맹	1970.1.	사단법인	7 지부	www.cuk.or.kr
한국YMCA전국연맹	1903.	재단법인	61지부	www.ymcakorea.org
한국여성단체협의회*	1959.12.	사단법인	30 회원단체 15 협동단체	www.kncw.or.kr
한국부인회총본부*	1963.	사단법인	16지부 241지회	www.womankorea.or.kr

1) *: 한국소비자단체협의회 회원단체가 아님.
2) 출처: 박희주(2007). 개정 소비자기본법 해설. 한국소비자원, p.67에서 재구성.

사회 소비자교육을 주도적으로 담당해 온 주체는 여성들이 중심이 된 소비자단체였다. 소비자단체들은 회원 및 일반소비자를 대상으로 소비자의식, 정부의 소비자정책, 소비자 관련 법률, 합리적인 소비생활, 녹색소비, 건전한 소비문화의 확립, 소비자권익보호 등을 주요 내용으로 소비자교육을 실시하고 있다. 소비생활과 관련된 문제점들을 도출시켜 해결방안을 모색하기 위하여 세미나, 토론회, 심포지엄 등을 개최하기도 하고, 소비자교육을 효율적으로 추진하기 위하여 모니터 교육 및 실무자 교육을 실시하기도 한다. 소비자단체협의회에서는 소비자운동 실무자들을 대상으로 실무지도력 강화 교육을 실시하고 있으며 소비자운동에 참여하는 자원지도력 양성 및 강화를 위하여 자원지도자 및 자원봉사자 교육도 진행하고 있다.

소비자단체의 소비자교육은 소비자운동을 재생산하는 과정이기도 하다. 소비자권익을 확보하고자 하는 소비자운동의 목표를 달성하기 위해서는 소비자의식의 변화를 통해 저변운동으로 확대해 나갈 필요가 있다. 일차적으로 소비자교육은 소비자운동에 참여할 수 있는 동기를 부여하는 계기로 작용함으로써 소비자운동 성원을 충원하는 방법의 하나로 활용될 수 있다. 다음으로 소비자교육은 소비자운동의 활동 형태의 하나로 소비자가 스스로 권익을 자각하여 개별적 이익을 주장하고 확보할 수 있는 태도와 능력을 갖출 수 있도록 해준다.

(2) 정부 및 공공기관

소비자교육에서의 정부와 공공기관의 역할은 일차적으로 전반적인 소비자교육을 종합적으로 기획·조정·지원하는 것이다. 정부와 공공기관은 학교와 사회 소비자교육이 효율적으로 이루어질 수 있도록 정책적·재정적으로 충분한 배려와 지원을 해주어야 한다.

정부에서 시행하는 소비자교육은 소비자지원 정책의 하나로 소비자보호정책의 효과적인 정책수행 결과를 얻기 위한 수단이며 그 자체가 소비자보호정책의 한 형태가 된다. 정부가 직접 소비자교육을 수행하기도 하고 간접적으로 소비자단체들의 소비자교육을 지원하는 형태로 나타나기도 한다(이득연·송순영, 1992). 정부의 소비자교육 활동으로는 소비자교육 프로그램의 개발, 소비자교육 교재와 자료의 제작·배포, 소비자교육 관련자와 사업자의 교육 및 연수, 원격교육

강좌 개설, 세미나나 토론회 개최, 대중매체를 활용한 소비자교육 시행 등이 고려될 수 있다. 교육내용은 소비자들이 유용하게 활용할 수 있는 소비자보호 정책과 제도에 대한 정보제공, 소비자정책 시행과 관련된 소비자의 책임과 역할 등으로 구성될 수 있다.

정부가 소비자지원 정책을 실현하는 가장 대표적인 방법은 소비자교육 프로그램을 개발하는 것이다. 정부가 소비자교육을 실시하는 방법은 효율성과 전달면에서 다른 사회 소비자교육 기관에서 실시하는 것보다 유리하다. 특히, 소비자교육 기회가 적은 노인, 저소득층, 농촌, 장애인, 다문화 소비자 등을 대상으로 하는 소비자교육은 정부정책을 통해서 이루어지는 것이 바람직하다. 정부의 소비자교육 기관으로는 한국소비자원과 소비생활센터 등을 들 수 있다.

① 한국소비자원

한국소비자원은 소비자보호법에 의하여 1987년 7월 1일 '한국소비자보호원'으로 설립되었으나 2006년 소비자보호법이 전면 개정되면서 소비자기본법에 의해 2007년 3월 28일 '한국소비자원'으로 기관명이 변경되었다. 한국소비자원은 소비자의 권익을 증진하고 소비생활의 향상을 도모하며 국민경제의 발전에 이바지하기 위하여 국가에서 설립한 전문기관이다. 한국소비자원의 설립은 소비자운동의 제도화를 의미한다. 이것은 정부의 노력에 의한 소비자교육에의 공헌이라고 할 수 있다. 한국소비자원이 정부출연 특수공익 법인으로 설립됨으로써 사설단체의 차원을 넘어서 소비자보호의 기반을 견고히 하였으며 소비자교육면에서도 기여하게 되었다. 그러나 지역적 한계로 지방소비자들은 소외되는 경향이 있다. 소비자원의 주요기능과 역할은 소비자상담 및 분쟁조정, 소비자권익 관련 제도와 정책연구 및 건의, 안전정보의 수집 및 평가, 상품의 시험검사 및 조사 · 분석, 거래제도 개선, 소비자교육 및 연수, 출판 및 정보제공 등이다.

한국소비자원은 우리 나라 정부기관 중 가장 체계적으로 소비자교육을 수행하고 있는 곳이다. 한국소비자원에서는 소비자교육연수팀을 구성하여 다양한 계층을 대상으로 소비자교육을 수행하고 있으며 맞춤 교육이 필요한 소비자를 위하여 다양한 소비자교육 프로그램을 준비하고 있다. 소비자문제의 인식과 해결방안 등에 관해 학교 · 소비자 · 기업 · 정부 등 각계각층의 소비자나 기업의 소비자업무 종사자들을 대상으로 소비자교육 및 연수를 실시하고 있다. 소비자교육과 연수에 필요한 교재와 프로그램 및 온라인 교육 콘텐츠를 개발해 보급하고 있으며 소비자교육 시범학교를 운영하고 있다.

② 소비생활센터

소비생활센터는 지역거주 소비자의 신체적, 재산적 피해를 보호하기 위해 각 특별시 · 광역시 · 도청에 개설된 소비자행정 전담기구이다. 1995년 지방자치선거를 계기로 지방 소비자행정의 정비와 지방소비자 보호문제가 새로운 정책과제로 부각되면서 중앙정부와 지방자치단체들은 소비자보호 조례를 제정하고 소비자보호 업무를 전담하는 부서를 설치하여 운영하는 등 나름대로 소비자행정의 정비를 위해 노력해 왔다(백병성, 2001, 2004).

지방자치단체는 지방 소비자행정을 총괄하고 집행 · 조정하는 기능을 수행한다. 소비생활센터는 소비자보호 행정 서비스의 균등한 제공과 지방 소비자민원의 해소 등 소비자보호를 강화하고 지방의 소비자행정을 활성화하기 위하여 자치단체별로 소비자보호 전담기구를 설치 · 운영토록 지원할 필요가 있다는 인식하에 소비자기본법에 근거하여 자치단체별로 설치 · 운영하게 되었다(김시월, 2004). 소비생활센터는 지역주민의 안전과 소비생활을 위해 각 경제 주체를 지원하고 분쟁을 조정하는 기구로, 소비생활에 필요한 민원처리, 소비자정보 제공, 소비자교육 등을 통해 지역 주민의 소비생활을 지원하는 기능을 수행하고 있다. 궁극적으로 지역소비자의 삶의 질을 향상시키는 주요한 기능을 하는 곳이다.

2007년 7월 현재 16개 광역 지방자치단체에 모두 17개의 소비생활센터가 설치 · 운영되고 있으며, 소비생활센터, 소비자정보센터, 소비자보호정보센터, 소비자보호센터 등의 이름을 사용하고 있다. 소비생활센터의 주요업무는 소비자상담 및 피해구제, 소비자정보 제공 및 홍보, 소비자교육, 소비자분쟁조정 관련 업무, 위해 · 위험정보 수집 및 결함상품 리콜 등이다(www.kca.go.kr).

소비생활센터의 문제점으로는 지방자치단체의 인식 문제이다. 지방자치단체들은 주로 지역경제의 활성화에 치중하고 있으며 소비자업무는 구색맞추기의 형식적인 운영이 되고 있다. 공무원의 순환보직제로 전문성 확보방안이 요원하며, 소비생활센터의 위상이 낮고 대외적인 독립성도 약하며 운영인력도 부족한 실정이다. 현재 소비자업무에 전문성을 가진 소비자단체가 파견 형식으로 투입되어 참여하고 있거나 계약직으로 한두 명을 채용하여 운영되고 있다. 예산, 인력, 전문성 등의 부족으로 소비자보호 업무가 종합적으로 이루어지지 못하고 있으며 단편적인 소비자상담과 피해구제 업무에 치중하고 있다.

(3) 기업의 소비자교육

기업 활동의 일차적인 목적은 이윤추구이기 때문에 기업차원에서의 소비자교육은 이러한 각도에서 인식되어야 한다. 기업 소비자교육의 궁극적인 목적은 소비자정보 제공을 통하여 기업이 발전하는 데 있기 때문에 소비자단체나 정부의 소비자교육과는 소비자교육의 내용이나 형식에서 차이가 있다.

① 기업 소비자교육의 의의

경제사회 환경의 변화로 기업의 소비자교육이 중요해지면서 소비자를 대상으로 하는 각종 프로그램이 증가되고 있는 추세이다. 기업 소비자교육의 내용은 상품의 기능 · 품질 등의 설명 · 표시 · 취급설명서의 정비, 공장견학, 전시실의 충실화, 팸플릿 · 소책자의 작성 · 배포, 강습회 · 강연회의 개최, 자료 · 교재의 제공 등이다(김시월 옮김, 2004). 기업의 소비자교육은 기본적으로 시장확대 전략으로 강구되고 있다. 기업은 소비자교육을 통해 기업 이미지와 소비자의 신뢰도를 강화하는 효과를 얻을 수 있으며 소비자들의 상품구매의도의 증가로 기존고객을 유지하고 새로운 고객을 확보하는 데 기여할 수 있다. 또한 소비자불만의 감소로 기업 내의 소비자상담 업무의 비용을 감소시키는 효과를 가져올 수 있다.

기업 소비자교육의 핵심이 되는 내용 중 하나는 소비자에게 의사결정의 기본이 되는 정보를 제공하는 것이다. 기업이 제공하는 소비자정보의 내용은 첫째, 상품의 품질, 가격, 속성 등 상품자체에 대한 정보로서 상품구매에 직접 영향을 줄 수 있는 것이며, 둘째, 영양성분, 구매요령 등 각종 소비자지식에 관한 정보로 소비자의 상품선택을 도와주고 소비자의 지식을 넓혀주는 것이다. 셋째, 관공서, 병원, 편의시설 등 소비자 생활정보 안내로 소비자가 생활하는 데 필요한 정보안내서를 발간하여 배포하는 것이다.

기업들은 판매하는 상품과 서비스의 내용을 보다 명확하게 규정하고 상품의 적절한 사용과 관리에 대하여 보다 특화된 정보를 소비자에게 제공해 주는 소비자교육을 통하여 소비자문제를 사전에 예방함과 동시에 제품과 기업에 대한 소비자의 만족감을 향상시키는 효과를 거둘 수 있다. 소비자와 상품과의 상호작용을 원활하게 하고 상품을 올바르게 잘 사용할 수 있도록 소비자교육을 실시하면 상품의 결점(demerit) 정보도 기업과 소비자 모두에게 좋은 정보가 될 수 있다. 기업의 입장에서 바람직한 소비자교육은 소비자에게 정확한 사실 정보를 제공함으로써 소비자와 의사소통을 도모하는 것이다.

② 기업 소비자교육의 주체

기업 소비자교육을 실시하고 있는 주체로는 기업의 소비자 전담부서, 기업소비자전문가협회, 히브 등을 들 수 있다.

가. 소비자 전담부서

기업 내의 소비자 전담부서는 크게 두 가지 기능을 수행한다. 그 하나는 외부적 문제로서 소비자불만 처리, 교육, 홍보 등이며, 다른 하나는 내부적 조직 사이에서 소비자에 관한 관점을 이해시키며 조정하는 기능이다(김용자, 1989). 소비자 전담부서에서는 소비자불만을 처리하는 것뿐만 아니라 소비자 정보제공과 소비자교육 등 소비자요구를 고려하여 다양한 프로그램을 제공하고 있다.

소비자 전담부서는 소비자의 상담과 불평을 통하여 자신들이 제공한 상품이나 서비스를 소비자가 어떻게 받아들이고 사용하고 느끼고 취급하고 있는가를 적절히 통합하여 기업 내의 여러 부서에 피드백함으로써 기업의 이익을 증진시키는 역할을 한다. 소비자가 하는 불평이나 상담은 정보원으로서 큰 의미가 있다. 미래지향적인 기업은 소비자 전담부서를 통해서 새로 대두되는 중요한 문제들을 소비자관점에서 전망하고 소비자견해를 최고경영자에게 전달할 수 있다.

소비자 전담부서는 소비자불만 처리나 상품정보 제공 이외에도 소비자 관련 정보의 수집, 행정이나 소비자단체와의 정보교환, 소비자교육 관계자 · 오피니언 리더와의 의견교환, 소비자교육 자료의 작성 등 광범위한 활동을 한다(김시월 옮김, 2001). 기업의 소비자 전담부서가 자각해야 할 것은 시장경제에서 기업이 수행해야 하는 의무인 기업의 사회적 책임이다. 소비자권리 실현의 전제조건은 기업의 사회적 책임이다. 소비자의 알권리가 실현되기 위해서는 상품의 사용설명서가 상품을 사용하는 소비자들이 알기 쉽게 표현되어야 한다. 또한, 안전할 권리가 실현되기 위해서는 소비자에게 안전에 관한 정보를 정확하게 제공하고 위험관리를 반드시 해야 한다. 상품으로 인해 위험이 발생할 경우 기업은 경제적 피해만 입지만 소비자는 경제적 피해뿐만 아니라 신체적 손상이나 생명을 잃는 절대적인 피해를 입게 된다.

나. 기업소비자전문가협회

기업소비자전문가협회(organization of consumer affairs professionals in business: OCAP)는 기업의 소비자보호 및 고객만족 활동을 보다 체계적이고 전문적으로 실천하기 위해 기업에서 소비자 업무를 관장하는 책임자들이 자발적으로 조직한 단체이다. 주요사업으로는 정부 및 소비자단체와의 업무교류, 조사연구 및 정보제공 사업, 교육사업, 홍보 · 출판 사업, 국제교류사업 등이 있으며, 소비자정보지인 〈기업소비자정보〉를 격월간으로 발행하고 있다(www.ocap.or.kr).

기업소비자전문가협회는 소비자 관련 정보제공 및 회원사 간 업무교류의 활성화를 주도하여 회원사에 유익한 가치를 제공하며, 기업과 소비자단체 및 행정기관과의 상호협력과 이해증진을 통해 기업의 소비자문제에 효율적으로 대응함으로써 회원사의 권익보호에 앞장서고, 기업의 고객지향적인 문화를 창출하는 것을 목표로 하고 있다. 올바른 소비자문화 창달을 위해 기업의 입장과 의견을 수렴하고 정부에 개진하고 있으며, 소비자보호 업무에 대한 기업의 능동적인 대처를 위해 전문가를 양성하고 소비자문제에 관한 각종 제도나 시책, 외국의 선진사례를 조사 · 연구하고 있다.

다. 히브

히브(home economist in business: HEIB)는 '기업에서 일하는 가정학 전공자' 라는 뜻으로 가정대학에서 배운 지식과 경험을 살려 기업에서 일하고 있는 사람들을 일컫는다. 미국에서 히브는 기업과 소비자를 맺는 가교역할을 하고 있다. 기업에서 소비자부, 소비자교육부, 광고부 등 소비자 전담부서에 배속되는 경우가 많으며, 광고 선전, 상품테스트, 소비자교육, 연구개발, 마케팅 등 다양한 범주에서 활동하고 있다. 히브의 역할은 기업에서 소비자의 입장을 대변하고 제품이 소비자 위주로 생산될 수 있도록 노력함과 동시에 소비자의식과 소비자교육을 향상시키기 위해 노력하는 것이다. 일본에서는 조직되어 있으나 현재까지 우리나라에서는 조직되어 있지 않다.

(4) 대중매체

대중매체의 매스미디어(mass media)는 매스 커뮤니케이션 미디어(mass communication media)의 준말로 매스 커뮤니케이션을 위한 매개체를 의미한다. 대중매체는 불특정 다수의 일반대중에게 공적, 간접적, 일방적으로 다량의 사회정보와 사상을 전달한다. 연령, 지역, 계층을 초월하여 폭넓게 강력한 영향을 미치고 있으며 엄청난 파급효과가 있다. 대중매체를 체계적, 의도적으로 소비자교육에 이용할 필요가 있다.

대중매체는 생활정보 및 교육프로그램을 통해 소비자교육을 실시할 수 있다. 우리 나라의 경우 대중매체가 의도적이고 체계적으로 소비자교육을 시도하지는 못했으나 1980년대부터 경제교육 프로그램과 소비자교육적인 의도의 심층취재 등 소비자문제를 다루는 프로그램이 증가하고 있다.

① 대중매체의 기능

대중매체는 짧은 시간 내에 익명의 이질적인 대다수 계층의 많은 사람들에게 메시지를 전달할 수 있는 수단으로 사회현상을 거울처럼 반영하기도 하고, 사회를 통제하고 문화를 유도하기도 한다. 대중매체는 소비자교육과 관련하여 다음과 같은 기능을 하고 있다.

가. 소비자행동이나 태도 및 가치관에 영향을 미친다.

대중매체는 단기적이고 직접적으로 특정한 상품을 구입하고 선택하며 사건이나 문제를 이해하는 데 영향을 미친다. 의식적이든 무의식적이든 사회에서 요구되는 적절한 행동양식이나 태도 및 가치관을 전달하게 된다. 대중매체에서 제공되는 사실이나 새로운 모습은 소비자의 지식을 환기시키거나 새로운 인식의 틀을 제공하게 된다. 이로 인해 소비자들은 새로운 사실을 기억하게 되고 그것이 반복됨에 따라 지식으로 축적되어 가치관의 변화를 가져오게 된다.

나. 소비자정보를 제공한다.

대중매체는 직 · 간접적으로 사회에서 일어나는 정치, 경제, 사회, 문화 등 모든 부문에 대한 정보를 제공하고 있다. 경각심을 느끼게 하는 특정 정보를 제공하여 소비자 스스로 환경을 감시하고 위험에 대처하도록 돕기도 하지만 그러나 때로는 허위나 조작된 정보를 제공하여 소비자들을 기만하기도 한다.

다. 사회화의 역할을 수행한다.

대중매체의 사회화 기능은 소비자들의 아노미(anomie)와 소외감을 줄이고 사회의 지배적인 문화와 가치를 표현하며 공통적인 경험의 토대를 넓혀주는 것이다. 소비자들 사이에 공감대를 형성함으로써 통일 혹은 통합성을 이끌어 낸다. 그러나 소비자들 사이의 교류를 줄이고 가치와 사고방식을 획일화시키며 표준화 등을 통해서 문화의 다양성을 감소시키기도 한다.

라. 소비자를 동원하는 매체로 활용된다.

국산품 애용, 불우이웃 돕기, 금 모으기, 에너지 절약 등 많은 경우에 있어서 대중매체가 소비자들을 동원하는 역할을 하기도 한다.

② 대중매체의 종류

대중매체(mass media)는 신문, 잡지, 도서 등의 인쇄매체와 TV, 라디오, 영화 등의 시청각매체로 나눌 수 있다.

가. 인쇄매체

인쇄매체는 신문 및 잡지 등을 말한다. 신문이 갖는 매체로서의 특성인 공시성과 기록성 등은 일반 소비자들을 대상으로 체계적으로 소비자교육을 실시하기에 적합하다. 신문이나 잡지 등에 소비자교육을 위한 고정란을 설치하여 소비자정보를 제공하면서 소비자의식과 역할 및 책임 등과 관련하여 의도적으로 소비자교육을 실시할 수 있도록 시도해야 한다.

나. 시청각매체

시청각매체는 TV, 라디오, 영화 등을 말한다. TV는 다른 매체에 비해 소비자교육의 효과성이 높으므로 의도적으로 소비자교육에 관심을 가져야 한다. TV의 영향력은 프로그램 측면과 광고 측면으로 나눌 수 있다. TV 프로그램은 뉴스, 교양강좌, 드라마, 코미디 등에서 의도에 따라 소비자교육에 기여할 수 있으며, 광고는 소비자에게 불리한 측면과 유리한 측면에서 모두 영향을 미친다. 기업에 의하여 일방적으로 제공되는 광고는 과대광고, 허위광고 등으로 소비자의 합리적인 의사결정을 저해하는 경우가 많다. 따라서 지나친 광고는 지양되어야 하며 소비자에게 올바른 상품정보를 제공하는 차원에서 시행되어야 한다.

연구과제

1. 초 · 중 · 고등학교의 소비자교육 관련 교과목들과 소비자교육 내용에 대하여 조사해 보자.

2. 가정 및 초 · 중 · 고등학교에서의 소비자교육 경험 사례에 대하여 토론해 보자.

3. 대중매체와 기업의 소비자교육 사례에 대하여 조사해 보자.

4. 소비자단체, 한국소비자원, 소비생활센터의 활동 내용에 대하여 조사해 보자.

07 CHAPTER

소비자교육의 방법

1. 학습단위별 교수 · 학습 모형
2. 교수 · 학습방법의 유형

07 CHAPTER

소비자교육의 방법

소비자교육은 교육대상에 따라 서로 다른 교육 목표를 가지고 서로 다른 교수 · 학습 방법을 활용하여 시행하게 된다. 소비자교육은 단순히 지식이나 이해를 중심으로 하는 교육이 아니라, 소비자가 스스로 학습하려는 의욕과 의지를 가지고 경제사회 변화에 능동적으로 대처할 수 있는 소비자로서의 자질과 능력을 배양하는 교육이다. 따라서 소비자교육은 다양한 주체들이 다양한 소비자를 대상으로 다양한 교수 · 학습 방법으로 이루어질 수 있다.

효과적으로 소비자교육을 실시하기 위해서는 다양한 소비자교육 교수 · 학습 방법에 대하여 그 특성을 정확하게 파악하고 적절하게 선별하여 사용할 수 있어야 한다. 교수자는 학습대상의 특성과 학습단위를 고려하여 가장 효과적으로 교육할 수 있는 교수 · 학습방법과 매체를 선택해야 한다. 학습단위별 교수 · 학습 모형과 교수 · 학습방법의 유형에 대하여 살펴보기로 한다.

01 학습단위별 교수 · 학습 모형

학습단위의 크기는 일반적으로 대집단, 중집단, 소집단, 개인으로 나눌 수 있다. 일반적으로 대집단은 40명 이상, 중집단은 20~40명, 소집단은 2~20명으로 구성되는 교수 · 학습단위이다. 교수 · 학습방법과 교수매체를 효과적으로 활용하기 위해서는 학습단위의 규모를 고려해야 한다. 학습단위의 규모에 따라 효과적인 교수 · 학습방법이 달라지고 학습자의 배치가 달라지기 때문이다.

1) 대집단 교수 · 학습

대집단 교수 · 학습은 학습자 수가 많은 경우에 그 구성원을 하나의 집단으로 생각하고 교수 · 학습을 진행하는 형태이다. 이질적인 구성원들 간의 개인차는 고려하지 않고 학습목표에 도달하기 위해 교수자에 의해 선택된 최선의 방법으로 교수 · 학습이 진행된다. 대집단 학습이 효과적인 경우는 상황에 종속되지 않는 학습의 핵심요소를 전달해야 하는 경우나 교수 · 학습의 마지막 정리 단계에서 학습한 내용을 정리하는 경우 등이다.

2) 소집단 교수 · 학습

소집단 교수 · 학습이란 다인수 공동학습의 문제점을 개선하기 위한 방안의 일환으로 한 집단의 학습자들을 교수 · 학습 목표에 따라 인위적으로 동질적 또는 이질적으로 나누어 몇 개의 작은 집단으로 결합하여 각 집단별 활동을 통하여 학습효과를 거두려는 교수 · 학습 전략이다.

소집단 교수 · 학습은 인위적으로 결합된 구성원들이 상호 협력하여 교육적 활동을 함으로써 교수 · 학습효과를 높이기 위한 것이다. 소집단 활동의 교육적 중요성은 집단활동을 통하여 민주적인 학습활동과 그 태도를 성장시키고, 지식이나 능력을 적극적 · 의식적 · 생산적으로 체험시키는 데 있다. 또한 소집단활동은 학습자들의 집단의식과 집단에의 소속감을 발달시키는 교육방법이다.

3) 개별화 교수 · 학습

학습자들의 개인차를 무시한 동일한 학습과제, 동일한 학습량, 동일한 학습방법으로는 다양하고 급변하는 현대사회를 살아가는 학습자들의 창의성과 잠재적 가능성을 개발하고 개인의 행복과 다양한 삶을 추구할 수 있는 능력을 개발하기가 어렵다. 개별화 교수 · 학습은 학습자 개인을 모두 각각 다른 학습단위로 보고 교수 · 학습을 진행하는 것으로 개별화를 통해 학습자들에게 가장 적절한 학습경험을 제공해 주고자 하는 것이다. 개별화란 자기주도적 학습목표를 실현하기 위한 수단이다.

개별화 교수 · 학습은 학습자 개개인의 독특한 요구와 특성을 최대한으로 수용하기 위하여 특별하게 계획적으로 선택되고 고안된 학습활동에 학습자가 참여할 수 있도록 구조화시킨 교수 · 학습체제이다. 따라서 개별화 교수 · 학습은 공통된 학습과제를 끝내고 자신의 관심 분야를 더 깊이 학습하고자 하거나, 개인차에 따른 보충 · 심화과정에서 교수자나 다른 학습자에게 질의를 하거나 도움을 받아 학습을 완료해야 할 경우에 효과적이다. 개별화 교수 · 학습에서는 교수자가 파악한 학습자의 특성들이 학습자의 학습 속도, 교수자의 교육내용, 학습자가 사용하는 교수매체 등에 따라 다르게 적용된다. 개별화 교수 · 학습에서는 첫째, 학습자의 도달도의 차이, 둘째, 학습에 요하는 시간과 속도의 차이, 셋째, 학습하는 방법의 차이, 넷째, 학습자의 흥미와 관심의 차이 등을 고려해야 한다.

개별화 교수 · 학습 형태로는 교수자 주도로 이루지는 것과 학습자 주도로 이루어지는 것이 있다. 교수자 주도로 이루어지는 것으로는 시청각매체활용 자습교수법, 개별처방교수법, 개별지도교수법, 학습자요구부응학습법, 수업개별화체제 및 완전학습 등이 있다. 학습자 주도로 이루어지는 것으로는 자율학습, 자기지시적 개별계약학습, 자아이해증진교수법 등이 있다.

02 교수 · 학습방법의 유형

교수 · 학습방법은 교수 · 학습의 절차로서 지식과 정보를 제시하고 학습 성취를 효과적으로 할 수 있도록 도와주기 위하여 선택되는 것이다. 교수 · 학습방법은 교수 · 학습의 목적, 학습내용의 특성, 학습자의 특성, 학습 환경 등을 고려하여 적절하게 선택되어야 한다. 소비자교육을 진행할 때 중요한 것은 학습자로 하여금 소비자문제에 관심을 가질 수 있도록 동기를 부여하는 것이다. 그 다음에는 무엇이 문제인지 생각하게 해야 하며, 생각할 수 있도록 지식이나 정보를 제공해야 한다. 관심, 지식, 생각이 상호작용하면서 책임 있는 의사결정을 할 수 있도록 유도하는 효과적인 교수 · 학습방법과 실천을 생각해야 한다. 지식과 정보를 배워서 익히는 것과 합목적적인 의사결정으로 행동을 변화시켜 가는 과정은 다른 문제이다. 소비자교육에서는 획득한 지식을 자신의 목표와 관련시켜서 태도와 행동으로 구체적으로 표현하는 능력을 개발시킬 필요가 있다.

1) 고전적 교수 · 학습방법

(1) 강의법

강의법은 여러 가지 교수 · 학습방법 중에서 가장 오래된 방법이다. 현재까지도 보편적으로 가장 많이 사용되고 있어 교수자와 학습자 모두에게 가장 친숙한 방법이다. 강의법은 교수자의 주도하에 설명을 통해 학습자에게 학습정보를 전달하고 이해시키는 교수 · 학습방법이다. 교수자는 정보의 전달자 입장에서 전달하고자 하는 정보의 종류와 수준을 정하고 글과 언어를 통하여 학습자에게 전달하며, 학습자는 정보의 수용자 입장에서 전달되는 정보를 지각하고 이해한다.

강의법은 새로운 인지적 기술을 학습할 때 효과적으로 적용될 수 있으며, 다른 방법에 비하여 정해진 시간 안에 많은 내용을 전달할 수 있으나 학습자의 다양한 학습속도에 부합하기 어렵고 학습자가 자신의 학습에 능동적으로 참여하기 어려운 문제가 있다. 이러한 문제를 보완하기 위하여 토론법이나 역할놀이 등 다른 학습방법과 병행하여 활용하거나 효과적으로 강의 내용을 전달하기 위하여 시청각 매체나 정보통신 기술을 활용하는 등 다양한 시도가 이루어지고 있다. 강의법으로 소기의 학습 성과를 달성하기 위해서는 교수자의 효율적인 교수기법이 필요하다. 소비자교육은 다른 이론과목에 비하여 지식의 전달보다는 실천이 중요하므로 강의법은 한계점을 가지고 있다. 그러나 우리 나라 교육현장의 현실을 고려할 경우 강의법을 완전히 배제하기는 어려운 실정이다.

강의법의 장점은 대집단 교수 · 학습과 언어정보와 인지적 지식의 전달 및 학습에 효과적으로 이용될 수 있다는 것이다. 주로 교수자의 설명으로 진행되기 때문에 교수매체의 제약이 적으며, 짧은 시간에 많은 양의 학습내용을 많은 학습자에게 체계적으로 전달할 수 있어 경제적이다. 또한 교수자의 의도에 따라 학습내용의 보충, 첨가, 삭제가 가능하며, 학습의 분량, 시간, 학습환경을 융통성 있게 조절할 수 있다. 다른 교수방법과 달리 교수자 중심으로 학습을 진행하기 때문에 교수자가 상황에 따라 학습과정을 적절하게 조절할 수 있다. 학습자의 특성에 국한되지 않고 비교적 광범위하게 활용될 수 있다.

강의법의 단점은 학습자의 개인적인 특성을 고려하지 않은 획일적 교수 · 학습이 되기 쉽다는 것이다. 학습자는 각기 다른 다양한 특성을 가지고 있지만 한 교수자가 다수 학습자의 특성을 모두 고려하여 교수 · 학습을 진행하기는 어려운 일이다. 또한 교수자 중심의 일방적인 진행으로 능동적인 참여가 이루어지기 어려워 학습자는 수동적인 학습태도를 가지게 된다. 교수자의 교육관과 교육적 지식 및 태도가 전달되는 학습내용과 학습 분위기에 영향을 미치기 때문에 교수자의 자질과 능력에 따라 학습자의 학습성취에 많은 차이가 생길 수 있다.

(2) 문답법

문답법은 오래된 교수방법 중의 하나로, 우리 나라의 서당식 교육이 이에 해당한다. 문답법은 교수 · 학습 내용을 토대로 교수자와 학습자 사이에 질의와 응답을 통해서 교수 · 학습을 진행하는 교수학습 방법이다. 문답법은 교수자가 질문으로 학생의 학습활동을 자극 · 유도해서 학습효과를 높일 수 있으며 학습자들의 사고력과 비판적인 태도, 표현력을 길러준다는 특징이 있다. 교수자가 학습자 개개인의 특성이나 흥미 등을 파악하지 못하고 다수를 상대로 문답식 교수 · 학습을 할 경우 자칫 틀에 박힌 듯이 반복되는 문답이 될 우려가 있다.

문답법에서의 질문은 학습자의 경험이나 지식의 범위 내에서 해야 하며, 단순한 기억의 재생을 요하는 단편적인 질문이 아니라 사고능력을 발전시킬 수 있는 질문이어야 한다. 질문의 요지는 명백하고 간결해야 하며, 학생 상호간의 질의응답도 자유롭게 이루어져야 한다. 교수자는 학습자들의 질문에 의해서 학습자들의 능력과 실태를 파악할 수 있다(노은호 · 민경일, 2000).

아동 중심의 문제해결학습이나 구안법 등에서 교사의 질문이 학습자들의 사고 촉진에 중요한 길잡이가 된다는 점이 인정되어, 문답법의 가치는 교수 · 학습 현장에서 재인식되었다. 중집단의 경우는 교수자가 학습자들과 문답을 하는 형식의 언어적 게임이 가능하므로 문답법은 학습자들의 수만 적당하다면 소비자교육에서 많이 응용할 수 있는 방법이다. 평균 30명 정도의 집단 크기에서 가능한 것으로 40명 이상의 대집단의 경우에는 사용하기 어려운 방법이다.

문답법의 장점은 학습에 자극을 주어 활기 있고 적극적인 활동을 유도하고 흥미와 동기를 유발할 수 있다는 것이다. 학습자에게 스스로 생각하고 해결할 수 있는 기회를 제공함으로써 학습자의 주체적인 학습과 주입식인 강의법에서 기대하기 어려운 자발적인 사고가 가능하다. 또한 교수자와 학습자 간에 의사소통의 기회가 많아진다.

문답법의 단점은 교수자 중심의 교수 · 학습이 되기 쉬우며 학습자들이 자료나 의미에 중점을 두고 대답하기보다는 교수자의 관심에 따라 대답하려는 경향이 있다는 것이다. 우수학습자 중심의 교수 · 학습이 되기 쉬우며 그 이외의 다른 학습자에게 좌절감을 줄 수도 있다. 또한 학습자들이 학습에 적극적으로 참여하지 않을 경우에는 교수 · 학습을 진행하는 데 어려움이 있으며, 교수자가 경험이 부족하거나 폭넓은 지식을 가지고 적절하게 교수 · 학습을 유도하지 못할 경우에는 기대한 교수 · 학습효과를 얻기가 어렵다.

2) 사회적 상호작용을 이용한 교수 · 학습방법

사회적 상호작용은 사람들이 사회 속에서 서로 행위를 주고받으면서 의사소통을 하게 되는 것을 의미한다. 두 사람 간의 사회적 의도를 내포한 행동과 이에 대한 반응이 연쇄적으로 이어지는 과정이다. 교수 · 학습에서의 사회적 상호작용은 학습공동체의 구성원인 학습자와 교수자 간의 상호작용 또는 관계 형성을 의미하는 것으로 교수 · 학습 과정에서 상호 간의 의사소통으로부터 시작된다. 효율적인 상호작용을 위해서는 의사소통 및 사회적 기술이 중요하다.

(1) 토론법

토론법은 학습의 사회화를 꾀하는 공동학습의 한 형태로 학습 목적을 달성하기 위하여 학습자가 자신의 의견을 제시하고 다른 사람의 의견을 받아들이는 상호작용 속에서 합의점을 찾고 문제를 해결해 가는 방법이다. 이 방법은 민주주의 원칙에 기반을 둔 교수 · 학습활동으로 교수자와 학습자 모두의 의사소통 기술과 대인관계 기능의 함양을 토대로 이루어진다. 일반적으로 토론법에서 교수자는 토론의 촉진자 혹은 학습자의 토론을 중개하는 역할을 담당하며 토론자의 일원으로 참여할 수도 있다. 학습자는 능동적인 입장에서 의견을 개진하고 다른 학습자의 의견을 경청하고 조율하여 합의된 의견을 만들어 간다.

토론법은 다른 사람과의 의견교환을 위한 사회적 기술을 익힐 수 있고 학습자 자신의 의견을 외적으로 표현하면서 사고를 확고히 할 수 있어 학습의 내면화에 많은 기여를 한다. 반면에 강의법에 비하여 목적달성을 위한 시간이 많이 걸리고 철저한 사전 계획에도 불구하고 의도한 목적을 달성하기 어려운 경우가 많다. 또한, 다른 학습자의 토론에 방관자적 태도를 취하거나 내성적 성향을 가진 학습자에게는 참여에 어려움이 생기기도 한다. 따라서 강의법이나 다른 방법을 통하여 새롭게 습득된 지식이나 기술을 좀더 확고히 하거나 고차원적인 능력으로 발전시키기 위한 수단으로 활용될 수 있다.

① 토론법의 장단점

토론법의 장점은 타인의 의견을 듣고 정보를 습득함으로써 자기 생각을 심화 · 보충 · 확대시킬 수 있는 연구적인 태도를 배울 수 있으며, 자신의 생각에 대한 타당성을 검증할 수 있는 기회를 얻을 수 있다는 것이다. 또한 교수자는 학습자와 상호작용을 통하여 계속적으로 학습자의 이해 정도를 파악할 수 있으며, 학습자는 토론을 통해 적용, 이해, 발견 등의 높은 수준의 인지적 학습목표를 달성할 수 있다. 토론법은 학습자의 흥미나 가치를 개발하고 태도를 변화시키려는 학습목표에 효과적으로 이용될 수 있다.

토론법의 단점은 발표내용보다 발표자에 중점을 두기 쉽고 감정에 따라 좌우되기 쉬우며, 방관적인 태도를 취하는 학습자가 많을 수 있다는 것이다. 또한 소수의 의견이 경시되거나 무시될 우려가 있으며 의외로 학습자의 능동적 참여를 유도하기가 어렵다. 교수자가 수업을 일방적으로 조절 · 관리하기가 힘들고 강의법에 비해 시간과 교수자의 노력이 많이 요구된다. 다양하고 많은 양의 학습내용을 다루기에는 부적절할 수도 있다.

② 토론법의 유형

토론은 학습자들에게 자신의 생각을 명료하게 하고 자신들의 의견을 이해하도록 해준다. 토론법은 토론의 주제나 목적, 학습자의 규모, 학습자의 능력에 따라 여러 가지 형태로 나눌 수 있다.

가. 소집단 토의

소집단 토의법은 학습자들을 좀더 작은 토의집단으로 나누고 각 집단에서 리더와 서기를 임명한다. 토의 동안에는 교수자는 가끔 주요한 질문을 함으로써 토의를 이끌어가는 데 도움을 준다. 이런 유형의 토의에서는 시간제한이 필수적이다. 이 토의법은 학습자들에게 중요한 쟁점을 다루도록 격려할 뿐만 아니라 불필요한 세부적인 것에 대해 논쟁하는 시간낭비를 하지 않게 한다. 토의 후에는 각 집단의 서기가 추후 논의를 위해 요점을 보고한다.

나. 원탁토론

원탁토론(round table discussion)은 가장 기본적인 토론 형태로 5~10명 정도의 소규모 집단에 적합하다. 참가자 전원이 상호 대등한 관계 속에서 정해진 주제에 대해 자유롭게 의견을 교환할 수 있는 방법이다. 따라서 충분한 경험을 지닌 교수자, 서기, 토론 내용에 대해 어느 정도 이해하고 있는 학습자로 이루어진다. 교수자는 참가자 전원이 자신의 생각을 자유롭게 표현할 수 있는 분위기를 유도하고 침묵하거나 소외되는 참가자들이 없도록 전체 분위기를 조성하여야 한다.

다. 공개토론

공개토론(forum)은 1~3명 정도의 전문가가 공개적인 연설을 한 후에 이 내용을 중심으로 참가자들과 질의응답을 하는 방식의 토론이다. 이 방법은 예정된 토론이나 강의가 끝난 후 참가자들이 직접 토론에 참가하여 질문을 하고 받거나 의견을 교환하는 데 활용될 수 있다.

라. 배심토론

배심토론(panel)은 대략 4~5명의 학습자가 배심원으로 선출되어 정해진 주제에 대하여 상이한 측면에서 간결하게 의견을 개진한다. 5분 이내의 시간이 할당된다. 각 배심원이 발언을 하는 동안 나머지 학습자들은 비판적으로 듣고 지지하거나 반박하려는 요지나 질문을 메모한다. 배심원의 발언이 끝난 후 자유롭게 토의가 이루어진다. 교수자의 역할은 건설적인 토의가 이루어지도록 직접 유도하는 것이다. 토론이 끝나면 교수자의 안내에 따라 학습자들은 요지를 요약하고 결론을 도출해 낸다. 토론에 참가하는 배심원은 미리 선정되며 주제에 대해 흥미와 약간의 전문 지식을 갖추고 있으면 된다.

마. 단상토론

단상토론(symposium)은 특정 주제에 대하여 권위 있는 전문가 2~3명이 각기 다른 의견을 공식적으로 발표한 후에 이 의견을 중심으로 토론을 진행하는 방법이다. 토론에 참가하는 전문가와 학습자는 주제에 대하여 전문 지식이나 정보, 경험 등이 있어야 한다. 배심토론보다는 형식을 중시하는 토론이나 주제에 대해 전문가가 준비해 온 의견을 교환하거나 전문가적 의견을 필요로 할 때 활용할 수 있다. 한 주제를 다양한 측면에서 깊이 있게 다룰 수 있는 방법이다.

바. 버즈토론

버즈토론(buzz)은 3~6명으로 편성된 집단이 주어진 주제에 대하여 6분가량 토론을 하는 형태이다. 소집단 간의 활발한 토론활동으로 토론과정이 마치 벌떼가 윙윙거리는 상태와 같다고 하여 버즈라고 한다. 소수인원으로 집단이 구성되기 때문에 서로 친근감을 갖게 되어 자유롭게 발언할 수 있는 기회를 가지게 됨으로써 참가자들의 활발한 토론 참여와 많은 아이디어를 도출해 낼 수 있다. 소집단으로 분과토의를 한 후, 최종적으로 전체 집단이 함께 모여 토의결과를 집결시켜 결론을 맺게 함으로써 대집단의 종합토의 효과를 얻게 된다.

(2) 협동학습

협동학습(cooperative learning method)이란 학습자 간에 협력적인 상호작용을 촉진하기 위해 집단보상과 협동기술을 강조한 교수 · 학습방법이다. 서로 돕고 상호작용하게 하는 협동학습은 공동체적 삶을 위한 사회성 발달을 도모하는 데 효과적이다. 공동의 목적을 설정하고 모든 학습자가 분담하여 각자의 흥미와 능력에 맞는 부분을 담당하여 일하면서 학습한다. 협동학습의 효과는 학습의 내용과 발달관계 및 인간관계에 의해 결정된다. 협동학습이 효과적으로 이루어지기 위해서는 선정된 목적이 모든 학습자에게 공통적으로 인식되어야 하며 서로 협조하고 충분하고 자유로운 교류가 있어야 한다. 또한 대인관계 및 의사소통기술 등 협동기술이 필요하다.

(3) 역할놀이 방법

역할놀이(role play)는 역할연기학습법, 모의학습, 역할극 또는 극화학습이라고도 하며, 실제의 장면이나 상태와 아주 비슷한 상태를 인위적으로 만들어서 간접적인 경험을 통해 학습하도록 하는 교수 · 학습방법이다. 학습자로 하여금 행동적인 경험을 통하여 이론 학습에서 배울 수 없는 복잡한 인간관계(생산자-소비자 관계)나 사회상황(자본주의 시장상황)을 분석하고 이해하게 함으로써 삶의 세계에서 개인적 의미를 발견하고 개인적인 딜레마를 해결하도록 하는 교수 · 학습방법이다. 역할놀이 방법은 각본에 따라 소비자의 상황을 연출해 봄으로써 소비자능력을 양성시키는 데 효과가 있다. 역할놀이 방법을 활용할 경우에 지켜야 할 원칙은 다음과 같다.

① 상황과 역할에 대하여 충분히 설명한다.

교수자는 우선 역할놀이 참가자 전원에게 상황을 잘 설명하고 이해시킨다. 역할을 연기하는 사람에게 무엇을, 어디에서, 무엇 때문에 등에 관한 정보를 충분히 제공하고 각 연기자의 관심과 동기를 중심으로 역할에 대한 설명을 해야 한다. 역할 내용을 카드로 만들어 각 연기자에게 미리 나누어 주되, 연기자끼리는 서로 보여 주지 않도록 한다. 연기자는 중요한 점을 강조하기 위하여 과장된 연기를 해야 하는 경우도 있다.

② 참가자의 역할에 대해서 주지시킨다.

연기자 이외의 일반 참가자도 관찰자(observer)가 되어 어떤 사항이 문제이며 어떻게 의사결정이 이루어지고 어떠한 반응이 나타나는가를 자세하게 관찰하고 역할의 역학관계를 감시하는 역할을 연기한다. 그렇게 함으로써 참가자들도 연기자 한 사람의 입장에서 자신이 연기자라면 어떻게 할 것인지를 생각할 수 있는 능력을 개발할 수 있다.

③ 역할해제 후 역할 연기자와 인터뷰를 한다.

장면이 끝나고 연기자의 역할이 해제되면 교수자는 연기자에게 첫째, 자신의 역할을 어떻게 생각하는가? 둘째, 주어진 역할이 자기와 잘 맞는 것이었는가? 셋째, 비슷한 상황을 체험한 적이 있는가? 넷째, 현실 생활에서 자신이라면 어떻게 하겠는가? 등의 질문을 해야 한다.

④ 참가자와 피드백을 한다.

참가자는 연기자의 연기능력을 평가하는 게 아니라 연기결과로 발생한 문제에 대해서 피드백하는 기능을 해야 한다. 일반 참가자의 피드백에 의해 역할놀이에서 관찰되었던 문제가 집단토의로 이어질 수 있다. 이러한 토의과정을 통해 소비자의 권리와 역할 등 소비자교육에서 기본적인 사항에 대한 설명이 전개되어야 한다.

(4) 게임 방법

게임(game) 방법은 모의학습, 학습게임이라고도 한다. 백화점의 판매현장이나 기업의 소비자 상담실 등 실제 장면이나 상태와 유사한 상태를 인위적으로 만들어 놓고 그 속에서 학습하도록 하는 방법이다. 간접적인 경험을 통한 학습이라는 점에서 역할놀이 방법과 같으나 세심한 관찰과 실험연구를 요구한다는 점에서 역할놀이 방법과 구분된다. 게임방법의 소비자교육적 효과는 소비자가 어떤 문제를 둘러싸고 있는 환경조건이 변화할 경우에도 그 상황에서 적절한 행동을 할 수 있는 능력을 개발하는 데 있다. 소비자교육에서 게임 방법을 이용한 효과는 다음과 같다(정용선 외 4인 역, 1998).

첫째, 소비생활 문제에 깊은 관심을 갖게 되는 동기 부여를 촉진하게 된다.

둘째, 소비생활 문제를 해결하기 위한 논리를 정립시켜 제시할 수 있게 한다.

셋째, 이론과 실천이라는 양 방향에 의한 종합적인 문제해결을 촉진하게 한다.

넷째, 유사한 문제에 대한 반응을 몸소 경험하게 한다.

다섯째, 교수자로부터 제공받는 일방적인 학습에서 오는 억압이 줄어들고, 학습자의 자기표현 능력을 향상시킬 수 있다.

(5) 시뮬레이션 방법

시뮬레이션(simulation)은 복잡한 문제나 사회 현상 따위를 해석하고 해결하기 위하여 실제와 비슷한 모형을 만들어 모의적으로 실험하여 그 특성을 파악하는 것으로 모의실험 또는 모사(模寫)라고도 한다. 실제로 모형을 만들어 하는 물리적 시뮬레이션과 수학적 모델을 컴퓨터상에서 다루는 논리적 시뮬레이션이 있으며 다양한 분야에서 많이 활용되고 있다.

소비자교육에서의 시뮬레이션 활용은 소비생활 과정을 조직화된 모델로 만들어서 비슷하게 제시하고 복잡한 소비자행동의 작용을 설명함으로써 소비생활 문제에 대응하는 능력을 기른다. 게임 방법도 일종의 시뮬레이션이므로 양자를 합해서 시뮬레이션 게임(simulation game) 방법으로 이용하는 경우가 많다. 시뮬레이션 게임 방법은 소비자교육의 본질이며 최대의 관심사인 의사결정과 목표설정 등의 프로세스를 다루고 있다. 의사결정 시스템 등 목표 실현을 추구하는 행동과정의 원리를 적용하기 때문에 소비자교육의 본질에 부합되는 효과적인 소비자교육 방법이다.

3) 교수매체를 활용한 교수 · 학습방법

매체는 두 개의 중간에 위치하여 양자를 연결해 주는 매개체로 정보 전달자와 수신자의 중간에 위치하여 정보전달 또는 의사소통이 원활히 이루어지도록 하는 통신 경로의 역할을 한다. 전달되는 정보의 종류와 양은 매체의 특성에 따라 달라진다. 교육에서 매체는 교수 · 학습과정에서 학습효과를 높이기 위해 사용되는 시청각 기자재와 모든 자료를 의미하며 교수매체(instructional media)라고 한다. 교수매체는 교육목표를 효과적 · 효율적으로 달성하기 위하여 사용되는 다양한 형태의 매개수단 또는 제반 체제라고 할 수 있으며, 하나의 매체 또는 여러 매체들의 조합으로 이루어지게 된다.

적절한 교수매체를 잘 선정하여 활용할 경우 학습자의 오감을 자극함으로써 학습동기를 유발할 수 있으며 학습내용을 시 · 청각적인 방법으로 제시함으로서 학습효과를 높일 수 있다. 매체를 통한 학습경험은 현실감을 부여하여 경험의 내용을 심화 · 확충하며 학습자가 자발적으로 학습활동에 참여하도록 유도한다(백영균 외 7인, 2004). 교수매체는 매체의 종류에 따라 학습자에게 전달되는 메시지(message)의 의미가 달라질 수 있으므로 교수자는 메시지가 명확하게 잘 전달될 수 있는 매체를 선택하여 사용하여야 한다. 소비자교육에서 자주 이용되는 교수매체를 중심으로 활용방법에 대하여 살펴보기로 한다.

(1) 인쇄매체 활용방법

인쇄매체를 활용한 교수 · 학습방법은 우선 손쉽게 매체를 활용할 수 있다는 장점이 있다. 인쇄매체는 일상생활에서 쉽게 구할 수 있으므로 학습자 전원이 매체를 이용하여 학습활동을 할 수 있다. 소비자교육에서 활용되는 인쇄매체로는 신문, 잡지, 팸플릿 등을 들 수 있다. 이들 매체는 중요한 정보원 역할을 하기 때문에 학습자의 소비자정보 활용능력을 향상시키는 데 효과적이다.

① 신문 활용

신문 활용방법은 신문을 교수매체로 활용해 학습자의 지적 성장을 도모하고 학습효과를 높이는 교육방법이다. 최근 신문활용교육(newspaper in education: NIE)이라는 이름으로 많이 활용되고 있다. 신문에는 매일 다양한 분야의 새로운 정보가 실리므로 정보의 유형이나 내용이 풍부한 만큼 유익하고 실용적인 학습이 가능하며 다양한 방법으로 활용할 수 있다는 장점이 있다. 신문은 소비생활과 관련된 사건이나 문제, 사설 등을 매일 보도하기 때문에 소비생활과 관련된 사회의 움직임을 파악할 수 있는 중요한 매체 역할을 한다. 이론적이고 추상적인 지식들을 신문기사를 통해 확인하고 현재의 소비상황을 이해하는 데 현장감 있는 학습자료로 활용할 수 있다.

② 잡지 활용

잡지는 분야별로 다양한 종류가 있으므로 활용하고자 하는 정보에 따라 잡지의 유형과 내용을 선택하는 과정에서부터 학습효과를 얻을 수 있다. 잡지에는 직·간접적으로 소비생활과 관련된 기사나 내용이 풍부하게 게재되어 있으므로 다양한 방법으로 활용될 수 있다. 특히 다양한 소비자정보를 담고 있는 한국소비자원의 〈소비자시대〉, 한국소비자단체협의회의 〈소비자〉, 소비자단체에서 월간 또는 격월간으로 발간하는 〈녹색살림〉, 〈시민의 모임〉, 〈녹색소비자〉 등의 소비자정보지는 소비자교육용 교수매체로서 활용가치가 아주 높다.

③ 팸플릿 활용

팸플릿(pamphlet)은 광고, 선전, 설명 등을 위하여 만든 소책자로 필요한 정보를 축약하여 종합적으로 정리하고 있는 정보원의 하나이다. 팸플릿은 그 작성 주체나 내용에 따라 다른 목적으로 활용될 수 있다. 한국소비자원이나 소비생활센터 등 공공기관에서 발행하는 소비자 정보제공용 팸플릿은 직접 교수매체로 활용될 수 있으며, 기업에서 제공하는 상품홍보용 팸플릿은 소비자정보의 활용 차원에서 그 내용을 평가하고 이용하는 교수매체로 활용될 수 있다. 기업 팸플릿을 이용할 경우 기업이 제공하는 팸플릿의 유형, 내용, 활용방법 등에 대한 이해를 높여 구매의사결정능력을 향상시키는 데 효과가 있다.

(2) 시청각 매체 활용방법

시청각 교육은 시청각적 교육매체를 적절하게 활용함으로써 교수·학습활동에서 최대의 효과를 얻고자 하는 교육이다. 교수·학습활동에서 시청각 매체를 활용할 경우 학습자의 시각과 청각에 직접 호소할 수 있으므로 학습흥미와 학습효과를 높일 수 있다. 간접적이지만 체험적 학습을 통해 지식에 대한 이해를 높일 수 있으며 사고 및 판단력을 높일 수 있다. 시청각 매체 활용방법은 다양한 시청각 교재를 활용하여 직접 견학할 수 없거나 체험할 수 없는 장소, 생산 공정, 실험 등을 재현할 수 있으므로 생동감 있는 교육을 할 수 있다는 장점이 있으나 활용할 수 있는 시청각 기자재가 구비되어야 한다는 단점이 있다. 시청각 매체의 종류는 다음과 같다.

- 시각매체: 실물화상기, OHP, LCD 프로젝트, 슬라이드(slide), 필름 스트립(filmstrip), 사진, 그림, 차트, 도표, 지도, 모형, 디오라마(diorama) 등
- 청각매체: 라디오, 녹음테이프, 레코드판 등
- 시청각 매체: TV, 영화, 비디오테이프 등

(3) 컴퓨터 활용방법

정보화 사회의 도래로 컴퓨터와 인터넷 보급이 급진전되면서 컴퓨터와 정보통신기술을 활용한 다양한 형태의 새로운 교수·학습방법이 개발되어 활성화되고 있다. 컴퓨터는 기존의 단일 매체들이 가지고 있는 특성들을 통합하여 문자, 그래픽, 음성, 애니메이션, 동화상을 하나의 플랫폼(platform)에서 구현하는 동시에 사용자와 상호작용이 가능한 멀티미디어 매체이다. 컴퓨터 활용방법은 컴퓨터가 가지고 있는 정보축적 기능, 정보전달 기능, 계산 기능, 즉시응답 기능 등 여러 가지 기능을 교수·학습에 활용하는 것이다.

교수매체로 컴퓨터를 이용할 경우 학습동기를 유발시키는 효과 외에도 학습자의 정보활용능력을 배양시키고 이를 소비생활에 응용시키는 능력을 양성하는 효과를 얻을 수 있으며 변화가 풍부한 학습을 할 수 있다. 컴퓨터는 조작과정에서 학습자의 흥미를 유발하고 흥미집중을 지속시킬 수 있어 학습의욕을 높이는 데도 유리하다. 학습자들은 멀티미디어 기능을 이용한 화면상의 체험을 통하여 현실성 있는 학습을 할 수 있으며 자기표현에 적극성을 보일 수 있다.

컴퓨터와 인터넷을 교수 · 학습에 활용하는 방법은 아주 다양하다. 인터넷 기능을 이용하여 정보를 교환하고 탐색할 수 있으며 정보를 생성하고 공유할 수 있다. 또한 학습에 참여하는 학습자의 수에 따라 개별학습, 소집단학습, 대집단학습을 할 수 있으며, 상황에 따라 문제해결학습, 토의학습, 탐구학습 등의 교수 · 학습방법을 적용할 수 있다. 또한 새로운 온라인(online) 교수 · 학습형태인 이러닝(E-learning), 원격교육, 사이버 교육 등의 가상학습(virtual learning) 방법이 개발되어 활성화되고 있다. 가상학습은 모바일이나 인터넷 등 온라인 통신방식을 이용하여 시간과 공간의 제약을 받지 않고 쌍방향으로 대화할 수 있는 교수 · 학습방법이다. 이 방법은 초고속 정보고속도로가 구축되면서 차세대 소비자교육 방법으로 각광받고 있다.

4) 실물을 활용한 교수 · 학습방법

실물을 활용하는 교수 · 학습방법은 학습 대상이 되는 실물을 있는 그대로 활용하여 학습효과를 높이는 방법이다. 실물활용은 학습대상이 되는 실물을 직접 보면서 세밀하게 관찰하거나 조작함으로써 경험적인 학습활동을 수행할 수 있다는 특성이 있다. 단순히 실물을 보는 것만으로도 교육효과를 얻을 수 있으며 나아가 실물을 이용한 응용 학습활동이나 지적 탐구활동을 수행할 수도 있다. 하지만 실물을 활용할 수 있는 대상에 제약이 따른다는 한계가 있다.

(1) 실물제시법

실물이란 실제로 있는 물건이나 사람 그 자체로서 문화유적, 증거물, 공예품 등 특이한 것들과 실생활 주변에서 볼 수 있는 모든 것을 포함한다. 실물제시법은 이러한 실물들을 학습자들에게 제시하여 직접 보고 만지며 조사 · 토론을 하게 하는 교수 · 학습방법이다. 이 방법은 실생활에서 사용하거나 볼 수 있는 객관적 사물을 제시함으로써 학습자들의 이해를 돕고 현실감 있는 학습활동을 가능하게 하며 학습자의 흥미를 끌 수 있으므로 효율적인 교육을 할 수 있게 해준다. 다양한 실물들을 직접 보고 조작할 수 있게 함으로써 살아 있는 소비자교육을 실시하는 데 유용하다.

실물제시법에서 중요하게 강조되어야 할 점은 실물을 직접 보고 만지는 것도 중요하지만 이를 가지고 조작하거나 처리 · 응용할 수 있는 능력을 기르는 것이다. 활용할 수 있는 실물로는 직접적인 소비물품이나 계약서, 약관, 설명서 등 소비행위에 필요한 매개물들이다.

(2) 게시 · 전시법

게시 · 전시법은 교육과 관련이 있는 실물이나 자료를 게시하거나 전시하여 학습자의 이해를 돕는 방법이다. 게시 · 전시법은 아이디어나 메시지를 명확하고 간결하게 시각화하거나 직접 다양한 실물들을 게시 · 전시를 통하여 보여줌으로써 보는 사람의 관심을 끌고 학습자들의 적극적인 흥미와 태도 변화를 유발시킬 수 있을 뿐만 아니라 내용에 대한 지식을 풍부하게 해줄 수 있다.

게시 · 전시법은 학습내용에 따라 공통된 주제하에 여러 유형의 다양한 실물이나 관련 자료들을 모아 비교 · 관찰하는 형태로 학습활동이 이루어진다. 경우에 따라서는 학습자들이 직접 전시물이나 게시물을 제작하거나 변형 · 조작하여 만드는 과정을 도입할 수 있어 학습자의 참여활동이 가능하다. 게시 자료의 제작이나 전시에 학습자들이 직접 참여할 경우 어떤 개념이나 사실을 시각적으로 제시할 수 있는 방법을 학습할 수 있을 뿐만 아니라 창의력 개발과 협동심 고양에도 큰 효과를 기대할 수 있으며 주변환경에 대한 관심도 높일 수 있다. 교육공간 활용 면에서 교육효과를 극대화하기 위해서는 별도의 게시 · 전시공간을 확보하는 것이 바람직하다.

(3) 실험 · 실습법

실험 · 실습법은 어떤 특정 사실을 확인하고 규명하기 위하여 분석적인 절차를 통하여 직접 시험해 보거나 경험을 해보는 학습활동이다. 실험 · 실습법은 실제로 해보는 체험학습이기 때문에 일어나는 변화를 지켜보는 경험을 통해 문제에 대한 동기를 부여하고 직접적인 확인을 통해 지식을 습득하는 데 효과가 있다. 학습자들이 소비생활에서 한 번쯤 느꼈을 다양한 형태의 의문이나 궁금증을 직접 확인하여 해소할 수 있다는 점에서 유용하게 활용할 수 있는 교수 · 학습방법이다. 소비자교육에서 이 방법을 활용하는 목적은 과학적인 방법을 통해 소비생활 지혜를 얻는 데 있다. 따라서 일상생활에서 쉽게 접할 수 있는 사물들을 활용하여 누구나 쉽게 행할 수 있는 쉬운 방법을 활용하는 것이 바람직하다. 구매의사결정 과정에 도움을 줄 수 있는 간단한 상품테스트를 행하는 형태로 실행할 수 있다.

5) 조사기법을 활용한 교수 · 학습방법

조사기법을 활용하는 방법은 사회조사기법을 활용하는 것이다. 학습자들은 조사기법을 통해 단순히 지식을 주입받는 방식을 벗어나 새로운 사실들을 직접 찾아내어 확인할 수 있다. 학습자에게 현실사회에 참가할 수 있는 기회를 제공해 줄 수 있으며 나아가 조사과정을 통하여 추리력, 독창력, 주의력, 정확성, 근면성, 협동성, 도덕적 태도, 연구에 대한 열의 등의 자질을 함양할 수 있다. 교육효과를 제대로 얻기 위해서는 사회조사기법을 정확하게 숙지하여 실행할 수 있어야 한다. 조사기법을 활용하는 방법은 현실사회에서 나타나고 있는 다양한 소비자문제를 발견하고 분석하고 해결방법을 강구함으로써 실증적이고 현실적인 학습을 할 수 있다는 점에서 중요한 소비자교육 방법이 될 수 있다.

(1) 설문조사

설문조사는 특정의 과제에 대하여 조사표를 만들어 조사대상자에게 물어보거나 직접 기재하도록 하여 조사대상 집단의 지식, 경험, 의견 등에 대한 실태를 조사하는 교수 · 학습방법을 말한다. 설문조사방법은 학습자들의 조사활동뿐만 아니라 학습자의 실태를 파악하기 위해서도 이용될 수 있다.

학습자들을 대상으로 설문조사를 할 경우에는 과제에 대한 지식 및 경험의 실태와 경향을 파악하는 데 활용할 수 있으며 학습내용에 대한 이해정도를 파악하거나 학습효과를 올리는 기준으로 활용할 수 있다. 학습활동의 일환으로 이용할 경우에는 과제의 내용을 잘 숙지시킨 후에 조사표를 작성할 필요가 있다. 질문사항을 의논하면서 조사표를 작성할 경우 학습효과가 커질 수 있다. 설문결과의 집계에 따라 과제에 대한 실태를 파악할 수 있으며 학습과제가 제기하는 문제의식에 대하여 학습자의 주의를 환기시킬 수 있다. 설문조사 교수 · 학습방법은 설문대상자에 따라 다양한 학습내용을 다룰 수 있다. 특히 소비생활과 관련된 학습자들의 의식이나 행동을 조사하여 스스로 이를 확인하고 보다 합리적인 소비생활방법을 모색하도록 유도하는 데 유용하게 활용될 수 있다.

(2) 면접조사

면접조사는 특정의 과제에 맞는 사람에게서 다양한 정보와 의견을 듣는 것을 말한다. 면접대상자와 직접 대면하여 학습활동을 수행하는 만큼 학습주제에 대하여 생생한 내용을 습득할 수 있다는 장점이 있다. 면접대상은 과제의 특성에 따라 선택이 되며 학습내용에 맞추어 학습자가 자발적으로 선택하도록 하는 것이 바람직하다. 학습자들이 주체적으로 면접대상자로부터 정보나 의견을 듣기 때문에 과제에 대하여 친근감과 강한 인상을 가지게 된다.

면접조사 방법은 의견교환 중에 자료 이상의 폭넓은 생생한 정보를 얻고 다른 사람의 생각과 의견을 파악할 수 있는 귀중한 체험을 할 수 있게 한다. 면접대상자는 주변 가까이에서 친밀한 관계에 있는 사람으로 선정할 수도 있지만 외부의 전문가나 과제와 관련된 업무에 종사하는 사람으로 선정하여 면접을 통해 실제 사회의 동향에 접근할 수도 있다.

소비자교육 차원에서는 소비생활을 포함한 사회의 경제활동에서 활동하고 있는 여러 유형의 사람들로부터 그 활동이나 이로부터 빚어질 수 있는 제반 현상들과 이에 대한 그들의 생각이나 입장들을 직접 들어보고 간접 체험하는 데 유용하게 활용할 수 있다.

(3) 실태조사

실태조사는 주로 문헌연구나 관찰 등의 방법을 통해 학습과제로 선정된 주제에 대하여 사물과 현상을 조사하는 교수 · 학습방법이다. 학습과제와 관련하여 직접 새로운 사실을 확인하는 조사를 수행함으로써 학습효과를 얻을 수 있다. 필요할 경우에는 설문조사나 면접조사를 병행할 수도 있다. 실태조사 방법을 활용하는 목적은 학습자들로 하여금 조사활동을 통해 익숙한 현상에 대하여 드러나지 않는 의미나 정확하게 인식하고 있지 않는 현상에 대하여 실체를 발견하고 이해하도록 하는 데 있다.

문헌연구를 통한 조사활동은 정태적인 학습활동이긴 하지만 문헌을 통해 필요한 정보를 추적하고 가공하여 활용할 수 있는 능력을 개발시킬 수 있다. 학습과제에 따라 문헌연구만으로 소기의 목적을 달성할 수 없을 경우에는 관련된 사회적 현상을 관찰활동을 통해 직접 확인하는 사실조사를 하도록 하여 직접적 탐구과정을 학습활동으로 수행하도록 한다. 이러한 조사활동 결과는 학생들에게 새로운 사실을 확인시킴으로써 학습활동에 대한 성취감을 높여준다.

소비자교육 차원에서는 소비생활을 둘러싸고 있는 소비환경에 대한 이해를 높이거나 구매 · 이용 · 폐기하는 소비의 각 단계에 걸친 소비자행동상의 특성에 대한 이해 및 소비자문제에 대한 인식을 높이기 위한 목적으로 그와 관련된 현상을 파악하는 데 유용하게 사용될 수 있다.

(4) 사례연구

사례연구(case study)는 특정 사례를 중점적으로 연구하여 확인하고자 하는 경험적 사실을 통해 사회적 현상이나 사실들을 심층적으로 파악하는 방법이다. 어떤 문제나 상황에 대하여 깊이 있게 다룰 수 있으므로 특정문제에 대하여 문제를 제기하고 이를 해결해 나가는 문제해결 능력을 개발하는 데 유용하게 활용될 수 있다. 또한 구체적인 실례에 대한 예시 형태를 취하기 때문에 학습활동에서 현장감이나 사실감을 줄 수도 있다. 따라서 사례연구를 활용함으로써 독립된 사고방법과 판단력을 키울 수 있으며 단순한 가정이 아닌 현실 상황에 직면하는 것과 같은 효과를 기대할 수 있다. 사례연구는 현실 속의 모든 각도에서 비판하고 토론하거나 스스로의 힘으로 분석하고 이해하고 판단할 때 도움이 된다.

소비자교육 차원에서는 현실적으로 소비생활에서 발생하는 구체적인 의사결정 행위나 문제상황을 사례로 활용하여 이를 분석 · 평가함으로써 그러한 사례에서 얻을 수 있는 점은 무엇이며 문제가 있다면 자신은 어떻게 해결할 것인가를 탐구하게 함으로써 학습자들의 소비자능력을 개발하는 데 효과적으로 활용할 수 있다. 전형적인 활용 예로는 소비자피해 사례에 대한 사례연구이다.

사례를 선택할 때 고려해야 할 원칙은 첫째, 일반적이며 현실 생활과 유리되지 않아야 한다. 둘째, 소비생활에서 곤란한 상황을 포함하고 있어야 한다. 셋째, 사례에 해당되는 문제를 해결함으로써 소비생활 문제의 원리를 이해하는 데 연결이 될 수 있어야 한다. 넷째, 문제해결을 위한 선택대안이 두 가지 이상 있어야 한다. 다섯째, 사실에 대하여 귀납적이고 분석적으로 해명할 수 있어야 할 뿐만 아니라 연역적으로 전개하여 문제를 폭넓게 통찰할 수 있어야 한다는 것이다.

6) 자기발견적 교수 · 학습방법

자기발견적 교수 · 학습방법은 문제를 해결하는 과정에서 문제를 해결하기 위한 반성적 사고(reflective thinking)의 작용으로 새로운 지식이나 능력 및 태도를 습득시키는 학습방법이다. 학습자들의 자기학습 활동을 통해 교육효과를 얻고자 하는 방법으로 지적인 과정의 계발을 강조한다. 주입식으로 강행하지 않고 학습자가 문제에 대한 정보를 수집하고 이해하여 분석 · 평가하고 일관되게 정리할 수 있는 힘을 키워 스스로 문제를 해결하고 학습할 수 있도록 하는 것이다. 교수자의 입장에서 지식을 전달하기보다는 학습자 위주의 인지과정의 변화를 창출하는 데 역점을 두고 있다.

자기발견적 교수 · 학습은 학습자의 주체적 활동을 조장시킬 수 있는 장점이 있으나 지식기능을 계통적으로 가르칠 수 없다는 단점이 있다. 이 교수 · 학습방법이 효과를 얻는다면 교육과정에서 교수자에게 완전히 의존하던 학습자를 교수자가 필요 없다고 생각할 만큼 자율 · 자주적인 학습능력이 있는 학습자로 만들 수 있다.

(1) 문제해결 학습

문제해결 학습은 학습자가 스스로 문제해결 과정에 주체적으로 참여하여 문제 상황을 파악하고 문제의 원인 및 해결방법을 스스로 찾는 과정을 통하여 지식 · 기능 · 태도 등을 종합적으로 습득하도록 하는 교수 · 학습방법이다. 문제를 해결하기 위한 학습자의 독자적인 사고 활동을 통해 문제를 분석, 파악, 종합하여 최상의 해결안을 찾아가도록 하는 것으로 문제의 명확화 → 가설의 설정 → 가설의 검증 → 가설의 긍정 = 문제해결로 이어진다. 문제해결의 주안점은 반성적 사고능력을 통한 문제해결 능력 함양에 있다. 문제해결 학습에서는 학습 주체인 학습자의 문제의식과 자기활동이 중요하며, 문제파악과 해결을 위해서는 학습자의 창의적인 사고를 필요로 한다.

문제해결 학습방법은 학습자들에게 일상생활에서 부딪히는 문제를 스스로 해결해 가는 능력을 배양시키는 데 효과적이다. 이러한 교육효과를 얻기 위해서는 학습소재를 학습자들의 주변 생활 속에서 찾는 것이 바람직하다. 학습자들이 일상생활에서 직접 부딪히는 생활문제를 학습소재로 활용할 경우 학습자의 흥미를 높이는 데 도움이 될 수 있으며, 소비자의 문제해결 능력을 개발시키고자 하는 소비자교육 목표에 부합하는 교육효과를 얻을 수 있다.

(2) 구안학습

구안학습(project method)은 프로젝트학습이라고도 하는데 구안(構案)을 매개로 하는 학습형태이다. 프로젝트란 마음에 생각하고 있는 것을 형상화하는 것을 말한다. 교수자의 지도와 함께 학습자가 생활 속의 여러 문제들 가운데 스스로 흥미 있는 주제를 정하여 개선과 향상을 위한 구체적인 목적을 설정하고 그 목적을 실현하기 위한 계획을 세운 후, 실행하고 그에 대한 평가를 하는 일련의 과정을 통한 자기학습 방법이다. 가족신문 만들기 등 실천적 행동에 의하지 않으면 해결할 수 없는 문제를 다루는 과제에서 전개되는 것으로 그 과정은 목적설정 → 계획 → 실행 → 평가의 단계로 이어진다.

구안학습은 넓은 의미에서는 문제해결 학습방법과 같은 학습방법에 속한다. 그러나 문제해결 학습방법은 반성적 사고의 과정이 중심이 되어 이론적 · 추상적으로 문제를 해결해 가는 과정이므로 상징적인 행위를 반드시 수반하게 할 필요는 없다. 그러나 구안학습은 학습자들이 구체적으로 과제를 실천함으로써 체험적인 활동을 통해 현실적으로 문제를 해결할 수 있는 방법을 찾아내는 것이므로 문제해결에 사용되는 상징적인 행위는 문제해결의 목표와 관련이 된다는 점에서 차이가 있다. 따라서 구안학습은 시간이 많이 걸리므로 학습자들의 의욕적이고 끈질긴 태도가 요구된다. 따라서 개인별로 구안학습을 수행하기 어려운 학습내용의 경우에는 집단별로 수행하는 방식을 취할 수 있으며 학습활동의 장을 가정으로 옮겨 가정에서 수행하도록 할 수 있다.

소비자교육 차원에서 이 방법은 학습자들이 경험하는 일상적인 소비생활에서 보고 느끼는 다양한 소재와 현상들을 과제로 하여 스스로 지적 탐구능력을 개발하는 한편 실천적 학습활동을 통해 소비생활의 주체로서의 생활능력을 배양하도록 지도하는 데 유용하게 활용될 수 있다.

(3) 브레인스토밍

브레인스토밍(brainstorming)은 번개처럼 떠오르는 기발한 생각을 잘 포착해 낸다는 뜻으로 문안착상법이라 불리기도 한다(노은호 · 민영일, 2000). 브레인스토밍 방법은 자유로운 토론으로 다양하고 우수한 아이디어를 끌어내는 방법으로 문제를 창조적으로 해결하는 능력을 기르는 기법이다. 이 기법은 아이디어의 발상과 평가를 철저하게 분리하기 위해 제안된 방법으로 아이디어에 대한 비판 없이 자유로운 사고를 가질 것을 강조한다. 집단의 효과를 살리고 아이디어의 연쇄반응을 불러일으켜 자유분방하게 질과 관계없이 가능한 한 많은 아이디어를 생성시켜 어떤 문제에 대한 원인이나 해결책 및 개선방법을 찾으려고 할 때 이용된다. 소비자교육 차원에서는 한정된 시간에 소비생활과 관련된 특정 문제에 대하여 가능한 한 많은 연상을 하는 데 효과가 있다. 집단의 크기에 관계없이 여러 가지 상황 속에서 이용할 수 있다. 브레인스토밍에서는 다음의 네 가지 원칙을 지켜야 한다.

① 광범위한 상상

참가자의 창조적 사고를 가능한 한 확대시키고 자유자재로 사고하게 한다. 이 경우 그 아이디어가 실제적인가의 여부는 중요하지 않다. 우스꽝스럽거나 현실적이지 않은 아이디어라 할지라도 모든 아이디어를 환영한다. 엉뚱한 아이디어일수록 더 좋다. 아이디어는 색다른 시각에서 발견되는 경우가 많다.

② 아이디어의 전개

질보다는 양이다. 참가자가 다른 사람이 아이디어 내기를 기다리거나 반대로 다른 아이디어를 견제하지 않도록 아이디어를 자유롭게 전개하게 한다. 아이디어는 많으면 많을수록 좋다. 사고하는 양이 많아지면 당연히 질은 높아진다. 아이디어의 수가 많을수록 훌륭한 아이디어가 나올 가능성이 높기 때문이다.

③ 수용

평가하거나 비판하는 것은 참가자가 아이디어를 창조하는 것을 억제하거나 위축시킨다. 브레인스토밍을 하는 도중에는 어떤 제안에 대해서도 비판과 평가를 하지 않는다. 아이디어의 질과 타당성을 냉정하게 검토하는 것도 필요하지만 그것은 맨 마지막에 하는 방법이다.

④ 결합 개선

기존의 정보 및 아이디어를 조합시키는 것이다. 참가자는 자신의 아이디어를 제시하는 것뿐만 아니라 다른 사람의 아이디어를 더 좋은 아이디어로 바꾸거나 두세 개의 아이디어를 결합하여 훨씬 더 좋은 아이디어로 만들 수 있다.

(4) 케이스 스토리

최근 사례연구 방법에서 케이스 스토리 방법으로 변화되고 있다. 케이스 스토리(case story)는 모의 유사 체험 방법으로 사례연구 방법에 브레인스토밍 방법이나 또는 게임 감각을 가미하여 역동적으로 구성한 것이다. 소비자문제를 소재로 하여 거기에 내포되어 있는 문제를 브레인스토밍식이나 게임식으로 해명하면서 정답에 이르는 방법이다. 케이스 스토리 방법은 정답을 즉시 투입(input)하기보다는 소비자교육의 본질인 비판적 사고와 시행착오에 의해 의사결정을 하는 과정에 초점을 맞추고 있으므로 비판적 의사결정 과정을 수행하는 능력을 개발할 수 있는 방법이다. 따라서 교수자가 준비한 지식을 일방적으로 전달하는 일방통행적인 강의법보다 효과적인 소비자교육방법이다.

케이스 스토리 방법에서는 학습자들이 어떤 질문을 할지 모른다. 교수자가 학습자들의 질문에 즉석에서 대답하고 대처하기 위해서는 상당한 지식을 축적해야 할 뿐만 아니라 대처할 수 있는 역량도 필요하다. 이러한 교수자의 부담감을 감소시키기 위해서는 토론하는 과정에서 예상되는 질문과 이끌고 싶은 수업방향 등을 'Q & A' 로 정리해 두는 것이 바람직하다. 이러한 준비를 통해 교수자는 중압감으로부터 벗어날 수 있으며 동시에 체계적으로 지도할 수 있고 실행하기 쉬워진다. 소비자교육에서의 케이스 스토리 방법의 효과는 행동의 변화로 연결될 수 있도록 하고, 학습자에게 동기를 부여한다는 것이다.

7) 현장경험을 활용한 교수 · 학습방법

현장경험을 통한 교수 · 학습방법은 강의실 내에서 이루어질 수 없는 학습목표를 달성하기 위하여 강의실 밖으로 교육의 장을 확대시켜 현장에서 경험을 통하여 학습활동을 하는 방법이다. 추상적인 지식전달에서 벗어나 직접 현장에서 관찰하거나 현장에 참여하여 활동함으로써 체험학습을 할 수 있다. 현장에서의 활동은 강의실 내의 활동으로는 얻기 어려운 교육효과를 얻을 수 있다.

(1) 견학학습

견학은 실지로 보고 배워 구체적인 지식을 넓히는 것이다. 견학학습은 현장에 직접 나가서 정해진 학습 분야와 대상을 보고 느끼며 관찰하고 경험한 후에 견학내용을 토의하고 분석함으로써 학습효과를 높이는 교수 · 학습방법이다. 학습자들이 직접 현장을 관찰하며 학습할 수 있기 때문에 학습내용을 실감 있게 이해할 수 있는 충실한 교육이 될 수 있다. 흥미를 환기시키는 과정, 학습으로의 도입과정, 가설의 검증과정 등이 함께 이루어지면 학습효과가 더욱 커질 수 있다.

그러나 산만한 분위기의 현장에서 견학이 이루어지기 때문에 학습통제가 어렵고 학습대상을 기대한 만큼 관찰하지 못할 수도 있기 때문에 단순한 구경이나 여행 기분으로 끝날 가능성도 있다. 따라서 철저한 사전 계획과 준비가 필요하다. 소비자교육 차원에서는 생산공장, 유통 및 판매현장, 공공 서비스 기관, 소비자보호기관 및 단체, 환경보호 관련 기관 등을 견학학습의 장으로 활용할 수 있다.

(2) 현장학습

현장학습은 학습장소를 학습 자료가 있는 현장으로 옮김으로써 학습 목표를 효율적으로 달성하려는 교수 · 학습 방법으로 경험을 통하여 학교교육의 한계를 극복하기 위하여 개발된 방법이다. 산업계와 학교가 서로 협동하여 교육목적을 보다 충실하게 실현하고자 한다는 점에서 산학협동교육이라고도 한다. 학교에서는 이론교육에 치중하고 현장에서는 실습교육에 치중하는 경향이 있다.

현장학습을 실시하기 위해서는 특별한 계획과 준비가 필요하며 특별한 방법의 교수 · 학습 절차가 있어야 한다. 가장 유의할 점은 견학과 현장학습의 근본적인 차이를 인식하는 것이다. 견학은 수동적인 입장에서 현장을 보는 비참여적 관찰을 통해 학습하는 것이지만 현장학습은 능동적인 입장에서 현장에 직접 참여하고 관찰하면서 학습하는 것이다. 현장학습 전후에는 반드시 관련된 강의실 학습이 이루어져야 한다는 점에 유의하여야 한다.

현장학습 장소로는 학교 주변을 비롯하여 전세계에 이르기까지 광범위하나, 그 목표는 어디까지나 교수 · 학습에 있는 것이므로 강의실 학습과 직접적인 관련을 가져야 한다. 현장학습 장소로는 지역사회의 농 · 어장, 공장, 대규모 상가, 신문사, 정부기관, 기업, 소비자단체 및 그 밖의 여러 공공 서비스 기관 등을 들 수 있다. 소비자교육에서는 기업의 소비자 관련 부서 등에서의 인턴십이나 소비자단체에서의 현장학습이 매우 중요하다. 국립생물자원관, 환경자원공사 등 공공기관에서는 방학 동안 유아부터 중고생에 이르기까지 나이와 학습수준에 맞춰 프로그램을 선택할 수 있도록 환경 관련 체험학습 프로그램을 다양하게 마련하여 제공하기도 한다.

(3) 지역사회 활동 참여

지역사회 활동 참여는 지역사회의 다양한 실제적 활동에 직접 참여함으로써 일종의 체험학습 효과를 얻는 교수 · 학습 방법이다. 지역사회에서 전개되는 다양한 활동에 직접 참가함으로써 지역사회에 대한 연대의식을 높이고 지역사회의 문화를 받아들이고 발전시키는 데 필요한 태도와 의욕을 키울 수 있다.

일반적으로 활용되고 있는 지역사회 활동의 참여 형태는 청소나 쓰레기 줍기 등 환경보호 활동이나 교통안전 활동 등에 집중되어 있다. 앞으로 교육적 차원에서 자원봉사 활동에 대한 참여활동의 영역 개발이 필요하다. 소비자교육과 관련해서는 소비자단체 및 사회복지기관에서의 자원봉사, 생활협동조합 활동에의 참여, 유기농 농장에서의 농촌활동 등을 고려할 수 있다.

연구과제

1. 시청각 매체의 종류와 특징에 대하여 조사해 보자.

2. 소비자피해의 구제 사례를 조사하고 그 과정에 대하여 역할놀이를 만들어 보자.

3. 현장학습을 제공하고 있는 기관과 현장학습 프로그램의 종류에 대하여 조사해 보자.

4. 특정 대상을 선정하여 소비생활과 관련된 소비자의식이나 행동을 조사하는 설문지를 만들어 보자.

PART 3

대상별 소비자교육

08 CHAPTER

유아소비자교육

1. 유아소비자의 개념과 발달특성
2. 유아소비자의 소비자문제
3. 유아소비자교육의 내용과 방법

08 CHAPTER

유아소비자교육

유아소비자는 경제적으로 부모에게 의존적이며 경제개념이 제대로 확립되지 못하여 독립된 소비자로 인식되지 못하였고, 그로 인해 지금까지 소비자교육의 대상으로 관심을 받지 못했다. 그러나 최근 물질적인 풍요와 광고의 영향으로 인해 유아의 구매욕구가 증대하고 있는 데다가 가계소득 수준의 향상과 자녀 중심적인 소비 패턴으로 유아소비자의 구매력이 커지고 있다. 이에 따라 올바르게 상품을 선택할 수 있는 능력이 부족한 상태에서 상업성이 짙은 TV 광고에 무방비로 노출되고 있는 유아들에게 소비생활을 잘 할 수 있는 기본 능력을 길러줘야 할 필요성이 생기게 되었다. 더욱이 유아기에 습득한 소비경험은 성인이 된 후의 소비행동에 지대한 영향을 미치므로 유아 시기부터 소비자교육에 관심을 기울여야 할 필요성이 제기되고 있다.

이 장에서는 유아소비자의 개념과 발달단계에 따른 특성, 그리고 유아소비자의 소비자문제를 살펴보고, 이를 토대로 효과적인 유아소비자교육을 위한 방안을 제시해 보고자 한다.

01 유아소비자의 개념과 발달특성

1) 유아소비자의 개념

우리의 속담에 세 살 버릇 여든까지 간다는 말이 있듯이 유아기에 형성된 소비가치관과 소비습관이 성인기까지 영향을 미치게 된다.

그러면 유아기란 정확하게 언제를 말하는 것일까? 인간의 발달단계를 구분하는 것은 학자들마다 다양한 의견이 있지만 대체로 만 2세에서 6세까지의 아동, 즉 취학 전 시기의 아동기를 유아기라고 한다. 이 시기의 유아들은 부모에 의해 양육이 되지만 취학 전에 어린이집과 유치원에 다니면서 전인적 발달을 위한 보살핌과 교육을 받게 된다.

유아는 부모에게 의존적이며 소비자로서의 주체적인 역할은 하지 못하지만 경제개념이 발달되고 있고, 유아의 소비욕구가 나타나고 있으므로 이때부터 소비자교육을 시켜야 할 필요성이 제기된다. 유아의 전인적인 발달을 위해서 장차 소비생활을 잘 할 수 있는 기본 능력을 기르기 위해서는 이들을 대상으로 소비자교육을 실시해야 할 것이다. 유아기에는 발달이 급속히 이루어지는 시기이므로 유아를 대상으로 소비자교육을 실시함에 있어서는 발달단계를 고려해야 할 것이다.

2) 유아소비자의 발달특성

(1) 소비자행동의 발달

출생 이후 유아가 소비자행동을 익혀 나가는 발달특성을 맥닐(McNeal, 1992)의 연구를 통해 살펴보면 다음과 같다(제미경 · 김영옥, 2002).

제1단계인 태어나서부터 만 2세까지는 부모를 따라다니면서 관찰하는 시기로 수동적으로 주어진 자극을 받아들이는 단계이다. 이 시기의 유아는 부모를 따라서 쇼핑카트 또는 유모차에 앉아 소비자로서 시장을 관찰하기 시작한다. 만 2세경쯤 되면 유아를 대상으로 하는 TV 광고상의 물건과 상점의 물건들을 연결시킬 수 있다.

제2단계는 부모를 따라가서 구매를 요구하는 시기이다. 만 2세 이후부터 유아는 부모와 함께 쇼핑 시 구매요구를 하기 시작하고 구매요구에 대한 부모의 반응도 알게 된다. 부모의 소비자행동에 아동의 영향력이 미치기 시작하며 만 2~3세까지는 부모가 자녀의 욕구 충족을 전적으로 결정하나 그 이후부터는 자녀의 선택이 약간 허용된다. 이 2~3세 유아기는 주관적이며 자기중심적으로 생각하고 행동하는 것으로부터 객관적으로 물건을 보고 생각하는 인간으로 발달하는 중요한 시기이므로 이 시기에 자신이 원하는 것을 전부 손에 넣을 수는 없음을 깨닫게 하는 것이 필요하다(정용선 외, 1998).

제3단계는 부모와 정기적으로 쇼핑을 가서 부모의 허용으로 물건을 선택해 보고 부모의 소비행동을 관찰하는 시기이다. 만 3~4세가 되면 걸어다니면서 자신이 직접 선택하려고 하고, 부모는 유아에게 좋아하는 물건을 선택해 보도록 허용해 준다. 이 단계는 아동에게 선호하는 상표가 생겨나며, 부모는 이때 쇼핑의 기본사항 예를 들면 상품, 상품비교, 가격, 영양성분, 안전 등을 가르쳐 줄 수 있는 시기이다. 만 4세 정도의 유아가 갖는 돈에 대한 개념은 '돈으로 과자를 살 수 있다', '모아 두었다가 이 다음에 쓸 수 있다' 정도이고 돈의 사용과 가격의 의미는 알지 못한다(Ward, 1974). 미국의 아동심리 행동학자에 의하면 만 4세의 유아는 집짓기놀이를 이해하고 금전을 매개로 하는 시장의 구조와 물건의 가치를 이해할 수 있으므로 가정에서의 소비자교육은 아동의 사회화에 필수적인 장소와 기회로 보았다(Stampfl, Moschis & Lawton, 1978).

제4단계는 부모를 따라가서 독자적인 구매를 하는 시기이다. 만 5~6세의 아동에게는 화폐 개념이 형성되어 있으므로 독자적으로 구매행동을 할 수는 있으나 돈을 계산해야 하고 성인과 똑같이 줄을 서서 기다려야 하고, 때로는 상점 점원으로부터 소홀한 대접을 받는 등의 어려움을 겪는다. 만 6세 유아는 동전의 차이와 그 가치가 다름을 이해하기 때문에 부모와 함께 물건을 사는 훈련이 필요하고 바람직한 소비태도를 길러주기 위한 부모의 역할이 더욱 중요하다. 국내의 연구(박선아, 1985)에 따르면 조사대상 중 만 5세 유아의 59.8%가 혼자 가게에서 물건을 사고, 62.2%가 물건을 사는 일이 즐겁다고 하였으며, 73.2%가 자신이 구매행동을 잘하고 있다고 평가하였다.

제5단계는 상점에 혼자 가서 독자적인 구매를 하는 시기이다. 만 7~8세 연령의 아동은 소비자로서 독자적인 행동을 하기 시작하고 정규적인 용돈을 받기 시작하며 저축도 일정하게 한다. 처음 혼자서 가는 상점은 집 근처의 소매상점이나 편의점이고 목적은 대체로 자신이 원하는 물건을 사려는 것인데 주로 용돈으로 과자류와 장난감류를 산다.

이렇게 제1단계에서 5단계를 거치면서 유아들은 보다 독립적인 소비자로 성장하게 된다.

(2) 경제개념의 발달

유아들은 인지발달과 더불어 경제개념이 발달된다. 피아제(Piaget)의 인지발달에 따른 경제개념의 발달 과정을 살펴보면 〈표 8-1〉에 제시된 바와 같다.

표 8-1 유아의 인지발달에 따른 경제개념의 발달

감각운동기 (0~2세)	전조작기 (2~6/7세)	구체적 조작기 (6/7~10세)
• 동전의 모양과 크기를 관찰한다. • 쇼핑하기, 소비, 구매활동을 관찰한다.	• 가게놀이: 소비와 구매의 초기 개념이 발현된다. • 더 많다, 적다를 센다. • 동전/지폐를 인식한다. • 구매를 하기 위해서 돈이 필수적임을 안다.	• 동전을 비교할 수 있고 동전들의 차이를 안다. • 사람들이 돈을 벌기 위해 일한다는 것을 이해한다. • 고용인과 고용주의 명확한 관계를 어느 정도 이해하게 된다.

출처: 이기숙 · 김희진 · 이경미 · 이순형(1998). 유아를 위한 소비자교육 프로그램. 양서원, p.17.

유아는 연령과 더불어 인지발달이 이루어지면서 경제개념을 보다 객관적이고 구체적으로 이해하게 된다. 유아기의 경제개념의 발달을 돈의 사용 및 가치, 생산과 소비과정, 경제 자원의 소유, 사회적 빈부 격차에 대해 알아보기로 한다 (Edwards, 1986; 이기숙 외 1998에서 재인용).

① 돈의 사용 및 가치

2~3세의 유아는 돈과 돈이 아닌 것을 구분할 수 있으나 다양한 동전의 차이점을 구분하지는 못한다. 이 시기에는 가게에서 사탕이나 놀잇감을 가지고 오면서 돈을 내야 한다는 것을 모른다.

3~4세의 유아는 물건을 사기 위해서는 돈이 필요하다는 것을 그저 막연히 인식하고 있다. 가게놀이 하는 것을 보면 처음에는 점원의 역할, 고객의 역할이 구분되지만 결국은 역할 구분이 없어진다. 고객 역할을 하는 유아는 금전등록기에 있는 유아에게 계산을 하기도 하고 계산을 하지 않는 경우도 있다. 그리고 상인 역할을 하는 유아는 돈을 지불하라고 요구하는 경우도 있고 요구하지 않는 경우도 있으며, 또 고객 역할을 하는 유아에게 잔돈을 돌려주기도 하고 돌려주지 않기도 한다. 이 시기에는 돈이라는 것이 물건을 산 대가로 주어진다는 교환의 한 부분으로 분명히 인식하지 못함을 알 수 있다.

4~5세의 유아는 아직도 동전을 구별하거나 동전의 명칭은 모르지만 무엇을 사려면 돈이 있어야 한다는 것을 분명히 이해한다. 그러나 돈의 가치에 대한 수학적 개념이 부족하여 동전으로 어떤 물건이라도 다 살 수 있다고 생각한다.

6~7세가 되어야 비로소 돈은 어떤 가치를 지니며 물건에는 가격이 있다는 것을 알게 됨으로써 돈과 물건 간의 정확한 대응관계를 형성한다. 이때쯤이면 수의 체제와 일대일 대응 개념이 생긴다. 즉, 가격에 상응하는 돈이 지불되지 않으면 물건을 구입할 수 없다고 생각한다. 그러나 아직도 물건을 사고파는 데 있어서 돈의 기능은 모르고, 어떤 물건을 사려면 어떤 동전을 내야만 한다는 식으로 이해한다. 돈과 봉급 간의 관계도 이해할 수 없다. 돈을 벌기 위해 일하러 간다는 것을 알기는 하지만, 일과 봉급과의 관계에 대한 이해는 부족하다. 일을 했기 때문에 돈을 받는 것이 아니라, 어떤 사람이 일한다는 것과 돈을 받는다는 사실을 별개의 사건으로 이해한다(Berti & Bombi, 1988).

7~8세 이후가 되면 물건의 가격보다 더 많은 돈을 지불했을 때 상점 주인이 잔액을 돌려준다는 거스름돈의 의미를 정확하게 이해하게 된다. 그리고 사람들이 돈을 벌기 위해 일한다는 것과 고용인과 고용주와의 관계도 명확하게 이해하게 된다.

② 생산과 소비의 과정

유아는 가게에서 파는 물건이나 화폐를 가게 주인이 가게에서 즉석으로 만드는 것으로 생각한다. 유아는 소매상을 생산자에서 시작되는 긴 거래과정 중의 한 단계라고 생각하지 못한다. 유아는 한 번에 한 측면만을 생각할 수 있기 때문이다. 6~7세가 되어야 비로소 유아는 가게 주인이 어디 다른 곳에서 물건을 가져온다는 것을 이해한다. 또한 유아는 이익에 대한 개념도 없다. 유아는 가게 주인이 사람에게 물건 주기를 좋아한다고 생각한다. 또한 점원은 금전등록기에서 마음대로 돈을 가질 수 있다고 생각한다. 경찰은 도둑에게 찾은 돈을 가질 수 있고 버스운전사는 차비로 받은 돈을 쓸 수 있다는 등의 생각을 한다. 아동기 후기가 되어야 개인 소유의 돈과 사회의 돈을 구분할 수 있고 종업원에게는 소위 월급과 임금이라는 것이 지불되며, 반면에 고용주는 판매 이익으로 돈을 벌게 된다는 것을 알게 된다. 생산자의 개념을 발달시키기 위한 가장 좋은 방법은 유아 스스로 생산자가 되어 보는 경험이다. 예를 들면, 크리스마스 카드나 어버이날의 꽃, 생일선물 등을 직접 만들어 보고, 간식으로 먹을 간단한 요리도 직접 해보기 등이다.

③ 경제 자원의 소유

유아는 경제 자원의 소유 및 경영에 대해서도 자기 나름대로 이해한다. 2~3세 유아는 소유하는 것을 대상 물체와 거리상 가장 가깝게 있거나 사용하고 있는 것으로 생각한다. 즉, 유아의 소유에 대한 초기 개념은 경제적 통제라는 개념과는 전혀 관계가 없다. 약 4~5세가 되면 대부분 유아는 소유라는 것을 그 대상 물체를 맡아 가지고 있는 것으로 생각한다.

> 교사: 학교 버스는 누구의 것일까?
> 유아: 버스운전사요, 왜냐하면 버스를 운전하니까요.

④ 사회적 빈부격차

3~4세의 어린 유아는 '부유하다' 와 '가난하다' 라는 단어를 거의 이해하지 못한다. 교사가 유아에게 성인의 기준에서 볼 때 부자와 가난한 사람으로 분명하게 구별될 수 있는 몇 장의 사진들을 보여준다면 대부분의 유아는 어떻게 이 사진을 '부자' 와 '가난한 자' 로 나누어야 할지 모른다. 즉, 어떤 유아는 어른의 사진과 아이의 사진으로 나누기도 한다. 그리고 "아이는 돈이 없으니까 가난해요. 어른은 돈을 다 가졌으니까 부자예요." 하고 말한다.

5~6세가 되면 유아는 처음으로 옷과 다른 구체적인 소유물에서 나타나는 분명한 차이점에 근거하여 사람을 '부자' 와 '가난한 자' 로 나눌 수 있게 된다. 사람이 어떻게 부자 또는 가난한 자가 되는지에 대해 이해하기 위해 유아가 초점을 두는 것은 직접적인 사건과 환경이다.

> 교사: "부자"라는 말은 무슨 뜻일까?
> 유아(6년 4개월): 돈, 다이아몬드, 그리고 보석이 많은 사람이에요.
> 교사: "가난하다"라는 말은 무슨 뜻일까?
> 유아: 10원밖에 없는 사람처럼 집이나 먹을 음식을 살 정도의 돈도 충분하지 않은 사람이에요. 이런 사람은 쓰레기더미를 뒤져요.

부자와 가난한 자를 구분하는 것에 대한 유아의 지각은 시간이 지나면서 구체적인 소유물에만 초점을 두는 데서 발달하여 더 추상적인 속성도 고려하게 된다. 조금 나이든 유아의 개념은 더 복잡하고 현실적이지만 어린 유아의 개념에서는 낙관주의가 엿보인다. 어린 유아는 돈과 자원이 한정되어 있고 통제되어 있다는 것을 알지 못하기 때문에 사회적 이동이 쉽다고 낙관적으로 믿는다. 유아는 가난한 사람도 좋은 직장을 갖거나 부자에게 돈을 달라고 하여서 누구나 부자가 될 수 있다고 생각한다(이기숙 외, 1998).

02 유아소비자의 소비자문제

유아소비자는 독자적인 경제능력이 없고 경제개념도 제대로 확립되지 못하여 독립된 소비자로 인식되기보다는 가계소비의 의존자로 인식되어 왔다. 그러나 최근 물질적인 풍요와 광고의 영향으로 인해 유아의 구매욕구가 증대하고 있는 데다가 가계소득 수준의 향상과 자녀 중심적인 소비 패턴으로 유아소비자의 구매력이 커지고 있다. 또한 유아 자신들의 구매의사를 부모에게 반영시킴으로써 가계구매행위에 직 · 간접적으로 영향력을 행사한다. 유아기에 습득한 소비경험은 성인이 된 후의 소비행동에 지대한 영향을 미치므로 유아 시기부터 소비자교육에 관심을 기울여야 할 필요성이 제기되고 있다.

유아소비자에게서 나타날 수 있는 소비자문제의 특성을 살펴보면 다음과 같다.

첫째, 유아소비자는 상품에 대한 소비 욕구를 절제하기가 어렵고, 욕구 충족이 즉각적으로 이루어지기를 원하므로 직접 충동적이고 즉흥적인 구매를 하거나, 부모에게 떼를 쓰며 요구하게 된다.

둘째, 유아소비자는 부모의 과잉보호와 풍요로운 생활환경으로 인해 물건이나 돈의 소중함을 인식하지 못하는 경우가 많다. 잃어버린 물건이 있어도 잘 찾지 않고, 물건이나 돈을 아껴 쓰려는 의식이 부족하다.

셋째, 유아소비자는 TV 광고에 과다하게 노출되어 있어 이에 무방비 상태로 영향을 받고 있다. 유아소비자는 인지능력이 충분히 발달하지 못하여 TV 광고 내용을 올바르게 판단할 수 없으며. 판매를 목적으로 하는 광고이기 때문에 그 내용을 여과 수용해야 한다는 점을 이해하지 못한다.

넷째, 유아소비자는 경품제공이나 쿠폰 제공, 끼워 팔기 등과 같은 교묘한 상술에 현혹되어 올바른 선택을 하지 못하고 소비자피해를 당하기도 한다.

다섯째, 유아소비자는 경제개념이 제대로 발달되지 않고 소비자역할에 대한 태도와 기능도 부족한 상태이지만 발달단계에 맞는 소비자교육이 제대로 이루어지지 않고 있다. 따라서 합리적인 소비자행동을 할 수 있는 능력이 부족하다.

03 유아소비자교육의 내용과 방법

1) 유아소비자의 소비자교육 요구도

소비자교육은 유아 시기부터 성인 및 노인에 이르기까지 평생교육으로 이루어져야 하며, 인간의 발달단계에 따라 그 시기에 맞는 교육내용과 방법으로 실시되어야 한다. 특히 유아기는 지식과 추리력이 부족하고, 표현능력과 읽고 쓰는 능력도 미숙하여 성취할 수 있는 학습량이 극히 제한되어 있으므로 유아들에게 어떤 내용으로 소비자교육을 시킬 것인가가 중요한 문제로 부각된다. 일반적으로 소비자교육을 효과적으로 시행하기 위해서는 먼저 소비자교육 내용에 대한 요구를 파악할 필요가 있다. 요구는 개별 학습자의 요구를 파악하는 것이 기본이나 유아소비자를 대상으로 하는 경우 표현력과 지식에 제한이 있어 유아에게 직접 요구도를 조사하기보다는 유아기 자녀를 둔 부모와 유아를 교육하는 교사들을 대상으로 요구도 조사를 하게 된다. 유아소비자교육에 대한 요구도를 조사한 결과를 소개하면 다음과 같다(제미경 · 김영옥, 2002).

김영옥 · 홍혜경(1998)은 유아기 자녀를 둔 부모의 소비/경제교육 내용의 요구도 조사에서 물자절약, 재활용, 건전한 소비형태(계획적 소비, 저축, 물건교환), 경제의 이해(돈의 용도, 노동의 대가, 경제현실) 등 네 가지 영역의 요구도가 높은 것으로 나타났다.

서정희(1998)의 연구에서는 어머니와 어린이집 및 유치원 교사를 대상으로 22개 교육 내용 영역별로 유아소비자교육 요구분석을 실시한 결과, 어머니의 요구도가 높은 주제영역은 용돈관리, 저축, 식품, 의복, 학용품, 약품, 환경문제, 자원활용 등이고, 교사의 요구도가 높은 주제영역은 용돈관리, 저축, 식품, 의복, 학용품, 환경문제, 지불방법, 자원활용 등으로 나타났다. 특히 교사들은 소비 및 구매영역, 소비자시민성 영역 및 소비자사회화 영역의 역할에 대하여 관심을 많이 가지고 있었다.

이희자 · 김수진(2000)의 연구에서는 유치원과 어린이집에 재직 중인 교사를 대상으로 유아소비자교육에 대한 요구분석을 한 결과, 유아소비자교육에 대한 내용 영역별 요구도는 소비자 권리와 책임, 금전관리 영역의 요구도가 소비자의식, 구매, 개인 및 공공자원의 사용 영역보다 높은 것으로 나타났고, 환경 관련 권리와 책임에 관한 교사의 실시도와 필요도가 높은 것으로 나타났다.

이상을 종합해 보면 유아소비자교육 내용에 대한 요구도는 금전관리 또는 용돈관리로 표현될 수 있는 화폐 영역, 그리고 건전한 소비형태, 지불방법, 학용품, 식품, 의복, 소비 등으로 표현되는 구매 영역, 자원의 사용과 활용, 아껴쓰기, 재활용, 환경문제 등으로 표현되는 환경영역, 소비자권리와 책임 영역에서 높게 나타나고 있음을 알 수 있다.

2) 유아소비자교육의 내용

유아들에게 소비자교육을 시키기 위해서는 어떤 내용을 다루어야 할지에 대해서 여러 학자들이 연구한 결과를 토대로 살펴보기로 한다(표 8-2 참조).

보니(Bonnie, 1992)는 유아에게 요구되는 금전 관련 기술을 내용별로 돈의 구별, 돈의 개념, 용돈, 소비영역(예산, 구매계획, 의사결정, 기록, 평가), 저축(목표달성, 이자) 및 투자의 영역으로 나누었으며, 에스테스와 바로카스(Estees & Barocas, 1994)는 돈의 개념, 소비, 저축, 부채, 차용, 소득으로 구분하였다.

정혜정(1997)은 돈의 구별과 개념, 돈의 사용(용돈), 소비, 저금, 빌리기, 돈의 관리로 영역을 구분하였고, 김영옥 · 홍혜경(1998)은 소비, 돈, 물건구매, 시장개념, 직업과 일, 생산, 광고로 구분하였다. 또 서정희(1998)는 재무관리, 구매법, 자원관리 및 보존, 소비자주권, 소비자환경교육, 의사결정과정의 영역으로 구분하였으며, 이기숙 외(1998)는 금전관리(용돈관리), 저축하기, 물자절약, 상품구입요령, 물건관리 및 간수, 소비자 권리, 구입한 물건에 대한 불만처리 및 피해해결, 환경을 보호하는 소비생활, 물품의 생산과정 및 시장의 기능의 영역으로 구분하였다. 이희자 · 김수진(2000)은 소비자의식, 구매, 금전관리, 개인 및 공공자원의 사용, 소비자권리와 책임의 영역으로 구분하였다.

표 8-2 유아소비자교육 내용에 관한 선행연구들

연구자	Bonnie (1992)	Estees & Barocas (1994)	정혜정 (1997)	김영옥 · 홍혜경 (1998)	서정희 (1998)	이기숙 외 (1998)	이희자 · 김수진 (2000)
내용	돈의 구별 돈의 개념 용돈 소비영역 저축 및 투자	돈의 개념 소비 저축 부채 차용 소득	돈의 구별과 개념 돈의 사용 소비 자금 빌리기 돈의 관리	소비 돈 물건구매 시장개념 직업과 일 생산 광고	재무관리 구매법 자원관리 및 보존 소비자주권 소비자환경교육 의사결정과정	금전관리 저축하기 물자절약 상품구입요령 물건관리 및 간수 소비자권리 불만처리 및 피해해결 환경보호소비생활 물품의 생산과정및 시장기능	소비자의 식구매 금전관리 개인 및 공공자원의 사용 소비자권리와 책임

출처: 제미경 · 김영옥(2002). 유아의 경제개념에 따른 유아소비자교육 프로그램 개발. 소비문화연구, 5(2), p.165의 내용을 재구성.

한편 제미경 · 김영옥(2002)은 유아기관의 5~6세 유아들에게 적용할 수 있는 소비자교육프로그램을 개발하기 위해서 소비자교육내용을 화폐, 구매, 소비자권리와 문제해결의 세 영역으로 구분하여 각 영역에 대해 세부적인 교육내용으로 프로그램을 구성하였다(표 8-3).

표 8-3 유아소비자교육 프로그램 내용과 교육방법

영역	제목	주제(교육내용)	교육방법
화폐	Ⅰ. 돈은 어디서 생기나요?	화폐의 획득을 위한 노력	인형극
	Ⅱ. 어떤 종류의 돈으로 무엇을 살 수 있을까요?	화폐의 종류와 가치	실물제시 동전과 물건 연결 동전 베끼기
구매	Ⅲ. 내가 정말 필요한 것은 무엇일까요?	욕구와 필요	실물제시 그림그리기

구매	IV. 필요한 물건사기	구매정보와 구매방법	동화구연 실물제시
소비자권리와 문제해결	V. 소비자 권리	소비자의 8대 권리	시청각매체
	VI. 불량품-이럴 땐 어떻게 하나요?	소비자문제의 해결방법	시청각매체 실물제시

출처: 제미경 · 김영옥(2002). 유아의 경제개념에 따른 유아소비자교육 프로그램 개발. 소비문화연구, 5(2), p.167.

어린이집이나 유치원에서 유아들에게 적용할 수 있는 소비자교육의 내용을 소비자교육의 목표와 결부시켜 제시해 보면 다음과 같다(이기숙 외, 1998;21-22의 내용을 참고로 재편성함).

(1) 소비자주권과 자립을 위한 교육

- 소비자의 권리 알기(예: 질문을 할 권리, 교환할 권리)
- 제품 사용법을 알고 있더라도 설명서에 나와 있는 주의사항 알아보기
- 물건을 사고 팔 때 소비자와 상인이 어떠한 행동과 태도를 가져야 하는지 알기(예: 상인은 친절해야 하며, 소비자는 물건을 함부로 만지거나 뜯어보지 말아야 함)

(2) 자원관리 교육

- 유아들이 갖고 싶은 것을 다 살 수 없다는 것을 알기
- 우리가 사용하는 물건은 여러 사람의 도움으로 만들어진 것임을 알기
- 자꾸 새 물건을 사는 것보다 가지고 있는 물건을 아껴 쓰기
- 공동으로 사용하는 물건이나 버린 물건도 소중하게 다루기
- 물건을 잃어버렸을 때에는 반드시 되찾는 노력을 하기
- 수돗물, 전기, 가스 등을 절약하기
- 물건 사용방법에 따라 바르게 사용하기
- 물건 사용 후 잘 정리하여 간수하기
- 돈을 더럽히거나 구기지 않고 깨끗하게 사용하기

- 아껴 쓰고 남은 돈은 저축하기
- 원하는 물건 사기 위해 저축해 보기
- 은행은 여러 사람들이 맡기는 돈을 보관하며, 필요한 사람에게 빌려 주는 곳임을 알게 하기
- 돈의 귀중함 알기
- 적절하게 용돈 사용하기
- 용돈을 스스로 마련할 수 있는 방법에 대해 생각해 보기

(3) 의사결정 교육

- 물건 구입 시 상품의 내용(질, 종류, 성능 등)에 대해 충분히 알아보기
- 광고의 목적과 기능 알기(예: 광고되는 물건이 다 좋은 물건이 아니라는 것을 안다)
- 비싼 옷과 장난감보다는 실용적이고 안전한 물건 사기
- 사전에 계획하여 필요한 물건 사기
- 물건의 가격이 적당한지 알아보기
- 물건 구입 시 물건의 수량이나 거스름돈을 확인하기
- 가공식품의 제조일자와 유효기간 확인하기
- 불량식품이나 결함상품에 유의하기
- 물건 구입 후 영수증 받기

(4) 소비자문제해결 교육

- 불량물품 구입 시 소비자를 보호해 주는 여러 단체가 있음을 알기
- 불량물품 구입 시 바꿔오기

(5) 건전소비문화 교육

- 자기에게 필요 없는 물건은 필요한 사람에게 주거나 서로 바꾸어 사용하기
- 다시 쓸 수 있는 물건은 함부로 버리지 않고 재활용하기
- 가능하면 일회용품 자제하기

• 환경오염이 적은 물품 사용하기
• 쓰레기 양 줄이기(예: 음식물, 종이 등)
• 분리수거하기
• 개인의 편리함이나 이익보다는 환경 보호하기
• 국산품 애용하기

3) 유아소비자교육의 방법

유아를 대상으로 하는 소비자교육은 발달단계에 맞게 유아의 전 생활영역에서 통합적으로 이루어져야 하며, 추상적이고 단편적인 지식 전달보다는 실생활과 연관된 경험을 통한 교육방법을 적용해야 할 것이다. 유아에게 소비자교육을 하기 위한 구체적인 방법을 어린이집이나 유치원 등의 유아교육기관에서 실시하는 경우와 가정에서 실시하는 경우로 나누어 살펴보고자 한다.

(1) 유아교육기관에서의 소비자교육 방법

소비자교육을 하는 데 있어 가장 기본적인 원칙은 첫째, 소비자교육 목표와의 유적합성의 확보, 둘째, 발달단계에 따른 소비자교육 내용의 위계성과 유기적 연관성의 확보, 셋째, 실제 경험과 생활 속에서의 유용성 강조를 들고 있다. 특히 유아기의 소비자교육은 단편적인 개념이나 지식의 암기를 중심으로 한 지식교육의 범주를 벗어나 실제 생활에서 그 교육 소재를 구하고 이를 통해 실생활에 적용해 볼 수 있는 생활교육으로서의 특성이 강조되어야 한다.

유아에게 실제적이며 직접적인 경험을 주기 위한 교수-학습방법을 살펴보면 다음과 같다(Edward, 1986; 이기숙 외, 1998에서 재인용).

첫째, 교사는 직접적이고 개별적인 경험을 줌으로써 유아가 경제체제에 대해 더 구체적인 정보를 갖도록 도울 수 있다. 3세 이상의 유아에게 상품 및 서비스의 생산 및 소비과정에 대해 알려 줄 수 있는 가장 좋은 방법은 현장견학이다. 유아와 함께 견학가 볼 만한 곳은 동네 가게, 세탁소, 미장원, 우체국, 가전제품 수리점, 컴퓨터 판매장, 자동차 판매장, 빵공장, 방직공장, 소방서 등이다.

교사는 견학가기 전에 유아에게 사전 준비를 시켜야 한다. 초청인사를 모셔서 관련되는 주제에 대한 이야기를 듣거나 사진과 책을 본다. 그리고 견학에 필요한 것이 무엇인지와 무엇을 보게 될지에 대하여 집단토의를 할 수도 있다. 현장 학습 후에 유아가 본 것에 대해 이야기해 보게 하고 활동으로 나타내 볼 때 대부분의 학습이 촉진될 수 있다. 집단토의, 그림 그리기, 모델 만들어 보기, 극놀이가 효과적이다.

둘째, 교사는 사회극놀이를 통해 유아가 자세하고 확실하게 이해하도록 도와줄 수 있다. 편안하고 활동적인 놀이상황은 3세 이상의 유아가 자신이 알고 있는 바를 실제 행동으로 나타내 보고 탐색해 볼 수 있는 기회가 된다. 교사는 교실에 '가게놀이', '은행', '빵공장', '세탁소', '즉석음식점' 등과 같은 역할놀이 영역을 준비해 줌으로써 경제 개념과 관련되는 사회극 놀이를 촉진시킬 수 있다. 더 나아가 만일 교실이 넓다면 '공장' 또는 '가게놀이' 영역의 옆에 '소꿉놀이' 영역을 마련해 줄 수도 있다. 이렇게 함으로써 유아는 가정에서 사회로 다시 사회에서 가정으로, 상황이 바뀜으로써 생기는 경험과 느낌을 역할놀이로 해볼 수 있다.

여기에서 교사는 지나치게 간섭하지 않고 놀이를 관찰하고 후원해 주어야 한다. 그러나 때때로 유아의 사고에 대해 배우면서 동시에 유아에게 인지적인 자극을 주고 싶은 경우도 있을 것이다. 그런 경우 교사는 '가게놀이'에서 점원이나 손님의 역할을 맡음으로써 놀이에 적극적으로 참여할 수도 있다. 놀이에 더 직접적으로 참여하는 방법은 유아에게 질문을 던지는 방법이다. 이러한 방법은 유아의 흥미와 활동을 방해하지 않도록 조심스럽게 시도되어야 한다. 4세 이상의 유아에게 적절한 질문의 예는 다음과 같다.

- 왜 물건값을 내야 할까?
- 저 물건을 살 만큼의 돈이 있니?
- 저 금전등록기 속의 돈은 어디서 생겼을까?
- 왜 돈을 금전등록기에 넣지? 빈 상자에 넣어도 되지 않을까?
- 왜 거스름돈을 받지?
- 물건을 가지고 돈을 지불하지 않으면 어떻게 될까?
- 금전등록기 속에 있는 돈을 다 써버리면 어떻게 될까? 어디서 돈을 더 가져오지?
- 동전과 지폐는 어떻게 다를까? 동전은 모두 같은 것일까?
- 가게에 있는 물건은 어디서 가져오는 것일까?

- 어떤 물건이 모두 팔리면 어떻게 하지? 어디서 더 가져올 수 있을까?
- 점원은 금전등록기 안에 있는 돈을 가져도 될까? 금전등록기 안에 있는 돈은 점원의 돈일까?

셋째, 5~6세 유아라면 물건을 필수품과 사치품으로 분류할 수 있다. 이와 같은 활동을 통해 유아는 물건을 왜 사는지에 대해 생각해 보게 된다. 교사는 상품의 사진이 있는 잡지나 목록을 유아에게 주고 우리에게 '꼭 있어야 할' 물건(필수품)과 우리가 '단지 가지고 싶은' 물건(사치품) 간의 차이점에 대하여 이야기를 나눈다. 그런 다음 필수품과 사치품에 해당하는 물건의 사진을 오린다. 이 사진을 사치품과 필수품으로 나누어 큰 종이 위에 붙인다.

넷째, 5~6세 유아라면 장난감 돈을 가지고 어떤 물건을 살지 선택하고 결정하는 연습을 할 수 있다. 교사는 목록에서 여러 가지 물건의 그림을 오려내어 두꺼운 종이에 붙이고 사진의 바로 밑에 가격을 써넣는다. 교실을 '옷가게', '컴퓨터 판매장', '잡화상', '신발가게', '장난감 가게' 등의 영역으로 꾸민다. 유아에게 각각 물건사진 카드를 한 묶음씩 주고 사진의 물건에 따라 맞는 가게에 놓게 한다. 그리고 한 유아가 은행가가 되어 유아에게 10만 원씩을 준다. 몇몇 유아는 각 가게의 점원 역할을 한다. 나머지 유아는 미리 계획된 방법대로 돈을 쓴다. 예를 들면, 가족 모두에게 줄 선물을 산다거나 자기 가족에게 가장 필요한 필수품을 사는 것이다. 돈을 쓰기 전에 구매자가 된 유아는 무엇을 살지 계획하는 시간을 갖는다. 유아교육 기관에서 유아소비자교육의 교수-학습활동의 예를 간단히 요약 정리해 보면, 다음 〈표 8-4〉와 같다(이기숙 외, 1998, 26-30).

표 8-4 유아소비자교육의 교수-학습활동의 예

활동방법	활동과정
이야기 나누기 및 토의	• 내가 갖고 싶은 것과 내게 필요한 것: 갖고 싶은 것은 무엇이 있는지 그 이유는 무엇인지 유아들이 그림을 그리거나 글로 적어 보게 한다. 그 중 꼭 필요한 것은 무엇인지 그 이유와 얻을 수 있는 방법, 대신 할 만한 것은 무엇이 있는지 함께 이야기해 본다. 갖고 싶지만 필요하지 않은 것이라면 그 이유는 무엇인지 이야기를 나눈다. • 광고 분석: 광고문안과 실제 물건을 비교해 보고 광고문안의 정확성 혹은 진실성을 평가해 본다. • 갈등이 담긴 이야기 나누기: 필요하지는 않지만 갖고 싶은 것을 사달라고 엄마에게 떼를 쓰는 갈등이 담긴 이야기를 듣고 토의를 해본다. 어떤 일이 생겼을까, 왜 사달라고 했을까, 왜 엄마는 안된다고 했을까, 왜 울었을까, 기분이 어땠을까, 엄마의 마음은 어땠을까, 그 물건은 꼭 필요한 것인가, 갖고 싶은 것은 다 사야 하는가 등 • 정든 물건 소개하기: 물건을 아껴 쓰는 태도를 격려 · 칭찬해 주기 위하여 유아 자신이 집에서 오래 사용해 왔던 물건을 친구들에게 소개하는 시간을 갖는다. • 절약: 전기, 물, 장난감 등을 절약하고 관리하는 방법에 대하여 함께 이야기를 나눈다. • 환경보호: 환경을 보호해야 할 이유, 방법에 관하여 이야기를 나눈다.
동화 및 동극	• 동화: 물건을 얻기 위해 땀 흘려 일하는 것이 가치로운 일이라는 내용의 '누가 밀알을 심을까?' '펠리의 새 옷' 등의 동화를 듣는다. 펠레는 새 옷을 얻기 위하여 어떻게 하였는지 새 옷을 얻었을 때의 기분은 어땠는지 들었던 동화의 내용을 함께 회상해 본다. • 물을 오염시키는 원인에 관한 내용인 동화 '할아버지 물고기'를 듣고 물을 깨끗하게 보존하기 위한 방법에 관해 이야기해 보거나 그림을 그려 본다. • 동극: 자기에게 필요없는 물건은 필요한 사람에게 주거나 서로 바꾸어 쓸 수 있다는 내용의 '철이가 강아지를 한 마리만 갖게 된 이야기' 동화를 듣고 동극을 한다. 유아들도 그런 경험이 있는지 함께 이야기해 본다.
미술활동	• 광고문 만들기: 가게놀이를 하거나 유치원에서 물건을 분실하여 물건을 찾는 경우 유아들과 함께 광고문을 만든다. 신문, 잡지, TV에 소개된 광고문을 살펴보면서 광고란 무슨 말인지, 왜 광고가 필요한지 그 용도에 관하여 이야기를 나눈다. 유아들이 만들 광고문에는 어떤 내용이 있어야 할지, 만드는 방법 등에 관하여 이야기를 나눈 후 만들어 본다. - 어떤 내용을 알리고 싶은가? - 누구에게 알릴 것인가?

활동방법	활동과정
미술활동	- 이런 내용을 여러 사람이 잘 볼 수 있고, 알 수 있게 하려면? (광고문을 만들 자료, 색깔, 크기, 붙이거나 배부할 장소 등 다른 사람의 관심을 끌 수 있는 방법에 관해 토의) • 폐품을 이용하여 유아들이 여러 가지 생활용품(예: 사진틀) 등을 만든 후 '재활용품 전시회'를 갖는다. • '내 옆에 쓰레기가 있으면?' 등의 시작 문구가 적힌 종이에 유아들이 자신의 생각을 그림으로 그리거나 글로 쓴 것을 묶어 '내가 할 수 있는 환경보호책'을 만들어 본다.
음률활동	• 저축하기: '저금' 노래를 통해 올바른 돈의 사용방법 등을 배운다. • 소비자와 판매자의 역할 알기: '가게놀이' 노래를 통해 물건을 살 때 주인과 손님의 주고받는 대화 등을 익힌다.
게임	• 돈의 종류 알기: 유아에게 동전의 종류를 알려주고 교사가 말하는 동전을 찾아보거나 가리키는 동전이 얼마짜리 동전인지 알아맞히는 게임을 한다. • 상품의 원료 알기: 그림카드로 기억하기 게임을 함으로써 생산되는 물품과 그것의 원료를 유아들이 관계지어 볼 수 있다. 모든 카드의 뒷면만 보이게 한 후 유아는 자기 순서가 되면 두 장씩 뒤집어서 물품과 원료가 관련된 것이면 가져가고 그렇지 않으면 제자리에 다시 뒤집어 놓는 게임이다. 많은 수의 카드를 가진 유아가 이긴다. • 절약하기: 주사위의 그림을 보고 절약하는 태도의 그림이면 전진하는 게임을 한다.
실험	• 자원 절약: 똑똑 떨어지는 수돗물을 일정 시간 용기에 모은 후 그 양을 관찰해 본다. - 작은 물방울이 떨어졌지만 지금은 어떻게 되었나? • 재생종이 만들기: 유아들이 신문지를 이용하여 직접 재생종이를 만들어 본다. - 신문지 불리기, 믹서로 갈기, 곱게 갈아진 신문지를 체에 걸러 얇게 펴기, 햇빛에 건조시키기 - 같은 과정으로 기계를 이용하여 신문지 등 폐지가 재생됨을 알리고 종이류를 꼭 분리하여 버리도록 한다.
현장학습	예: 시장견학 • 견학을 하기 전에 모여서 시장 견학에 관해 이야기를 나눈다. - 무엇을 살펴볼지, 무엇을 왜, 얼마만큼 살지에 대해 이야기 한다. - 구매계획서도 만들어 본다. • 시장을 직접 견학하면서 시장에는 어떤 가게들과 물건이 있는지, 물건은 어떻게 사는지를 관찰한다. 준비해 온 돈으로 사기로 계획한 물건을 직접 사 본다.

<table>
<tr><th colspan="2">활동방법</th><th>활동과정</th></tr>
<tr><td colspan="2">현장학습</td><td>- 물건을 구입하는 방법, 판매자와 구입자가 주고받는 대화를 관찰한다.
- 가게의 물건은 어디에서 무엇으로 가지고 오는지 등 가게 주인에게 궁금한 것을 물어볼 수도 있다.
• 견학을 다녀온 후의 소감과 물건 구입요령, 좋은 구매태도와 나쁜 구매태도에 대하여 유아들이 보고, 생각한 것을 이야기하면 교사가 받아 적어 목록을 만들어 본다.
• 시장이 왜 필요한지, 물건은 어떻게 해서 생산되었고 유통과정에 대해서 이야기를 나눈다.</td></tr>
<tr><td colspan="2">조작놀이</td><td>• 물건값을 주세요: 기본판에 제시된 물건의 가격표를 보고 해당하는 금액의 돈 그림이 있는 카드를 놓아본다.
• 동전 놓아보기: 기본판에 제시된 화폐를 보고 해당하는 금액만큼 동전을 놓아봄으로써 큰 금액의 화폐와 작은 금액 화폐와의 관계를 알아본다(100원은 50원 동전 2개 혹은 10원 동전 10개 등).
• '전구 끄기 게임' 등을 통하여 전기를 절약하는 방법을 알아본다.
• '환경 줄다리기' 등의 게임을 통하여 환경을 보호하는 일과 해치는 일을 구별하는 경험을 갖는다.</td></tr>
<tr><td colspan="2">사회극 놀이</td><td>예: 가게놀이
• 시장 견학을 다녀온 후 가게놀이를 하려면 무엇이 필요한지 어떻게 준비할지 이야기를 나눈다(물건, 돈, 가게 등).
• 손님과 주인의 역할에 대해서 이야기하고 역할을 정하여 자유선택 활동 시간에 물건을 자유롭게 사고팔면서 가게놀이를 한다.
- 각 가게의 주인들은 어떻게 하면 물건을 많이 팔 수 있는지 의논하는 기회도 갖는다(눈에 잘 띄게 진열한다, 물건 사는 사람의 마음에 드는 물건을 많이 가져다 둔다, 광고를 한다 등).
• 가게놀이를 한 후 평가시간을 통하여 개선해야 할 점 등을 이야기한다(예: 구매계획서 만들기, 영수증 주고받기, 장 바구니 사용하기 등).</td></tr>
<tr><td rowspan="2">기타</td><td>용돈기입장 기록하기</td><td>• '용돈'에 관하여 유아들과 이야기를 나눈다.
- 용돈이란 무엇인가, 언제 누구에게 받아 본 적이 있는가?
• 유아들이 용돈 기입장을 만들어 기록해 본다.
- 교사가 준비한 용지 묶음에 유아들이 그림 혹은 글로 표현한다(용돈이 생긴 이유와 금액, 용돈의 사용처 등).</td></tr>
<tr><td>알뜰시장 열기</td><td>• 집에서 사용하지 않는 장난감, 책 등을 유아들이 유치원에 가져온다. 물건이 어느 정도 모아지면 활동실 한 곳에 작은 가게와 비슷한 '알뜰시장' 영역을 설치한 후 자유선택활동 시간에 필요한 유아들이 실제로 필요한 물건을 구입하는 경험을 갖는다.</td></tr>
</table>

활동방법		활동과정
기타	알뜰시장 열기	• 평가하는 시간에 물건을 구입한 유아들이 물건을 사게 된 이유와 구입 소감, 좋은 구매태도에 관해 이야기를 나눈다.
기타	쓰레기 분리하여 버리기, 우유곽 모으기	• 쓰레기를 분리하여 버려야 하는 이유와 분리하여 버려야 하는 쓰레기 종류와 방법에 대하여 함께 이야기를 나눈다. • 유치원 활동실에서는 어느 곳에 쓰레기를 버리면 좋을지 알아본다. (예: 미술영역의 폐품장, 분리수거할 물건이 표시된 쓰레기통 등) • 우유곽과 같이 재활용품과 교환할 수 있는 것은 깨끗이 씻어 따로 모았다가 동사무소에서 휴지로 바꾼다.
기타	소지품 보관하기	• 유아 개인마다 자신의 개인장에 옷, 신발, 미술활동한 것, 도시락 등을 잘 정리한다. • '잃어버린 물건 찾아가세요' 바구니를 눈에 잘 띄는 곳에 설치해 놓는다. 물건을 주운 유아는 주인이 찾아갈 수 있도록 그 바구니에 담고, 물건을 잃어버린 유아 역시 그 바구니를 살펴보고 자기 물건을 챙겨서 찾아간다.

소비자교육은 이제 유아교육과정의 일부가 되어야 하며, 개념 발달을 위한 활동이 사회생활 영역과 같은 특정 영역에서 주로 다루어지지만 앞으로는 모든 영역에서 골고루 다룰 수 있도록 해야 할 것이다. 또한 소비자의식과 기치관은 단기적으로보다는 장기적으로 형성된다는 점에서 소비자교육은 유아기부터 체계적이고 장기적으로 실시되어야 할 것이다.

유아교육기관에서부터 소비자교육을 실시하게 될 때의 장점은 첫째, 소비자의식을 조기에 함양할 수 있으며, 둘째, 유아의 발달 수준에 따라 교육을 단계적 · 체계적으로 할 수 있게 된다. 이러한 내용이 상급학교에서 체계적이며 지속적으로 운영될 때 계획된 소비자교육 프로그램의 효과가 이루어질 수 있을 것이다. 따라서 앞으로 교육과정 개편 시 소비자교육은 한층 더 강화되어야 하며 소비자교육과 관련된 꾸준한 연구와 교수-학습방법 및 평가 등을 위한 자료가 개발되어 교육 현장에 보급되어야 할 것이다.

끝으로 유아기 소비자교육은 이론적인 지식의 습득보다는 실생활의 구체적인 경험을 통하여 이루어질 수 있어야 하며 그러기 위하여 부모와의 연계가 필수적이다. 소비자교육의 효과를 극대화하기 위하여 부모에게 유치원에서 어떠한 활동이 이루어지는가를 알려야 한다. 이를 위하여 소비자교육을 주제로 하는 교사

재교육과 교재 · 교구 개발, 그리고 가정과의 연계성 방안 모색이 시급하다고 하겠다(이기숙 외, 1998).

(2) 가정에서의 소비자교육 방법

① 돈의 가치 및 중요성 일깨워 주기

유아에게 일상생활을 하기 위해서는 돈이 필요하고, 돈이 있어야 자신이 원하는 것도 가질 수 있다는 기본 개념을 알게 할 필요가 있다. 돈에 대한 올바른 인식과 작은 돈도 귀중하게 여기는 태도를 어려서부터 길러 주어야 한다.

흔히 부모들은 자녀에게 "심부름하면 1000원 줄게.", "말 잘 들으면 네가 원하는 장난감 사줄게."라는 식으로 좋은 행동을 유도하기 위해 물질적 보상을 사용하는 경우가 있다. 이런 보상에 익숙해진 유아는 자신이 당연히 해야 할 일을 하고서도 돈을 기대하게 되며, 스스로 잘 하려는 노력을 하지 않을 뿐만 아니라 돈에 대해 잘못된 가치와 인식을 형성하게 된다. 돈으로 물질적인 보상을 해주어서 아이의 행동이 좋아지는 경우는 거의 없다. 그보다는 유아가 보인 좋은 행동에 대하여 격려하고 칭찬해 주었을 때 보다 발전되는 것을 볼 수 있다.

돈의 귀중함을 알게 하기 위해서는 부모가 동전 하나라도 잘 관리하는 태도를 보여야 한다. 집안에 굴러다니기 쉬운 동전을 돼지 저금통에 모아서 작은 돈이라도 가치 있게 사용하는 방법을 배우게 할 수 있다.

② 용돈지도

용돈은 유아들이 자신의 결정에 의해 마음대로 쓸 수 있는 돈을 말하므로 나이가 들수록 주단위로 정기적으로 주어 나름대로 계획할 수 있게 하는 것이 좋다. 일정한 날짜에 정해진 액수를 주는 이유는 자신의 욕망을 억제하는 자제력과 돈을 계획성 있게 사용하는 생활 습관을 어릴 때부터 길러주기 위한 것이다.

용돈은 유아가 필요한 물건을 스스로 선택해서 구입하도록 하면서 그에 따른 책임감까지도 길러주려는 교육적 목적에서 실시하는 것이다. 그러므로 용돈을 주고 난 후에 너무 간섭을 하지 않는 것이 좋다. 일일이 간섭을 하게 되면 유아는 자신이 사고 싶은 것을 사기 위해 자연히 거짓말을 하게 된다. 그러나 자녀들이 용돈을 올바로 사용하도록 하기 위해서는 어느 정도의 사후관리를 해주는 것이 좋다. 용돈의 사용처에 대해서는 부모에게 알려주고, 용돈을 자기 마음대로 쓸 수는 있지만 함부로 쓰는 것이 아니라는 인식을 갖게 하는 것이 중요하다.

또 유아가 착한 일을 했다거나 심부름을 했다고 해서 용돈을 더 주거나, 반대로 잘못된 행동을 했다고 용돈을 줄여서 주는 것은 좋지 않다. 용돈을 상벌의 수단으로 활용하게 되면 자녀들이 은연중에 물질만능주의에 빠져들게 되기 때문이다. 흔히 맞벌이가정의 부모는 자녀와 함께 하지 못하는 미안한 마음을 물질적으로 보상하기 위해서 용돈을 많이 주는 경우가 있는데, 이럴 경우에도 자칫 잘못된 소비습관이 형성될 가능성이 있으므로 관심을 가질 필요가 있다.

③ 저축의 생활화

저축은 특별한 날이나 큰돈이 생겼을 때에만 하는 것이 아니라 평소에 정기적으로 하는 것이라는 생각을 유아가 가지도록 해야 한다. 유치원에 가져가는 저축도 부모가 한 번에 만 원, 이만 원을 주는 것보다 자기가 조금씩 모은 돈을 가져가게 하는 것이 좋다. 돼지 저금통에 일정액을 모으면 은행에 저축하게 하여 통장이나 도장, 통장정리기 등을 직접 사용해 보게 하는 것도 좋은 교육이 될 수 있다.

유아들은 아직 돈의 크기나 액수를 잘 알지 못하며, 통장의 돈은 보이지 않기 때문에 돈이 얼마나 모여 있는지 알지 못한다. 이럴 때는 유아의 저축카드를 만들어 돈의 단위에 따라 빨강, 노랑, 파랑 스티커를 붙여주면 저축을 재미있게 하고 또 스스로 하고 싶게 하는 동기유발이 될 수 있다.

유아들은 모방을 통하여 소비자사회화가 이루어지므로 부모가 월급에서 먼저 저축할 액수를 정해놓고 남은 돈을 규모 있게 사용하며 가계부를 기록하는 모습을 보여주면 자녀들도 자연스럽게 절약하는 방법을 배우게 된다.

④ 자기 물건 간수하기

유아들은 어린이집이나 유치원에서 돌아올 때 자기 물건을 제대로 잘 챙겨오지 못하는 경우가 흔히 있다. 이때에는 물건을 두고 온 것을 꾸짖지만 말고 작은 물건이라도 잊어버리고 온 것은 꼭 찾는 습관을 들이도록 지도한다. 물건을 잘 간수하게 하려면 물건에 이름을 적어주어 자기 것이라는 애착을 가지게 하는 것도 효과적이다.

유아기에 기대할 수 있는 절약 습관 중 하나가 자기 물건을 아끼고 스스로 정돈하는 것이므로 옷가지와 장난감 정도는 스스로 치울 수 있도록 가르쳐야 한다. 정리할 선반이나 바구니에 장난감의 그림이나 이름을 붙여주면, 같은 모양 찾기 활동이 되므로 정리를 놀이처럼 재미있게 유도할 수 있다.

⑤ 광고 올바르게 이해하기

매스컴, 특히 TV의 선전광고는 유아에게 충동구매 욕구를 불러일으키는 경우가 많으므로 부모가 적절하게 지도해 주어야 한다. 광고에서는 다양한 음향과 화면 기법으로 실제와는 다르게 과장하는 경우가 많다. 따라서 직접 상점에 데리고 가서 광고된 상품을 사보고 광고내용과 같은지 비교해 볼 필요가 있다. 이런 경험을 통하여 실제 상품은 광고된 것만큼 좋지 않다는 것을 확인할 수 있으며 TV 광고를 맹신하지 않는 태도를 길러 줄 수가 있다.

때때로 유아들은 TV 광고에 소개되는 제품을 사달라고 조르기도 하고 억지를 부리기도 한다. 이럴 때는 잘 타일러서 텔레비전에서 선전하는 것을 모두 살 수 없음을 단호하게 언급해 주어야 한다.

⑥ 구매행동 지도

유아들은 종종 친구가 가지고 있는 것과 똑같은 것이나, 유치원에서 친구들과 서로 가지려고 했던 장난감을 사달라고 조른다. 그러나 갖고 싶다고 해서 무조건 사주면 합리적인 소비 자세를 형성하기가 어렵다.

유아가 어떤 물건을 사려고 할 때는 물건의 구입방법과 소비태도를 가르쳐야 한다. '어떤 물건을 사려고 하는지', '꼭 필요한 것인지', '전에 구입한 것 중에 비슷한 것은 없는지', '가격은 적당한지' 등을 다시 한 번 생각해 보는 습관을 들이도록 해야 한다.

유아의 연령이 증가할수록 자신에게 필요한 것은 스스로 선택할 수 있도록 기회를 제공해 주는 것이 좋다. 만일 부모가 일일이 다 사다주게 되면 유아는 물건을 고르고, 돈으로 물건을 사고, 자신이 좋아하는 색과 디자인을 선택해 보는 경험을 빼앗기게 된다. 아이들은 자기 자신이 스스로 원하는 물건을 선택하고 결정하는 경험을 많이 해볼수록 그만큼 소비자능력이 향상될 수 있다. 부모의 판단에 수동적으로 반응하는 것이 아니라 자신의 소비생활을 주체적으로 할 수 있는 기본 소양이 어릴 때의 구매경험을 통해서 길러지게 된다.

부모는 유아기 소비자사회화에 중요한 영향을 미치는 요인이 되므로 유아들에게는 가정에서의 소비자교육이 매우 중요하다. 따라서 부모 특히 어머니는 유아기 자녀들의 소비생활 전반에 관심을 가지고 대화를 통해서나 자녀와 함께하는 경험을 통해서, 또는 좋은 소비생활의 본보기를 보임으로써 효과적인 소비자교육이 이루어지도록 해야 할 것이다.

연구과제

1. 유아소비자가 당면하게 되는 소비자문제에 대해서 조사해 보고 문제를 해결할 수 있는 방안에 대해서 토의를 해보자.

2. 현재 어린이집이나 유치원에서 실시하고 있는 소비자교육 프로그램에 대해서 조사해 보자.

3. 가정에서 유아에게 소비자교육을 어떻게 하고 있는지 조별로 사례조사를 실시해서 그 실태를 파악하고 조사결과를 발표해 보자.

09 CHAPTER

아동소비자교육

1. 아동소비자의 개념과 특성
2. 아동소비자 시장의 특성
3. 아동소비자의 소비자문제
4. 아동소비자교육의 내용과 방법

09 CHAPTER

아동소비자교육

모든 인간은 상품과 용역을 소비하는 사용자의 역할을 시작으로 획득자, 구매자, 처분자의 역할 등 다양한 소비자역할을 수행해 나가게 된다. 특히 아동기는 소비자로서 사회화 경험이 중요한 시기로 이 시기에 형성된 소비나 화폐에 대한 태도와 가치관은 성인기의 소비행동에도 영향을 미치게 된다. 아동소비자에게 올바른 가치관을 정립해 주고 합리적이고 건전한 소비습관을 길러주는 일은 매우 중요한 문제이다. 아동소비자의 개념과 특성 및 소비자문제와 소비자교육내용에 대하여 살펴보기로 한다.

01 아동소비자의 개념과 특성

현대사회에서 아동소비자의 역할은 점차 확대되고 있으며 그 중요성이 점점 커지고 있다. 아동소비자의 특성을 바르게 인식하여 아동소비자들을 건전한 미래의 소비자로 발전시키기 위한 노력과 관심이 필요하다.

1) 아동소비자의 개념

인간의 발달은 단계를 명확하게 구분하기 어려운 연속적인 과정이며 개인에 따라 다르기 때문에 아동소비자를 명확하게 구분하기는 어렵다. 넓은 의미의 아동소비자는 만 2세 말에서 12세의 소비자로 규정할 수 있으며 좁은 의미의 아동소비자는 6세에서 12세까지로 의무교육이 시작되는 초등학교 재학 시기에 해당된다. 일반적으로 아동소비자라고 하면 좁은 의미의 아동소비자를 의미한다.

아동기는 다시 세분하여 아동 전기와 아동 후기로 구별할 수 있다. 전기인 초등학교 저학년에는 자기중심적인 유아기의 특성이 나타나고 있으며 교육의 준비단계이다. 후기인 초등학교 고학년은 신체적, 지적, 사회적, 정서적 발달이 두

드러지고 왕성한 시기이다.

피아제(Piaget)의 인지발달이론에 의하면 아동소비자는 구체적 조작기(7~12세)에 해당된다. 구체적 조작기는 문제해결과정에서 직관보다는 논리적 조작이나 규칙을 적용하기 시작하는 시기이다. 자기중심적 사고에서 벗어나 타인의 입장, 감정, 인지 등을 추론하고 이해할 수 있는 능력을 습득하게 된다. 물체를 공통의 속성에 따라 분류하고 하나의 대상이 하나의 유목에 속하는 것으로 분류할 수 있으며 사물을 영역별로 차례대로 배열할 수 있는 능력을 획득하게 된다(정옥분, 2003).

과거의 아동소비자는 독립된 소비자로 인식되기보다는 가계소비의 의존자로 취급되었다(Stampfl, 1979). 그러나 현대사회에서의 아동소비자는 영향력 있는 소비자집단으로 기업의 마케팅 전략의 대상이 되고 있다. 아동소비자들의 소비영역이 커지고 소비행위 또한 활발해지고 있어 미래의 소비자로서뿐만 아니라 현재의 소비자로서의 그 중요성도 크게 인식되고 있다. 우리나라는 1980년대 이후 자녀 수의 감소, 맞벌이가정과 편부모가정의 증가 등 다양한 사회적 요인들의 결합으로 아동소비자가 독립적인 구매를 하거나 시장거래 활동을 하는 경향이 증가하고 있다. 이에 따른 아동소비자의 소비자능력 향상이 요구되고 있다.

2) 현대 아동소비자의 특성

아동소비자는 여러 단계들을 거치면서 발달해 가기 때문에 효율적인 소비자교육을 위해서는 현대 아동소비자의 특성을 이해하고 교육하는 것이 중요하다. 현대 아동소비자의 구체적인 특성은 다음과 같다(이기춘, 1999).

(1) 자유재량 소비액의 증가

계속적인 경제성장으로 가계소득수준이 향상되고 자녀 수의 감소로 가정에서 아동의 지위가 향상되면서 부모들은 자연스럽게 자녀에게 보다 많은 가계소득을 할당하게 되었다. 아동소비자가 쓸 수 있는 자유재량 소비액이 증가되면서 현대사회에서 아동소비자의 시장규모는 소비시장에서 무시할 수 없을 정도로 확대되었으며 아동소비자는 영향력 있는 소비자집단이 되었다.

(2) 소비욕망에 대한 절제력 부족

부모의 자녀 양육태도가 지나치게 과보호적 · 허용적이고 자녀의 충동적인 욕망에 대해 관대한 경향으로 인하여 현대 아동소비자는 소비에 대한 욕망을 잘 절제하지 못한다. 구매욕구가 발생하면 욕구충족을 연기시키지 못하고 소유하고 싶은 상품과 서비스를 즉시 소유하고자 한다. 자녀가 원하는 것을 부모가 모두 해결해 주는 방식으로 양육하게 되면 성인이 되어서도 자신의 욕구를 조절하거나 유보하지 못하고 무분별하게 소비하게 된다.

(3) 대중매체에의 과다한 노출

현대의 아동소비자는 소비욕구를 자극하는 대중매체에 과다하게 노출되어 있으며 특히 텔레비전에 의해 가장 많은 영향을 받고 있다. 어린 시기부터 TV 광고에 노출되어 있으며 광고에 쉽게 설득되고 현혹된다(김효정, 2004). 새로운 광고가 나오면 자기 용돈으로 살 수 있는 상품은 바로 구매하는 경우가 많으며, 용돈으로 구매하기 어려운 비싼 상품의 경우에는 부모에게 구매해 줄 것을 요구하게 된다. 나이가 들면서 광고된 상품이나 서비스를 소유하려는 욕구도 커진다.

(4) 가계의 구매행위에 직 · 간접적인 영향력 행사

현대의 아동소비자는 실질적인 구매력을 보유하고 있지는 않지만 구매의사결정자로서 가계의 구매행위에 미치는 영향력은 커지고 있다. 자신이 사용하는 상품이나 서비스는 물론 가족구성원들을 위한 상품이나 서비스의 구매에도 자신의 의사를 적극적으로 반영시킨다. 가족 내에서 이루어지는 구매의사결정 과정에서도 직접 혹은 간접으로 크고 작은 영향력을 행사한다. 구매를 제안하고 정보를 제공하거나 특정 브랜드를 선택하여 구매를 요청하는 등 다양한 방법으로 영향을 미치고 있다. 단순한 전자제품이나 생필품뿐만 아니라, 자동차나 집을 구매할 때에도 자녀들의 의사가 구매에 영향을 미치고 있다. 부모들은 구매 시에 자녀들의 의견을 중요하게 고려하고 있다. 구매제안, 상표선택, 자녀 고려 정도를 기준으로 아동소비자의 구매 영향력을 분석한 결과는 〈그림 9-1〉과 같다.

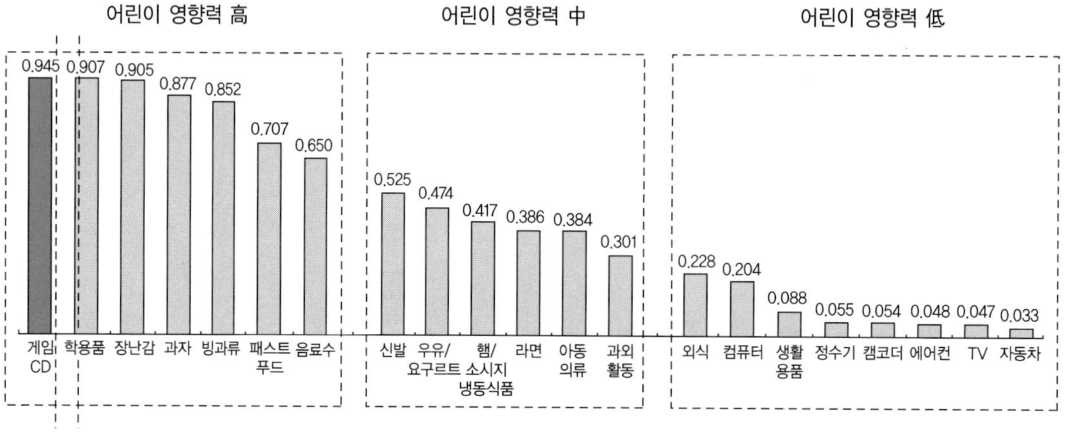

출처: 김유 · 신승원(2002). 어린이 시장을 다시 본다, Cheil Communications. 제일기획, p.13.

그림 9-1 아동소비자의 구매 영향력 지수

(5) 소비자교육 기회의 부족

현대사회에서 아동소비자의 역할이 확대되고 있음에도 불구하고 아동소비자들은 소비자역할을 수행할 준비가 되어 있지 못하다. 효율적으로 소비자역할을 수행하고 소비자능력을 향상시킬 수 있는 소비자교육 기회가 부족한 실정이다.

3) 아동소비자의 유형

현대 아동소비자들은 용돈을 기반으로 자신의 필요와 욕구를 충족시키기 위해 간식, 학용품, 장난감 등의 제품들을 직접 구매하는 직접 소비시장을 형성하고 있다. 아동소비자들은 아동소비자의 특성과 직접 소비시장에서의 쇼핑 행태 및 정기적 용돈을 기준으로 엄마 의존 소비자, 초보적 소비자, 합리적 소비자, 적극적 소비자 등 네 집단으로 분류될 수 있다(김유 · 신승원, 2002).

(1) 엄마 의존 소비자

엄마 의존 소비자는 직접 구매하기보다는 주로 어머니 또는 어머니와 함께 구매하는 아직은 어린 소비자 집단이다. 용돈 규모가 연평균 20만 원 이하로 적은 소비자가 상대적으로 많으며 소비활동도 미미한 아직은 유아기적 특성이 많이 나타난다. 자신이 사용하는 제품 여부와 관계없이 전 제품에 대해 구매 영향력이 낮다. TV 시청시간이나 캐릭터 소유 비율이 높고 저축이나 오락활동에 쓰는 비용과 비율이 가장 낮다. 저학년 막내의 경우가 가장 많으며 25.2% 정도이다.

(2) 초보적 소비자

초보적 소비자는 직접 소비가 이루어지기는 하나 그 영역이나 빈도가 제한적인 소비자집단으로 아동소비자의 대부분이 이 집단에 속한다. 용돈 규모는 연평균 20만 원에서 40만 원 정도로 보통이며 제품에 대한 구매 영향력은 일반적인 추세와 유사하다. 주로 군것질에 대한 소비가 가장 많이 일어나는 보통의 아동소비자 집단으로 저축액과 비율이 낮다. 전 학년에 골고루 분포되어 있으며 40.7%에 해당한다.

(3) 합리적 소비자

합리적 소비자는 주로 합리적이고 알뜰한 방법으로 직접 소비가 이루어지는 소비자집단으로 10.3% 정도이다. 여자 어린이에게 상대적으로 많이 분포되어 있다. 용돈 규모는 보통이며, 자신이 사용하는 제품뿐만 아니라 컴퓨터, 자동차 등 가정 내 고관여 제품에 대해서도 구매 영향력이 가장 강하게 나타난다. 지출보다는 저축을 선호한다. 저축을 가장 많이 하며 여가 및 오락 활동에 대한 지출금액은 상대적으로 적다. 다른 집단에 비해 잡지나 신문 구독 비율이 높은 특성을 보인다.

(4) 적극적 소비자

적극적 소비자는 연평균 45만 원 이상으로 용돈 규모가 큰 아동들이 상대적으로 많고 자신이 쓰고 먹는 제품의 선택 시에 영향력이 크게 나타나는 가장 활발하고 왕성한 아동소비자 집단으로 23.8%에 해당한다. 오락과 여가활동에 대한 지출금액이 크며 평상시의 비상금 역시 가장 높은 수준이다. 고학년과 장남 또는 독자의 경우가 가장 많이 속해 있다.

02 아동소비자 시장의 특성

아동소비자 시장은 크게 직접 소비시장(direct market)과 간접 영향력 시장(influence market)으로 나눌 수 있다(김유 · 신승원, 2002). 아동소비자들은 자신의 필요와 욕구를 충족시키기 위하여 직접 돈을 지불하고 소비하는 직접 소비시장과 가정 내에서 이루어지는 구매의사결정에 직 · 간접으로 영향력을 행사하는 간접 영향력 시장을 형성하고 있다.

1) 아동소비자 시장의 급성장

과거의 시장은 성인소비자가 중심이었으나 현대사회의 시장은 모든 소비자들이 대상자들이다. 아동을 대상으로 하는 엔젤 마켓(angel market), 키즈 마켓(kids market)이 틈새시장으로 자리 잡고 있다(서정희 · 허은성, 2005). 아동소비자의 자유재량 소비액의 증가는 구매력의 증가를 의미한다. 아동소비자의 연령이 높아짐에 따라 독립적인 구매행동이 증가하고 자유재량 소비액도 점점 증가하는 추세이다. 아동소비자의 구매력이 증가되면서 아동소비자 시장이 확대되고 소비시장에서 아동소비자의 영향력이 커진 만큼 기업에서도 아동소비자 시장에 관심을 집중시키고 있다. 아동소비자를 대상으로 하는 키즈 마켓이 급속도로 성장하고 있으며 키즈 마케팅(kids marketing)이 큰 성공을 거두고 있다.

최근 초등학교 고학년인 프리틴(preteen)이 새로운 소비집단으로 부상하고 있다. 프리틴은 10세를 막 넘어선 초등학교 4~6학년 정도의 13세 이하의 아동소비자들을 말한다. 90년대에 태어난 프리틴은 경제적으로 풍요롭게 자랐으며 과거와는 달리 조숙하고 자기주장이 뚜렷하다. 기업들은 이들을 겨냥한 다양한 상품들을 선보이고 있다. 프리틴 시장은 패션, 미용, 유통, IT, 인터넷 포털, 게임, 출판 등과 같은 다양한 산업에서 높은 성장세를 보이고 있다. 2004년 전체 의류시장은 전년 대비 0.5% 증가한 11조 1천억 원이었으나 프리틴 시장은 20.7% 증가한 1조 4천억 원을 기록하였다(박정현, 2005). 기업들은 프리틴 시장을 단순히 어린이 시장에서 파생된 틈새시장으로 보지 않고 있다. 적극적인 소비주체로서 프리틴을 이해하고 그들의 라이프스타일과 트렌드를 반영한 별도의 브랜드와 유통전략을 수립하고 있는 추세이다.

애늙은이 '트윈세대'

'트윈(tween) 세대' 란 겉보기엔 꼬마지만 까다롭게 소비하고 국제적 사고를 하는 10세 전후의 아이들을 미국에서 부르는 말이다. 사춘기와 유년기 사이에 낀(between) 세대란 뜻으로, 만 8~12세의 아이들을 가리킨다. 마땅한 호칭 없이 사춘기 직전의 어린이(preteen)로 불리던 이들에게 최근 '나이 압축(age compression)' 이라는 새로운 특징이 생겨나고 있다. 인터넷 등 각종 미디어의 발달로 폭증한 정보가 사춘기도 안 된 애들에게 압축되듯 쌓이는 것이다. 덕분에, 유치하긴 하지만 다방면에서 주워들은 지식이 상당하다.

이를 토대로 트윈세대는 중요한 소비집단으로 떠올랐다. 특히 여자아이들이 그렇다. 휴대전화와 매니큐어 등 패션소품은 물론, 먹을거리를 고를 때도 진지하다. 마케팅업자들은 이 신종 애늙은이' 들을 KGOY(kids getting older younger)로 부르면서 이들 입맛에 맞는 상품을 경쟁적으로 내놓는다. 트윈세대 소녀들을 겨냥한 의류시장 규모만 110억 달러(약 10조 원)에 달한다. 어설프긴 하지만 트윈세대들은 지구온난화 같은 국제 이슈에도 관심을 갖는다.

출처: 조선일보(2007. 7. 13.)

2) 고급화 및 다양화

아동소비자 시장의 고급화 · 다양화가 촉진되고 있다. 남의 눈에 띄고자 하는 아동소비자의 증가로 현대 아동소비자들의 소비행태가 과소비, 과시소비 등으로 불건전하게 확대되고 있다. 한국소비자원의 조사(김인숙, 2002)에 의하면 상당수의 어린이가 고가상품을 보유하고 있었으며, 고가상품은 대부분 생일이나 크리스마스, 어린이날 등 특별한 날 선물로 받는 것으로 나타났다.

우리 나라의 출산율은 2005년 1.08명, 2006년 1.13명으로 세계 최저 수준이다(통계청, 2007). 낮은 출산율로 자녀 수가 감소되면서 아동소비자 수는 급속히 줄어드는 반면 아동소비자의 지위는 상승하여 1인당 지출비용이 증가하고 있다. 맞벌이로 소득수준이 증가하면서 자녀들을 위하여 소비할 수 있는 비용이 증가되었음에도 자녀 수는 줄어 한두 명이니 자녀를 위해서 과거에 비해 보다 많은 지출을 하고 있다. 부모는 모든 관심과 열정을 자녀에게 쏟으며 자녀를 위해 아낌없이 소비하는 경향이 있다. 대부분의 가정에서 교육에서 오락까지 먹는 것에서 입는 것까지 자녀가 소비시장의 중심에 있다. 자녀에게 최상의 환경을 제공하기 위하여 '나의 아이에게는 좋은 것을 먹이고 좋은 옷을 입히고 고품질 · 고가품을 가지게 하고 싶다' 라는 자녀귀족화 현상이 젊은 부모들을 중심으로 정착되고 있다. 장난감, 유모차, 파티복, 은젖병 등 초고가 제품이 불티나게 팔리고 있으며 고가 브랜드가 경쟁적으로 수입·출시되고 있다. 더욱이 기업들이 아동소비자 대상 마케팅 전략을 양에서 질로 전환시키고 고급품에 주력하게 되면서 아동소비자 시장이 더욱 고급화 및 고가화되고 있다.

03 아동소비자의 소비자문제

아동소비자들은 일반적인 소비생활문제뿐만 아니라 아동 특유의 소비생활문제를 경험하게 된다(송미애·이승신, 2004). 성인소비자에 비하여 판단력이 미숙하고 욕구충족 행동을 연기시키지 못하면서 마케터들의 활동에는 무방비 상태로 노출되어 있어 여러 면에서 불리한 입장에 놓여 있다.

1) 비합리적인 소비생활

아동소비자들은 신체적·심리적·정신적으로 완전히 성숙되지 못한 상태이므로 합리적인 소비생활을 하기 어렵다. 인터넷 등 정보통신기술의 발달과 소득과 소비생활 수준의 향상 등은 아동소비자들의 무분별한 소비생활을 조성하는 내·외적 요인으로 작용하고 있다. 소비자로서의 능력이 완전히 형성되지 않은 상태에서 이루어지고 있는 경품, 무료 견본품 제공, 쿠폰, 추첨 응모 등과 같은 기업의 판매촉진 활동이 아동소비자의 비합리적인 소비생활을 촉진하고 있다.

아동소비자는 시장에서의 문제점을 파악하지도 못하고 광고에 대한 인지적 방어가 발달되어 있지도 못하며(Stampfl, 1979), 계속되는 경제성장에 따른 물질적 풍요로 재화의 귀중함도 인식하지 못하고 있다. 씀씀이가 헤프고 자기물건을 간수할 줄 모르며 잃어버린 학용품을 찾아보지도 않고 다시 구매하는 습관이 있으며 새로운 상품에 대한 충동구매·과시구매로 낭비하는 경향이 있다. 또한 특정상품의 구매 시에 상품의 품질을 확인하기 어렵고 가격과 상품가치와의 관계를 알지 못하고 있다. 많은 아동소비자들이 용돈을 무분별하게 사용하고 있으며 소비태도와 의식이 겉치레에 치중하여 고가사치품을 선호하는 경향이 있고, TV 광고로부터 영향을 받으며 인기 연예인이나 친구에 대한 모방구매로 합리적인 소비를 하지 못하고 있다(곽현정 · 이승신, 2003; 김효정, 2004; 송미애 · 이승신, 2004; 유현정, 2005).

재정경제원(1997)이 아동소비자들의 소비의식과 행태를 조사한 결과(송미애 · 이승신, 2004)에 의하면 아동소비자들은 구매단계에서는 분수에 맞지 않는 비싼 물건을 스스럼없이 사고 과시 · 모방심리에 의해 외제 및 고급제품을 선호한다. 사용단계에서는 물자절약 정신이 부족하며, 처분단계에서는 이웃과 환경을 생각하지 않는 무분별한 소비태도를 보이고, 저축단계에서는 과다한 용돈을 무계획적으로 쓰며 저축의 중요성에 대한 인식이 미흡한 것으로 나타났다. 한국소비자보호원의 조사(김인숙, 2002)에서도 1/3가량이 용돈관리에 대한 필요성을 느끼지 못하고 있었으며, 무엇이든지 부모에게 말만하면 용돈과 관계없이 필요한 물건을 사주기 때문에 더욱 용돈의 관리나 필요성을 느끼지 못하고 있었다.

2) 또래집단의 영향

아동의 소비생활에 영향을 미치는 중요한 요소로는 친구, 부모, 대중매체를 들 수 있다. 만 6세부터 또래집단의 문화가 형성되는 시기이기 때문에 유행하는 물건을 가지고 있지 않으면 친구와 어울려 놀 수 없을 정도로 또래집단이 아동소비자의 소비생활에 큰 영향을 미치고 있다. 아동소비자들은 소외당하지 않으려는 욕구에서 캐릭터 등 특정상품에 대한 집착이 생겨나기도 한다.

한국소비자원의 조사(김인숙, 2002)에 의하면 친구가 물건을 가지고 있거나 이야기할 때 사고 싶어진다는 비율이 49%인 것으로 나타났다. 물건을 살 때 필요에 의해 구입하기보다는 친구와 어울리기 위해 구입하는 의존적 소비를 보이고 있었다. 유행하는 물건을 갖지 못하면 친구와 관계를 유지하는 데 어려움을 겪기 때문에 아동소비자들은 또래 친구들과의 유대관계를 위한 동조소비나 충동구매 경향이 강하며 유행에도 민감하다. 친구들 사이에서 인기가 많고 부러움을 받는 친구인 소위 또래대장이라 불리는 빅 마우스의 영향력이 막강하게 작용한다. 아동소비자들은 자신이 좋아하는 것이 아니라 친구들과 어울리기 위하여 친한 친구들이 구매 · 사용하는 제품을 구매하게 된다. 대부분의 아동소비자들은 자신이 친구와 다르다는 것을 받아들이지 못하고 따라 하는 경향이 있다.

3) 광고의 영향

아동소비자를 대상으로 한 광고가 범람하고 아동소비자들이 광고에 무방비 상태로 노출되면서 광고로 인한 아동 소비자문제가 심각한 문제로 대두되고 있다. 특히 텔레비전 광고는 언어, 가치규범, 소비행위 등 다양한 측면에서 아동소비자에게 영향을 미치고 있다.

(1) 광고에 대한 아동소비자의 특성

아동소비자들은 광고정보를 기억하는 능력은 뛰어난 반면에 평가하는 능력은 매우 저조하여 광고된 정보를 여과 없이 기억하게 됨으로써 합리적인 선택을 하지 못할 우려가 있는 것으로 나타났다(박수경 · 이기춘, 1990; 남기화 · 여정성, 2005). 아동소비자 광고에 대한 비판의 근거는 아동소비자의 정보처리능력이 결여되어 있다는 데 기초하고 있다. 아동소비자는 경험 부족, 인지발달의 미비, 상품지식의 제한으로 광고에 의해 오도되거나 혼동될 수 있기 때문이다. 광고에 대한 아동소비자의 특성(김광수, 1997)을 구체적으로 살펴보면 다음과 같다.

① 광고의 소구에 영향을 받기 쉽고, 광고의 판매의도를 이해하지 못한다.
② 설득적 광고의 소구에 자신을 방어할 수 있는 충분한 인지적 능력을 가지고 있지 못하다.
③ 광고 내용과 실제를 구분할 수 있는 능력이 약하다.
④ 상품의 차이에 대한 가치나 광고의 주장을 평가할 능력이 부족하다.
⑤ 프로그램과 광고의 차이를 식별할 수 없다.

(2) 아동소비자 대상 광고에 대한 비판

광고의 긍정적인 측면은 광고가 소비자에게 시장에서 필요한 소비기술을 가르치는 기능이 있으며, 상품에 대한 정보를 알려주는 중요한 정보 원천일 뿐만 아니라 다양한 상품의 속성을 평가할 기회를 제공한다는 것이다. 그러나 아동소비자 대상 광고는 아동소비자에게 미치는 부정적인 영향 때문에 많은 논란이 되고 있다. 광고가 아동소비자에게 미치는 심리적 · 문화적인 영향은 다음과 같다.

① 광고의 기만성

아동은 연령이 어릴수록 광고를 그대로 수용하고 광고에 대한 신뢰도가 높아지는 경향이 있다. 아동소비자는 광고에 의해 기만당하게 되면 사회와 어른에 대한 불신감이 형성되어 결국은 냉소주의자가 된다(조영제, 1983).

② 부모와 자녀 사이의 갈등 유발

아동소비자들이 TV 광고에 나온 상품에 대한 구매욕구가 커지거나 광고에서 본 상품을 구매한 경험이 많은 것으로 나타나 광고가 상품구매의 결정요인 중 하나인 것으로 나타났다(Robertson · Rossiter, 1974; 윤희중, 1991; 최향미, 1998). 광고는 아동용품뿐만 아니라 아동용품이 아닌 상품에 대해서도 아동소비자의 가정 내 영향력을 이용하여 부모에게 사 달라고 조르도록 조장함으로써 아동소비자를 대리판매인으로 만들기도 한다. 특히 경품이나 사은품 제공 광고는 아동소비자의 구매행위에 영향을 미치게 된다. 광고에 접한 아동소비자들은 적극적으로 반응을 한다. 광고를 보고 난 후 구매 욕구를 느끼게 된 아동소비자들은 광고상품을 사달라고 부모를 조르는 경우가 많다. 이러한 구매요구 과정에서 아동소비자들은 부모와 갈등을 겪게 된다.

③ 물질주의 성향 조장

광고로부터 소비적 생활양식을 학습받아 물질문명은 행복을 가져다 주는 것으로 잘못된 가치관을 형성하기도 한다(김기옥 외, 2001). 아동소비자들은 비싼 물건이라 할지라도 가지고 싶으면 가져야 하는 것으로 생각하게 될 수도 있다.

④ 건강에 미치는 부정적 영향

아동소비자 대상 광고의 대부분이 아동의 발달단계를 고려하지 않은 채 편성되어 있어서 아동소비자의 무분별한 광고수용으로 성인 용품에 대한 구매를 조장하거나 건강에 부정적인 영향을 미칠 우려가 있는 것으로 나타났다(남기화 · 여정성, 2005). 아동소비자 대상 광고에는 음료수, 스낵류, 인스턴트 식품 광고가 많다. 설탕이나 소금이 많은 음식을 섭취하거나 스낵류를 즐기게 되면 건강한 식생활 패턴에 변화를 줄 수 있다. 균형 잡힌 식생활을 저해할 뿐만 아니라 식습관을 나쁘게 만들게 된다. 장난감 광고에 대해서는 안전문제도 제기되고 있다.

⑤ 충동구매 유발

광고는 상품에 대한 설명은 거의 없이 연예인을 내세워 충동구매를 유발하는 경우가 많다. 사은품을 강조하여 필요 없는 물건을 사도록 강요하기도 한다. 아동소비자들은 유행하는 스티커를 얻기 위해 먹지 않을 빵을 사기도 한다(서정희 · 허은정, 2005).

⑥ 좌절감 유발

광고로 인하여 많은 상품에 대하여 구매욕구가 생길 수 있지만 구매할 수 있는 상품은 한정되어 있다. 부모가 경제적 능력이나 부적절한 구매동기 때문에 자녀의 구매욕구를 충족시켜 주지 못할 경우 아동소비자들은 좌절감과 실망감을 느끼게 된다. 아동소비자의 좌절감은 광고로 상품이 알려지게 되고 친구들 사이에서 화제를 불러일으키고 그 상품을 소유한 친구들이 많이 있는데 자신은 구입할 수 없는 상황에서 생기게 된다. 광고에 민감한 아동소비자들 사이에서는 광고된 상품의 소유 여부가 관심거리로 등장하게 된다.

⑦ 일방적이고 편향된 가치 전달

성차별적인 메시지로 구성된 광고, 중 · 상류층의 생활을 제시하고 있는 광고, 서구의 식생활문화를 반영하는 식품광고 등은 가치형성기에 있는 아동소비자에게 일방적이고 편향된 가치를 전달하는 부정적인 영향을 미치게 된다.

4) 소비자문제에 대한 대처능력 부족

아동소비자들도 소비생활을 경험하면서 성인과 같이 소비자불만을 느낄 수 있다. 그러나 불만을 느낀 상품에 대해서는 대부분 그냥 가지고 있거나 가게에서 교환하는 정도의 소극적인 행동을 보인다. 제조회사나 소비자보호기관에 상담한 아동은 2.4%에 불과하였다(김인숙, 2002).

04 아동소비자교육의 내용과 방법

아동소비자교육은 실생활의 문제이며 장기적으로 아동소비자의 자립능력을 키워주는 것이다. 바람직한 소비문화와 주체적인 소비문화를 형성하는 데 필요한 소비자능력과 기술 및 태도를 총체적으로 향상시키는 것이다. 아동소비자의 소비자행동은 학습에 의해 향상될 수 있으며 구매경험을 통해 자연적으로 얻는 것보다 의도적인 훈련을 통하여 그 효과를 높일 수 있다.

1) 아동소비자교육의 중요성

아동기는 일대 전환을 이루는 시기로 가장 도약가능성이 많은 시기이다. 아동소비자의 생활형태는 유아와는 현저히 다르다. 유아기의 유희생활에서 학습생활로, 자유가 주어지는 생활에서 의무와 규율이 따르는 생활로, 주관적 사고에서 객관적 사고로 이행하는 시기이다. 아동기는 부모나 학교로부터 올바른 소비생활을 배워나가야 하는 시기이다. 이 시기의 교육이 바람직하게 이루어지느냐의 여부는 다음의 중등교육과 고등교육에도 영향을 미친다.

아동소비자교육은 아동이 건전한 소비자로서 소비자 지식 · 기능 · 태도를 습득하는 데 필요한 기초적 수준의 소비생활 관련 문제들을 경험할 수 있도록 하는 교육이다. 아동기는 소비자로서 사회화 경험이 이루어지는 중요한 시기이다. 기본적인 소비자교육이 아동소비자들이 합리적인 소비자, 사회의 일원으로서 시민의 책임을 성실하게 수행할 수 있는 소비자로 사회화하는 데 매우 중요한 초석이 될 수 있다. 아동 소비자교육의 중요성은 다음과 같다.

① 아동기는 소비생활을 영위하기 위해 필요한 소비자 지식, 태도, 기능이 사회화하기 시작하는 시기이다.

② 아동기에 확립된 소비가치관과 소비습관들은 소비자능력의 기초를 형성하고 성장하여 성인이 된 후에도 많은 영향을 미치게 된다.

③ 아동소비자를 공략하는 유혹적인 시장 환경과 공격적이고 적극적인 판매방법들이 아동소비자에게 많은 영향을 미치고 있다.

④ 미래사회를 이끌어 갈 미래 소비자이므로 책임 있는 소비자로 성장할 수

있도록 도와주어야 한다.

⑤ 사회경제적 환경의 변화로 아동소비자의 구매력이 증대되고 있으며 소비생활에서 선택 영역이 넓어지고 있고 소비에 대한 욕구가 증대되고 있다.

⑥ 돈을 버는 생산 활동보다 돈을 사용하는 소비활동을 먼저 배우게 된다.

⑦ 아동소비자의 영향력이 증대되면서 아동소비자를 통한 부모의 역소비자 사회화가 이루어지고 있다.

2) 아동소비자교육의 내용

아동소비자교육은 소비자로서 독립적인 역할을 수행할 수 있는 능력이 부족한 아동소비자에게 소비자역할과 책임의식을 느끼게 하고 소비생활에서 실행할 수 있도록 하는 데 아주 중요한 역할을 한다. 아동소비자교육은 아동소비자들의 인지수준 및 정서발달 단계에 따라 점진적으로 이루어져야 한다.

(1) 기본 생활교육

기본 생활교육은 아동소비자들이 사회구성원으로 생활하는 데 반드시 갖추어야 할 기본적인 덕목을 깨닫게 하는 것이다. 혼자가 아니라 함께 생활하는 사회공동체의 일원으로서 지켜야 할 도리와 소비자로 살아가는 데 기본이 되는 지식과 기술을 익혀 습관화하는 기본 생활교육은 인간이 사회구성원으로 살아가는 데 매우 중요한 기초가 된다. 자기조절 능력을 기르고 사회적 지식과 태도를 익혀 자신과 다른 사람을 존중하며, 집단생활에서 다른 사람에게 피해를 주지 않고 배려하며 더불어 생활할 수 있도록 해야 한다. 더불어 살기 위해서 나누거나 베푸는 것은 경제윤리나 가치관에서도 중요한 행동양식이며, 소비자-시민으로서의 책임이라고 할 수 있다. 형제 간의 협력과 양보, 집안일 돕기, 다른 사람과 나누거나 주는 것을 장려하도록 해야 한다.

표 9-1 아동소비자의 성장에 따른 단계별 소비자교육 내용과 목표

구분		1 단계 만 5~8세 (유치원, 초등 저학년)	2 단계 만 9~11세 (초등 고학년)
소비자 가치와 행동	책임 있는 선택	소비자가 누구인지 이해하기	선택의 이유와 방법 알기
	자원관리	자원의 효과적이고 책임 있는 사용 이해하기	자원에 영향을 주는 요소 이해하기(지역/전국/세계 차원)
	소비자행동 및 영향	소비자가 상품 생산에 영향을 줄 수 있음을 이해하기	· 소비자행동이 미치는 결과를 이해하기(일부분일지라도) · 소비자 이슈 토론에 참여하기
시장에서의 소비자	제품정보	제품정보를 이해하고 그 목적에 대해 인식하기	제품 비교를 위한 다양한 소비자정보 수집 및 기록하기
	광고와 판매기법	생산자가 광고한다는 사실 알기	광고·마케팅 정보의 목적과 소비자 선택에 미치는 영향 이해하기
	상품과 서비스 사용	상품과 서비스 간의 차이점 알기	상이한 상품과 서비스 간의 선택 이유 설명하기
소비자 권리와 책임	권리와 책임	소비자권리 알기	소비자권리뿐만 아니라 소비자책임 이해하기
	만족과 불만족의 표현	소비자는 좋은 서비스를 기대할 수 있음을 알기	상품과 서비스의 장단점을 평가하고, 필요한 경우 적절한 불만 제기하기

출처: 배순영(2002). 바람직한 어린이 소비자교육. 소비자시대 5월호, 한국소비자보호원, p.7.

(2) 기본적인 경제문제

경제교육의 부족은 개인 차원의 경제문제를 야기할 뿐만 아니라 국가 차원의 문제로까지 이어질 수 있다. 어린 시절 경제교육을 통해 습득한 정보와 현명하고 논리적인 사고방식 및 생활습관은 성인으로 연결되어 한 나라의 경제에 중요한 영향을 미칠 뿐만 아니라 소비자, 생산자, 정책결정자로서의 역할을 효과적이고 합리적으로 수행하는 밑바탕이 된다(성영애 외 5인, 2001). 따라서 아동소비자에 대한 경제교육은 아동소비자 개인은 물론 사회적 차원에서도 중요하다.

① 자원의 희소성과 선택문제

자원의 희소성으로 누구나 원하는 것을 원하는 만큼 가질 수 없으며 선택에는 기회비용이 따른다는 것을 아동소비자들이 깨닫도록 해야 한다. 보다 큰 만족을 얻기 위해서는 현명한 선택을 해야 한다는 것을 가르쳐야 한다. 현명한 선택을 하는 습관은 선택문제를 경험하게 하는 것으로 교육시킬 수 있다. 아동소비자와 관련된 것은 선택의 주도권을 아동소비자에게 주는 것이 좋다. 선택하기 전에 신중하게 생각하는 습관을 들이기 위해서는 선택을 하고 그 결과에 대해 책임을 지게 해야 한다. 자원의 희소성과 선택문제는 예산문제이기도 하다. 예산 내에서 선택하고 행동하는 훈련을 시킬 필요가 있다. 자녀와 함께 여가활동을 할 경우에는 처음부터 예산을 책정하고 의논을 하면서 돈을 사용하는 것도 좋은 방법이다. 어릴 때 예산을 다루는 훈련을 받을 경우 성인이 되었을 때 선택문제에 현명하게 대처할 수 있게 된다.

② 필요와 욕망의 차이 인식

아동소비자에게는 욕망을 참는 습관이 필요하다. 욕구조절 방법을 습득하지 못하면 욕구 즉 소비의 노예가 된다. 소비욕구의 기준을 스스로 정할 수 있도록 유도하는 욕구조절 습관은 어릴 때부터 시작되어야 한다. 현명한 욕구조절 습관을 습득하기 위해서는 필요한 것과 원하는 것을 구분할 줄 알아야 한다. 꼭 필요한 것이 있고 가지고는 싶지만 꼭 필요하지는 않는 것이 있다는 것을 교육시켜야 한다. 무엇을 가지고 싶어 할 때 꼭 필요한 것인지 가지고 싶은 것인지를 평가해 보도록 한다. 필요한 것은 사 주고 필요하지 않은 물건일 경우에는 부드럽지만 단호하게 거절해야 한다. 필요가 아닌 욕망은 참아야 하고 참을 줄 아는 것이 훌륭한 일이라는 것을 알게 할 필요가 있다. 원하는 것을 모두 가지게 되면 작은 실패나 좌절도 이겨내지 못하는 사람으로 성장할 가능성이 있다.

(3) 저축과 투자

저축은 현재의 욕망을 절제시키고 계획적인 금전관리를 하게 하는 중요한 소비자교육 영역이다. 부모가 자녀에게 심어주어야 할 가장 좋은 습관은 규칙적인 저축습관이다. 아동소비자들이 저축은 평소에 정기적으로 하는 것이라는 생각을 가질 수 있도록 지도해야 한다. 저축이 습관화되도록 하기 위해서는 저축을 재미있고 일상적인 것으로 만들어 생활화해야 한다. 그 방법은 다음과 같다.

① 예금과 이자의 개념을 알게 한다.

돈을 쓰는 것은 즐거운 일이지만 돈을 버는 일은 힘든 일이다. 즐거운 일을 뒤로 미루는 것이 저축이고 투자이고 그 대가가 이자이다. 즐거운 일을 뒤로 미루는 것은 만족지연이다. 저축과 투자에 대한 태도와 습관은 만족지연과 관계가 있다. 자신의 욕망을 지연하는 능력이 부족한 아동소비자의 경우에는 일상 속에서 일어나는 일들을 통하여 만족지연 습관을 들일 필요가 있다. 물건을 사 주어야 할 때 지금이 아니라 기다리면 더 좋은 것을 사준다는 등의 선택대안을 제안하며 기다리게 한다. 만족을 지연시킬 수 있는 태도와 습관은 합리적인 경제인으로 살아가는 데 꼭 필요한 것이다.

② 성취의 기쁨을 느낄 수 있는 기회를 제공한다.

목표를 설정하고 달성하는 경험을 통해 성취의 기쁨을 느끼는 것은 소중한 경험이다. 아동소비자들은 일정 기간 동안 욕망을 자제하고 용돈을 모아서 필요한 물건을 사는 경험을 통하여 목표달성에 대한 성취감을 느낄 수 있다. 이것은 성취의 기쁨을 느끼는 가장 간단하면서 가장 효과적인 방법이며 저축에 대한 보상을 느끼게 하는 방법이다. 무조건 저축을 강조하기보다는 이러한 경험을 통하여 저축의 필요성과 즐거움을 느끼게 하는 것이 중요하다. 달성해야 할 목표는 구체적이고 측정 가능하고 행동중심적이고 현실적으로 설정되어야 하며 달성 시한이 정해져 있어야 한다.

표 9-2 평생 가는 저축습관 만들기

1. 얼마나 저축해야 할지를 결정한다.
2. 저축을 최우선 순위에 두도록 하라.
3. 특정한 목표를 위해 목표시한을 정하라.
4. 크리스마스 · 생일 · 기념일 등 소비가 늘어나는 시기를 위하여 미리 저축하도록 권하라.
5. 동전을 모으도록 권하라.
6. 모은 것을 잘 관리할 수 있도록 장려하라.
7. "자신도 모르는 사이에 저축하기" 요령을 아이들에게 가르쳐 준다.
8. 아이들 스스로 결정하게 하라.

출처: 이희숙 · 손상희 · 최현자 역(2001). 아동과 돈, 그리고 가치. 시그마프레스, p.75-76.

(4) 소비자신용

신용은 아동소비자들이 이해하기 어려운 개념이다. 지금 구매한다는 것은 이해하기 쉽지만 나중에 지불한다는 것은 어렵다. 오늘 빌린 돈은 미래의 소득에서 갚아야 한다는 것을 이해할 수 있게 설명해야 한다. 자녀에게 빚이 무엇인지 교육시킬 필요가 있다. 돈을 빌리는 것은 미래소득의 일부를 포기하는 것이며 신용 사용의 대가로 이자를 지불해야 된다는 것을 경험하게 해야 한다. 신용 사용을 체험시키기 위해서 자녀에게 돈을 빌려줄 필요가 있다. 돈을 빌려 주었을 경우에는 반드시 갚아야 하고 빚을 지면 어떤 아픔을 겪게 되는지를 알게 하기 위하여 이자까지 확실하게 받아야 한다. 이러한 신용 사용 연습을 통하여 현재의 소비와 미래의 반환 관계를 경험할 수 있다. 무엇이든 빌린다는 것은 그에 따른 책임이 따르며 약속을 어기면 벌칙이 있다는 것을 체험시켜야 한다.

(5) 금전관리교육

금전관리교육은 빠를수록 좋다. 화폐에 대한 가치관과 태도 및 예산과 수입에 따른 올바른 지출 등은 어릴 때부터 교육을 받아야 효율적이다.

① 화폐에 대한 가치관과 태도

소비자의 소비생활 방식의 차이는 기본적으로 화폐에 대한 가치관과 태도에 의해 좌우된다(이기춘, 1999). 화폐에 대한 바른 가치관과 태도가 형성되어 있어야 합리적인 생활을 할 수 있으며 건전하고 생산적인 삶을 영위할 수 있다. 화폐에 대한 올바른 가치관과 태도는 어려서부터 길러 주어야 한다. 화폐는 우리 사회의 도구이다. 일상생활을 영위하고 원하는 것을 가지기 위해서는 돈이 필요하다는 화폐의 기본 개념을 알게 하고 작은 돈도 귀중하게 여기는 태도를 키우도록 해야 한다. 그러나 화폐는 그 자체가 목적이 아니라 올바르고 선한 목표를 달성하기 위한 수단이다. 따라서 정당하고 올바른 방법으로 획득해야 하고 땀을 흘린 노동의 대가로 획득해야 가치가 있는 것이며, 획득된 화폐는 목적 달성을 위해 바르고 효율적인 방법으로 사용해야 한다는 것도 교육시켜야 한다. 그러나 대부분의 부모들은 용돈 액수에 대해서는 많은 관심을 가지면서 화폐에 대한 태도나 효율적인 관리에 대해서는 상대적으로 무관심한 경우가 많다.

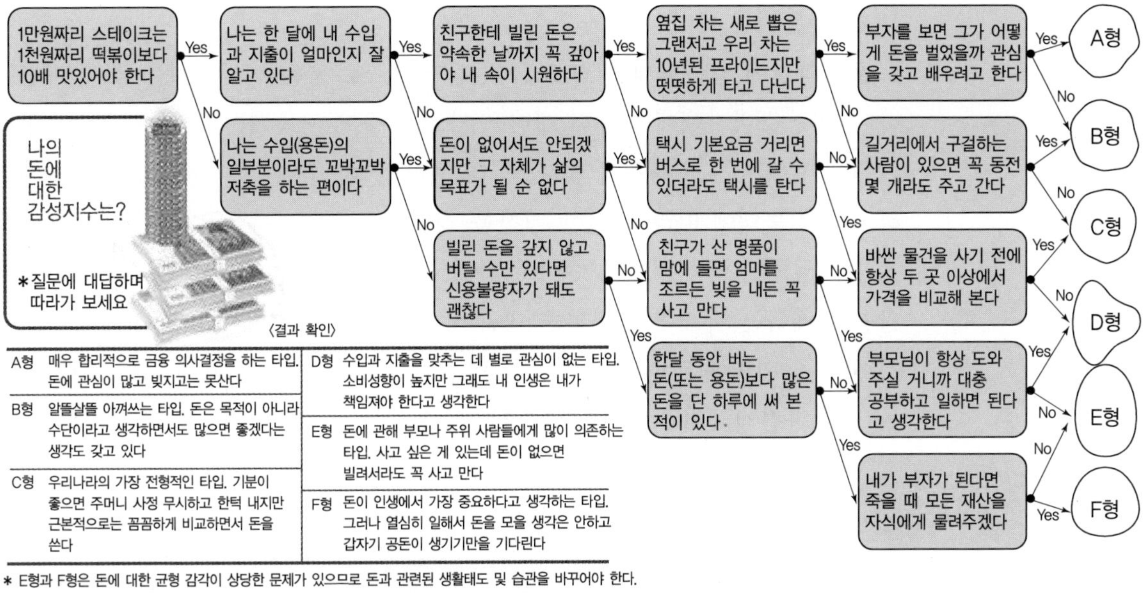

출처: 한겨레신문(2007. 4. 8.). 용돈 줄 땐 '빠듯하게' 쓰임새는 '꼼꼼하게'.

그림 9-2 돈에 대한 감성지수

② 용돈을 통한 금전관리교육

용돈은 아동소비자들이 자신의 결정으로 마음대로 쓸 수 있는 돈을 말한다. 금전관리교육에서 가장 효과적이고 중요한 수단은 용돈이다. 아동소비자들은 화폐를 가져봄으로써 금전관리 방법이나 화폐의 구매력 및 사용방법 등을 효과적으로 배울 수 있다. 규칙적인 화폐의 소비는 화폐에 대한 실질적인 욕구뿐만 아니라 독립을 위한 정서적 욕구를 충족시킬 수 있는 좋은 방법이기도 하다.

용돈관리를 통하여 얻을 수 있는 효과는 첫째, 예산을 세우고 일정한 자금을 적절하게 배분하고 수입 범위 내에서 생활하는 법을 배울 수 있으며, 둘째, 부모에게 의존하지 않고 원하는 것을 충족시키는 방법을 배우고 이를 통하여 삶의 유용한 경험을 쌓을 수 있으며, 셋째, 자립적인 경제생활을 실천하며 자기책임에서 오는 기쁨을 느끼고 원하는 것을 모두 충족할 수 없음을 알 수 있고, 넷째, 돈을 잘못 사용하면 어떤 문제가 일어나는지를 경험할 수 있고, 다섯째, 경제생활과 관련하여 가족 간에 의견을 교환할 수 있다는 것이다. 이러한 경험을 통하여 성인이 되었을 때 겪게 될 경제문제를 미리 체험해 봄으로써 현명하게 대처할 수 있는 태도를 익힐 수 있다.

가. 용돈지급 시기

초등학교에 입학하게 되면 조금씩 단계적으로 용돈을 지급하는 것이 바람직하다. 아동소비자에게 화폐의 개념을 가르쳐 주고 처음에는 원하는 물건의 구입가격에 맞춰 수시로 용돈을 준다. 무리 없이 잘 하면 일주일 단위로 용돈을 지급하고 관리능력에 따라 적절한 기간을 정하도록 한다. 용돈은 일정한 간격으로 정해진 금액을 규칙적으로 주어야 한다. 일정하게 정해진 금액을 주는 것은 욕망을 억제하는 자제력과 계획을 세워 사용하는 태도와 습관을 학습시키기 위한 것이다. 한꺼번에 과다하게 지출할 경우 추가로 용돈을 주거나 미리 앞당겨 주는 것은 바람직하지 않다. 자녀에게 용돈을 주는 지침은 〈표 9-3〉과 같다.

표 9-3 자녀에게 용돈을 주는 지침

구분	1 단계	2 단계	3 단계	4 단계
시기	7~8세 이전	8~9세	10~11세	초등학교 6학년
기간	수시로	1주일 단위	1주일 · 2주일 · 1개월 단위	1개월 단위
재량범위	과자 등 일부 기호식품	과자 · 장난감 · 도서 등 일부분	가족회의로 재량범위 대폭 확대	대부분의 자녀 사용 구매(고액 제외)
액수	부모가 사주던 금액에 비례	부모가 사주던 금액 비례, 1주일 평균 수시지급액	재량범위 반영, 여유자금 지급	1, 2, 3단계 고려, 자녀와 협상
부모의 역할	· 참관 · 거래과정 지도(인사 · 대화법, 물건 고르는 법 · 교환 등) · 격려 · 칭찬	· 거래방식이 몸에 배도록 이끌어 주기 · 저축 강요 금지 · 사용내역 기록	· 저축의 의미 지도 · 유도 · 용돈기입장 반드시 기록하기 · 가사노동 등에 성과급 지급	· 공짜가 없고, 돈은 소중한 노동의 결과라는 인식 가르치기 · 성과용돈의 근거 · 비율 결정 · 용돈 협상기회 제공

출처: 배순영(2002). 푸른 나무의 용돈 에피소드 세 가지. 소비자시대 2월호, 한국소비자보호원, p. 68에서 재구성.

나. 용돈의 규모

용돈의 액수는 부모가 정하는 것보다 자녀와 대화를 통하여 결정하는 것이 바람직하다. 함께 협의를 하고 정해야 책임감을 가질 수 있다. 아동소비자에게 있어서 용돈은 유일한 소득이며, 용돈의 범위 내에서 소비가 이루어져야 하므로 예산이다. 일정하지 않은 용돈은 예산을 변하게 만들어 현명하게 관리하는 습관을 들이는 데 방해가 되며 자기절제나 효율적인 소비를 배우기가 어렵게 된다.

용돈은 자녀의 성숙정도, 성격, 출생순위, 다른 아동소비자들의 상황 등을 고려하여 결정할 필요가 있다. 자녀의 요구를 이해하되 용돈으로 무엇을 어느 정도까지 소비하게 할 것인지에 대해 생각해야 한다. 중요성의 우선순위를 고려해서 자유재량으로 사용할 수 있는 여지가 포함되어야 한다. 초등학교 저학년이면 기호식품, 장난감, 도서의 일부분을 구매할 수 있도록 하고 평균적인 구매가격을 고려하면 된다. 고학년이 되면 가족회의를 통해 의견을 반영하여 재량범위와 액수를 늘려 준다. 연령이 증가함에 따라 인플레이션도 고려해야 한다.

용돈은 너무 많아도 너무 적어도 문제가 될 수 있으며 학습도구로서의 기능을 잃을 수 있다. 성인이 되었을 때 겪을 수 있는 경제문제를 미리 경험해 보고 현명하게 대처할 수 있는 습관을 들일 수 있도록 자녀가 필요로 하는 금액보다 적게 지급한다. 필요한 것을 사기 위해 용돈이 더 필요할 경우에는 협상을 통해 일을 시키고 돈을 줌으로써 경제적 자원은 노력의 대가로 얻어지는 것임을 알도록 한다. 노력으로 돈을 버는 경험을 통해 돈으로 환산할 수 없는 소중한 것을 얻을 수 있다. 일에는 대가를 지불해도 되는 일과 지불해서는 안 되는 일이 있다. 이것을 혼동하면 잘못된 경제교육과 인성교육을 시킬 수 있다. 가족구성원으로서 하지 않아도 되는 일을 했을 경우에 한하여 사회에서 지불하는 정도의 금액을 지급한다. 당연히 해야 할 일에 대하여 돈을 주는 것은 돈으로 행동을 통제하게 되어 해야 할 일을 하고도 보상을 기대하고 보상이 없으면 행동을 하지 않으려 한다.

다. 용돈 지급방법

용돈은 상벌수단이나 보상형태로 이용되지 않아야 한다. 용돈이 행위를 교정하는 수단으로 사용되면 미묘한 감정을 일으키게 된다. 벌로서 용돈을 지급하지 않는 행위도 자녀의 마음을 사랑의 거부와 화폐로 혼란스럽게 할 수 있다. 물질적인 보상은 자녀가 즉각 기쁨을 느끼는 일이고 부모도 쉽게 이용할 수 있는 편리함이 있지만 장기적으로 두 가지 큰 문제를 발생시킨다. 한 가지는 바람직한 행동을 하는 목표가 물질적 보상으로 변하여 돈에 대하여 잘못된 가치와 인식이 형성될 수 있다는 것이다. 부모의 부재나 혹은 관심 부족을 용돈지급으로 해결하게 되면 잘못된 행위도 돈을 지불하면 해결될 수 있다는 생각을 갖게 된다. 다른 문제점은 보상의 크기가 커지지 않으면 보상기능을 잃게 된다는 것이다. 자녀에게 가장 좋은 보상은 부모의 칭찬과 사랑이다. 물질적인 보상보다는 정서적인 보상이 더 큰 기쁨을 주고 바람직한 행동을 습관화시킬 수 있다. 칭찬은 객관적인 입장에서 구체적으로 해야 자기효능감과 자신감을 느끼게 할 수 있다.

자녀와 부모의 용돈 실천 사항

■ 자녀가 지켜야 할 용돈 사용의 실천사항

1. 감사하는 마음으로 받읍시다.
2. 항상 사용계획을 세웁시다.
3. 사용내역에 대해서는 부모님과 상의합시다.
4. 용돈의 범위 내에서 소비하는 습관을 키웁시다.
5. 용돈기입장은 반드시 사용합시다.
6. 소비자 의사결정과정을 명심합시다.
7. 자신의 물건에 이름표를 답시다.
8. 자신의 물건에도 의미를 부여하고, 마음으로 사용합시다.
9. 용돈기입장을 부모님께 점검 받도록 합시다.

■ 자녀에게 용돈 줄 때의 부모의 실천사항

1. 자녀와 함께 합의하여 결정합시다.
2. 정해진 용돈은 정기적으로 줍시다.
3. 용돈 사용은 늘 책임이 뒤따르도록 키웁시다.
4. 기록하는 모범을 보입시다.
5. 용돈기입장을 사용하게 합시다.
6. 자녀의 통장을 만들어 줍시다.
7. 용돈 내에서 일정한 금액을 먼저 저축하는 습관을 키웁시다.
8. 보상을 금전으로 해결하지 맙시다.
9. 재활용을 생활 속에서 익히도록 모범을 보입시다.

출처: 김시월(2004). 부모와 자녀가 함께 하는 소비자교육. 시그마프레스, p.132.

라. 지도와 감독

아동소비자의 용돈 사용에 대하여 어느 정도는 부모가 통제하고 감독할 필요가 있다. 그러나 지나치면 스스로 결정하고 결과에 책임지는 습관을 기르고 자신감을 형성하는 데 방해가 되며 실수를 통하여 학습할 수 있는 기회를 잃게 된다. 제안을 할 수는 있지만 결정은 스스로 하게 해야 한다. 돈의 사용방법과 거래방법을 자연스럽게 몸에 익힐 수 있도록 지도하는 것이 중요하다. 용돈을 처음 줄 때는 함께 가서 주인에게 인사하고 대화하는 법, 물건 고르는 법, 잔돈교환 방법 등에 대하여 지도해 줄 필요가 있다. 구매하러 갈 때 자녀를 데리고 가서 구매 의사결정과 구매과정을 보여주고 설명해 주면 효과적인 교육이 될 수 있다.

아동소비자에게 있어서 용돈은 수입이다. 아끼고 절약하여 한정된 수입의 범위 내에서 소비할 수 있도록 지도해야 한다. 비정기적인 수입은 모두 저축하도록 하고 평상시의 정기 용돈으로 생활하도록 해야 한다. 중학생이 되기 전까지 한 달 단위의 용돈 지급과 사용에 익숙해지도록 가르치는 것이 중요하다.

처음부터 용돈기입장을 강요할 필요는 없다. 용돈 규모가 크지 않을 경우에는 예산, 결산, 합계가 큰 의미가 없다. 구입한 물품내용을 자유롭게 적도록 하여 어디에 어느 정도를 사용했는지 자녀와 함께 다시 한 번 확인하는 데 의의가 있다. 용돈이 증가하면 반드시 용돈기입장을 쓰고 결산을 하도록 지도할 필요가 있다. 결산은 효율적인 용돈 사용을 위해 반드시 필요하다. 용돈기입장을 1년만 꾸준히 쓰면 지출의 쓰임새를 파악하고 쓴 돈의 세부적인 내역을 정리해 볼 수 있게 되며, 사용용도에 대해 미리 계획하고 한 번 더 생각하게 된다. 결산내용을 토대로 대화를 통하여 용돈 인상 문제를 협의할 수도 있다.

용돈의 사용은 STOS로 !

나의 소유가 된 용돈이라고 해서 나의 욕구만을 위해 모두 사용하게 해서는 안된다. 돈이 생기면 우선 저축을 하고(saving), 남을 돕거나 사회를 위해 기부하고(offering), 부모님 · 선생님 · 친구 등 감사해야 할 사람을 위해 쓰고(giving thanks), 나머지를 자신을 위해 쓰는 것이다. 자녀의 용돈은 STOS로 사용처를 정하도록 지도해 보자. 용돈을 사용처에 따라 배분하도록 한다면 '나누고' '절약하고' '돕고' '다른 사람들을 배려하는' 가치관을 심어주게 된다.

출처: 김학희(2007). 용돈으로 인성교육을 한다. 소비자시대 5월호. 한국소비자원, p.16.

(6) 소비생활교육

돈을 버는 것, 돈을 아끼고 모으고 투자하는 것을 배우는 것 못지않게 올바른 소비를 하는 것도 아동 소비자교육에서 중요하다.

① 자원관리교육

물건을 아끼고 재활용하는 습관은 소비생활의 기본 조건이다. 적당하게 사기, 깨끗이 사용하기, 절약하기, 재활용하기, 분리수거하기 등이 습관화되어야 한다. 물건을 소중하게 생각하고 잘 사용하는 것은 아동소비자가 익혀야 할 올바른 소비습관이다. 절약정신은 어려서부터 체험적으로 습득해야 하는 중요한 소비행동으로 몸에 배어 있어야 한다. 자기물건을 아끼고 스스로 정돈하도록 가르쳐야 하며 작은 물건이라도 잃어버리면 바로 꼭 찾는 습관을 들이도록 한다.

아동소비자에게 책임지고 관리할 물건을 정해주고 다 쓰고 나면 새 것으로 교환해 준다. 물건을 잘 관리하게 하려면 자기 것이라는 애착을 갖게 하는 것이 효과적이다. 저학년인 경우에는 학용품 정도를 관리하게 하고 고학년이 되면 손수건, 속옷, 티셔츠 등도 포함시킨다. 물건을 끝까지 사용하는 방법을 가르쳐 주는 것도 좋은 경험이 된다. 책임져야 할 물건을 잃어버린 경우는 용돈으로 사서 쓰도록 한다. 제대로 관리하지 못한 책임을 지게 하는 경험이 물건은 소중하게 다루어야 한다는 교훈으로 이어진다. 현대 아동소비자들이 물건을 소중하게 다루지 않는 것은 물건이 없어서 곤란한 경험을 한 적이 없기 때문이다.

② 구매교육

아동소비자들은 성인소비자들에 비해 자기절제 능력이 약하여 충동적으로 구매하는 일이 많다. 똑똑한 구매를 위한 전제조건은 쇼핑은 즐거운 일이 아니라 필요한 일과로 정기적으로 해야 하는 일들 중 하나라는 인식을 가지게 해야 한다. 구매하기 전에 신중하게 생각해야 하고 구매는 계획적으로 해야 하며 물건은 싸게 사야 한다는 것을 가르쳐야 한다.

올바른 구매의 기본은 싸게 좋은 물건을 사는 것이다. 그러므로 자녀에게 물건을 싸게 사는 법을 가르쳐야 한다. 물건의 가격은 판매점에 따라 다르며, 가장 싼 곳을 찾으려면 시간과 노력이 필요하다는 것을 인지시킨다. 자녀가 특별히 가지고 싶은 물건이 있을 때 그 기회를 활용하여 여러 곳을 돌아다니며 가격과 품질을 비교하게 한다. 이러한 교육을 통하여 시간과 돈의 관계와 기회비용을 가르칠 수 있다. 돈으로 시간을 살 수 있으며 돈으로 산 시간은 유용하게 사용할 때 의미가 있고 현명한 구매가 된다는 것을 알도록 한다.

③ 주체적인 소비습관

초등학교 시기는 사회생활이 본격적으로 시작되는 때이다. 부모만큼 강한 영향을 주는 친구들을 사귀게 된다. 주체적인 소비를 할 수 있게 하려면 또래친구들의 압력에 대항할 수 있는 교육을 시켜야 한다. 친구들이 모두 가지고 있기 때문에 물건을 사게 되면 내면보다 외면을 중시하게 만들고 독자성과 자신감 형성에 지장을 초래하게 된다. 친구들이 모두 가지고 있는 물건을 가지고 있지 않아도 당당할 수 있다는 것을 알려주어야 한다.

그 방법은 부모를 비교하지 못하게 하고 '다들'이 아니라 '나는'이라고 말하게 하는 것이다. 용돈액수나 물건의 구매여부는 부모의 가치관이나 경제 형편에 따라 부모가 결정한 일이다. 친구와 비교하는 것은 친구 부모와 비교하는 일이라는 것을 명확하게 일러 주어야 한다. 꼭 필요하거나 가지고 싶지 않지만 친구들이 가지고 있기 때문에 사야 한다고 하는 경우에는 다들이라는 말 대신 나라는 말을 사용하게 하는 것만으로도 새로운 관점에서 사물을 바라보게 한다. 모두 가지고 있어도 나는 사지 않는 것이 진정한 용기라는 것을 말해 주어야 한다.

(7) 광고에 대한 교육

광고에서 가장 논란이 많은 분야 중 하나가 아동소비자 대상 광고이다. 현대 아동소비자들은 무수한 광고에 노출되어 있다. 대다수의 아동소비자들이 정기적으로 시청하고 있는 TV는 매체가 지닌 영향력과 설득력으로 관심의 대상이 되고 있다. 아동소비자는 텔레비전 광고를 무분별하게 받아들여 충동구매 등 비합리적인 소비행동을 하게 된다. 아동소비자는 지적 판단력을 충분하게 가지고 있지 못하고 정보처리능력이 결여되어 있으며, 경험이 부족하고 인지발달이 미비하여 광고에 의해 오도될 수 있다.

광고는 실제와 다르게 과장되는 경우가 많다. 경우에 따라서는 직접 상점에 데리고 가서 실제 물건을 보면서 광고내용과 꼼꼼하게 비교해 볼 필요도 있다. 이러한 경험을 통하여 실제 장난감이 광고에서 보이는 것처럼 그렇게 매력적이지 않다는 것을 확인시킬 수 있으며, 광고를 무조건 믿지 않는 태도를 길러 줄 수 있다. 모양만 조금 바꾸거나 다음 것을 구매하도록 시리즈나 세트로 개발되는 상품도 많다. 가지고 있는 물건과 유사하다는 것을 이해시키거나 광고에 나오는 물건을 모두 살 수 없음을 단호하게 언급해야 한다(김혜선 외 5인, 2002).

아동소비자들이 광고를 정확하게 판단하고 평가할 수 있는 소비자로 성장할 수 있도록 하기 위해서는 첫째, 광고를 많이 하는 것과 상품의 품질은 관계가 없으며, 둘째, 부모는 자녀가 올바른 상품선택을 할 수 있도록 도와주는 사람이며, 셋째, 캐릭터상품으로 광고의 의미를 체험하게 할 수 있다는 점에 유의해야 한다. 캐릭터상품은 품질과 관계가 없는 것에 돈을 지불하는 것을 체험시키는 데 효과가 있다. 아동소비자들은 캐릭터 상품이나 광고를 통해 익숙해진 상품에 호감을 느낀다.

3) 아동소비자교육의 방법

아동소비자교육에 영향을 미치는 것은 가정과 학교 소비자교육이다. 부모와 초등학교 교사들의 역할이 가장 큰 요소라고 할 수 있다. 아동소비자들이 양심과 이성에 충실한 소비자, 소비자-시민으로서 책임을 성실하게 수행할 수 있는 소비자로 사회화되도록 하는 데 있어서 가정소비자교육은 중요한 초석이 된다. 가정에서 부모는 자녀들이 관찰을 통해 학습하는 모델을 제공함으로써 최초의 학습경험을 제공하고 소비자로서의 기술, 가치관, 지식들을 형성시키는 역할을 하게 된다. 제도적 교육에서 교사들은 의도적인 훈련을 통하여 학습경험을 제공함으로써 소비자로서의 기술, 가치관, 지식들을 수정하고 향상시킬 수 있다.

(1) 솔선수범 교육

아동소비자교육에서 교육자의 역할은 매우 중요하다. 아동소비자들은 가정에서 부모들의 소비자행동을 관찰 · 모방하고 부모와 상호작용을 하면서 소비자의 역할과 태도를 학습하게 된다. 아동소비자의 사회화과정에서 부모는 모델링의 대상으로서 그리고 다양한 긍정적 강화와 부정적 강화의 제공자로서 중요한 역할을 한다. 아동소비자교육에서는 말보다 행동이 더 큰 영향을 미친다는 점에 유의해야 한다. 아동소비자들은 부모와 어른들의 행동을 모델로 삼는다. 부모나 어른들의 행동을 보면서 따라 하고 경험을 쌓으므로 소비자행동을 관찰할 수 있는 기회를 제공해야 한다. 아동소비자 수준은 어머니의 소비자행동을 관찰 · 모방함으로써 향상될 수 있다.

아동소비자에게 어른과 같은 사고수준을 기대할 수는 없다. 부모가 행하지 않으면서 자녀에게 어떤 행동을 요구하거나 교육하는 것은 효과가 없다. 부모가 교육내용을 직접 행동으로 실천하며 어떻게 하는 것인지를 보여주면서 교육해야 한다. 부모는 자신들이 모델링 대상이 된다는 사실을 인지하고 소비자기능 수준을 높이기 위해 노력해야 한다. 자신의 소비생활양식과 가치관을 점검하여 합리적인 소비생활을 몸소 실천하여 모범을 보임으로써 아동소비자들이 바람직한 소비생활태도와 가치관을 형성하도록 이끌어 주어야 한다. 부모가 규모 있게 예산계획을 세우고 가계부를 기록하는 모습 등은 자연스러운 좋은 모델이 되며 직접적인 관찰학습의 대상이 된다.

(2) 개개인의 특성 존중

아동소비자교육은 장기적 안목으로 해야 한다. 아동의 발달은 계속적인 과정이지만 발달속도는 일정하지 않다. 학습시기, 발달속도, 태도와 능력에 차이가 있다. 신체의 각 부위와 정신기능에 따라 발달속도가 다르며, 특정 측면의 발달에 있어서도 발달단계에 따라 그 속도가 일정하지 않다. 보편적인 순서가 있기는 하지만 개인차가 있음을 고려해야 한다. 학습효과는 아동소비자의 성숙과 학습정도에 따라 다르게 나타난다. 소비에 대한 아동의 이해는 연령에 따라 증가하게 되지만 개인적인 경험과 사회 · 경제적 요인에 의해서도 영향을 받는다.

아동소비자교육에서는 참을성이 있어야 한다. 교육내용을 효과적으로 학습하는 데는 시간이 필요하다는 것을 이해하고 서두르지 않아야 한다. 현명하지 못한 행동을 했거나 실수를 했을 때 실수가 가르침으로 전환될 수 있도록 도와주어야 한다. 소비자교육은 삶을 통해 장기적으로 이루어지는 것이다. 단기적인 성과에 연연하거나 아동소비자가 알고 있는 지식만을 기준으로 할 경우 역효과를 가져올 수도 있다. 아동소비자의 흥미, 능력, 적성 등을 파악하여 흥미를 가지고 즐겁게 학습할 수 있도록 다양한 방법을 사용해야 한다.

(3) 경험을 통한 학습

아동소비자교육에서는 다양한 소비자경험을 제공해 주고 이를 통해 스스로 배우게 하는 것이 가장 바람직하다. 자녀에게 필요한 물건을 부모가 모두 사다

주는 것은 바람직하지 않다. 보면서 얻게 되는 경험이 학습과 태도 형성에 큰 도움을 준다. 다양한 직접 경험을 공유하는 것이 무엇보다 중요하다. 부모와 함께 자주 쇼핑을 하면서 대화를 많이 한 아동소비자들이 어른이 되어서도 훨씬 합리적인 선택을 할 수 있다. 은행 · 상점 등과 같은 경제교육 장소에 자녀를 동반하여 직접 보고 경험할 수 있는 기회를 많이 제공해 준다.

간접 경험을 위해서는 자녀와 자유롭게 대화할 수 있는 환경을 조성한다. 부모와 소비자역할에 대한 의사소통을 많이 할수록 자녀의 소비자능력이 향상되는 것으로 나타났다(Moschis, 1985; 김재문, 1993; 신혜선, 1994). TV나 신문 등의 관련 기사나 학교의 관련 수업에서 자신이나 주위 사람들의 소비생활 경험들을 자연스럽게 이야기할 수 있도록 이끌어 준다. 경제서적을 같이 읽고 이야기하는 것도 좋다. 대화나 토론 후에는 자신의 생각을 정리할 수 있는 기회를 준다. 유의해야 할 점은 부모나 교사가 자신들의 생각이나 가치관을 강요하거나 주입해서는 안 된다는 것이다. 아동소비자들은 성공한 경험뿐만 아니라 실수한 경험을 통해서도 배운다. 광고상품을 구매한 후에 광고의 문제점을 알게 되었을 때 자신이 구매를 잘못했으며 광고와 실제가 다를 수 있다는 것을 배우게 된다.

(4) 칭찬과 꾸짖기

바람직한 행동을 반복적으로 유도하는 가장 효과적인 방법은 칭찬이다. 좋은 일을 하면 그 자리에서 바로 칭찬을 하고 행위뿐만 아니라 성격도 칭찬을 한다. 칭찬 받을 일이 무엇이고, 얼마나 기쁜지, 왜 칭찬하는지를 구체적으로 말해 준다. 잘못된 일은 엄한 목소리로 짧고 간결하게 즉시 잘못을 지적한다. 잘하지 못하거나 실수를 할 경우에는 비판하기보다는 격려한다. 잘 해낼 수 있다는 것을 확신시켜 주는 것이 중요하다. 성격이 아닌 잘못된 행위 자체에 대해서만 꾸짖어야 한다. 꾸중 받을 일이 무엇이고 얼마나 안 좋으며 왜 꾸짖는지를 분명하게 말해 주어야 한다. 칭찬은 다른 사람들이 보거나 듣는 데서 하는 것이 효과적이지만 꾸짖는 것은 다른 사람들이 보거나 듣는 데서 하면 역효과가 생길 수 있다.

(5) 일관성 있는 교육

아동소비자의 습관 형성에는 일관성 있게 반복하여 연습시키는 것이 무엇보다 중요하다. 부모는 물론 교사, 이웃, 가족 및 친지들까지도 상호 협조하여 기본적인 원칙은 어떤 경우라도 예외를 두지 말고 일관성 있는 태도로 지도해야 한다.

(6) 주체적인 선택 기회 제공

자신이 필요로 하는 것은 스스로 선택할 수 있는 기회를 제공해 준다. 이때 선택 이유를 가족이나 다른 사람에게 설명하도록 유도한다. 가족 내에서 소비자불만이나 문제가 발생할 경우에는 이를 생생한 교육기회로 활용하여 아동과 함께 주체적으로 문제를 해결하는 방안을 모색해 본다. 부모의 명령과 판단을 수동적으로 받아들이는 것이 아니라 자신의 삶에 직접 참여하는 능동적인 사람으로 성장할 수 있도록 하기 위해서는 스스로 선택하고 결정해야 할 상황을 자주 경험하게 해야 하고, 스스로 물건을 고르고 돈을 주고 물건을 사고 자신이 좋아하는 색과 디자인을 선택해 보는 경험을 많이 제공해 주어야 한다.

연구과제

1. 자녀와 협상을 통해 용돈계약서를 작성해 가는 과정을 만들어 보자.

2. 초등학교 시절의 용돈사용 경험에 대하여 토론해 보자.

3. 아동소비자교육과 관련된 인터넷 사이트를 조사해 보자.

4. 아동소비자를 위한 경제 관련 도서에 대하여 조사해 보자.

10 CHAPTER

청소년소비자교육

1. 청소년소비자의 개념과 특성
2. 청소년소비자의 소비자문제
3. 청소년소비자교육의 내용과 방법

10 CHAPTER

청소년소비자교육

오늘날의 청소년들은 지속적인 경제 성장으로 인해 이전의 어느 세대보다 풍요로운 소비생활을 누리고 있다. 따라서 청소년기는 이전 시기보다 자유재량으로 쓸 수 있는 돈이 증가하고, 스스로 구매의사결정을 할 수 있는 기회가 많아 소비자역할은 확대된 반면, 소비생활에 대해 친구의 영향을 많이 받고, 유행에 민감하며, 광고에 현혹되기 쉬워 합리적인 소비자로서의 역할을 제대로 수행하기 어려운 시기라고 할 수 있다(이승희, 2000).

청소년소비자는 소비자사회화가 가장 활발하게 이루어지는 시기로 이 시기에 형성된 소비자로서의 태도는 성인기의 소비생활까지 연장되기 쉽다. 따라서 이 시기에 소비에 대한 올바른 가치관을 심어주고, 바른 소비자로서의 태도를 습득하는 것은 청소년기의 소비생활을 잘하기 위한 한시적 목적은 물론, 바람직한 소비자로서의 역할 수행을 위한 지속성을 위해서 매우 중요한 일이다.

01 청소년소비자의 개념과 특성

1) 청소년소비자의 개념

청소년소비자의 범위를 어떻게 보느냐는 학자들마다 조금씩 다른 견해를 보인다. 발달심리학적 측면에서 볼 때 청소년기는 아동기가 끝나는 12세부터 23~4세까지로, 사춘기를 기점으로 하여 그 이후 약 10년간을 포함하는 시기를 뜻한다(김혜선 외, 2002). 또한 오늘날의 디지털 사회에서는 청소년소비자를 1970년대 중반부터 1980년대 후반에 태어난 13~25세의 연령층으로 첨단 정보산업시대에 뉴미디어의 사용이 일상화가 된 세대를 뜻하며 네티즌 세대 혹은 N세대, @세대로 부르고 있다(박명희, 2002). 그러나 인구통계적 요인인 연령별로 소비자 유형을 분류할 때는 통상적으로 13~18세의 중 · 고등학생을 청소년소비자라고

하고, 그 이후의 시기에 해당하는 소비자는 대학생소비자로 분류하거나 혹은 성인소비자에 포함하여 설명한다. 따라서 여기에서는 13~18세의 중 · 고등학생 시기에 해당하는 청소년을 청소년소비자로 규정하여 설명하고자 한다.

2) 청소년소비자의 특성

청소년소비자는 연령이나 생활주기에 따라 분류한 소비자집단 유형의 하나로 소비자 발달단계에서 아동소비자와 성인소비자 중간에 위치한 과도기적 소비자로서 개성이 뚜렷한 생활양식과 소비특성을 갖는다. 그러나 청소년소비자는 신체적으로는 성인과 비슷하지만 심리적 발달은 이에 미치지 못하여 불균형을 초래하며, 자아에 대한 기대와 실제 자아와의 차이, 미래에 대한 불확실한 전망 등으로 정서적 불안감을 느끼는 변화의 시기이다. 또한 이들은 네티즌이라 불리우는 N세대로서 인터넷상에서 다양한 형태로 그들만의 사회, 단체, 가상공동체를 구성하며 인터넷을 통한 상호교류를 시도하는 등 N세대 고유의 문화적 특성을 보인다. N세대로서의 청소년소비자의 특성은 다음과 같다(박명희, 2002).

① 극단적으로 독립적이며 간섭을 싫어하고 필요한 것을 스스로 찾으려는 적극성이 있다.

② 감성적이며 지적으로 개방적이다. 인터넷을 통해 자신만의 깊은 생각을 표현하고 논쟁은 하지만 상대방에게 개인정보를 알려주는 것은 위험하다고 생각하고 익명성을 요구하기도 한다.

③ 사회적으로 배타적이 아닌 포용적인 성향을 갖는다.

④ 자유로운 표현과 강한 주장을 한다. 인터넷에서 그들은 대화의 수준이나 연령에 대하여 선입관을 갖지 않는다.

⑤ 혁신적이며 새로운 것을 꿈꾸고, 끊임없이 더 나은 것을 추구한다. 또한 그들은 인터넷을 지원하는 새로운 매체나 기술에 매우 쉽게 적응한다.

⑥ 성숙하기 위한 열정을 가졌으며, 성숙한 존재로 대접받기를 원한다.

⑦ 탐구심이 강하다. 새로운 기술을 사용할 경우 이들의 관심은 그것을 어떻게 움직이게 하는가가 아니라 그것이 어떻게 작동하는지, 어떻게 메시지를 보내고 어떻게 시뮬레이션 프로그램을 사용하고 어떤 데이터베이스를 가지는지에 깊은 관심을 보인다.

⑧ 이들의 커뮤니케이션 방식은 실시간대에 즉시 상호작용을 하므로 그들의 관심에 대한 답변도 즉각적이기를 원하는 등 성급함을 보인다. 컴퓨터시스템의 실시간화나 정보의 고속전달과 같이 젊은 세대의 순환은 매우 빠른 속도로 이루어진다.
⑨ 기업적 이익에 민감하다. 이들은 전파매체에는 예상치 못한 많은 영역들이 남아있고, 이를 상업주의가 좌지우지한다고 느끼고 있다.
⑩ 사실 확인과 신뢰를 얻으려고 한다. 인터넷 안에서의 익명성, 접근 가능성, 다양성과 편제의 특성 때문에 이들은 인터넷에서 보고 들은 것에 대해 끊임없이 검증받아야 한다.

3) 청소년소비자의 소비생활 특성

네티즌 세대라고 불리워지는 오늘날의 청소년소비자의 특성은 소비행동에도 깊이 반영되어 소비생활에서 여러 가지 특성을 나타낸다. 그 중 두드러지게 나타나는 소비특성을 제시하면 다음과 같다(김혜선 외, 2002).

(1) 동조소비

동조소비 행동은 주어진 상황이 애매모호하거나 집단의 응집력이 강한 경우, 그리고 소속되고 싶은 욕구가 클 경우 강하게 나타난다. 따라서 또래 집단의 응집력에 영향을 많이 받는 청소년소비자는 동조소비 경향이 매우 강하게 나타나며, 이것은 무분별한 소비행동의 모방으로 이어지기 쉽다. 청소년들이 친구들과 같은 상표의 제품을 구매하려는 욕구나 대중매체의 스타가 광고하는 제품을 기어이 구매하려는 욕구를 갖는 이유도 바로 이들이 열망집단이나 또래 집단의 영향을 쉽게 받기 때문이다. 즉 동조소비는 준거집단에서 소외되지 않으려는 소속욕구에 의한 소비행동으로 자신에게 꼭 필요하고 어울리는 것보다는 남들이 많이 구매하고 사용하는 유행 브랜드라는 이유만으로 소비하는 형태로 나타난다.

(2) 충동소비

청소년들은 무엇을 왜 살 것인가에서부터 구입한 물건을 어떻게 관리하는가에 이르기까지 소비행동 전 과정에서 대개 직관적이고 충동적인 판단에 의존하는 경향이 있다. 청소년을 대상으로 한 조사들에 의하면 청소년들은 소비를 당연시하고 소비 그 자체를 즐거움으로 여기며, 자기만의 개성을 추구하면서도 다른 사람을 모방하고 유행을 추종하는 이중적인 모습과 함께 신상품에 대한 관심과 보는 즉시 구매하는 충동구매 성향을 나타낸다. 청소년들의 즉흥적이고 충동적인 소비경향은 광고와 대중매체에서 새롭게 보여지는 상품을 구매하게 한다. 뿐만 아니라 청소년들은 매사에 금방 싫증을 느껴 한 가지 상품에 만족하지 못하고 새로운 것을 계속 추구하며, 신제품이 나오면 남보다 먼저 구매하려는 성향을 보인다.

(3) 과시소비

오늘날의 소비는 상품의 기능을 통한 효용을 추구하기보다는 상품이 지니는 이미지를 소비하는 추세에 있다. 즉 재화는 재화가 갖는 기호나 이미지를 전달하는 매체로 기능하고 있어, 소비행위가 단순한 재화의 기능적 소비라기보다 재화가 지닌 기호나 이미지를 소비하고 있다.

청소년들은 이러한 재화의 이미지와 상징성 때문에 자신의 차별성과 정체성 획득의 수단으로 소비를 이용한다. 그러나 차별화의 추구는 개성을 추구하면서도 끊임없이 타인을 의식하는 소비행태로 나타나며, 비싼 옷이나 유행상표가 규범적 표준으로 작용하여 이것을 입지 않으면 소외되는 상황으로까지 나타난다. 이것은 외적인 겉모습이나 소유물에 의해서 사람을 평가하는 사회분위기를 그대로 반영하는 것으로 보여진다. 청소년소비자는 제품의 지위 상징성을 인식하는데 있어 친구나 연예인 같은 준거집단의 영향을 가장 많이 받고, 다음으로 물질주의 가치와 광고의 분별없는 무조건적인 수용태도에 의해 큰 영향을 받는다. 이는 재화의 소유나 소비를 통해 행복을 추구하는 물질주의 가치관이 물질을 통해 자신의 신분을 과시하려는 과시소비를 유도하는 것이라고 할 수 있다.

청소년의 소비행동과 관련된 조사에 의하면 조사 대상자의 4/5가 유명, 고급상표에 호감을 가지고 있으며, 2/3가량은 유행에 관한 기사나 잡지를 즐겨보고 남들이 어떤 옷을 입고 다니는지에 관심이 많은 것으로 나타났다. 특히 청소년의 1/3가량은 주변 친구들이 유행하는 상품을 가지고 있을 때, 따라 구입하는 경우가 많은 것으로 나타났다.

(4) 그 외의 소비생활 특성

앞에서 설명한 것 외에 청소년에게 나타나는 소비생활 특성은 청소년소비자는 금전의 가치와 자신의 선호에 대한 이해부족 등으로 성인소비자에 비해 더 많은 소비자문제를 경험한다는 것과, 용돈관리가 소홀하고 낭비적이라는 것이다.

청소년소비자는 과도기적 소비자로서 현재는 소비의 연습기이나 미래에는 생산과 소비의 중요한 주체자로서의 위치이며(김시월, 2001), 청소년기에 형성된 소비자 태도는 성인에 이르러서도 지속된다는 점에서, 이들을 대상으로 한 소비자교육은 시기적으로 무엇보다 중요하다.

02 청소년소비자의 소비자문제

소비자문제란 소비자가 생활을 위해서 상품을 구입, 사용하는 과정에서 일어나는 소비자의 피해 또는 소비자 불이익이라고 정의할 수 있다(김영신, 외, 2000). 청소년소비자가 겪는 소비자문제는 구매와 관련된 것과, 비합리적이고 무분별한 소비행동과 관련된 것으로 구분하여 설명할 수 있다(이승신 외, 2004).

1) 구매와 관련된 소비자문제

청소년소비자가 겪는 구매와 관련된 문제는 구매 전에 개인의 필요와 욕구에 대한 점검을 통해 구매 필요성 인식과 관련 정보탐색을 해야 함에도, 단순히 타인의 영향에 의해 수동적으로 상품을 선택하는 경향이 높은 데서 발생한다. 또한 청소년소비자가 이용하는 기본적인 필수재는 주로 가정에서 부모로부터 제공받으므로 직접 금전을 합리적으로 관리해야 할 동기를 갖지 못하는 데도 원인이 있다. 청소년들은 충동적으로 금전을 소비하는 경향이 높은 데 반해, 금전 지출에 대한 계획성은 낮고 구매 후에도 금전 지출에 대한 기록 및 검토 등 금전관리 행동수준이 낮은 것도 문제점으로 지적된다. 청소년소비자들은 소비자역할

확대와 함께 다양한 유형의 소비자문제를 경험하게 됨에도 실제 그에 대한 불평행동은 적극적이지 못한 것도 해결해야 할 문제로 지적된다.

2) 소비행동과 관련된 소비자문제

청소년소비자들은 구매와 관련된 소비자문제를 경험함과 동시에 최근에는 비합리적이고 무분별한 소비행동과 관련된 청소년소비자 문제가 많이 거론되고 있다. 청소년들은 대중매체의 영향을 많이 받는데, 대중매체는 청소년들에게 더 좋은 것(the better life)을 지향하도록 유인하며, 이는 청소년소비자들에게 물질주의 형성과 그로 인한 과소비, 과시소비, 모방소비를 유발하게 한다.

소비행동과 관련된 청소년소비자 문제 중 과시소비에 대한 문제는 더욱 심각한 것으로 평가되는데, 그 이유는 사회 전반에 걸쳐 만연된 청소년소비자의 과시소비성향은 유명 상표 소유에 따라 사람을 평가하는 잘못된 가치관과, 그로 인한 청소년 비행을 더욱 심화시키는 원인이 되고 있다고 보기 때문이다.

03 청소년소비자교육의 내용과 방법

소비자교육의 목표가 인간의 궁극적으로 추구하는 삶의 질 향상과 복지 지향적 소비생활을 하기 위한 것이라는 궁극적인 목표설정은 정보사회에서도 같은 맥락에서 추구해야 할 부분이다(박명희, 2002). 그러나 정보화 시대의 교육은 탈산업화, 탈근대화 모델에 기반한 것으로 기존의 교육모델에 대한 근본적인 수정을 요구하므로, 소비자교육의 목표 추구를 위해서는 정보사회에 적합한 교육내용과 교육방법으로의 변화를 시도해야 할 것이다.

1) 정보사회에서의 교육 패러다임 변화

(1) 정보사회에서의 교육 패러다임 변화

정보사회는 기존의 산업사회와는 다른 교육 패러다임이 요구된다. 왜냐하면 지금까지 교육의 역할은 학습자(learner) 대신 지식보유자(knower)를 양성하는 것으로 교육의 목적은 가능한 한 많이 아는 사람을 양성하는 것이었다. 그러나 정보사회에서는 '데이타베이스'와 같은 지식보유자들보다는 날마다 새로이 일어나는 일에 대해 능동적이고 창의적으로 대처해 나가는 학습자를 필요로 하기 때문이다(박명숙, 2005). 즉 산업사회는 교육의 지향점을 '지식자' 즉 과거의 정보에 의존하고, 사실과 개념만을 단순히 축적하고, 정보가 제시되길 기다리는 수동적인 전수자를 양성하는 것이었다면, 정보사회는 일상적으로 새로이 발생하는 다방면의 급격한 변화에 대처하여 자신이 직면하는 문제 상황을 창조적으로 해결할 수 있는 '학습자'를 키우는데 주력해야 할 것이다. 정보사회의 학습자는 현재의 정보를 미래와의 관련성 속에서 파악하고, 지식의 단순한 축적이 아닌 지식을 적용하고 체험하며, 지식의 개념망(concept nets)을 창출하고 정교화하며, 개개인의 문제 상황에 구체적인 해결책을 만들어 내며, 능동적으로 새로운 경험을 시도할 수 있어야 한다(Lazlo, Castro, 1995). 따라서 정보사회의 학습자에게는 무형의 세계에서 실체를 유추할 수 있는 AQ(Analogy Quotient: 유추지수)가 새롭게 요구되는 것이다. 한때 EQ(Emotional Quotient: 감성지수)가 부각되기도 했는데, 이것은 남의 감정을 이해하고 자신의 감정을 조절하는 능력을 말하며 기능주의의 퇴화와 인성의 재발견이라는 점에서 의미가 있었다. 그러나 감성만으로는 혼돈과 무정형의 세계를 극복하지 못하므로 EQ는 단지 AQ로 가는 중간 과정에 불과했다. 산업사회의 화이트칼라(white collar)의 일은 기계의 몫이 되었고, 이제는 창의력과 문제의식을 지닌 골드칼라(gold collar)의 새 역할이 요구되는 세상이기 때문이다. 정보사회에서 요구되는 인간형은 '입체인간', 'T자형 인간', '장파인간'으로서 입체를 통찰하여 다면적으로 생각하고 주변과 교감하는 인간, 전문성이 있으면서 폭넓은 지식을 함께 갖춘 'generalized specialist'형 인간, 긴 안목으로 미래를 내다보고 나무와 숲을 함께 볼 수 있는 인간이 요구된다. 따라서 교육이 근본적으로 달라져야 하고, 인재를 판별할 수 있는 기준 또한 바뀌어야만 한다(김기옥 · 김난도 · 이승신, 2004).

(2) 정보사회에서의 교수자의 역할

정보사회에서의 교육 패러다임 변화 속에서 교수자의 역할은 어떻게 변화되어야 하는가? 정보화 시대는 언제, 어디서나 시간과 장소에 제약받지 않고, 어떤 주제나 계열에 관계없이, 또 연령에 구애되지 않고 효과적이고 능률적인 학습이 가능하게 된다. 따라서 기존과 같이 다수의 학생들로 구성되는 대집단을 대상으로 교수자가 강의식으로 내용을 일방적으로 전달하는 방식은 이제는 더이상 지배적인 수업 방법이 되지 못하며, 교수자는 변화된 방식으로 수업을 운영해야만 한다(진위교 · 조용남, 2000).

맨지스(Menges, 1994)는 이와 같이 변화된 교육 패러다임에서의 교수자의 역할 변화를 다음 몇 가지로 제시하고 있다.

첫째, 교수자가 직접 학습 자료나 교재 등을 일일이 수집하여 제시하는 일로부터 학습자들이 스스로 자료를 표집하여 활용할 수 있도록 도와주어야 한다.

둘째, 앎의 가치를 일방적으로 선언하는 일로부터 무엇이 중요한 것인지를 확인하는 준거에 관해 협의하도록 한다. 즉 정보의 타당성에 대한 준거는 각 영역마다 고유하므로 교수자는 학습자들과 함께 그 분야에서 중요한 것과 중요하지 않은 것을 구분해 내는 방법을 찾아야 한다.

셋째, 학습자들을 서로 비교 평가하는 상대평가로부터 각 개인별 고유의 표준에 비추어 평가하여야 한다. 교수자는 일률적이고 동일한 성취기준을 통한 평가에서 탈피하여 수업목표와 개인적 흥미, 관심, 능력 등을 고려하여 평가가 이루어져야 한다.

넷째, 경쟁을 통한 개인적 학업 성취도에 따른 평가로부터 협동에의 기여도에 따른 평가로 나아가야 한다. 집단 작업을 평가하고 보상하는 일이 어려운 이유는 집단 구성원들의 역할과 책임이 다양하다는데 있지만, 협동 작업은 앞으로 지향해야 할 부분이므로 이에 대한 평가 방법도 연구해야만 할 것이다.

다섯째, 학습자들이 가진 자원들에 대한 타당성을 일일이 검증하기보다 이를 정당하게 활용하고 공정하게 인용하도록 지도해야 한다.

여섯째, 학습자들에게 지식을 재생산하도록 하기보다는 독창성을 실증하도록 권장하여야 한다. 학습자들은 핵심 아이디어를 새로운 보기나 예에 적용할 줄 알아야 하며, 학습한 원리들을 원래 학습한 상황들과 유의미하게 다른 상황에도 적용할 수 있어야 하기 때문이다.

결론적으로 정보화 시대의 교수자들은 단순히 일방적인 교육 전달자가 아니라 학습 동기를 부여할 수 있는 촉진자, 학습정보 관리자, 교육과정 운영자, 학습 동반자의 역할을 수행해야 한다(최욱, 2002).

2) 청소년소비자교육의 내용

청소년을 위한 소비자교육은 N세대인 이들의 가치, 행동, 관심이 어떻게 변화할 것인가를 탐색하는 것이 필요하며, 소비환경 변화 또한 그들의 가치, 행동과 함께 역동적으로 변화하는 것이므로 기존의 교육 패러다임으로 고정화시키기는 어렵다. 박명희(2002)는 기본적인 사회경제적 변화와 사회문화적 변화 그리고 정치적 변화에 따른 목표와 방향을 중심으로 N세대를 위한 소비자교육 내용을 다음과 같이 제시하고 있다.

(1) 소비자가치관 교육

청소년소비자들의 소비행동에 영향을 미치는 요인은 많지만 특히 주목해야 할 것은 소비자가 지니는 가치관이다. 개인이 가지고 있는 가치관은 소비자들의 삶의 기준 또는 가장 근본적인 목표가 되는 바람직한 개념으로, 개인의 의사결정과 행동에 동기를 부여하고 영향을 미쳐서 실제 행동에 반영되어 나타나 그 중요성이 매우 크기 때문이다. 따라서 청소년들을 대상으로 한 소비자교육의 첫 번째 교육내용은 소비자가치관과 관련된 교육내용이 이루어져야 할 것이다.

(2) 정보화 교육

정보화 교육은 정보사회에서의 정보처리 능력과 활용, 적응 능력을 갖춘 소비자로 키우기 위한 교육이다. 21세기는 과학 기술력에 기초한 정보와 지식이 국가 경쟁력을 결정하고 사회발전을 선도하며 주된 자원인 정보의 생산 및 처리를 통해 부가가치가 생산되는 정보시대이다. 정보사회의 인간의 관심과 가치는 능동적, 적극적 인간관계에 기초하여 인간의 창의성 개발에 역점을 두고 있다. 미래사회의 힘의 원천인 정보나 지식은 빠르게 생성 · 소멸하고 그것이 지니는 부가가치와 유효기간도 상대적으로 짧아지기 때문에 정보처리 능력 및 활용 그리고 적용능력이 중시된다. N세대는 다양한 컴퓨터 사용으로 정보처리 능력과 활용능력이 상승되고 있으나 이러한 정보처리 능력 배양에서 뒤지는 집단에 대한 정보격차 문제를 해결하기 위한 노력이 필요할 것이다. 특히 정보화 과정에서 야기되는 개인 정보보호와 범죄예방을 위한 윤리의식 교육 또한 필수적으로 실시해야 할 부분이다.

(3) 소비자의사결정과 재무관리 교육

개인 소비자의 선택 문제는 시장 환경을 조성하는데 아주 중요한 변수이다. 시장에서의 소비자 선택은 소비자 자신의 복지를 향상시키거나 또는 생활수준을 저해하는 변수일 뿐 아니라, 그 시장의 환경을 왜곡시키기도 하고 기업의 생산행태를 변화시키기도 한다. 특히 최근 들어 소비자들의 소득 패턴이 과거와 달리 정형화되지 못하고 유연성을 가지게 됨에 따라 소비자는 자신의 소비문제뿐만 아니라 소득을 관리하는 문제를 가지고도 시장에 개입해야하는 상황에 처하게 되었다.

미래의 소비자의 경우는 현재보다도 더욱 경제 문제에 관한 선택을 자주적으로 해야 하는 상황이 될 것이므로, 다양하고 복잡한 선택 상황에서 자신에게 유리한 선택을 하기 위해서는 소비자 스스로의 경제지식과 정보가 필수적으로 필요하다. 더욱이 이러한 상황은 글로벌화되어 있는 세계경제 여건하에서 더욱 심화되고 있는데, 의사결정과 재무관리 교육은 이와 관련된 지식과 함께 상당한 기술을 요구하는 분야로, 이 분야의 교육을 위해서는 지식전달과 함께 이를 훈련시킬 수 있는 교육내용이 필요하다.

우리나라 청소년들은 부모에 대한 경제적 의존도가 높은 반면, 미국의 청소년들은 경제적 독립성이 높다. 이는 미국 등의 선진국의 경우 근로자가 소득 패턴이 연봉제로 가게 될 경우 평생소득의 개념이 보장되지 못하므로, 근로자 자신이 평생소득과 소비를 관리할 수 있도록 가계재무교육과 돈에 대한 개념 그리고 이를 실천할 수 있는 훈련을 어렸을 때부터 철저히 교육시킨 결과라고 볼 수 있다.

(4) 환경과 안전교육

환경과 안전교육은 소비자의 안전문제와 지속 가능한 소비생활에 대한 책임을 의식하는 소비자가 될 수 있도록 하는 교육이다. 소비자는 소비자의 안전을 위협하는 모든 유형의 위험을 정확히 파악하고, 그 위험의 원인을 분석, 제거할 수 있는 능력과 시스템을 구축하도록 요구할 권리가 있는 동시에 소비자 스스로 안전을 위해 지켜야 할 다양한 노력을 수행할 의무가 있다. 따라서 소비자는 이러한 노력과 의무를 다할 수 있는 의지와 능력을 가져야 할 것이다.

환경의식교육은 기존의 환경교육에서 생태학적 접근과 생명존중에 대한 가치교육 등을 중심으로 한 환경교육이 실시되어 왔다. 그러나 환경의식적 라이프스타일의 형성이나 지속가능 소비 측면에서는 필요성에 대한 역설은 해왔으나 생활실천 측면에서 실천되지 못하고 있고, 이 문제는 심각한 자원낭비로 연결되고 있다. 우리나라의 경우 최근 들어 환경부를 중심으로 환경에 대한 의식이나 생태교육 등은 상대적으로 강조되고 있으나 소비생활과 관련된 지속가능 소비에 관한 부분은 초보적인 단계에 불과하다. 산업사회의 소비자의 관심이 재화, 서비스의 구매와 소유가 중심이었다면 정보화 시대의 소비자의 관심은 구매나 소유에서 벗어나 사용, 처분에 더 많은 비중을 두고 소비를 하나의 상징으로 본다. 따라서 소비에 관한 가치 자체를 소유에서 사용의 개념으로, 소비를 자아실현의 방법으로 생각할 수 있는 가치전환이 필요하며, 개인의 소유나 소비보다는 지구환경자원의 보존을 중심으로 하는 사용, 보존의 가치를 생활화하고 지속가능 소비의식이 체질화될 수 있는 교육내용이 포함되어야 한다.

(5) 소비자주권 교육

소비자주권 교육이란 소비자주권을 가진 능동적 소비자로 키우는 교육이다. 미래의 소비자는 산업사회에서의 소비자처럼 보호해야 할 대상이거나, 소비자보호의 수혜자, 수동적으로 소비자교육을 받는 교육 대상자가 아니다. 소비자는 주권을 가진 주인으로서 정직하고 공정한 소비자가 되어야 하므로 소비자교육은 자율과 창의에 바탕을 둔 소비자 개개인의 가치와 행동을 변화시키는 교육이 되어야 한다. 이를 위해서는 소비자 관련 법과 제도를 준수하고 고발하는 정신교육, 사회적 책임을 느끼고 공약을 위해 실천하는 교육내용이 필요하다. 시장환경의 변화에 따라 새로운 소비자문제가 발생하는 만큼 이에 대응하는 법률 제정과, 소비자의 참여 교육이 추가되어야 한다.

소비자의 가치와 습관, 시민 의식과 같은 가치지향적 교육의 목표는 행동습관의 형성과 함께 이루어져야 하고, 이러한 교육은 어려서부터의 습관교육과 계획적 생활교육을 통해서만 목표를 달성할 수 있게 된다. 따라서 계획적 생활과 소비생활 습관이 곧 실천적 행동으로 연결될 수 있는 교육이 이루어져야 한다.

3) 청소년소비자교육의 방법

(1) 청소년소비자교육 방법

교육내용이 선정된 후에는 이를 어떤 순서로 어떻게 가르칠 것인가?의 문제가 대두된다. 오늘날의 교육은 지식 양의 폭발적인 증가를 어떻게 수용하며, 그 속에서 다양한 학습목표에 어떻게 효과적으로 접근할 수 있는가의 과제를 안고 있다. 소비자교육은 학습을 통해 생활과제를 이해하고 이를 실제 생활에 적용할 수 있도록 하는 데 있다. 따라서 이를 달성하기에 적합한 교수방법의 도입은 무엇보다도 중요하다. '효과적인 교수방법' 의 의미는 '주어진 학습내용을 설명하는데 가장 적합한 교수방법' 을 뜻하므로(박명숙, 1998), 효과적인 소비자교육을 위해서는 교육내용과 학습대상에 따라 그에 적합한 교육방법을 선정하는 것이 중요하다.

이기춘 등은(1995) 학교 소비자교육에 효율적으로 이용할 수 있는 교수방법을 강의법이나 문답법과 같은 고전적 교수방법, 그룹이나 역할놀이 같은 사회성이나 인성발달을 위한 교수방법, 견학과 같은 현장경험을 통한 교수방법, 시청각매체 등을 활용한 공학적 교수방법, 그리고 학습자 자신의 특성을 최대한 수용하기 위한 개별화 교수방법을 들고 있다.

이득연(1995)은 소비자교육에서 활용할 수 있는 교수방법을 매체활용방법, 실물활용방법, 조사기법 활용방법, 사회적 상호작용 방법, 자기 발견적 교수방법, 교실의 활용방법 등 여섯 가지 범주로 구분하였으며, 이들 방법은 서로 중복하여 사용 가능하다고 보았다.

박명희(2002)는 N세대를 위한 소비자교육 방법으로 다음과 같은 방안을 제시하였다.

① 상호작용 학습의 방법

학습에 대한 전통적 접근은 주로 선형적인 형태로 이루어졌는데 이는 책의 형식을 갖춘 교과서가 학습 도구로 사용되면서 유래되었다. 따라서 대부분의 교과서나 교육 비디오 등도 첫 장에서 시작하여 마지막 장에 이르기까지 순서대로 학습하도록 짜여 있다. 하지만 N세대가 정보를 접하는 유형은 다르다. 이들은 한 가지 작업을 장시간 처음부터 체계적으로 학습하기보다는 한꺼번에 대여섯 가지 활동을 동시에 하면서 새로운 정보를 탐색(search) 하는 것을 볼 수 있고 새로운 정보를 찾게 되면 이들은 서버에 접속하거나 더 깊이 정보를 찾아가는 방식으로 학습한다. 또한 주입식 교육보다는 참여와 발견의 학습으로 변화하고 있다. 즉 구성주의 접근법의 학습으로 바뀌고 있다. 구성주의 학습이란 강의식 학습법과 상반되는 개념으로 학습자가 새롭게 지식을 습득하는 과정에서 실천을 통한 학습이 가장 효과적이므로, 학습이 교사 중심에서 학습자 중심으로 이루어져야 한다는 것이다.

N세대는 무한한 정보의 바다 속에서 끊임없이 평가하고 분석하는 능력이 요구되므로, 학습자들은 이와 관련하여 어떻게 평가하고 분석할 것인가를 배우게 된다. 기존의 주입식 교육방법을 통해 주입시켰던 지식들은 얼마 지나지 않아 새로운 생활에서는 거의 활용할 수 없는 낡은 지식이 되기 쉽다. 따라서 '지식' 자체에 대한 교육이 아닌 스스로 찾고, 평가하고, 분석할 수 있는 학습방법에 대한 교육만이 학습자에게 유용한 지식과 정보가 될 것이다.

학습자 중심의 교육방법에는 멀티미디어를 이용한 교육이나 토론식 방법, 프로젝트 방법, 인쇄매체 이용 방법 등 다양한 방법이 있다. 이러한 다양한 방법의 사용과 더불어 오늘날의 N세대를 위한 소비자교육에 꼭 필요한 방법은 상호작용이 이루어지는 쌍방향 교육이 필요하다는 것이다. 기존의 교육방식이 선형적, 단계적, 연속적이며 일방적 전달 중시의 전파학습이라면 앞으로는 쌍방향의 하이퍼 미디어 학습으로 전환되어야 할 것이다.

② 평생학습의 구축

소비자교육은 전 생애과정을 거쳐 지속되어야 하는 평생학습과정이다. 왜냐하면 소비자 시장환경은 빠른 속도로 변화하고, 소비자는 이러한 환경에 적응하며 생활해야 하기 때문이다.

상호작용 학습이 가능해지는 디지털 사회에서는 획일화된 교육에서 벗어나 맞춤식 교육이 가능하다. 학습자의 배경, 개인적 특성, 사회성 등을 감안한 맞춤식 교육은 나이나 학년에 짜맞춰진 학습을 하는 것이 아니라 흥미와 관심을 공유하는 사람들끼리 공동의 관심사를 토론하고, 자신의 생각을 나누며 남의 의견을 듣기도 하는 상호작용 학습의 효과가 배가될 것이다. 이러한 학습은 지루한 학습이 아니라 자신의 흥밋거리를 심층적으로 찾아가며 자아실현이 가능한 즐겁고 재미있는 교육으로 이끌 것이다. 이렇게 되면 교사는 단순한 지식의 전달자이기보다 흥미와 관심을 촉발시키는 촉진자로서의 역할까지 그 역할을 확대해야 한다.

③ 생활학습, 실천학습의 방법으로

소비자교육은 생활 속에서의 생활자 및 시민으로서의 역할을 습득하는 과정이므로, 생활 속에서 생활학습과 실천학습의 방법으로 교육이 이루어지는 것이 바람직하다. 즉 실제의 생활을 통해 경험한 문제를 해결하기 위해 공동체를 구성하고 더 나은 의사결정을 위해 정보를 수집, 분석, 평가하며, 관심 있는 소비자들과 토론을 통한 상호작용으로 실제 직면한 문제를 해결하는 과정이 미래 세대에게 필요한 학습방법이다.

미래 세대가 살아갈 소비환경은 현재 보다 많이 변화해 있을 것이다. 즉 정보사회가 가져다 줄 다양한 소비자문제에 직면할 뿐만 아니라, 개별 소비자마다 정보화 수준이 달라 정보격차도 엄청날 것이다, 또한 글로벌화된 세계의 시장환경 아래서 자신의 소득과 소비생활 계획을 위해서 소비자교육을 체계적으로 실시하는 것은 소비자 개인을 위해서도 중요하지만, 국가적으로도 필요한 일이다.

(2) 청소년소비자 교육을 위한 사회적 시스템 구축

소비자교육이 효과적으로 이루어지기 위해서는 교육내용과 그에 적합한 교육방법을 선정하는 것도 중요하지만, 이와 함께 이를 지원하는 사회적 시스템이 구축되어야 할 것이다.

사회적 시스템이 구축되기 위해서는 소비자교육에 관심을 가지고 있는 모든 주체인 학계, 소비자 단체, 기업, 정부, 소비자교육 담당자, 언론 등 모두가 참여하여 소비자교육을 지원하는 네트워크를 형성하여 유기적 관계를 가지고 활동하여야 한다. 이러한 네트워크의 형성은 소비자교육에 관심을 가진 주체들의 힘을 결집하여 소비자교육 자료의 제작 · 보급, 소비자교육 연구, 소비자교육 정책의 개발 지원 등의 활동을 하는데 도움이 될 것이다. 특히 디지털 사회가 되어 가고 있는 현 시점에서 많은 선생님들이 필요한 자료들을 지원받을 수 있고, 여러 소비자단체들이 여는 세미나 자료나 교육활동 내용들이 학교와 연계되며, 더불어 소비자교육 전문가들이 개발한 다양한 자료와 연구물들이 현장에 보급되고 언론 매체를 통해 보급될 수 있다면 소비자교육의 확산은 조기에 실현될 수 있을 것이며 지속적으로 발전할 수 있을 것이다.

연구과제

1. 팀을 구성하여 청소년소비자(중 · 고등학교 학생)를 대상으로 이들의 소비행동에 대해 심층면접한 후 발표해 보시오.

〈면접 내용〉

① 면접 시점을 중심으로 최근에
- 친구나 연예인 등 다른 사람을 동조하여 물건을 구매한 적이 있는가?
- 충동적으로 구매한 적이 있는가?
- 남에게 과시하기 위해 구매한 적이 있는가?

② ①의 경우 해당하는 상품은 무엇인가?
- 동조적으로 구매한 상품의 예:
- 충동적으로 구매한 상품의 예:
- 과시하기 위해 구매한 상품의 예:

③ 구매 후 만족했는가?

2. 청소년소비자가 실생활에서 겪는 소비자문제는 무엇인지 조사하시오.

11 CHAPTER

성인소비자교육

1. 성인소비자의 개념과 특성
2. 성인소비자의 소비자문제
3. 성인소비자교육의 내용과 방법

11 CHAPTER

성인소비자교육

인간발달의 전 단계에서 성인기는 가장 긴 기간으로 사회적 활동과 경제적 활동이 매우 활발하게 지속되며 사회발전의 주도적인 역할을 하는 시기이다. 소비자로서도 가장 구매력이 큰 시기이며 따라서 국가 경제에 미치는 영향력 또한 매우 크다.

그러므로 성인소비자에 대한 소비자교육의 중요성과 필요성은 아무리 강조하여도 지나치지 않을 것이다. 성인소비자 자신뿐만 아니라 다른 연령대의 소비자들에게 많은 영향을 미치기 때문에 성인소비자들이 올바른 소비자의식을 가지고 소비자능력을 갖출 수 있도록 교육하는 것이 매우 중요하다.

이 장에서는 성인소비자의 개념과 소비자로서의 특성을 살펴보고 성인소비자의 소비자문제를 파악해 본 후 바람직한 교육 방안을 제시해 보고자 한다.

01 성인소비자의 개념과 특성

1) 성인소비자의 개념

성인기는 청년기를 시작으로 하여 성인기, 중년기, 장년기까지 포함하는 시기로 생활 연령으로는 19세부터 59세까지를 말한다. 그런데 노인의 기준 연령이 60세 또는 65세 등으로 일정하지 않다. 이 책에서는 다음의 12장에서 고령소비자를 65세 이상으로 정의하고 있으므로 성인소비자를 19세부터 64세까지로 그 범위를 넓히고자 한다. 이처럼 성인기는 일생 중 가장 긴 기간이며 성인기에 속하는 소비자의 규모도 가장 크다. 성인기가 이처럼 길고 그 규모가 크기 때문에 성인기를 하위집단으로 나누어 살펴보는 것이 효과적이라는 견해(이기춘, 1999)도 있다. 성인소비자는 다른 연령대의 소비자와는 달리 생활 연령상 해당되는 연령의 범위가 넓어서 그 특성을 몇 가지로 간추려서 설명하기에는 쉽지가 않다.

그럼에도 불구하고 성인소비자의 소비의식과 행동, 태도 등은 오랜 기간 지속되는 성인기 동안 스스로의 소비생활에 영향을 미칠 뿐 아니라 자녀의 소비자 사회화를 비롯한 가족들의 소비생활에도 많은 영향을 미치기 때문에 성인소비자들이 올바른 가치관을 가지고 소비자주권을 적극적으로 행사할 수 있도록 교육을 하는 것이 중요하다.

2) 성인소비자의 특성

성인기의 소비자는 우선 대학교에 진학하여 학교생활을 이어가거나 직업을 선택하여 사회생활을 시작하고 결혼을 통해 가정을 이루는데 이때에는 사회에서의 여러 가지 의사결정을 하게 되며 책임감 있는 소비에도 관심을 갖게 되고 소비자로서의 권리와 책임에 대하여 의식하는 소비 행동을 하기도 한다. 점차 성인기 후반부로 넘어가면서 이때의 성인소비자는 물질적 소유, 사적 소유, 그리고 편리성 등을 추구하게 된다. 즉, 이들은 절약을 통해 부의 축적을 이루고자 하는데 결국 성인소비자들은 개인적으로나 사회적으로 구매력이 가장 큰 시기의 소비자로서 그 영향력이 상당히 크다.

성인의 특성을 살펴보면 우선 신체적 특성으로 성인 후기에는 노화현상이 나타나며 심리적으로는 자기중심성 경향 및 경직성이 있고 내향성이나 조심성 등의 특성이 있다. 또한 사회적 특성으로 사회계층의 영향과 사회적 규범에서 자유롭지 못하며 사회문화적 요소에 영향을 받게 된다(권대봉, 2006).

소비환경뿐만 아니라 오늘날 모든 주변 환경은 끊임없이 빠른 속도로 변화하고 있다. 이러한 제반 환경적 변화는 특히 개인과 조직의 정보화와 교육에 큰 영향을 미치게 된다. 앞에서도 살펴본 바와 같이 특히 성인기는 일생 중 가장 긴 기간이며 평균수명의 연장과 더불어 노년기까지 이어지면서 경제적, 사회적인 대비와 적응이 그 어느 때보다도 절실히 필요해지고 있다.

성인소비자에 포함되는 기간이 매우 길고 동일한 성인기라 하여도 20대부터 50대까지 그 범위가 매우 넓으므로 성인소비자를 하나의 대상으로 고찰하기보다는 몇 가지로 나누어 살펴보는 것이 그 특성이나 소비자문제를 설명하는데 더 효과적일 것이다. 여기에서는 성인 중 하위집단으로 매우 주목받고 있는 대학생 소비자와 독신소비자, 그리고 나머지 기혼소비자로 나누어 살펴보고자 한다.

(1) 대학생 소비자

오늘날 소비시장에서 대학생 소비자는 중요한 집단으로 부각되면서 이들에 대한 기업과 사회의 관심이 높아지고 있다. 대학생 소비자들은 스스로 돈을 벌기도 하고 부모의 지도나 간섭 없이 거의 독자적으로 소비지출을 행할 수 있으므로 이 시기에 형성된 소비 패턴은 이후의 성인기 동안 지속되거나 그 변화에 영향을 미치게 된다. 청소년과 대학생 소비자들을 대상으로 한 여러 관련 연구에서 이들이 자유재량으로 쓸 수 있는 돈은 많아졌지만 소비생활에 대한 지식과 경험은 부족하며 물질문화적인 가치관으로 인해 비합리적인 소비행태를 나타낸다고 보고하고 있다. 특히 대학생들은 고등학생들보다 강박구매 성향이 높고 충동구매 경향도 더 높다는 연구결과(김영신, 2003; 서정희, 2004)가 있으며 한 예로 유명상표를 선택하는 이유가 준거집단으로부터의 사회적 승인 욕구인 것으로 나타나 개인적 만족을 중요한 요인으로 중시하는 일본 대학생 소비자들과 차이를 보였다(박배진 · 김시월, 2006).

X세대, Y세대, N세대 등으로 불리며 신세대를 대표하던 대학생 소비자들은 기업 마케팅의 주요한 관심과 공략의 대상이 되고 있다. 대학생 소비자에 대한 이러한 관심은 그들의 구매력 증가와 그들 나름대로 형성한 소비지출 태도와 소비성향 등에 관련이 있다고 볼 수 있다. 대학생 소비자들은 물질적으로 풍요한 시대에 성장해 왔으며 어릴 때부터 대중매체에도 많이 노출되었고 그로 인해 그들 나름대로의 소비행태의 특성이 나타나게 되었다. 또한 인터넷의 발달로 전자상거래라는 특수형태의 거래가 가능해지면서 전자정보기술과 지식을 습득한 대학생 소비자들의 소비행태는 소비시장의 흐름에 큰 영향을 미치는 양상을 보이고 있다.

반면, 이들의 소비관이나 물질관은 올바르게 형성되지 못한 부분도 있으며 가정, 학교, 사회에서 바람직한 소비자교육을 받을 수 있는 기회가 그리 많은 것도 아니다. 성인기의 시작이라고 할 수 있는 20대 초반의 대학생소비자들은 바로 이 시절에 소비에 대한 올바른 가치관을 정립하고 합리적인 의사결정을 할 수 있어야 하며 이웃과 환경까지 고려할 수 있는 바람직한 소비자로서의 모습을 갖추어야 한다.

부모에게 의존하며 다소 수동적인 소비생활을 하던 청소년기를 벗어나면서 독립적으로 능동적인 소비생활을 시작해 가는 이 시기에 소비자 주권의식을 함양하고 정보화된 신 소비자로서의 능력을 갖추어야 한다. 대학생 소비자들은 미래세대의 주역이므로 이들을 대상으로 한 소비자교육이 절실하다.

(2) 독신소비자

최근 독신 여성들이 활발한 소비 주체이자 신규 트렌드 리더로서 유력하게 부상하고 있다. 2007년 1월 스위스 다보스에서 개최된 세계경제포럼(WEF)에서 '싱글 이코노미'가 주요 논제 중 하나로 꼽힐 만큼 전세계적으로 독신자들이 주목받고 있다. 각국에서 결혼을 미루고 왕성하게 직장 및 사회활동에 전념하는 독신자들이 새로운 경제를 형성하고 있는 것이다.

국내 독신자 시장의 규모를 살펴보면 25세 이상 39세 미만 미혼 인구가 2005년 기준 4백만을 넘었으며 미혼 인구의 증가속도를 감안해 볼 때 2007년 현재 5백만 명에 육박할 것으로 보인다. 청소년이나 대학생층의 결혼에 대한 생각도 조금씩 달라지고 있다. 2006년 통계청이 실시한 사회통계조사에 따르면 15~24세 미혼 남성 응답자의 경우 70%가 결혼에 긍정적이었으나 여성 응답자는 53%에 불과하였다. 2030세대 가운데 앞으로도 독신을 자발적으로 선택하거나 독신라이프를 지속하는 기간을 더 오래 가지려는 사람들의 비중이 더욱 늘어날 전망이다.

뿐만 아니라 독신자의 구매력은 이미 다른 연령대의 소비자들을 앞서고 있다. 국내 한 유통업체의 내부 분석 결과에 따르면 20~30대 미혼여성이 주부층보다 월평균 의류 소비 금액이 많을 뿐 아니라 프리미엄 브랜드 의류 구입도 많다고 나타났다. 이와 같은 여러 가지 상황들로 미루어 볼 때 우리나라에서도 독신 인구의 규모가 늘고 있을 뿐만 아니라 소비 집단으로서의 구매력 또한 증가하고 있는 것이다(이연수, 2007).

미혼여성들의 결혼 시기가 늦어지고 또 한편으로는 독신기간을 오랫동안 유지하려는 경향도 나타나면서 미혼여성을 포함한 미혼소비자들도 그들 나름의 소비자문제를 가지고 있고 독특한 소비 패턴과 소비문화를 형성하고 있다. 기업에서 마케팅 전략을 수립할 때 시장세분화와 각각의 시장에 대한 맞춤형 전략이 필요한 것을 보더라도 알 수 있듯이 세대구분의 간격이 매우 짧아지고 있는 오늘날에는 성인소비자를 한꺼번에 살펴보는 것이 상당히 무의미할 수 있다. 각각의 하위집단들이 그 나름대로 독특한 소비자집단을 형성하고 특성을 지니므로 미혼소비자 역시 하나의 하위집단으로 살펴볼 필요가 있다.

여성들의 경제활동 참여가 늘어나고 학력수준이 높아지면서 결혼을 미루고 경제활동을 지속하는 미혼여성들이 새로운 소비자집단으로 자리 잡고 있는데 남성 미혼자들도 예외는 아니다. 여성의 경우, 스스로도 경제적으로 독립하여 자신의 삶을 주체적으로 이끌어 가고 싶어하며 남성들이 선호하는 여성상 또한 예전과는 많이 달라지고 있다. 최근에 미국에서는 스완족(SWANS)이라는 단어가

'골드미스' 6년새 12배 급증, 2만7천 명

고소득 30대 미혼여성을 일컫는 '골드미스족'이 지난 6년새 12배나 급증한 것으로 나타났다.
한국고용정보원은 20일 산업 · 직업별 고용구조조사(OES)를 토대로 '골드미스족'이라 불리는 고소득 미혼여성의 증가 추세를 분석한 결과, 이같이 나타났다고 밝혔다.
골드미스족은 대졸 이상 학력에 연봉 4000만 원 이상을 받는 30대 미혼으로, 자가 주택을 소유하고 있거나 금융자산이 8000만 원 이상인 여성을 일컫는다.
이들은 승용차를 소유하고 해외여행 및 골프, 스포츠 댄스를 즐기는 등 개성적인 생활문화를 향유하는 경우가 많아 최근 하나의 사회현상으로 자리잡았다.
이번 OES조사는 분석 가능한 변수인 학력, 연령 및 소득을 기준으로 대졸 이상 학력에 연봉 4000만 원 이상을 받는 30~45세 사이 미혼여성을 대상으로 했다.
골드미스족은 2001년 2152명에서 2006년 2만 7233명으로 무려 11.7배 급증했다. 이들 골드미스족들이 종사하고 있는 직업수(소분류 기준)도 2001년에도 주방장 및 조리사, 경영 관련 사무직, 의사, 디자인 관련직, 경영 · 회계 관련 전문직, 판매원, 의료장비 및 치과 관련 기술직 등 7개에서 2006년에는 36개로 증가했다.
2006년 기준 직업별 종사자는 경영 관련 사무직이 3757명(13.8%)으로 가장 많았고 학원강사 2919명(10.7%), 학교교사 2318명(8.5%), 금융 및 보험 관련 사무직 2213명(8.1%) 등 순으로 나타났다.
특히 골드미스족의 종사 상위 지위별로 보면 2001년에는 임금근로자의 비율이 50.3%이던 것이 2005년 72%, 2006년에는 82%로 급증, 자영업에서 전문직 임금근로자 중심으로 옮겨가고 있는 것으로 나타났다.
숙박 및 음식점업에서만 자영업 비중이 여전히 높았는데 이는 주방장 및 조리사로 있던 고소득 임금근로자들이 자영업자로 독립했기 때문으로 분석된다.
한국고용정보원 고용조사분석센터 박상현 연구위원은 "골드미스족의 급증 현상은 여성의 사회진출이 늘어나면서 탄탄한 직장과 경제력을 바탕으로 한 독신여성의 증가와 결혼에 대한 가치관의 변화 때문으로 보인다."고 말했다.

출처: 경제신문(2008.01.20)

등장했는데 이는 도시에 거주하는 능력있고 진취적인 전문직 여성을 가리키는 말로 성공을 거둔 미혼의 강인한 여성들(Strong Women Achiever, No Spouse)의 약어다. 골드미스라는 단어도 요즈음의 세대를 반영하는 신조어이다.

이러한 현상들이 미혼소비자들의 소비생활에도 영향을 미칠 것이라는 것은 얼마든지 추측이 가능하다. 아직 구체적인 조사나 연구 결과가 나온 것은 없지만 일반적으로 생활방식이나 관점에 따라 소비양상이 바뀌는 것으로 나타났기 때문에 미혼소비자들의 소비행태에도 새로운 문제나 변화가 있을 것으로 예측을 해볼 수 있다. 또한 인터넷을 이용한 거래가 가능해지면서 종전의 직접 방문형식의 구매에 다소 소극적이고 주체적이지 못했던 남성소비자들이 시간과 공간의 제약을 받지 않는 온라인쇼핑을 이용하여 활발하게 구매행위를 하고 정보교환을 하고 있다.

그러므로 미혼소비자들이 부딪히게 되는 소비자문제와 피해, 그리고 정보부족으로 인한 어려움 등을 파악해 보고 그들에게 필요한 내용으로 소비자교육을 실시해야 할 것이다.

(3) 기혼소비자

기혼소비자 중 소비시장의 전면에서 가장 영향력이 큰 집단은 주부소비자이다. 최근 기혼여성 취업률이 증가하고 있지만 여전히 전업주부의 비율이 높고 주부에게 요구하는 역할은 크게 변화하지 않고 있다. 소비시장에서 주부소비자가 겪는 어려움으로는 급변하는 시장환경에서 가족생활의 질적인 유지와 향상을 위해 구매전문가가 되어야 한다는 것과 시장환경의 여러 가지 공격과 압력으로부터 견디어 내고 방어할 수 있어야 한다는 것이 가장 일반적인 어려움이라고 할 수 있다. 또한 주부소비자는 스스로가 처해있는 소비자문제뿐만 아니라 자녀들의 소비자사회화 영향요인으로서 그 역할을 수행함으로 인해 야기되는 문제에도 직면하게 된다.

한편, 고령화 현상과 함께 기혼자들의 출산기피현상이 사회적인 문제로 대두되고 있다. 자녀의 사교육비에 대한 부담과 집 장만에 대한 현실적인 어려움, 길어진 평균수명으로 인한 노후대책에 대한 부담 등이 기혼소비자들에게는 당면한 문제가 되고 있다. 이러한 문제들을 해결해 나가기 위해 금융정보와 재무설계에 대한 관심이 증가하고 있으며 그와 관련된 지식과 정보에 대한 요구가 커지고 있다.

또한 사회 전반에 만연해 있는 과시소비와 모방소비 현상으로 욕구와 현실 사이에서 갈등하며 소비자문제를 경험하고 있다. 이러한 현상들을 반영하여 소비자정보를 제공하고 실질적인 도움을 줄 수 있는 소비자교육이 실시되어야 할 것이다.

3) 성인소비자교육의 목적

(1) 일반 성인교육의 목적

성인을 대상으로 하는 교육은 성인의 지위에 따른 중요한 사회적 역할을 수행할 사람에게 지식, 기술, 가치, 태도의 변화를 불러일으키는 체계적이고 지속적인 학습활동의 과정이다(Darkenwald & Merriam, 1982; 권대봉, 2006에서 재인용). 또한 넓은 의미에서의 성인 학습과정으로 규정하면서 특정한 교육목표를 달성하기 위한 다양한 기관에 의해 실행되는 조직화된 활동(Knowles, 1980; 권대봉, 2006에서 재인용)으로 정의하기도 한다.

현대사회의 성인교육에 대해 살펴보면 우선 환경 변화를 들 수 있는데 인구학적 변화와 글로벌 경제, 과학기술의 발전을 꼽을 수 있다. 먼저, 인구학적 변화에서는 고령화 현상과 고학력화 현상으로 인하여 다양한 학습 경험에 대한 요구가 증가하고 있으며 특정의 성인집단을 대상으로 한 선별적 학습활동을 제공해야 할 필요성이 대두되고 있다.

다음으로 경제의 글로벌화로 인하여 성인교육의 내용은 역량을 중시하는 것으로 바뀌어 가고 있으며 성인교육의 방향은 소비문화를 향하고 있다. 또한 산업구조의 변화로 인하여 지식정보화사회로 가속화되어 가고 있으며 학습 능력이 강조되고 있다.

세 번째 요소인 과학 기술의 발전은 효율적인 교육매체의 제공을 가능하게 했으며 수평적인 네트워크 조직을 형성하게 하였다. 이러한 환경의 변화를 감안해 볼 때 성인교육의 목적과 가치에 대한 재검토가 필요하다.

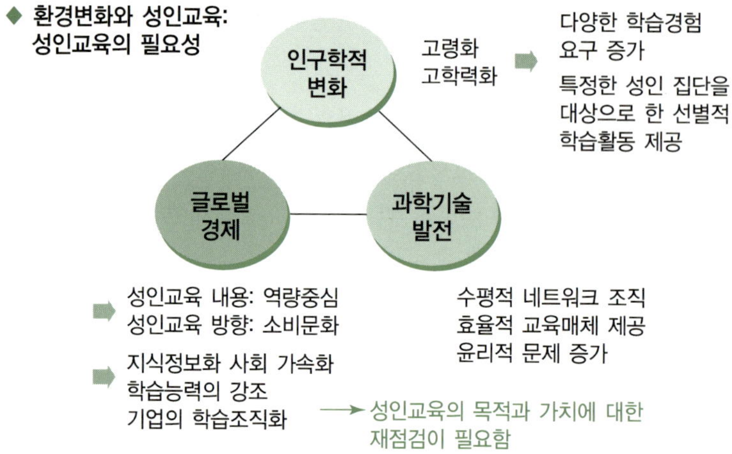

출처: 문세연(2005). 성인교육학의 이론적 기초, p.4.

그림 11-1 성인교육의 필요성

한편, 성인학습과 성인교육은 그 개념에 있어서 차이가 있는데 성인학습은 성인학습자가 자발적으로 계획하여 실천하거나 우연적으로 경험하는 학습활동을 말하지만 이에 비해 성인교육은 성인학습자와 성인교육자가 의도적이고 계획적으로 조직화되고 체계화된 교수학습 과정에 참여하는 활동을 말한다(배을규, 2006).

학습자로서의 성인의 특징으로는 선수학습 수준 및 경험의 다양성, 학습과정의 개별성, 능동적 학습참여자, 관계의 요구(협력학습), 그리고 환경요인의 영향 등을 꼽을 수 있다(Merriam, 1993).

성인의 교육 참여 동기로는 다음과 같은 것들이 있다(Morstain&Smart, 1974; 권대봉, 2006에서 재인용).

첫째, 사회적 관계 즉 이성 및 친구교제를 위해

둘째, 외부적 기대 즉 권위를 가진 타인의 요구나 지시에 따르기 위해

셋째, 사회적 복지 즉 이타적 성향을 갖고 타인 및 공동체에 봉사하기 위하여

넷째, 전문성 개발 즉 직무능력 혹은 전문성을 개선하기 위하여

다섯째, 도피 또는 자극 즉 권태감을 해소하거나 가정 및 일상적인 생활에서 도피하기 위하여

여섯째, 인지적 흥미 즉 지식 및 앎 그 자체를 위하여

이를 다시 세 가지 집단으로 묶어보면 먼저, 다른 목적을 달성하기 위하여 교

육을 수단으로 이용하는 목표지향적 학습자가 있다. 다음으로 학습활동 자체나 사회적 교제를 위하여 교육에 참여하는 활동지향적 학습자 집단이 있다. 끝으로 지식 혹은 앎 자체를 위하여 교육에 참여하는 학습지향적 학습자들도 있다. 이와 같은 교육 참여 동기를 파악하여 그러한 동기를 유발시킬 수 있는 전략과 방법 등을 모색하여 적용한다면 교육참여도를 높일 수 있을 뿐 아니라 그 효과도 훨씬 더 클 것이다.

반면 성인의 교육 참여를 저해하는 요인들이 있는데 크게 세 가지로 나눌 수 있다. 외적 상황적 저해요인, 내적 성향적 저해요인 그리고 제도적 저해요인 등이다. 이 중 내적 성향적 저해요인에는 다시 두 가지가 있는데 사회심리적 저해요인인 신념, 가치, 태도, 지각 요인들이 포함되며 정보적 저해요인으로 가능한 교육기회 탐색을 제한하는 요인을 들 수 있다.

또한 개인적 문제, 자신감 부족, 비용, 조직화된 교육에 대한 관심 부족, 가능한 강좌에 대한 관심 부족 등을 저해요인으로 제시하기도 하며 비용과 시간부족이 가장 큰 요인이라는 의견도 있다(문세연, 2005).

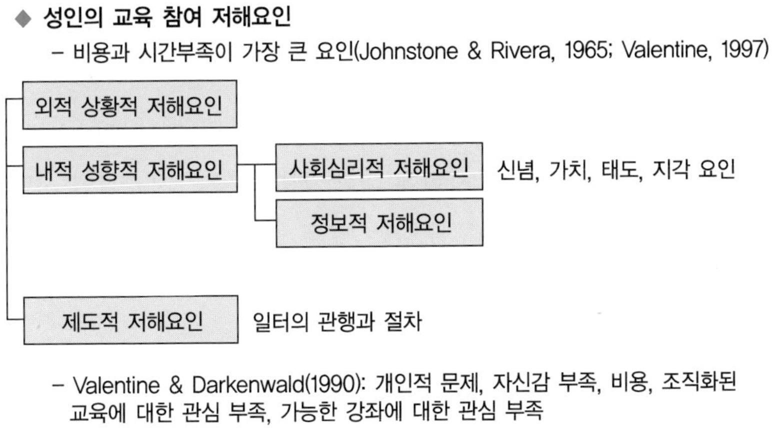

출처: 문세연(2005). 성인교육학의 이론적 기초, p.18.

그림 11-2 성인의 교육 참여 저해요인

2) 성인소비자 교육의 목적

앞에서 성인소비자를 대학생소비자, 독신소비자, 기혼소비자로 나누어 그 특성을 살펴보았다. 전체 성인의 하위집단별로 그 특성과 문제점이 다르기 때문에 교육의 목적도 같을 수는 없을 것이다. 그렇지만 여기에서는 가장 기본적이며 보편적인 성인소비자교육의 목적을 살펴보기로 한다.

성인은 경제적인 자립을 통하여 스스로 소비생활을 영위하게 된다. 청소년기까지 전적으로 또는 부분적으로 부모나 교사의 지도와 대행활동에 의해 다소 소극적이며 수동적으로 행하던 모든 소비활동에서 벗어나 능동적이며 자주적으로 판단하고 행동하게 된다. 그러므로 성인소비자교육은 우선 소비자로서의 능력을 갖출 수 있도록 하는 것이 가장 기본적인 목적이라고 할 수 있다. 뿐만 아니라 기혼자의 경우에는 자녀들의 소비생활에 모델이 되어 그들의 소비자 사회화에 중요한 영향을 미치게 된다. 가정에서의 성역할이 크게 변하고 가족구성원들의 역할분담이나 가족의사결정에서의 영향력이 달라지고는 있지만 여전히 개별 가정의 소비생활은 주부가 주도적으로 이끌어 가고 있다고 볼 수 있다. 따라서 가족의 대표소비자로서 주부들은 다양한 재화와 용역에 대해 복잡한 의사결정을 해야 하지만 정작 소비자로서의 역할에 대해 체계적인 교육을 받기에는 아직 미흡한 실정이다.

또한 우리 사회의 중추적 역할을 하고 있는 성인소비자들이 개인적인 삶의 질을 향상시킬 수 있을 뿐 아니라 사회에 대한 책임을 가진 자율적인 시민으로서 지속가능한 소비생활을 할 수 있도록 하는 데 그 목적을 두어야 한다.

02 성인소비자의 소비자문제

1) 소비자문제의 일반적 현황

과거 X세대로 불렸던, 현재 26~35세 연령대인 '2635세대'에 대한 심층 분석 보고서(이세진, 2005)인 '우리 시대의 미드필더, 2635세대'에 의하면 이들은 우리나라 최초의 신세대인 X세대, 사회와 문화개방의 열풍을 경험했던 문화 1세대, 대중문화의 장을 연 마니아 1세대(서태지 세대), 해외여행 자율화의 첫 수혜자인

배낭여행 1세대, 정보화 세계에 첫발을 내디딘 인터넷 1세대가 바로 현재의 2635세대이다. 이들은 현재 우리나라 전체 인구 구성비의 17%를 차지하면서도 경제활동 인구의 24%를 차지하는 우리 사회의 소비와 생산의 주체로 부상하는 세대이다.

이들 2635세대의 여러 가지 특성 중에서 소비와 직접 관련된 내용을 간추려 보면 다음과 같다. 우선 이들은 현실주의적이며 경제적이다. 즉 돈에 관심이 많은 세대로서 IMF 이후의 경제적 어려움이 이들을 매우 현실적이고 경제적인 세대로 변모시켰다. 경제적으로 여유로운 환경에서 성장하다가 갑자기 치열한 삶 속으로 던져진 세대이다 보니 여러 가지 외부적 상황들이 인생에서 돈의 가치를 매우 중요시하는 실속을 따지는 세대로 변모시켰고 소비생활에 있어서도 절약형 소비를 한다.

그런가 하면 새로운 유행이나 신제품에 대해 관심이 많으며 새로운 것에 대한 수용성도 높다. 유행에 민감하며 소비를 통해 자신의 개성을 표현하는 세대로서 특히 메스티지(Masstige: Mass+Prestige, 대중과 명품을 조합한 신조어) 열풍의 중심에 있다. 특히 2635세대의 이러한 브랜드 선호 경향은 독신자들 사이에서 더욱 두드러지게 나타난다.

비록 2635세대가 성인소비자의 일부이기는 하지만 독신 또는 기혼자로서 소비의 주도적 집단을 형성하고 있으므로 이들의 소비특성과 소비자문제를 파악하여 소비자 교육내용과 방법을 모색해야 할 것이다.

또한 앞서 살펴본 바와 같이 대학생 소비자들의 충동구매 등 비합리적 소비행동과 최근 남녀노소를 불문하고 주요 관심사로 대두되고 있는 재무 관련 현황도 파악해 보아야 할 것이다. 뿐만 아니라 기업에게 사회적 책임과 윤리를 요구하기 위해서는 소비자들도 스스로 윤리적인 행동을 함으로써 판매자들에게 당당하게 요구할 수 있다는 관점에서 소비자윤리에 대한 관심도 높아지고 있다.

이러한 현황들을 살펴보고 성인소비자들이 처한 소비자문제를 파악하여 소비자교육 내용을 구성하고 효과적인 교육방법을 강구해야 할 것이다.

2) 소비자문제의 실태

지난 3년간 한국소비자원에 피해구제를 신청한 청구인 현황을 연령대별로 구분하여 보면 30대가 34.1%로 가장 많고 그 다음으로는 20대가 26.6%, 40대가 20.1%, 50대가 10.1%의 순으로서 경제활동의 주요 계층인 20~40대가 대부분인 90.8%를 차지하고 있는 것으로 나타났다. 바로 이들 성인소비자를 대상으로 소비자교육을 실시해야 할 필요성을 재확인할 수 있는 자료이다.

표 11-1 청구인 연령별 현황

단위: 건, (%)

구 분	10대 이하	20대	30대	40대	50대	60대 이상	불명	합 계
2004년	661 (3.4)	5,559 (28.3)	6,637 (33.8)	3,934 (20.0)	1,724 (8.8)	870 (4.4)	264 (1.3)	19,649 (100.0)
2005년	682 (3.1)	5,955 (27.3)	7,538 (34.5)	4,217 (19.3)	1,913 (8.8)	961 (4.4)	562 (2.6)	21,828 (100.0)
2006년	430 (1.8)	6,242 (26.6)	8,003 (34.1)	4,713 (20.1)	2,373 (10.1)	1,171 (5.0)	550 (2.3)	23,482 (100.0)

출처: 소비자 피해구제 연보 및 사례집(2006). 한국소비자원, p.80.

제주지역 성인소비자를 대상으로 한 연구(강수영, 2005)에서 소비자교육 경험과 내용에 관한 분석 결과는 아래 〈표 11-2〉와 같다.

표 11-2 소비자교육 경험과 내용

단위: 건, (%)

변수		빈도	백분율
교육 경험	없다 있다	337 76	81.6 18.4
계		413	100.0
횟수	1회 2회 3회 이상	36 26 14	8.7 6.3 3.4
경험 시기	소비자피해 경험 전 소비자피해 경험 후 소비자피해 경험 없음 기타	25 15 26 10	32.9 19.7 34.2 13.2

주최기관	기업	8	10.5
	민간소비자단체	45	59.2
	지방자치단체	7	9.2
	학교	11	14.5
	기타	5	6.6
교육내용	권리와 책임	24	31.6
	법령 및 피해구제	13	17.21
	피해사례와 해결	25	32.9
	정보 제공	2	2.6
	합리적인 구매	12	15.8
내용평가	어려움	25	32.9
	보통	44	57.9
	쉬움	7	9.2
계		76	100.0

출처: 강수영(2005). 제주지역 소비자의 소비자능력과 교육요구도에 관한 연구, 제주대학교 대학원 석사 학위논문.

〈표 11-2〉에서 보는 바와 같이 81.6%가 소비자교육 경험이 없는 것으로 나타나 소비자교육이 절실하게 요구되고 있음을 알 수 있다. 특히 소비자교육을 받은 시기에서는 소비자피해 경험 없음 34.2%, 소비자피해 경험 후 32.9%, 소비자피해 경험 전 19.7%, 기타 13.2%로 소비자피해를 경험한 이후 소비자교육을 받은 소비자가 많았다. 이는 소비자피해가 소비자교육을 받게 하는 동기가 되고 있음을 알 수 있다.

또한 소비자교육 내용에 대해 어렵다고 느끼는 응답자들이 쉽다고 느끼는 응답자에 비해 많게 나타났다. 이는 소비자피해를 해결하기 위해서 소비자 관련

표 11-3 금융 이해력 수준에 대한 청소년 · 대학생소비자 비교

문 항	청소년소비자※	대학생소비자	차 이
소득 이해영역(7문항)	48.69	69.88	+21.19
화폐관리 이해영역(4문항)	39.21	55.24	+16.30
저축과 투자의 이해영역(8문항)	46.64	63.50	+16.86
지출과 부채의 이해영역(11문항)	44.01	63.83	+24.82
전체 금융 이해력	45.20	64.10	+18.90

출처: 2003년 금융감독원, 측정결과, 100점 만점 기준.

규정이나 법규를 알아야 하는 과정의 어려움을 소비자교육 내용의 어려움과 비슷하게 여기는 것으로 판단된다. 따라서 소비자교육 내용에 흥미를 더하고 소비

표 11-4 금융소비자교육 실행인지도

문항		알고 있다	모르고 있다	평균	
온라인 금융소비자 교육	금융감독원-어린이 · 청소년을 위한 금융교육	147(23.9)	467(76.1)	.24	1.54
온라인 금융소비자 교육	재정경제부-어린이 경제 홈페이지	141(23.0)	473.(77.0)	.23	1.54
온라인 금융소비자 교육	매일경제-경제박사 코니	118(19.2)	495(80.8)	.19	1.54
온라인 금융소비자 교육	한국은행-어린이 · 청소년 경제교실	88(14.3)	526(85.7)	.14	1.54
온라인 금융소비자 교육	KB국민은행-키드뱅크	101(16.5)	511(83.5)	.17	1.54
온라인 금융소비자 교육	한국개발연구원-Click 경제교육	56(9.1)	557(90.9)	.09	1.54
온라인 금융소비자 교육	비자코리아-마이머니 스킬즈	39(6.4)	574(93.6)	.06	1.54
온라인 금융소비자 교육	서울YMCA-청소년 경제학교	178(29.1)	434(70.9)	.29	1.54
온라인 금융소비자 교육	대한상공회의소-HI경제	77(12.7)	528(87.3)	.13	1.54
오프라인 금융소비자 교육	한국은행-청소년 경제학교	126(20.6)	486(79.4)	.21	.81
오프라인 금융소비자 교육	YMCA-청소년경제 리더십 캠프	177(29.0)	434(71.0)	.29	.81
오프라인 금융소비자 교육	KB국민은행-금융교육 순회강연회	85(13.8)	529(86.2)	.14	.81
오프라인 금융소비자 교육	삼성카드-학교방문 신용교육	76(12.4)	535(87.6)	.12	.81
오프라인 금융소비자 교육	연세SIFE-Financial Literacy 프로젝트	32(5.2)	580(94.8)	.05	.81
전체				2.34	

출처: 김미리(2006). 대학생 소비자의 금융 이해력 및 금융소비자교육 요구도 분석. 건국대학교 대학원 석사학위논문.

자교육 내용이나 수준도 소비자의 특성, 연령, 성별, 계층에 따라 각기 다른 내용과 수준에서 교육을 실시해야 한다고 판단된다.

한편 대학생 소비자의 금융 이해력과 금융 소비자교육 요구도에 관한 연구(김미리, 2006)에 의하면 금융 이해력 수준에 대한 조사결과 다음 〈표 11-3〉과 같이 나타났다.

또한 금융소비자교육 실행인지도를 조사한 결과는 다음 〈표 11-4〉와 같다.

앞의 표에서 알 수 있듯이 금융소비자교육 실행인지도는 14점 만점에 2.34점으로 매우 낮은 수준이었다.

오프라인 금융소비자교육 실행인지도보다는 온라인 금융소비자교육 실행인지도가 더 높은 것은 인터넷의 활성화 때문이라고 보여진다.

대학생 소비자를 대상으로 온라인과 오프라인에서 조사하여 625명을 그 조사대상으로 연구한 앞의 논문에서 조사대상자의 금융소비자교육 요구도는 5점 만점에 4.21점으로 매우 높게 나타났으며 구체적인 결과는 다음과 같다.

표 11-5 금융소비자교육 내용 요구도

변 수	평균
저축의 필요성	4.76
신용관리	4.86
신용카드	3.95
보증	3.14
금융과 관련된 지식	4.58
투자에 대한 위험과 수익과의 관계	4.36
보험	4.20
금융상품, 투자상품의 종류나 특징 및 역할	4.16
다양한 금융기관의 종류, 기능, 역할, 차이점	4.18
세금 및 공제	4.56
전 체	4.21

출처: 김미리(2006). 대학생 소비자의 금융 이해력 및 금융소비자교육 요구도 분석. 건국대학교 대학원 석사학위논문.

03 성인소비자교육의 내용과 방법

1) 소비자교육 내용

소비자교육 내용의 기본적인 대영역과 소영역은 앞의 5장에서 제시한 분류를 기준으로 한다. 다만 세부 내용의 종류와 수준은 구체적인 교육대상과 교육방법 등과 연관시켜 정하도록 한다.

제일기획에서 한국인의 라이프스타일과 소비행동을 살펴보고자 한국의 대표세대를 연령과 소속집단을 기준으로 나눈 것을 보면 대학생 중심의 1925세대가 하나의 집단을 이루고 있다. 이들은 부모세대가 닦아놓은 경제적 기반을 바탕으로 비교적 유복한 생활을 누려왔으며 정보화와 경제적 풍요로움, 개성화 등의 특징을 나타낸다. 또한 Net generation에서의 N세대, Mobile Computing에서의 M세대 등으로 불리고 있는데 이는 그들이 컴퓨터와 친숙하고 이동통신에 능하다는 것을 표현한 것이다. 이들은 어릴 때부터 디지털 문명에 익숙해서 컴퓨터를 능숙하게 다루며 활자로 된 책보다는 인터넷을, 전화나 편지보다는 이메일이나 채팅을, TV보다는 컴퓨터에 친숙한 사이버 세대이다(문숙재 · 여윤경, 2001).

반면, 이들이 자신의 용돈관리를 비롯하여 신용관리 및 재무설계에 대한 의식이나 능력은 미약하다는 것이 다수의 관련 연구들에서 드러났으며 정보기술에 능숙하면서도 정작 전자상거래 등에서 소비자로서의 권리와 책임에는 소홀하다는 것이 문제점으로 지적되었다.

따라서 대학생 소비자를 대상으로 한 소비자교육의 내용과 방법에서는 다음과 같은 점들에 유의해야 할 것이다.

첫째, 대학생 소비자들은 물질적 풍요 속에서 성장하였으므로 소비에 대한 올바른 가치관을 정립하도록 해야 하며 특히 충동소비나 과시소비, 모방소비, 과소비 등 이상소비현상을 줄여나갈 수 있는 교육 프로그램이 필요하다.

둘째, 금전관리, 신용관리 및 재무설계에 대한 구체적이고 실직적인 교육 프로그램이 필요하다.

셋째, 이들은 컴퓨터와 이동통신과 같은 정보기술에 능숙하지만 그런 기술을 활용하는 거래와 실제 이용에 있어서 소비자권익과 관련된 정보와 지식은 매우 부족하므로 정보화된 소비자로서 소비자권익을 누릴 수 있도록 교육 프로그램이 마련되어야 한다.

넷째, 이들은 유행을 주도하며 다른 세대의 소비활동에도 큰 영향을 미칠 뿐만 아니라 국가의 미래를 책임질 세대이고 결혼 후에는 부모로서 자녀의 소비자사회화에 영향을 미치는 모델 역할을 해야 하기 때문에 건전한 소비관과 물질관을 가질 수 있고 바람직한 소비문화를 형성할 수 있는 가치관 교육이 반드시 필요하다.

한편, 제일기획에서 전국의 3500명을 표본으로 추출하여 개별 면접조사를 통해 실시한 '2006 전국소비자조사'(2006)에 의하면 O세대로 지칭되는 1924연령층은 생활을 즐기기 위해서는 어느 정도의 낭비가 필요하다고 생각하기도 하며 쇼핑을 즐기고 가격에 민감한 태도를 보이기도 한다는 것이다. 컴퓨터는 생활에 깊숙이 침투되어 유용한 매개체로 활용하고 있으며 금융이나 재테크에 관해서는 아직은 먼 인생으로 생각하는 것으로 나타났다.

S세대로 불리는 2529연령층은 사회에 첫발을 내딛고 새로운 시작을 준비하는 시기인 만큼 안정성, 자아실현, 경제력 등 많은 것을 소망하는 세대이다. 꼼꼼하게 정보를 따져가며 제품을 구매하는 신중한 태도를 보이고 소비 못지않게 저축에도 많은 관심을 보인다. 내집 마련을 가장 큰 목표로 삼고 있으며 돈과 재산 증식에 대한 관심이 높고 계획을 갖고 투자하는 경향을 보인다.

이어지는 3039연령층인 A세대는 더 아끼고 더 편리할 수 있는 더 많은 혜택을 추구하는 세대이다. 같은 기능의 제품 중에서 가격이 더 싸거나 사은품을 주는 브랜드를 선택하는 등 가격을 중시하는 합리적인 특성을 보인다. 이 세대에서는 특히 주부의 경제권이 강하게 나타나며 쇼핑리스트를 작성하고 할인기간을 활용하는 등 경제적인 소비 형태를 보이고 있다.

나머지 성인기인 4049 연령층과 5059 연령층은 제품이나 서비스 구매 시에 편하고 쉬운 것을 구매하려는 성향을 보이며 건강, 환경에 관심이 높고 건강하게 살기 위한 여러 가지 방안을 모색하며 또 실천한다. 컴퓨터에는 친숙하지 않으며 두려워하고 부정적인 태도를 가지고 있다. 돈에 대하여는 안정적이고 방어적인 자세를 보인다.

앞서 살펴본 주부소비자들의 특성을 고려해 볼 때 주부소비자 교육의 목표는 우선 개인으로서의 주부임을 고려하여 단순한 구매지식이나 정보 활용 수준을 넘어 계약 등 소비자로서의 기능 전반에 대한 취약성을 보완해 주는 것이어야 한다. 다음으로 주부를 한 가정의 경영인으로 간주할 때 가족의 대표 소비자로서 시장에 관한 지식과 정보를 획득할 뿐 아니라 가족의 욕구를 조절하고 충족시킬 수 있는 능력을 갖게 하는 것이 그 목표가 되어야 한다. 뿐만 아니라 주부 역시 한 사람의 사회구성원이므로 개인의 삶의 질을 향상시킬 수 있을 뿐 아니라 사회에 대한 책임을 가진 자율성 있는 시민으로서 친사회적이고 지속가능한 소비생

표 11-6 대학생 대상 소비자교육의 내용 분류

대분류	중분류	소분류
· 가치교육	• 소비윤리 및 가치관	• 대학생의 소비욕구 • 소비가치와 목표
	• 소비환경과 소비문화	• 대학생 소비의 특징 • 대학생 소비문화
· 구매교육	• 구매준비 단계 구매계획	• 시장환경에 대한 이해 • 용돈관리
	• 구매정보 수집단계	• 오프라인에서의 정보수집 • 온라인에서의 정보수집
	• 구매단계	• 거래조건 • 거래방법 • 계약 및 약관
	• 구매 후	• 사용 • 올바른 사용과 안전교육
· 시민의식 교육	• 소비자권리	• 소비자주의 • 소비자권리와 책임 • 소비자의 역할 • 소비자문제 • 소비자관련법
	• 소비자보호	• 소비자운동 • 소비자정책 • 소비자보호
	• 소비자책임	• 생태학적 책임 • 사회적 책임

출처: 김현정 · 정순희(2002). 대학 교양과목으로서의 소비자교육 교과모형 개발. 교과교육학 연구 6(2), p.103~123.

활을 할 수 있도록 하는 것도 목표가 될 수 있다.

소비자교육의 내용은 교육대상자들의 특성을 파악하고 그들의 요구 사항을 반영하여 구성해야 한다. 앞서 살펴본 성인소비자들의 특성을 고려하여 대학생, 독신자, 그 외 세대별로 내용을 편성해야 할 것이다.

그 한 예로서 대학생소비자를 대상으로 하여 학교 교양과목으로 편성할 경우 그 내용을 소개하면 〈표 11-6〉과 같다.

2) 소비자교육 방법

(1) 교육 주체

성인소비자의 경우 소비자교육의 주체로는 민간 소비자단체, 한국소비자원, 행정기관, 기업, 언론매체, 그리고 대학교 등을 들 수 있다.

각각의 교육 주체들이 나름대로의 장점과 한계점을 갖고 있으므로 장점을 최대한 살릴 수 있는 교육방법을 선택해야 할 것이다.

이를 테면 민간 소비자단체는 주로 기혼여성인 주부를 대상으로 소비자교육을 실시하는 경우가 많다. 소비자단체들은 소비자교육의 직접적인 효과를 얻기도 하고 교육에 참여한 대상자들이 단체의 회원으로서 지속적인 활동을 하도록 유도하는 효과를 추가적으로 얻기도 한다.

한국소비자원과 지자체, 관련 정부기관들은 정책적 부분에 강한 편이며 온라인을 통한 각종 자료 제공과 정보전달의 기능을 하고 있다.

반면 기업은 자사 홈페이지 등을 통하여 정보제공 기능에 주력하고 있다고 볼 수 있다.

대학교의 경우, 소비자교육의 유형 중 학교 소비자교육에 속하므로 학교소비자교육이 가지는 특징과 장점을 최대한 활용할 수 있다. 대학교육은 학교라는 제도적 틀 안에서 효율적인 교육을 실시할 수 있으며 입시 위주의 고교교육에서 벗어나 전인교육의 실현이 가능하다는 장점을 갖는다. 뿐만 아니라 학교 내에 소비자 관련 전공학과가 있다면 소비자학 전공 교수와 박사 등 질적으로 수준 높은 교육자가 제공될 수 있다는 큰 장점도 누릴 수 있다. 대학에서의 소비자교육은 대학생 본인의 소비자사회화에 기여할 뿐만 아니라 장래의 소비자 교육자를 육성하는 인적자원 개발에도 기여할 수 있다. 우리나라에서 대학진학률이 매우 높다는 점을 감안해 볼 때 각 대학의 교양과정에서 소비자교육을 실시한다면 그 효과가 매우 클 것이다.

(2) 교육방법

성인을 대상으로 한 소비자교육 방법으로서 그 구체적인 대상에 따라 다소 차이가 있을 수 있지만 시대적, 상황적 변화에 부응하려면 인터넷을 활용하는 방법을 배제할 수는 없을 것이다. 다만, 세대별로 인터넷에 대한 선호도나 접근 용이성 등이 다르므로 그러한 입장을 잘 고려하여 최적의 활용법을 찾아내야 할 것이다. 성인을 대상으로 한 소비자교육방법을 정리해 보면 다음과 같다.

- 강의와 토론을 병행한 수업
- 동아리 활동 형태의 수업
- 실습과 견학을 병행한 수업
- 영상매체 활용 수업
- 특별강좌 형식
- 각종 교육용 소프트웨어 활용 수업
- 게임 형식
- 온라인 방식

아래 표를 보고 자신의 소비자 윤리지각과 소비자 윤리행동에 대하여 생각해 봅시다.

1. 다음은 귀하의 윤리지각을 알아보려고 하는 것입니다.
   귀하께서 생각하는 정도에 V표를 해주시기 바랍니다.

	아주 잘못 되었다	잘못 되었다	보통 이다	잘못되지 않았다	전혀 잘못되지 않았다
1. 슈퍼에서 가격표를 바꾼다.					
2. 슈퍼에서 계산을 하지 않고 콜라를 마신다.					
3. 가격표가 없는 물품에 대해 점원에게 원래 가격과 다른 가격을 말한다.					
4. 거스름돈을 많이 받으면 그냥 넘어간다.					
5. 가격 혜택을 받기 위해 아이의 나이를 속인다.					
6. 점원이 계산을 잘못했을 때 아무 말도 하지 않는다.					
7. 구매하지도 않았던 물품의 쿠폰을 사용한다.					
8. 유효기간이 지난 쿠폰을 사용한다.					
9. 중고차 가격협상 때 진실을 말하지 않는다.					
10. 신용카드 신청 시 소득을 속인다.					
11. 구매하지 않은 컴퓨터 소프트웨어나 게임프로그램을 사용한다.					
12. 시디나 테이프를 구매하지 않고 복사해서 사용한다.					
13. 금요일에 옷을 사서 토요일에 입고 난 뒤 월요일에 가게에 가서 원하던 옷이 아니라며 환불을 요구한다.					

2. 다음은 귀하의 윤리행동을 알아보려고 하는 것입니다. 귀하께서 행동하시는 정도에 V표를 해주시기 바랍니다.

	아주 잘못 되었다	잘못 되었다	보통 이다	잘못되지 않았다	전혀 잘못되지 않았다
1. 슈퍼에서 가격표를 바꾼다.					
2. 슈퍼에서 계산을 하지 않고 콜라를 마신다.					
3. 가격표가 없는 물품에 대해 점원에게 원래 가격과 다른 가격을 말한다.					
4. 거스름돈을 많이 받으면 그냥 넘어간다.					
5. 가격 혜택을 받기 위해 아이의 나이를 속인다.					
6. 점원이 계산을 잘못했을 때 아무 말도 하지 않는다.					
7. 구매하지도 않았던 물품의 쿠폰을 사용한다.					
8. 유효기간이 지난 쿠폰을 사용한다.					
9. 중고차 가격협상 때 진실을 말하지 않는다.					
10. 신용카드 신청 시 소득을 속인다.					
11. 구매하지 않은 컴퓨터 소프트웨어나 게임프로그램을 사용한다.					
12. 시디나 테이프를 구매하지 않고 복사해서 사용한다.					
13. 금요일에 옷을 사서 토요일에 입고 난 뒤 월요일에 가게에 가서 원하던 옷이 아니라며 환불을 요구한다.					

출처: 제미경 · 서정희 · 김영옥(2004). 대학생의 소비자비윤리 지각과 행동 및 관련변수. 한국생활과 학회지 13(6), p.891~901.

연구과제

1. 성인소비자 중 대학생 소비자로서 소비자교육의 대상이 된다면 어떤 내용을 교육받고 싶은지, 그 이유는 무엇인지 조별로 의논해 보자.

2. 관련 사이트나 신문에서 금융에 관련된 용어들을 서른 개 정리해 보고 자신이 정확히 알고 있는 것, 대충 알고 있는 것, 전혀 모르는 것으로 구분해 보자.

12 CHAPTER

고령소비자교육

1. 고령소비자의 개념과 특성
2. 고령소비자의 소비자문제
3. 고령소비자교육의 내용과 방법

12 CHAPTER

고령소비자교육

일반적으로 노인 또는 고령자, 노년층, 성숙인 등 여러 가지 용어로 표현되는 대상은 실제로는 동일한 집단이라고 볼 수 있다. 지금까지는 주로 노인이라는 표현을 많이 사용해 왔으나 전세계적으로 고령화 현상이 나타나고 고령사회가 도래하면서 노인보다는 고령자라는 표현이 사회현상과 부합된다는 의견이 대두되고 있다. 이에 여기에서도 노인소비자 대신에 고령소비자라는 용어를 사용하고자 한다.

고령화사회가 빠르게 진행되면서 전반적인 노인복지정책의 필요성뿐만 아니라 소비자정책 분야에서도 고령소비자에 대한 소비자교육 및 고령소비자 보호정책 문제가 대두되고 있다.

고령소비자는 여전히 상대적으로 교육수준이 낮고 고독감, 신체적 기능 저하, 심리적 · 경제적 불안정 등의 특징이 있으며 이로 인해 특유의 소비자문제를 유발하고 소비자피해를 발생시키고 있다.

한편으로는 고령소비자가 사회, 경제적 변화와 그에 따른 새로운 현상으로 인해 과거와는 다른 새로운 소비자 계층군으로 부상될 것으로 예상하기도 한다.

이 장에서는 고령소비자의 개념과 소비자문제를 살펴보고 고령소비자를 위한 소비자교육 프로그램을 개발할 수 있는 기초 자료를 제시하고자 한다.

01 고령소비자의 개념과 특성

1) 고령소비자의 개념

노년기를 몇 세부터로 할 것인가에 대해서는 학문 분야별로 또 학자에 따라서 의견이 일치하지 않고 있는데 그 이유를 최순남(2000)은 다음과 같이 설명하고 있다.

첫째, 늙음이란 단순히 인간이 살아가는 생물학적 과정만을 의미하는 것이 아니라 그 시대의 사회 · 문화 · 정치 · 경제 등 여러 요인과 밀접하게 관련되어 있다.

둘째, 노화의 개인차에서 오는 문제이다. 노화가 시작되는 시기는 개인에 따라 차이가 있을 뿐 아니라 한 개인의 신체 각 기관 역시 노화의 시기와 속도 및 정도가 모두 다르게 나타난다. 따라서 노인이라는 선을 몇 세부터 그을 수 있는지는 더욱 쉬운 일이 아니다.

고령소비자의 개념은 다른 소비자와 마찬가지로 연령이나 생활주기를 기준으로 구분한 소비자의 유형으로 명확한 기준은 아직 없으나 국민연금법상 노령연금의 수혜대상 자격 연령이 60세이고 노인복지법에서는 65세 이상을 노인으로 규정하고 있다. 대개 정년퇴직과 소득상실, 사회적 이탈 등을 경험하게 되는 65세를 기준으로 노인기를 정의하고 있으며 본인 스스로는 60세 정도가 되면 노인이라고 생각하는 경향이 있다. 그렇지만 평균수명이 점점 더 길어지고 65세 이상 노인인구의 증가 속도가 매우 빨라지는 고령화사회에 이미 진입하고 있으므로 여기에서는 65세 이상을 고령소비자로 정의하고자 한다.

2) 고령소비자의 특성

우리 나라는 2000년에 65세 이상 인구가 총 인구의 6.8%에 이르러 이미 고령화사회에 들어섰고 2005년에는 9.3%에 이르렀으며 향후 2020년 이후에는 총 인구의

표 12-1 한국인의 노인인구 수 및 비율 추이

연도	노인인구(60세 이상)		노인인구(65세 이상)	
	수(천 명)	비율(%)	수(천 명)	비율(%)
1970	1,705	5.4	1,39	3.3
1980	2,268	6.2	1,456	3.8
1990	3,300	7.7	2,144	5.0
2000	4,984	10.7	3,168	6.8
2005	6,253	13.3	4,365	9.3
2021	9,268	17.7	6,625	13.1
2025	11,175	21.6	7,498	14.5

자료출처: 통계청(2005). 인구총조사 인구부문.

13% 이상을 차지하게 되어 이른바 '고령사회'에 진입할 것으로 예상되고 있다.

일반적으로 고령자를 정의할 때 신체적 및 생리적인 기능이 퇴화함으로써 그와 더불어 심리적인 변화가 일어나서 개인적인 자기 유지 기능과 사회적인 역할 기능이 약화되어 생산 및 소비 영역에서 배제되고 있는 사람이라고 한다. 그러나 우리 나라 가구의 형태와 고령자들의 경제상태의 변화로 인하여 고령자들도 지속적으로 소비행위를 하도록 소비생활에의 참여에 대한 요구가 증가되고 있다.

고령자들이 일정한 소비자 계층군으로 부각되고 있지만 다른 소비자 계층군에 비하여 고령소비자들은 상대적으로 교육수준이 낮고 여전히 심리적 불안정과 고독감, 신체적 노쇠 등의 특성이 있으며 상대적으로 낮은 구매력으로 시장에서의 영향력도 미약한 취약소비자로서의 특성을 나타내고 있다.

노인인구의 양적 증가는 노인인구의 질적 변화와 노인들의 일상생활에서의 변화를 수반하고 있는데 그 변화는 크게 세 가지 정도로 요약할 수 있다.

첫째, 건강한 노인의 상대적 증가이다. 인구의 고령화와 평균수명의 연장으로 육체적으로나 정신적으로 건강한 노인들이 그렇지 않은 노인들에 비해서 상대적으로 증가하고 있다. 그러므로 노인을 독립적으로 사회활동을 할 수 없는 연령층으로만 여기는 것은 더이상 적합하지 않을 것이다.

사회 전반의 고령화가 급속히 진행되면서 많은 사람들이 고령화의 사회적, 경제적 파급 효과에 대해 관심을 가지고 있으며 기업들은 고령자 대상의 실버 비즈니스에 대해 주시하고 있다. 그 동안 국내 실버 비즈니스는 우리보다 앞서 고령화가 진전된 일본의 영향을 많이 받았으며 고령자 계층이 보호를 필요로 하는 사회적 약자라는 인식을 바탕으로 대부분 이루어져 왔다.

하지만 최근 일본에서 실시된 일련의 조사결과는 고령자에 대한 이러한 고정관념에 대해 의문을 제기하게 한다. 2005년도 일본 지역유통경제연구소가 쿠마모토시의 고령자들을 대상으로 설문조사를 한 결과 응답자들은 고령 계층에의 진입 나이를 평균 73.4세로 응답했다. 사회가 인식하는 고령자 계층 진입 나이인 65세와는 무려 8년 이상의 격차가 있는 것이다. 다시 말해서 이 설문결과는 사회에서 고령자로 인식하는 연령대의 본인들은 정작 자신들이 고령자가 아니며 심리적으로는 실제 나이에 비해 젊다고 생각하고 있다는 현실을 반영하는 것이다 (정혁진, 2006).

이러한 현실은 심리적인 나이뿐만이 아니다. 실제 자신의 신체적 건강에 대해서도 고령자 계층은 큰 문제가 없다고 생각하고 있는 것으로 나타났다. 최근 일본 내각부의 조사에 따르면 60대 후반의 80%, 80세 이상의 60% 이상이 자신의 건강에 특별한 문제가 없다고 응답했다. 즉 사회는 고령자 계층이 체력이나 건강문제 때문에 보호를 필요로 하는 집단이라고 생각하고 있으나 실제 그렇게 여기고 있는 고령자의 수는 의외로 많지 않다는 것이다.

둘째, 노인가구의 세대 구성의 변화이다. 우리 나라 노인인구의 세대 구성을 보면 60세 이상 독거 노인 가구는 2005년 현재 30.8%로 계속 증가하는 등 전통적인 가족관계가 해체되는 모습을 보이고 있다. 이런 현상은 종래에 자식에게 위탁했을 생활상의 수요 충족을 노인들 자신이 직접 소비주체로서 처리해 나가야 하게 됨으로써 노인들이 소비행위의 당사자로서 상품 및 서비스를 선택, 구입, 관리하는 소비활동을 증가시켜 갈 것으로 예상된다.

셋째, 노인의 경제상태의 변화이다. 전국민 연금시대가 예상되는 가운데 앞으로 우리 나라의 경우에도 고령소비자의 구매력이 증가할 것으로 보인다.

이와 같이 가족 형태와 노인들의 경제상태의 변화는 노인들에게 지속적인 소비행위를 요구하여 과거와는 달리 구매의사결정에 참여하거나 실제 구매력을 가진 노년층이 늘어나 노인들이 일정한 소비자 계층군으로 부상할 것으로 예견되고 있다.

이에 대응하여 정부에서는 2005년 4월에 저출산 · 고령사회 정책의 기본 방향과 그 수집 및 추진체계에 관한 사항 등을 규정한 '저출산 · 고령사회 대책 기본법' 을 제정하였고 다른 여러 가지 관련 정책들을 수립하고 있다. 이러한 흐름을 감안할 때 저출산 · 고령사회에 대비한 소비자정책의 대응도 필수적으로 요구되고 있다.

대부분의 고령소비자들은 은퇴로 인해 경제력을 상실함으로써 소비욕구를 제대로 충족시킬 수 없고 낮은 구매력으로 인해 소비자로서의 기능을 수행하는데 많은 어려움을 겪게 된다. 또한 노인은 노화로 인하여 다양한 소비자정보를 처리하는 능력이나 광고를 올바르게 이해하는 능력이 부족해서 과대광고에 현혹되는 경우가 많다. 또한 과거의 시장체계에서 교육과 훈련을 받았기 때문에 오늘날과 같은 복잡한 경제환경에 효율적으로 대처하지 못하고 있다. 뿐만 아니라 심리적 불안정과 고독감 등도 고령소비자들로 하여금 소비자 기만에 쉽게 빠져들게 한다.

이러한 고령소비자의 특성을 정리해 보면 다음과 같다.

첫째, 경제적인 특성으로 고령소비자는 퇴직이나 배우자 사망 등으로 인해 소득이 감소되어 경제사정이 악화된다. 즉, 저수입 또는 무수입의 상태로 되면서 낮은 구매력으로 시장에서 여러 가지 불리한 환경에 처하게 된다.

둘째, 신체적인 특성으로 쇠약해지고 건강이 약화된 노인은 위험을 회피하고 안전과 보장을 받고자 하는 욕구가 강해진다. 노화로 인한 스트레스와 소외, 고독감, 심리적 불안감을 느끼게 되면서 그러한 약점을 노리는 판매원에게 이용당하기 쉽게 된다.

셋째, 사회 · 심리적 특성으로 신체의 노화로 말미암아 전반적인 행동이 소극적이며 수동적, 내향적으로 되어가고 경직성이 강해진다. 또한 낮은 교육수준과 소비자지식 및 정보의 부족, 시장환경에 대한 이해의 부족 등으로 시장에서 희생당하기가 쉽다.

한편 도시화와 산업화가 진행되면서 핵가족화, 여성의 사회참여 증가 등으로 노인부부 또는 혼자 사는 노인이 늘어가고 있는 실정이다. 오늘날의 고령소비자들 중에는 이전의 노후대책이나 연금수입 등으로 어느 정도 구매력을 유지해 나갈 수 있고 자녀 등 가족들의 부양을 받지 않고 독립적으로 생활을 하는 노인들도 있다. 이른바 TONK족(Two Only no Kids)이라고 불리는, 비교적 경제적 여유가 있어서 자녀들의 부양없이 독립적으로 노부부가 생활하는 형태도 나타나고 있다. 이러한 변화로 인하여 과거와는 다르게 노인들이 소비행위의 당사자로서 직접 상품 및 서비스를 선택하고 구입하여 관리하는 소비 주체로서의 역할을 하게 되었다.

이러한 상황에 비추어 볼 때 고령소비자의 대처 능력 강화라는 차원에서 고령자에 대한 소비자교육의 중요성이 부각되고 있다. 지금까지 정부의 노인복지정책이 경제적 문제해결을 위한 사업에 중점을 두었다면 상대적으로 소홀하게 취급되었던 교육문제가 이제부터는 중요한 과제로 등장하기 시작한 것이다.

이상에서 살펴본 바와 같이 노인인구의 증가와 노인단독 가구의 증가, 그리고 노인 가계의 구매력 향상으로 인하여 노인의 소비자역할과 소비자능력이 중요해졌으나 반면 소비자로서의 기능을 제대로 수행하기에는 여러 가지 면에서 어려움이 있으므로 노인복지 차원에서 고령소비자 교육이 활발하게 실시되어야 할 것이다.

02 고령소비자의 소비자문제

1) 소비자문제의 현황

정보화가 빠른 속도로 진전되면서 오늘날의 소비환경은 소비자로 하여금 정보통신기술을 활용한 정보획득과 소비생활을 할 수 있도록 요구하고 있다. 이러한 정보사회에서 고령소비자는 다른 연령계층의 소비자에 비해 상대적으로 무능한 소비자로 특징 지워지고 이로 인해 고령소비자 문제의 심각성이 더해가고 있는 실정이다. 또한 전체적인 시장환경이 젊은 세대에 근거한 상품 공급구조로 되어 있어서 젊은 세대 중심의 소비재는 단기간의 모델 변화, 기계화, 외국어의 사용 경향 등을 나타내므로 고령자들을 상품과 서비스의 사용으로부터 점점 더 멀어지게 하여 고령소비자의 소비환경이 악화되고 있다. 또한 재래의 소규모 상점이나 서비스 공간은 고령자의 생활권역 안에 있어서 고령자들이 걸어서 쇼핑하는 것이 가능하였으나 대규모의 슈퍼와 백화점의 발달은 오히려 고령자들에게는 교통수단의 문제를 야기시켜서 혼자 쇼핑하는 것이 거의 불가능한 일이 되고 있다. 이러한 소비환경의 변화는 고령소비자가 소비자문제를 경험하게 될 가능성을 높이고 있다.

여러 선행연구들(이기춘, 1999; Wadell, 1975; Tongren, 1988)에 의하면 고령소비자들은 위험을 회피하고 안전과 보장을 받고자 하는 욕구가 강하며 옛것을 선호하고 인생을 회고하는 과정을 보이지만 타인에게 자신이 노인으로 인식되는 것을 싫어한다. 또한 독립적인 생활에의 욕구와 저소득으로 낮은 가격으로 구매하려는 경향이 있으며 평균 교육수준이 낮아서 잘못된 정보를 자주 접하게 된다. 그런가 하면 타인의 의견이나 속임수에 쉽게 현혹되며 판매원의 감언이설에 잘 넘어가게 된다. 뿐만 아니라 정보이용에 있어서 다른 소비자집단과 마찬가지로 대중매체에 대한 의존도가 높고 광고에 대한 신뢰성도 높은 편이다.

고령소비자의 소비자문제 현황을 구체적으로 살펴보기로 하자.

(1) 고령소비자 상담 추이

최근 5년간 한국소비자원에 접수된 소비자상담의 연도별 접수 추이를 보면 다음 〈표 12-2〉와 같다.

표 12-2 고령소비자 상담 접수 추이 단위: 건(%)

구분	2002년	2003년	2004년	2005년	2006년	합계
60세 미만	273,989 (98.1)	272,195 (97.7)	210,990 (97.7)	220,308 (97.9)	229,791 (98.0)	1,207,273 (97.9)
60세 이상	5,245 (1.9)	6,397 (2.3)	4,995 (2.3)	4,736 (2.1)	4,629 (2.0)	26,002 (2.1)
합계	279,234 (100.0)	278,592 (100.0)	215,985 (100.0)	225,044 (100.0)	234,420 (100.0)	1,233,275 (100.0)

주: 1) 한국소비자원 2002~2006년의 상담통계 자료임.
2) 한국소비자원에 접수된 상담 중 연령 '불명' 제외.

위 표에서 알 수 있듯이 2002년부터 2006년까지 최근 5년간의 고령소비자상담은 전체 소비자상담의 2.1%를 차지함으로써 우리 나라 고령인구 비율(2005년 기준 9.1%)과 비교할 때 매우 낮은 것으로 나타났다. 그러나 고령소비자가 직접 상담 신청을 하지 않고 자녀나 친지가 대리로 신청을 하는 경우도 있으므로 실제 상담 접수 건수는 이보다 높을 것으로 예상된다.

다음으로 실제 피해구제 접수 추이를 살펴보면 최근 5년간 한국소비자원에 접수된 비율은 전체의 4.3%로 나타났으며 특히 2005년에 비해 2006년에는 21.9%가 증가하여 처음으로 5%대로 진입하였다. 주목할 사실은 상담 접수 비율이 2.1%인 데 비해 피해구제 접수 비율은 4.3%로 두 배 이상 높게 나타났는데 이는 고령소비자 상담이 상담 단계로 종료되지 않고 피해구제 처리 대상으로 이관되는 특징으로 볼 수 있다.

일반 소비자의 피해에 비하여 고령소비자의 피해의 내용이 더 복잡하거나 적법한 기간에 적절하게 대응을 하지 못한다거나 여러 가지 복합적인 원인으로 인하여 이러한 현상이 나타났을 것으로 짐작해 볼 수 있겠다. 구체적인 피해구제 접수 추이는 다음 〈표 12-3〉과 같다.

표 12-3 고령소비자 피해구제 접수 추이

단위: 건(%)

구분	2002년	2003년	2004년	2005년	2006년	합계
60세 미만	22,014 (96.5)	21,439 (96.0)	18,514 (95.5)	20,305 (95.5)	21,761 (95.0)	104,033 (95.7)
60세 이상	795 (3.5)	883 (4.0)	869 (4.5)	961 (4.5)	1,171 (5.0)	4,679 (4.3)
합계	22,809 (100.0)	22,322 (100.0)	19,383 (100.0)	21,266 (100.0)	22,932 (100.0)	108,712 (100.0)

주: 1) 한국소비자원 2002~2006년의 상담통계 자료임.
2) 한국소비자원에 접수된 상담 중 연령 '불명' 제외.

상담 내용과 피해구제 내용을 좀더 상세하게 살펴보면 아래 〈표 12-4〉와 〈표 12-5〉와 같다.

표 12-4 연도별 상담 다발품목 현황

구분	순위	2002년	2003년	2004년	2005년	2006년
전체 소비자	1	회원권	학습교재	회원권	정보이용 서비스	정보이용 서비스
	2	학습교재	회원권	학습교재	이동통신	이동통신
	3	신용카드	신용카드	정보이용 서비스	학습교재	병·의원 서비스
	4	건강식품	건강식품	병·의원 서비스	병·의원 서비스	학습교재
	5	세탁서비스	정보이용 서비스	신용카드	간편복	간편복

60세 이상 소비자	1	건강식품	건강식품	건강식품	병 · 의원 서비스	병 · 의원 서비스
	2	의료서비스	병 · 의원 서비스	병 · 의원 서비스	이동통신	정보이용 서비스
	3	회원권	기타 주방용품	회원권	정보이용 서비스	이동통신
	4	신용카드	회원권	안경 및 의료기구	건강식품	생명보험
	5	세탁서비스	세탁서비스	이동통신	회원권	손해보험

주: 1) 한국소비자원 2002~2006년의 상담통계 자료임.
2) 전체소비자에는 10대~70대 이상의 소비자가 포함됨.

표 12-5 연도별 피해구제 다발품목 추이

구분	순위	2002년	2003년	2004년	2005년	2006년
전체 소비자	1	회원권	세탁서비스	세탁서비스	세탁서비스	정보통신 서비스
	2	세탁서비스	학습교재	회원권	정보이용 서비스	의류 · 섬유 신변용품
	3	학습교재	회원권	학습교재	신용카드	금융 · 보험
	4	건강식품	신용카드	간편복	이동통신	문화 · 오락 서비스
	5	화물운송 서비스	정보이용 서비스	병 · 의원 서비스	병 · 의원 서비스	차량 및 승용물
60세 이상 소비자	1	병 · 의원 서비스	건강식품	병 · 의원 서비스	병 · 의원 서비스	병 · 의원 서비스
	2	건강식품	병 · 의원 서비스	건강식품	이동통신	이동통신
	3	회원권	기타 주방용품	회원권	정보이용 서비스	정보이용 서비스
	4	세탁서비스	보일러 및 온수기설비	세탁서비스	세탁서비스	인테리어 설비
	5	보일러 및 온수기설비	세탁서비스	여행	회원권	보일러 및 온수기설비

주: 1) 한국소비자원 2002~2006년의 상담통계 자료임.
2) 전체 소비자에는 10대~70대 이상의 소비자가 포함됨.

2) 소비자거래 부문

한국소비자원에 2001년부터 2005년까지 접수된 상담 건수를 중심으로 하여 60세 이상 고령소비자 소비자피해 중 소비자거래 부문이 차지하는 비율을 살펴본 결과 전체 상담 건수 중 소비자거래와 관련된 문제가 차지하는 비율은 전체의 99.11%로 거의 대부분을 차지하고 있으나 60세 미만 일반 소비자와 비교해 볼 때는 소비자거래 부문이 차지하는 비율이 0.12% 정도 낮은 것으로 나타나고 있다. 즉 전체적으로 소비자거래 부문이 차지하는 비율이 대부분이긴 하나 고령소비자의 경우 소비자안전 부문과 비교할 때 그 피해 정도가 오히려 덜하다고 할 수 있다.

구체적인 피해 내용을 살펴보면 우선 판매유형별로는 특수판매에 의한 소비자상담 비율이 일반소비자에 비해 높았으며 방문판매, 다단계판매, 노상판매, TV 홈쇼핑 등의 순이었다(송순영, 2006). 상품유형별로는 비정상판매에 의한 소비자상담 비율이 일반소비자에 비해 높았으며 주로 신분사칭(허위상술), 최면상술, 강습회상술 등에서 상담 요청이 많았다.

3) 소비자안전 부문

고령화 사회에서는 고령자의 안전문제가 개인의 문제로 그치지 않고 사회문제로 대두되게 되었다. 여러 연구와 조사에 의하면 안전사고의 외적 요인들은 환경 개선으로 그 사고율을 감소시킬 수 있으며 특히 안전사고에 대한 지식, 태도, 예방 행위 등은 안전사고 예방 프로그램을 실시함으로써 효과가 나타났다.

한국소비자원 조사(2006)에 의하면 소비자피해 중 소비자안전 부문이 차지하는 비율은 전체의 0.89%로 그 비율은 거래부문에 비해서 작으나 60세 미만 일반소비자와 비교해 볼 때는 소비자안전 부문이 차지하는 비율이 0.12% 정도 높은 것으로 나타나 상대적으로 일반소비자에 비해서는 안전 관련 소비자피해가 더 심각하다고 할 수 있다.

구체적인 피해내용을 살펴보면 먼저 제품 안전 분야에서 60세 미만 일반소비자에 비해 고령소비자의 상담 비율이 높은 것으로 나타났으며 특히 식의약 · 화장품, 여행 · 레저용품에 의한 소비자 위해 비율이 가장 높았다.

다음으로 시설안전 분야에서는 60세 미만 일반소비자에 비해 오히려 그 비율이 낮은 것으로 나타났으며 가정 내 시설물에 의한 사고비율이 전체의 47.1%였으나 가정 내 시설물에 의한 사고로 소비자상담 접수를 하는 경우가 흔하지 않다는 점을 감안해 볼 때 일반소비자에 비해 훨씬 더 높을 것으로 추측된다.

4) 소비자피해처리에 대한 대처행동

사고능력이란 이미 학습한 지식과 지각에 의하여 받아들인 정보를 이용하여 일상생활에서 부딪히게 되는 여러 가지 문제를 해결하거나 상황에 대처해 나가는 지적 능력이다. 일반적으로 연령이 높아질수록 사고능력이 저하되면서 문제해결 능력도 떨어진다. 이러한 현상은 고령소비자의 의사결정에 영향을 미치는데 이를테면 혼자보다는 친지나 친구와 같이 쇼핑을 하기도 한다. 또한 고령소비자들은 문제가 발생했을 때 적극적으로 대응하기보다는 피해를 입고도 그 피해를 감수하는 경우가 많다. 이는 고령소비자들의 피해 대응에서도 비슷하게 나타나고 있는데 나이가 들수록 다른 사람에게 항의하거나 시비를 거는 것은 자신이 살아온 경험이나 과거에 비추어 볼 때 바람직하지 못하다고 판단하여 소극적으로 포기하고 마는 경우가 많다.

고령소비자 중 소비자피해 경험이 있는 사람을 대상으로 불만 및 피해 후 행동에 대해 살펴본 결과, 71.9%에 해당하는 사람이 불만이나 피해 여부에도 불구하고 그냥 수락하는 것으로 나타났고 반품이나 계약해지를 요구한 비율은 26.3% 정도에 불과한 것으로 나타났다.

20세~59세 일반소비자의 60% 이상이 적극적 대응을 통해 잘못된 상품의 불만처리를 하고 있는 것에 비하면 적극적인 대응을 하는 비율이 아주 낮다고 할 수 있다. 또한 적극적 대응을 하지 않는 이유를 분석해 본 결과 소비자불만이나 피해의 원인을 구조적인 것으로 생각하기 보다는 개인적 차원의 것으로 생각하고 있음을 알 수 있다(송순영, 2006).

03 고령소비자교육의 내용과 방법

1) 고령소비자교육의 필요성

노인을 대상으로 하는 소비자교육은 사회교육의 일환으로 실시되어 왔다. 노인을 위한 사회교육과 소비자교육의 일반적인 특성을 살펴보면 사회교육은 주로 여가 시간 해결 중심의 교육이며 소비자교육은 시장에서 구매자로서의 역할 중심의 소극적 교육이다. 그러나 사회, 경제적 환경과 시장환경이 변해가고 있는 상황에서 노인을 대상으로 하는 소비자교육도 이러한 소극적인 역할 중심 교육에서 탈피하여 사회의 한 성원으로서의 적극적인 역할, 즉 생산적인 소비자로서의 역할을 수행할 수 있는 노인복지 측면을 고려해야 할 것이다.

이러한 점에서 노인의 적극적인 활동을 도모하는 생산적 복지를 지향하는 소비자교육에 대한 연구와 그 실천은 아직 미비하다고 할 수 있으며 고령소비자에 대한 올바른 소비자교육이 요구된다.

소비자교육에 대해 그 내용이나 프로그램을 다루기에 앞서 정부 유관기관의 정책을 살펴볼 필요가 있다. 교육내용이나 프로그램 개발이 관련 정책과 무관해서는 안 되며 기본적인 정책의 방향을 고려하여 그것을 반영할 수 있어야 하기 때문이다. 관련 정책을 몇 가지 측면에서 살펴보기로 하자.

(1) 법적 측면

① 소비자 기본법

2007년 3월 23일부터 시행되고 있는 개정된 소비자기본법에는 고령소비와 관련된 조항이 포함되어 있다. 법 제54조에서는 국가 및 지방자치단체는 어린이 · 노약자 및 장애인 등 안전취약계층에 대하여 우선적으로 보호시책을 강구하여야 하며 사업자는 어린이 · 노약자 및 장애인 등 안전취약계층에 대하여 물품 등을 판매 · 광고 또는 제공하는 경우에는 그 취약계층에게 위해가 발생하지 않도록 필요한 조치 및 예방조치를 취하여야 한다고 하고 있다. 고령자를 비롯한 취약계층 소비자문제가 안전에만 관계되는 것이 아니기 때문에 '소비자안전' 과 관련된 조항에서 언급한 것은 고령소비자 문제 전반에 대해 적용할 수는 없다 해도 과거 법 개정 이전에 비해서는 진일보한 것으로 볼 수 있다.

② 고령자 관련 법

고령자와 관련된 법으로는 우선 노인복지법을 들 수 있다. 노인복지에 관한 기본적 법률인 노인복지법에는 고령자 소비자정책과 관련된 직접적인 규정은 없으나 노인주거복지시설이나 노인의료복지시설에 관한 규정에서 유료시장에 대해 언급함으로써 소비자문제의 잠재성을 인정하고 있다고 볼 수 있다.

또한 2005년 9월부터 시행되고 있는 저출산 · 고령사회기본법에도 노인복지법과 마찬가지로 고령소비자보호와 관련된 정책에 관한 별도의 규정은 없다. 다만 제19조 1항에서는 고령 친화적 산업의 육성과 관련하여 국가 및 지방자치단체는 인구의 고령화에 따른 상품 및 서비스 수요의 변화에 대비한 새로운 산업을 육성하기 위한 기반을 구축하여야 한다고 했다. 또한 제19조 2항에서는 국가 및 지방자치단체는 노인에게 필요한 용구와 용품 등의 연구개발 · 생산 및 보급의 활성화를 위한 필요한 시책을 강구하여야 한다고 되어 있다.

위 조항들에서 알 수 있는 것은 고령사회정책에 대해 고령친화적 산업의 육성 조항을 포함시킴으로써 고령사회정책의 범위를 단순한 복지 정책적 차원을 넘어서 시장 경제 차원에서 접근하고 있다는 것이다. 또한 고령친화산업의 활성화를 위해서는 관련 법령의 보완과 비현실적 규제의 해제, R & D 투자의 활성화 및 전문 인력의 양성이 필요하며 뿐만 아니라 표준제도 및 소비자보호 제도 등의 보완이 있어야 하므로 소비자정책의 발전 가능성을 찾아볼 수 있다고 하겠다.

이 외에도 고령친화산업진흥법(안)에는 소비자권익보호에 관한 내용을 선언적으로 명시하고 있다.

(2) 행정적 측면

우리 나라에는 고령자를 대상으로 하는 별도의 행정은 거의 없다고 해도 과언이 아니다. 고령자에 대한 소비자행정 분야 중에서는 그나마 소비자교육 및 정보제공 분야가 비교적 활성화되어 있다고 할 수 있다. 고령자에 대한 소비자교육은 한국소비자원과 여러 소비자단체를 중심으로 활발하지는 않지만 비교적 꾸준히 실시해 오고 있다.

고령자에 대한 정보제공도 활발한 편은 아니며 정부 및 공공기관이나 언론매체에서 어린이 코너를 별도로 설정하는 것에 비하면 고령자 코너를 설치하는 예는 상대적으로 드물다고 할 수 있다. 일례로 식품의약품안전청에서는 홈페이지 계층별 서비스에서 어르신 코너를 별도로 마련해 두고 있다.

또한 고령소비자 상담과 피해구제도 일반 소비자상담 및 피해구제 체계 안에서 한꺼번에 행해지고 있으며 별도의 체계는 없다고 볼 수 있다. 민간소비자 단체 중 극소수는 별도의 고령 문제 상담실을 두고 있는 곳도 있으나 보편적이지는 않다. 각 지자체의 소비생활센터 또한 별로 다를 바가 없다.

(3) 고령 소비자정책의 문제점과 발전방향

앞에서 고령자 소비자정책 현황을 살펴보았듯이 소비자기본법 및 고령자 관련 법에서의 고령 소비자정책 대응은 아직은 선언적 차원에서 이제 겨우 시작하는 단계라고 볼 수 있다. 고령자에 대한 사회복지 서비스가 시장경제에 의존하는 형식으로 변화되어가면서 복지대상자로서의 고령자를 고령소비자로 변모시키고 있으며 그 배경에는 실버산업의 발달을 꼽을 수 있다.

따라서 복지서비스의 이러한 변화를 고려해 볼 때 복지정책의 일환으로 소비자정책이 필요하다는 것은 주지의 사실이다. 고령자를 대상으로 하는 복지서비스에서 시장서비스의 비중이 커지고 있고 그만큼 소비자문제도 그 발생 비율이 높아질 것으로 예측이 되므로 고령자에 대한 복지정책 측면에서 소비자정책의 중요성을 인식하여야 하며 소비자정책을 고령자의 복지정책에 반드시 포함시켜야 할 것이다.

앞에서 살펴본 바와 같이 우리 나라의 경우, 고령자 인구 비율에 비해 고령 소비자들의 소비자상담 비율은 상대적으로 매우 적은 편이다. 이것은 고령소비자들이 소비자피해를 당하여도 적극적으로 대처하지 못하고 그냥 감수하기 때문인 것으로 볼 수 있는데 별도의 고령소비자 행정 추진 체계나 소비자피해구제 체계가 없기 때문이라고 할 수 있겠다. 향후 소비자 관련기관과 단체 및 노인 관련 기관과 단체가 연계하여 체계를 구축하고 고령소비자보호와 관련된 소비자행정을 활성화해야 할 것이다.

뿐만 아니라 소비자업무나 노인 관련 업무를 담당하는 기관 및 단체들이 고령 소비자교육을 강화해야 하며 고령소비자를 위한 교육내용 및 교육방법을 모색하고 적극적으로 교육을 실시해야 할 것이다. 취약소비자인 고령소비자를 위한 소비자정보 제공 및 소비자교육을 뒷받침할 수 있는 소비자정책 수립과 시행이 필요하다.

2) 고령소비자교육의 내용과 방법

① 소비자교육 내용

일찍이 인구의 고령화를 경험한 서구 유럽, 북미, 일본 등 선진국에서는 노인문제가 개인이나 가정의 노력만으로는 해결될 수 없는 문제임을 인식하고 국가나 지방자치단체의 차원에서 장기적이고 종합적인 노인교육서비스를 제공하여 왔다. 이에 비하면 우리 나라의 노인교육은 아직 초보적 단계에 머물러 있고 노인을 대상으로 한 소비자교육도 매우 미흡한 실정이라고 할 수 있다. 날로 증가하는 고령화사회의 복잡하고 다양한 욕구를 해결하고 노인소비자들이 소비자로서의 역할을 제대로 수행할 수 있도록 하기 위해서 노인에 대한 소비자교육은 매우 필요하다.

앞에서 살펴본 바와 같이 대부분의 고령소비자들은 경제적, 신체적, 심리적 그리고 사회적으로 문제를 갖고 있는 취약소비자이다. 고령소비자들은 소비자 피해를 입은 경우에도 주변에 알리거나 도움을 청하기보다는 혼자 속으로 애태우는 일이 많은 것으로 나타나고 있다. 반면에 상대적으로 고령소비자를 겨냥한 판매 상술은 날로 발전하고 있어서 고령소비자들에 대한 교육의 필요성은 점점 더 커지고 있다.

다른 소비자들도 마찬가지겠지만 특히 여러 가지 면에서 취약한 소비자에 대한 교육내용은 교육대상자들의 실태와 요구를 정확히 파악하여 구성되어야 한다. 따라서 일반적인 소비생활 관련 내용뿐만 아니라 그 당시의 사회적 문제와 발생빈도가 높은 피해사례들을 중심으로 실질적인 도움이 될 수 있는 내용이 필요하다. 이를테면 상품구매 문제, 안전문제, 피해처리 문제 등을 기본 내용으로 하고 보편적으로 단절되지 않고 발생하는 사기로 인한 피해 예방법과 특정 시기에 집중적으로 발생하는 피해 예방법 등을 추가적으로 포함해야 한다.

그 한 예로 최근에 상조서비스로 인한 피해가 급증하고 있으나 고령소비자들 중에는 여전히 그 사각지대에 방치되어 있는 경우가 많다. 상조서비스의 경우 특히 고령소비자들의 피해가 많은 이유는 첫째, 노인들 대부분이 많든 적든 저축한 자산이 있으며 특히 죽음과 관련된 구매행동에서 다른 집단에 비해 접근이 쉬운 상황에 놓여 있기 때문이다. 둘째는 1930년~1950년대에 성장한 노인들은 '예의'와 '신뢰' 등 인간적인 미덕을 강요받으면서 살아왔으므로 긍정적인 성향이나 특성을 지니고 있기 때문이다.

사회교육으로서의 고령소비자교육은 실용적이고 구체적인 교육내용이 필요하며 응용적인 측면에 치중할 필요가 있다.

선행연구에서 여러 학자들이 고령소비자교육의 내용에 대하여 발표를 하였고 지금도 소비자단체나 지방자치단체의 교육 프로그램에서는 사회적 현상과 어떠한 특정 피해사례가 일시적으로 빈발하는 경우를 감안하여 내용을 구성하기도 한다.

② 소비자교육 방법

고령소비자의 소비자교육 방법은 우선 고령소비자의 특성을 감안하여 다른 연령층의 소비자들과는 차별화가 되어야 한다. 이를테면 현재 고령소비자교육을 시행하는 단체나 기관들이 산발적이며 자체 행사의 극히 일부분으로 하고 있는 방법은 효과나 효율 면에서 부족한 것이 사실이다. 앞의 고령소비자의 특성에서 언급한 바와 같이 고령소비자들은 직접 찾아가거나 주위 사람들과 함께 문제를 해결할 수 있는 방법이 더 효과적일 것이다. 이를테면 소비자상담 업무를 보는 기관이나 단체에서 고령소비자 전용 전화나 창구를 개설하여 고령소비자들이 쉽게 접근할 수 있게 하고 꾸준히 정보를 제공하는 것이 교육의 한 방법이 될 수 있다.

또한 노인들은 누구에게 보고하거나 고발하는 등 사후 조치에 대하여 적극적이지 못하기 때문에 고령소비자들에게 그 피해가 더 많이 발생하고 있다. 고령소비자들의 소비행태와 소비자피해에 대한 대처행동이 일반적으로 소극적이고 수동적이며 부정적이어서 취약하다고 보고되고 있으나 신세대 노인은 건강하고 부유하며 적극적인 노년을 보내고 싶어 한다는 사실을 간과해서는 안 될 것이다. 베이비붐 시기의 신세대 노인은 평균수명의 연장과 더불어 건강한 노인이 증가하고 자녀로부터 독립한 노인세대의 증가로 새로운 노인소비문화가 형성될 것으로 예상할 수 있다. 특히 자산과 연금소득의 증가는 윤택한 소비생활을 누리게 하고 높은 교육수준은 새로운 라이프스타일을 형성할 것이다.

따라서 고령소비자들을 동일한 하나의 집단으로 규정화하여 소비자교육을 실시하는 것은 비효과적이다. 고령소비자를 그 특성에 따라 분류하여 각 특성에 적합한 내용과 방법을 선택하여야 한다. 그렇지만 아직까지는 고령소비자의 대부분이 전통적인 노인의 특성을 가지고 있으므로 고령소비자들에게 효과적인 교육 방법은 그들을 찾아가는 방법이라고 할 수 있겠다. 컴퓨터 활용 능력이 상대적으로 부족하고 정보화가 덜 된 노인들에게 스스로 정보를 탐색하고 획득하기를 기대하는 것은 현실적으로 매우 부적합한 방법이다.

그 외에도 고령소비자의 특성을 고려한 소비자교육 방법을 정리해 보면 다음과 같다.

첫째, 고령소비자들은 이해속도와 인지속도가 매우 느리며 학습 속도도 느리기 때문에 교육 시간을 충분히 여유 있게 배정해야 한다. 뿐만 아니라 정해진 시간 내에 다루게 될 내용이나 자료들도 그 양을 제한적으로 설정해야 할 것이다.

둘째, 교육내용이나 주제가 노인들의 관심과 흥미와 관련이 있으며 특히 일상의 경험에서 찾을 수 있는 사례들을 통해 현실적이며 활용도가 높아지도록 해야 한다.

셋째, 노인들은 자신의 경험에 더 의존적이므로 학습자의 참여를 유도하고 실생활에서 접할 수 있는 구체적인 사례를 제시하는 것이 더 효과적이다.

마지막으로 적극적이지 못한 고령소비자들에게 직접 찾아가는 방법을 택하여 더 많은 교육 기회를 제공해야 할 것이다.

또한 고령소비자 피해 및 상담에 관한 리플릿이나 책자 등을 제작하여 고령소비자들이 많이 모이는 노인복지관이나 노인대학, 노인정 등에 주기적으로 배포하여 정보제공적 교육을 꾸준히 실시한다. 전국의 각 노인교육기관의 프로그램을 구성할 때 소비자교육 내용을 포함시킨다면 오락이나 여가활동, 컴퓨터교육 등과 같이 함께 수강할 수 있을 것이다.

현재 노인교육을 시행하고 있는 기관과 소비자교육을 포함한 교육시행이 가능한 기관들이 서로 네트워크를 구축하여 합리적이고 효율적으로 역할을 분담하고 협력함으로써 그 효과를 증대시킬 수 있을 것이다. 또한 지역별, 집단별로 그 대상을 분류하여 맞춤형 교육 프로그램을 개발하여 시행하도록 해야 한다.

뿐만 아니라 국가의 복지차원에서 관련 정책을 수립하고 실행함으로써 뒷받침을 해 주어야 할 것이다.

연구과제

1. 민간 소비자단체와 정부기관의 홈페이지를 방문하여 고령소비자를 대상으로 한 소비자교육 내용이나 정보를 찾아서 정리해 보자.

2. 고령화사회의 진행과 더불어 고령소비자들이 겪게 될 소비생활의 문제점들을 파악해 보자.

13 CHAPTER

특수소비자의 소비자교육

1. 장애인소비자
2. 다문화소비자

13 CHAPTER

특수소비자의 소비자교육

소비자란 소비생활을 영위하는 모든 사람을 의미하므로 소비자교육을 실시할 때는 유아에서 고령자에 이르기까지 생애주기의 모든 단계에 걸쳐서 평생교육으로 시행해야 하며, 다양한 소비자 계층을 대상으로 시행해야 한다. 특히 장애인소비자나 다문화소비자의 경우 일반소비자들과는 달리 소비생활을 해 나가는 데 많은 어려움을 겪고 있으므로 그들을 특수소비자로 분류하여 그들에게 맞는 교육내용과 교육방법으로 소비자교육을 실시해야 할 것이다. 장애인소비자의 경우 신체적, 정신적 장애로 인하여 소비자지식이나 정보를 획득하기도 어렵고, 소비생활을 독자적으로 해나가기가 어려운 실정이다. 다문화소비자의 경우에도 언어 장벽과 문화의 차이로 인하여 소비생활에 어려움을 겪고 있는 것이 사실이다.

따라서 이 장에서는 특수소비자로서 장애인소비자와 다문화소비자가 소비생활에서 겪고 있는 소비자문제를 파악하고, 그들에게 적합한 소비자교육 방안에 대해서 살펴보기로 한다.

01 장애인소비자

1) 장애인소비자의 개념 및 특성

(1) 장애인소비자의 개념

우리 사회에서 그동안 장애인은 차별과 편견의 대상이었고, 경제력이 없는 집단으로 간주되어 소비 주체로 인식되지 않았다. 마케팅 관점에서 장애인을 소비자로 이해하고 설명한 것은 서구에서도 1990년대에 들어와서야 나타난 현상이다(이재경, 2003). 이는 사회에서 장애인들에 대한 부정적인 태도가 변해서 수용의 수준이 높아졌고, 장애인 고용 차별금지로 장애인들이 경제활동을 하게 됨으로써 소비자로서 경제능력을 가질 수 있게 되었을 뿐만 아니라 공공시설과 건축물 등의 물리적 환경이 개조되어 장애인들이 소비행동을 할 수 있는 여건이 조성된 데 기인한다고 하겠다. 우리 나라의 경우 소비자로서의 장애인에 대한 관점은 장애인 복지의 차원에서 복지서비스에 대한 소비자라는 개념이 주로 존재해오다가 시장에서의 거래행위의 주체 또는 마케팅의 표적 대상으로 관심을 모으게 된 것은 최근의 일이다.

장애인이라 함은 장애를 가진 사람을 의미하는 것으로 일반적으로 신체장애인과 정신지체인을 통틀어서 부르는 말이며, 심신장애인이라고도 한다. 1975년 국제연합(UN) 총회에서 결의한 장애인 권리선언에서는 "장애인이라 함은 선천적이든 후천적이든 신체적, 정신적 능력의 불완전으로 인하여 일상의 개인적 또는 사회적 생활에서 필요한 것을 자기 자신으로서는 완전히 또는 부분적으로 확보할 수 없는 사람을 의미한다."라고 하였다(인터넷 백과사전). 장애의 유형은 〈표 13-1〉과 같이 분류된다.

표 13-1 우리 나라 장애 유형의 분류

대분류	중분류	소분류	세분류
신체장애	외부 신체기능의 장애	지체장애	절단장애, 관절장애, 지체기능장애, 변형 등의 장애
		뇌병변장애	중추신경의 손상으로 인한 복합적인 장애
		시각장애	시력장애, 시야결손 장애
		청각장애	청력장애, 평형기능장애
		언어장애	언어장애, 음성장애
정신장애	정신지체		지능지수가 70이하인 경우
	정신장애		정신분열증, 분열형정동장애, 양극성정동장애, 반복성우울장애
	발달장애(자폐증)		소아자폐 등 자폐성장애

출처: 이재경(2003). 지체장애소비자의 구매심리특성과 광고효과. 중앙대학교 대학원 박사학위논문, p.8.

장애인소비자란 이상의 여러 가지 신체적, 정신적 장애로 인하여 소비생활을 정상적으로 잘 해나갈 수 없는 사람들을 의미한다. 그러나 이러한 장애인들도 정상인들과 마찬가지로 다양한 소비욕구가 있으므로 이들이 소비생활을 자립적으로 할 수 있도록 교육을 통하여 최대한 도와주어야 할 것이다.

(2) 장애인소비자의 특성

장애인은 장애가 갖는 기능상의 제약과 함께, 장애로 인하여 나타나는 부정적인 정서와 감정, 낮은 자존감과 소외감 등의 심리적 특성으로 인하여 사회 적응과 사회화에 중요한 영향을 받으며, 소비자행동에도 영향을 받는 것으로 알려졌다(이재경, 2003).

① 장애인소비자의 욕구

장애인은 장애의 유형에 따라 소비자욕구가 달라질 수 있지만 장애인소비자도 역시 일반소비자와 마찬가지로 일상생활을 위한 여러 가지 재화 즉, 음식이나 옷, 집, 오락 등의 다양한 소비재에 대한 욕구가 있다. 다만 차이가 있다면 그들의 장애가 일반적인 소비자행동을 제약하고 있다는 것뿐이다.

장애인소비자의 제품에 대한 욕구는 일반제품의 경우와 장애인용품의 경우로 나누어 볼 수 있다.

일반제품의 경우 장애인소비자들도 일반소비자들과 마찬가지로 소비자행동을 일으키는 선호, 인지, 태도, 습관, 욕구를 가지고 있어서 적절한 가격에 질 좋은 제품과 서비스를 요구한다.

그러나 장애용품의 경우에는 장애 유형에 따라 소비자욕구가 다르게 나타난다. 장애용품이란 장애인의 기능적 장애를 줄이기 위해 필요로 하는 보장구와 장애인을 위해 개발된 일상용품을 의미한다. 보장구는 일시적으로나 장기적으로 장애인들이 이용하는 보조장치로, 그들에게 남아 있는 기능을 활용하고 결손 기능을 대응하여 일상생활을 영위하기 위한 수단이 되므로 장애인의 생활환경 속에서 가장 중요한 역할을 하고 있다(한국소비자보호원, 1988). 장애의 부위나 정도에 따라 매우 다양하지만, 크게는 지체장애인의 경우 의수족, 보조기, 휠체어, 그리고 청각장애인의 경우에는 보청기, 시각장애인의 경우에는 흰 지팡이와 약시용 안경 등으로 대별된다. 미국이나 일본의 경우에는 이러한 기본적인 보장구뿐만 아니라 세세한 부분에서 장애인들이 필요로 하는 일상용품을 만들어서 공급하고 있다. 여기에는 일반가구, 가정용 기구, 식기, 주방용품, 가사용품, 소모

용품, 침구, 의복, 신발제품, 문방구제품, 교양 · 오락제품, 교통 · 통신제품, 이 · 미용제품, 장신구용품 등이 포함된다(한국소비자보호원, 1988). 이러한 제품에 대한 소비자욕구는 장애의 유형을 감안하여 특별히 고안된 기능성을 중요하게 여기며, 안전성과 저렴한 가격이 보장되기를 원한다.

② 장애인소비자의 구매의사결정과정

일반적으로 소비자들의 구매의사결정과정은 문제인식, 정보탐색, 대안평가, 구매, 구매 후 평가의 과정을 거치게 되는데, 장애인들도 이 과정은 같을 수밖에 없다. 각 단계에서의 장애인소비자의 특징을 살펴보기로 한다(이재경, 2003).

첫째, 문제인식 단계에서 장애인소비자들은 문제인식을 하게 되면 구매행동을 하기 전에 그들의 장애로 인해 일반적인 소비자 쇼핑행동 양식에 대한 두려움을 가지게 되어, 구매행동의 가치, 즐거움, 효율성이 저하된다고 한다.

둘째, 정보탐색 단계에서 장애인소비자들은 주로 비공식 정보원에 의존하고 있으며, 정보원으로서 광고에 대해서는 일반소비자보다 더 부정적인 태도를 취하는 것으로 나타났다(Burnett & Paul, 1996; 이재경, 2003에서 재인용). 구매결정을 할 때 매체보다는 개인정보원, 즉 가족과 친구에 대한 의존도가 높다고 했으며, 그 다음으로 장애단체들과 관련 기관들이 중요한 정보원으로 작용한다는 것이 밝혀졌다. 또한 매체의 상대적 중요성을 보면 구매정보원으로서 TV와 신문에 의존하는 경향이 짙고, 라디오와 잡지는 중요하게 간주되지 않았으나 제품군에 따라 중요하게 의존하는 매스미디어 정보원이 다르게 나타났다. 그리고 일반적으로 광고에 대해서는 부정적인 태도를 취했지만 장애인소비자와 관련된 정보를 제공하는 광고의 경우에는 가치 있게 여기는 것으로 나타났다. 장애인소비자들의 정보탐색에 있어서의 제한점은 그들이 실제 쇼핑하러 가기까지의 과정과 쇼핑하는 동안과 다시 집으로 돌아오기까지의 모든 과정이 용이하지 않다는 점이다. 따라서 장애인소비자들의 정보탐색은 교통수단의 편의와 가게 안에서의 쇼핑의 편의, 그리고 휴대가능한 제품의 종류, 배달 여부 등이 의사결정 영역 안에 포함되어 그것을 바탕으로 정보탐색이 이루어진다.

셋째, 대안의 평가 단계에서 장애인소비자들은 제품 자체에 대한 평가뿐만 아니라 교통수단의 편의나 쇼핑의 편의, 배달 여부 등을 고려한 가게에 대한 평가를 중요하게 한다. 장애인들은 대체로 경제사정이 어렵기 때문에 제품평가에서 가격을 중요하게 고려하며, 그들의 장애로 인해 가게에 대한 평가에서는 교통수단의 편의성을 중요하게 고려하는 경향이 있다. 장애인소비자는 구매의사결정의 단순화를 위한 첫 번째 규칙으로서 '가장 접근하기 쉬운 가게에서의 쇼핑'과 같은 심리적인 규칙에 의존하게 된다.

넷째, 구매결정 단계에서 장애인소비자들은 일반소비자들에 비해 쇼핑의 효율성, 쇼핑의 편의, 판매원 및 가게의 환경을 더 중요하게 고려하는 것으로 나타났다(Baker, Stephens & Hill, 2001; 이재경, 2003에서 재인용). 그들이 가게로 쉽게 들어갈 수 있고, 휴식공간이 잘 제공되고, 계산대에서 물건을 쉽게 계산할 수 있는지의 여부 등에 따라 가게를 선택하고 구매한다. 그리고 충동구매보다는 계획적인 구매를 하게 된다. 장애인소비자들은 장애로 인한 여러 가지 제약 때문에 비점포 쇼핑을 하게 되는 경향이 있다.

다섯째, 구매 후 평가 단계에서 장애인소비자들은 제품에 대한 시범적 사용과 확실한 제품보증이 보장된다면 호의적인 반응을 보이는 것으로 나타났다(Reedy, 1993; 이재경, 2003에서 재인용). 구매 후 평가 단계에서 제품 및 서비스에 대한 불만이 생겼을 때 이를 해결할 수 있는 방안과 고객만족 정도를 조사할 수 있는 방법도 장애의 유형을 고려한 다양한 방법으로 고안되어야 할 것이다.

2) 장애인소비자의 소비자문제

장애인소비자들이 겪는 소비자문제는 일반인소비자들과 마찬가지로 나타나며, 그들의 경우에는 장애로 인하여 더욱 많은 문제를 겪게 된다. 장애인소비자가 당면하게 되는 소비자문제를 살펴보면 다음과 같다.

(1) 장애인 소비자주의의 실현

장애인 소비자주의는 소비자주권주의에서 나온 것으로 시장경제 원리를 그대로 받아들여서 장애인정책과 서비스에 대한 주권은 그것을 이용하는 소비자인 장애인에게 있다는 것이다. 장애인 소비자주의는 미국에서 시작된 장애인 자립생활 운동과 맥을 같이 한다. 장애인은 전문가에 의해 고안된 장애인 정책과 프로그램의 수혜대상으로 머무를 것이 아니라 장애인정책과 프로그램의 기획, 결정, 집행, 평가 과정에 직접 참여함으로써 장애인 소비자주권을 회복하려는 것이다. 그러나 문제가 되는 것은 복지, 의료, 시회공공서비스 등의 장애인정책과 서비스가 상품이 되어서 그것을 구입할 수 있는 장애인들만 소비자가 될 수 있으며, 소비자주의를 행사할 수 있는 반면, 구입할 돈이 없으면 해당이 안 된다는 점이다. 따라서 장애인 소비자주권을 실현시키기 위해서는 활동보조처럼 장애인 당사자의 결정권 행사가 필요한 서비스는 바우처제도를 통해 정책과 서비스를 구입할 수 있는 지원을 해야 한다. 이를 위해 장애인 기초연금을 장애 유형별로 필요로 하는 추가비용, 서비스 구입비용 등을 고려하여 제정해야 한다. 그리고 장애인 보장구나 의료비 등은 현재보다 정부의 지원을 확대하여 무상에 가깝도록 지원해야 한다. 이를 통해 장애인의 빈부 격차가 장애인 서비스 구입 격차로 이어지지 않도록 사회공공성을 확보함으로써 진정한 장애인 소비자주의가 실현되도록 해야 할 것이다(인터넷 자료).

(2) 장애인의 노동권 보장

사람은 수입이 없으면 소비를 할 수가 없다. 그런데 장애인의 경우 실업률이 70%에 달하고 있어 소비생활을 할 수 있는 능력이 터무니없이 부족한 실정이다. 장애인 고용촉진법이 제정된 이래로 장애인들의 취업의 문이 넓어지고 있지만 여전히 어려움이 많다. 따라서 정부는 현재의 장애인 의무고용을 어기면 벌칙을 획기적으로 강화하고 장애인 차별금지법에 고용 부분 조항을 실행함으로써 장애인이 소비할 수 있는 능력을 만들어 주어야 한다.

(3) 정보획득 문제

장애인소비자들은 정보획득에 많은 어려움을 느끼게 된다. 정보는 무수히 제공되고 있지만 신체적, 정신적 장애로 인하여 정보를 해독할 수 없어 정보에 어두울 수밖에 없다. 비록 신뢰성 있고 유용한 정보가 제공되더라도 그 정보를 제대로 이해하지 못하여 활용할 수가 없게 된다. 뿐만 아니라 허위·과장광고나 기만적 광고에 대한 분별력이 없어 소비자피해를 당하기도 쉽다.

최근에는 장애인들의 정보획득을 도와주기 위해 다양한 정보전달 방법을 고안해 내고 있다. 예를 들면 시각장애인들을 위해 제품표시를 점자로 하거나 컴퓨터에 음성인식 시스템을 도입하고 있다. 그 외에도 정보내용을 알기 쉽게 표시하거나 전달할 수 있는 방법을 고안해 나가야 할 것이다.

시각장애인 건강기능식품 정보 알기 쉬워진다

내년 1월부터는 노인이나 시각장애인을 위해 건강기능식품의 제품명과 유통기한 등이 점자로 표시되고, 활자 크기가 커진다.

식품의약품안전청은 건강기능식품에 대한 정확한 정보를 소비자에게 제공하기 위해 '건강기능식품의 표시기준'을 개정해 내년 1월 1일부터 시행에 들어간다고 밝혔다.

식약청에 따르면, 내년부터는 건강기능식품의 표시 면에 제조일자와 유통기한 등을 표시하고 활자 크기가 상향조정된다. 또 제품명, 유통기한 등 표시사항을 점자로 병행 표시할 수 있으며, 영양소 기준치 중 나트륨 기준치를 3500mg에서 2000mg으로 낮추고, 비타민 C 기준치를 55mg에서 100mg으로 높였다.

아울러 건강기능식품의 영업허가와 신고, 품목신고 사항에 대해 관청에서 변경 허가·신고한 경우에는 변경된 표시사항을 인쇄·기재된 라벨로 해당 부분만 변경 처리할 수 있도록 했다. 이밖에 주원료의 함량을 표시하는 경우에는 기능성분 명칭과 함량을 함께 표시해 주원료에 대한 정확한 정보를 소비자에게 제공토록 했다.

식약청은 "이번 건강기능식품의 표시기준 개정을 통해 소비자가 건강기능식품의 표시를 쉽게 확인할 수 있고, 보다 정확한 정보를 제공받을 수 있도록 했다."며 "특히 노인이나 시각장애인도 건강기능식품 정보를 알 수 있도록 했다."고 밝혔다.

출처: 위드뉴스(2007. 12. 27.)

(4) 장애인의 편의와 안전 문제

장애인소비자는 이동의 불편함 때문에 구매장소에 쉽게 접근할 수 있는 교통의 편의와 쇼핑 시설의 편의, 제품 운반 및 배달의 편의 등이 절대적으로 요구된다. 또 장애인들이 사용하는 보장구와 장애인을 위해 개발된 일상용품의 경우는 안전문제가 크게 대두된다. 그외에도 안전문제는 식품, 의약품 특히 수입농산물에서 심각하게 나타난다. 장애인의 편의를 도모하기 위해서는 쉽게 이용할 수 있는 교통수단의 제공과 공공건물이나 쇼핑센터 등의 시설물이 장애인들이 이용하는데 불편함이 없도록 안전하게 설계되고 개조되어야 할 것이다.

(5) 불량상품 구입 문제

장애인소비자는 정보에 어둡고 제품을 올바르게 판단할 수 있는 능력이 부족하므로 불량상품을 구매할 확률이 일반인소비자보다 훨씬 높다. 따라서 제품을 선택할 때는 장애를 극복할 수 있도록 시각, 청각, 촉각, 후각, 미각 등의 감각기관을 충분히 활용하여 좋은 상품을 선택할 수 있는 능력을 길러야 할 것이다.

(6) 거래관련피해 문제

장애인소비자는 이동의 불편함으로 인해 전자상거래나 홈쇼핑, 방문판매, 통신판매 등을 이용한 비점포구매를 하는 경우가 많다. 정상인들의 경우에도 이와 같은 특수판매로 인한 소비자피해가 빈번하게 나타남을 볼 때 장애인의 경우에는 훨씬 더 피해가 많이 나타날 수 있다. 빈번하게 나타나는 피해 유형으로는 광고의 설명 부족으로 실제 제품을 배달받았을 때 소비자가 원했던 것과 다른 경우, 허위 · 과장광고로 품질이 좋지 않은 제품이 배달되는 경우, 구매 후 반품 등의 조건에 있어 문제가 생기는 경우, 대금지불 후 주문한 제품이 배달되지 않거나 다른 제품이 배달된 경우, 배달된 제품이 파손된 경우, 구매 후 애프터서비스가 불충분한 경우 등을 들 수 있다.

(7) 소비자피해보상 문제

하자 있는 제품을 구입했을 때는 반품이나 교환을 할 수 있고, 제품 사용 및 서비스로 인해 신체상의 위해가 발생했을 때는 금전적 피해보상도 받을 수 있다. 장애인소비자의 경우에는 피해보상에 대한 전문지식이 부족할 뿐만 아니라 장애로 인한 의사소통의 부족으로 원만하게 피해보상 문제를 해결하기가 어렵다. 이러한 문제를 해결하기 위해서는 소비자단체의 도움을 받아야 하는데 장애인소비자를 위한 전담기관이 있을 경우 훨씬 능률적으로 처리할 수가 있게 된다. 우리 나라에서는 2006년 4월 한국장애인 소비자연합이 창립되어 장애인들이 소비생활을 하는 과정에서 겪게 되는 불이익에 대해 전화 또는 메일, 방문상담을 해주고, 중증 재가장애인의 경우 필요 시 가정방문상담도 실시하고 있다.

3) 장애인소비자교육의 내용과 방법

오늘날 복지사회 구현을 지향하면서 장애인도 정상인과 마찬가지로 독립된 인격체로 존중받으며 자주적인 생활을 영위할 수 있도록 생활전반에 걸친 적응능력을 향상 · 발전시켜 나가야 할 필요성이 절실해지고 있다. 특히 소비생활 영역은 일상생활의 중요한 부분이 되므로 소비자역할을 독립적으로 수행할 수 있도록 적응시키고 훈련하는 교육이 꼭 필요하다.

2005년 12월 말 현재 우리 나라에 등록돼 있는 장애인의 수는 188만여 명이지만, 세계보건기구의 출현율 10%를 고려하면, 우리 나라에서 국가 · 사회적으로 장애인으로 보호받아야 하는 장애인의 수는 약 450만 명에 이르게 된다(인터넷 자료). 이들은 사회적으로 취약계층에 속하므로 생활적응 및 재활 프로그램의 일환으로 소비자교육이 실시되어야 할 것이다.

(1) 장애인소비자교육의 목적

장애인을 위한 소비자교육의 목적은 장애인들도 장애를 최대한 극복하면서 정상인들처럼 자립적으로 소비생활을 영위할 수 있도록 하기 위함이다. 소비자의 권리는 모든 소비자에게 평등하게 부여되므로 장애인들도 소비자권리를 행사하며 주체적으로 소비생활을 할 수 있도록 해야 할 것이다. 따라서 정상인들과 마찬가지로 소비자교육의 목표를 소비자주권의식을 가지고 소비생활에 필요한 지식과 정보를 스스로 적극적으로 수집 · 활용하여 자주적이고 합리적이며 책임감 있는 행동을 할 수 있는 소비자를 육성하는 데 둘 수 있다.

(2) 장애인소비자교육의 내용

장애인을 위한 소비자교육의 내용은 소비자교육의 목표에 맞추어 크게 소비자주권과 자립, 자원관리, 의사결정, 소비자문제 해결, 소비자정보의 수집과 활용, 소비문화의 여섯 개 영역으로 구성할 수 있으며, 각각의 영역별로 세부적인 목표를 설정하여 내용을 구성할 수가 있다.

소비자교육 내용은 대상에 따라 발달단계와 장애 유형, 요구도를 고려하여 수준에 맞도록 편성해야 한다. 장애인소비자교육 대상의 범주는 장애의 유형에 따라서는 지체장애, 뇌병변장애, 시각장애, 청각 및 언어장애, 정신지체, 정신장애, 발달장애까지를 포함하며, 생애주기에 따라서는 유아부터 고령자까지 포함된다. 따라서 소비자교육 내용을 편성할 때는 장애 유형과 생애주기를 고려하여 교육대상을 세분화한 후에 각 대상에 적용할 수 있는 적절한 교육내용으로 프로그램을 편성해야 한다. 소비자교육 내용 편성에 있어서 일반적인 주제 외에도 장애인들이 관심을 가질 수 있는 주제로 장애인 소비자주의와 안전문제, 정보획득의 문제, 장애인들이 사용하는 보장구와 장애인을 위해 개발된 일상용품에 대한 정보와 상품 선택요령, 거래 관련 소비자피해 문제와 소비자피해 보상 문제 등의 내용을 중요하게 다룰 수 있다.

(3) 장애인소비자교육의 방법

장애인에게 소비자교육을 실시할 때는 무엇보다 교육대상의 장애 유형을 고려한 소비자교육방법을 적용해야 할 것이다. 예를 들면 시각장애인의 경우 시각장애인의 강점인 촉각을 최대한 활용해서 제품탐색을 하는 방법을 적용한다거나, 소리녹음 시스템의 도입이나 점자교재를 활용해서 교육을 하는 방법을 생각해 볼 수 있다. 청각 및 언어 장애인이나 정신지체의 경우에는 문자화된 자료보다는 그림이나 실물 제시를 통하여 교육하는 것이 이해가 빨라서 효과적이다.

장애인소비자교육을 생애주기별로 실시할 경우 유아들의 경우 장애아 통합교육이나 장애유아전담 유치원 및 어린이집에서, 아동과 청소년은 초 · 중 · 고등학교의 특수학급이나 특수교육기관에서 생활적응교육 프로그램의 일환으로 편성하여 실시할 수 있다. 그리고 성인 및 노인 장애인을 대상으로 하는 소비자교육은 평생교육의 일환으로 장애인복지관이나 기타 장애인 관련 기관에서 실시할 수 있다. 예를 들어 태평양화장품에서는 시각장애인을 대상으로 복지관을 방문하여 장애인을 위한 메이크업 뷰티 강좌를 실시하고 있다.

사회교육의 일환으로 한국장애인 소비자연합에서는 장애인들을 대상으로 소비자교육을 실시함으로써 장애인소비자로서의 권리를 정당하게 행사하고 장애인의 삶의 질을 향상시키는데 기여하고 있다. 그리고 장애인들에게 유익한 소비자정보를 제공하고, 장애인들이 소비생활을 하면서 겪게 되는 불이익이나 소비자피해를 해결해 준다.

소비자교육을 실시함에 있어서 학교교육에서는 학습의 계열성, 지속성, 통합성의 원리에 따라 소비자교육 내용을 점진적, 체계적으로 구성하고 학습효과를 높일 수 있는 다양한 교육방법을 적용해야 한다. 장애인의 경우 특히 장애의 유형과 수준을 고려하여 적절한 매체의 활용과 토론학습, 체험학습, 현장실습, 역할놀이의 형태 등을 활용하고, 적절한 교재를 개발할 필요가 있다.

사회교육에서는 교육대상의 관심과 요구를 반영하고, 시장환경의 급격한 변화로 인해 적절한 대응이 어려운 분야를 강화하여 교육내용을 구성할 필요가 있으며, 학습자의 자발적인 동기와 참여에 의한 주체적인 자기학습이 될 수 있도록 해야 할 것이다. 교육자료 준비와 자료의 제시형태는 장애의 유형과 수준을 고려하여 시청각 및 기타 감각을 이용하며, 흥미 있고 이해하기 쉬운 형태로 제시하는 것이 좋다. 거동이 불편한 장애인들을 위해서는 방문교육도 필요하다.

02 다문화소비자

한국 사회는 점차 다민족 · 다문화사회로 변모하고 있다. 정부가 한국이 다민족 · 다문화사회로 변화하고 있다고 공개적으로 표방하는 가장 중요한 상징은 최근 급증하고 있는 국제결혼, 특히 중국 및 동남아시아 등지의 여성과 한국인 남성과의 결혼 증가율이다. 정부가 공문서에 '혼혈인' 이라는 표현을 '다문화결혼자녀' 로 변경하고, 또 교과서에서 한국을 '단일민족으로 구성된 국가' 로 설명된 부분을 '다민족 다문화사회로 구성된 국가' 로 바꾼 것은 이러한 시대상을 반영한 결과이다. 다문화소비자의 개념과 소비자문제 및 소비자교육에 대하여 살펴보기로 한다.

1) 다문화소비자의 개념

국내에 거주하는 외국인이 100만 명을 넘어서는 등 우리 나라도 다문화시대에 들어섰다. 국내 체류 외국인 중 가장 빠른 성장세를 보이고 있는 다문화소비자는 국제결혼을 통해 한국에 거주하는 결혼이민자이다. 다문화소비자의 개념은 외국인, 결혼이민자, 새터민, 이주노동자 등의 측면에서 살펴볼 수 있다.

(1) 외국인

외국인은 외국의 국적을 보유한 사람을 의미한다. 무국적자도 그 거주국 안에서는 외국인과 같이 대우된다. 우리 나라의 국적법에서는 대한민국의 국민이 아닌 자를 외국인이라고 하며, 외국인은 귀화에 의하여 국적을 취득하게 된다.

2007년 현재 체류자격을 불문하고 한국에 거주하고 있는 외국인은 100만 명을 넘었으며 주민등록 외국인도 63만 명을 넘었다. 외국인에게도 원칙적으로는 내국인과 같은 의무가 과해지나 병역의 의무는 없다. 참정권을 비롯한 정치상의 권리는 인정되지 않으나, 사법상으로는 내국인과 동등한 권리를 인정하는 경우가 많다. 우리 나라의 외국인에 대한 실제적인 처우는 기본적인 인권을 보장하는 것을 기본 방침으로 하고 있다.

2006년 7월 18일부터 시행되고 있는 재한외국인처우기본법에 의하면 재한 외국인은 대한민국의 국적을 가지지 아니한 자로서 대한민국에 거주하는 목적을 가지고 합법적으로 체류하고 있는 자로 규정되어 있다. 외국인 이주노동자 자녀 가운데 상당수를 차지하고 있는 이른바 '불법체류자' 신분의 자녀들은 해당되지 않는다. 반면에 이미 한국 국적을 취득하였거나 취득할 수 있는 여성 결혼이민자와 그 자녀들은 재한 외국인으로 분류되고 있어 논란의 여지가 있다.

표 13-2 국내 체류 외국인 및 결혼이민자

연도	국내 체류 외국인	결혼이민자(%)	연도	주민등록 외국인
2001	566,835	25,182(4.4)	2001	267,630
2003	678,687	44,416(6.5)	2002	287,923
2005	747,467	75,011(10.0)	2003	437,104
2007	1,000,254	104,749(10.5)	2004	469,183
2010	1,422,010	132,690(9.3)	2005	485,477
2020	2,539,419	254,707(10.0)	2006	632,490

출처: 1) 동아일보(2008.1.2). 국제결혼 외국인 10만 명 시대, 2010년과 2020년은 전망치.
2) 외국인 주민등록인구는 통계청(www.kosis.kr) 자료임.

(2) 결혼이민자

다문화가족, 혼혈인가족, 국제결혼가족, 결혼이민자가족, 이주민가족 등은 국제결혼을 통해 구성된 가족을 의미하는 표현들로 대한민국 국민과 혼인해 가족을 이루고 있는 외국인 또는 귀화자를 의미한다. 국제결혼은 부부의 국적이나 주소, 혼인거행지 등 혼인관계를 구성하는 요소들이 여러 나라에 관계되는 결혼을 의미하는데, 일반적으로 부부의 국적이 다른 경우를 의미한다.

지난 5년 동안 국제결혼 비율은 10% 이상 증가했다. 특히 2003년 이후 비약적으로 증가하여 1990년 4,710건에 불과하던 국제결혼이 2005년에는 43,121건이 되었다. 국제결혼의 비중은 1990년에는 1.2%에 불과하였으나 2005년에는 13.6%에 이르고 있으며 특히 농어촌지역의 국제결혼 비중은 2005년 35.9%에 이른다(통계청, 2007). 여덟 쌍 중 한 쌍 꼴로 외국인과 결혼하였으며 농어촌에서는 열 쌍 중 네 쌍이 국제결혼이었다. 최근 5년 동안 국제결혼을 통해 가정을 이루고 한국에 거주하는 결혼이민자는 2002년 34,710여 명에서 2006년 93,786명, 2007년 104,749명으로 세 배 이상 늘었다(동아일보, 2008.1.2; www.mogef.go.kr). 업무, 학업 등의 이유로 국내에 단기 거주하는 외국인들과 달리 이들은 영구 혹은 장기 거주하며 다문화가정을 이뤄가고 있다.

국제결혼은 국경을 넘어선 인적 · 물적 자원의 교류 및 세계화의 물결이라고 생각할 수 있다. 그러나 한국보다 가난한 나라 여성과의 결혼 급증은 인적 · 물적 교류에 따른 단순 증가와는 차원이 다르다. 다문화가정의 중요한 구성인자인 여성결혼이민자 중 많은 수가 국제결혼 중개업자를 통해 극도로 인권 침해적이고 인종 차별적인 상업화된 결혼 절차를 거쳐 한국으로 유입된다. 대규모 속성 국제결혼 중계시스템으로 인하여 인권침해 문제뿐만 아니라 여성 결혼이민자들은 경제적 어려움, 양육문제 등으로 고통을 겪는 경우가 많다. 여성 결혼이민자의 안정적인 정착 및 사회통합 지원 대책이 절실히 필요한 실정이다.

표 13-3 국제결혼 건수와 비율

연도	총결혼건수	국제결혼		외국인 아내		외국인 남편	
		건수	백분율	건수	백분율	건수	백분율
1990	399,312	4,710	1.2	619	0.2	4,091	1.0
1995	398,494	13,494	3.4	10,365	2.6	3,129	0.8
2000	334,030	12,319	3.7	7,304	2.2	5,015	1.5
2001	320,063	15,234	4.8	10,006	3.1	5,228	1.6
2002	306,573	15,913	5.2	11,017	3.6	4,896	1.6
2003	304,932	25,658	8.4	19,214	6.3	6,444	2.1
2004	310,944	35,447	11.4	25,594	8.2	9,853	3.2
2005	316,375	43,121	13.6	31,180	9.9	11,941	3.8
2006	332,752	39,690	11.9	30,208	9.1	9,482	2.8

1) 출처: 통계청(2007). 2006년 혼인 · 이혼통계 결과, p.13.
2) 단순 혼인건수의 합계로 현재 외국거주자, 국내에서 결혼하여 출국한 자, 사망한 자, 귀화한 자를 삭제하지 않고 국내 호적에 신고된 자는 모두 합산.

(3) 새터민

북한을 떠나 남한에 정착한 인구를 가리키는 법적 용어는 '북한이탈주민' 이며 흔히 이를 줄여서 '탈주민' 또는 '탈북자' 라고도 부른다. 북한이탈주민은 북한에 주소, 직계가족, 배우자, 직장 등을 두고 있는 자로서 북한을 벗어난 후 외국의 국적을 취득하지 아니한 자를 말한다. 새터민은 '새로운 터전에서 삶의 희망을 갖고 사는 사람' 이라는 뜻으로 북한이탈주민을 새롭게 이르는 말이다. 탈북자라는 용어가 주는 부정적 이미지를 개선하기 위하여 2004년 통일부가 선정한 이름으로 통일부는 2005년 1월 10일부로 북한이탈주민이라는 용어를 새터민으로 바꾸기로 하였다. 1990년대 중반 북한의 대기근과 경제난으로 시작된 북한 주민들의 북한사회 이탈현상은 최근 외부 정보 유입으로 인한 체제불신과 생활개선에의 욕망 등 탈북 이유가 다양해지면서 점점 더 많은 사람들이 중국 등 제3국을 통해 들어오고 있다.

우리 나라에 입국하는 새터민의 규모는 1990년대 중반부터 증가하기 시작하여 2007년 5월 현재 10,705명에 이르고 있다(www.unilorea.go.kr). 1993년까지는 매년 열 명 미만이 휴전선을 넘어왔으나 1994년 52명으로 급증한 후 1998년 이후 매년 두 배씩 증가세를 보이다가 2002년 1,000명을 상회하고부터 증가세가 안정되고 있다. 성별로는 2000년까지는 남성의 비중이 높았으나 이후 여성의 비중이 높아지는 추세를 나타내면서 2007년 5월 현재 남성 38.8%, 여성 61.2%이다. 2006년 5월 말까지 8,403명이 입국하였으나 사망·이민 등이 299명으로 국내에 거주하는 새터민은 8,104명이다(www.dongposarang.or.kr).

표 13-4 새터민의 입국 현황

연도	'99년까지	2000	2001	2002	2003	2004	2005	2006	2007.5.	계
계	1,095	312	583	1,139	1,281	1,894	1,383	2,019	999	10,705
남	921	180	294	514	468	626	422	510	221	4,155
여	174	132	289	625	813	1,268	961	1,509	778	6,550

출처: 통일부(www.unikorea.go.kr), 북한이탈주민후원회(www.dongposarang.or.kr)

새터민의 대부분은 지역사회에서 소외되어 지방자치단체와 지역단체의 관심과 지원이 절실한 실정이다. 북한이탈주민후원회의 실태조사 결과에 의하면 직장생활에서 가장 어려운 점으로는 남한 사람들의 편견과 차별이 22.4%로 가장 많았다. 통일 후 예상하는 가장 큰 어려움은 문화와 사고방식의 차이(28.3%)였으며 그 다음으로 경제적 수준의 차이(25%)였다. 새터민이 빨리 우리 사회에 정착하기 위해서는 새터민에 대한 따뜻한 관심이 절실히 요구된다고 할 수 있다.

표 13-5 사회(직장)생활에서 가장 어려웠던 점

어려웠던 점	빈도	백분율	어려웠던 점	빈도	백분율
편견과 차별	218	22.4	문화차이	45	4.6
과중한 업무	111	11.4	건강문제	35	3.6
적은 임금	98	10.1	불투명한 장래	19	2.0
언어문제	89	9.1	외로움	17	1.7
지식 · 기술부족(컴퓨터 등)	82	8.5	가족 그리움	8	0.8
대인관계	72	7.4	기 타	179	18.4
계				973	100.0

1) 2001년 5월 중순부터 7월 초까지 국내 거주 북한이탈주민 553명 대상 사회적응 실태조사 결과.
2) 출처: 북한이탈주민후원회(www.dongposarang.or.kr)

(4) 이주노동자

이주노동자는 다른 나라로 옮겨 가서 육체노동으로 살아가는 사람을 의미한다. 외국인 이주노동자들의 숫자가 점차 증가하고 있으며 이주노동자들이 고국에서 불러들이는 자녀들의 숫자도 점차 증가하고 있는 추세이다.

외국인 이주노동자는 1978년 6,409명에 불과하던 것이 2005년에는 적게는 34만여 명에서 많게는 68만여 명으로 추산되고 있다. 우리 나라에 거주하고 있는 이주노동자는 상당수가 불법체류자이기 때문에 그 숫자가 정확하게 파악되기 어려워 각종 통계자료마다 각기 다른 숫자를 발표하고 있는 실정이다(오성배, 2007). 외국인 이주노동자 가운데 상당수가 불법체류자 신분으로 불안정한 생활을 계속하고 있는 것이다. 법무부(www.moj.go.kr)의 불법체류 외국인정책 자료에 의하면 2006년 말 현재 국내 체류 중인 불법체류 외국인은 전체 체류 외국인의 23.3%에 달하는 21만 9천여 명인 것으로 집계되고 있다.

2) 다문화소비자의 소비자문제

다문화소비자는 취약소비자로 일반소비자들이 경험하고 있는 일반적인 소비자문제를 경험하면서 다문화소비자에게만 있는 특유의 소비자문제들을 경험하고 있는 불리한 입장의 소비자(disadvantaged consumer)이다. 다문화소비자들은 의사소통문제, 생활전반의 문화적 차이 등으로 여러 가지 어려움을 겪고 있다.

결혼이민자들은 국가가 제공하는 복지서비스의 주요 수혜대상 집단으로 등장하였다. 국제결혼을 하는 한국 남성들은 대체로 소득수준이 낮은 계층이 많다. 그들의 배우자인 여성 결혼이민자들은 의사소통의 어려움, 문화적 차이, 차별대우 등으로 고통받는 경우가 적지 않다. 한국인 남성과 결혼하는 외국인 여성은 중국, 베트남, 타이, 필리핀 등 아시아권 출신이 80% 이상이다. 우리보다 경제수준이 낮은 국가 출신인 탓에 적응과정에서 가정폭력, 인권침해, 인종차별 등의 문제점이 발생하기도 한다.

(1) 언어와 의사소통 문제

결혼이민자들과 이주노동자들이 겪고 있는 가장 어려운 문제는 언어와 의사소통 문제이다. 국제결혼을 한 부부는 대부분 서로 다른 언어로 인하여 의사소통에서 어려움을 겪고 있다. 배우자와 대화 시 사용하는 언어는 거의 대부분 한국어(96.3%)이다. 그러나 재중 동포 이외 여성의 한국어 실력은 현저히 낮은 실정이다. 한족과 일본인은 각각 중국어와 일본어를 사용하는 비율이 높고, 필리핀 여성 이민자의 경우는 1/3이상(31.6%)이 한국인 남편과 영어를 사용한다(여성가족부, 2006). 의사소통 문제는 가족 간의 갈등을 유발하는 주된 요인으로 작용하기도 한다. 언어장애로 인해 일상적인 대화조차 어렵기 때문에 부부 간 상호 이해와 친밀감의 교류가 어려울 뿐만 아니라 심각한 부부문제가 야기되기도 한다. 의사소통 문제 때문에 여성 결혼이민자들은 정착하고 자녀를 교육하고 합리적인 소비생활을 하는 데 많은 어려움을 겪고 있다.

표 13-6 결혼이민자들의 애로사항

1,156명, 1순위 기준[1]	백분율	421명 중 결혼이민자 60명[2]	백분율
외로움	22.3	의사소통	35.0
문화 차이	14.6	교육 관련 문제	13.3
자녀 문제	13.8	외국인 등록 · 체류문제	8.3
경제 문제	12.1	비자 취득	8.3
언어 문제	11.5	외국인에 대한 편견 · 차별	6.7
가족 갈등	3.5	식생활	5.0
주위의 시선 · 태도 등 의식	3.1	임금 · 취업 관련 문제	5.0
음식이나 기후	3.0	주택 마련	5.0

출처: 1) 여성가족부(2006). 결혼이민자가족 실태조사 및 중장기 지원정책방안 연구, p.216.
2) 법무부(2006). 국내체류 외국인 기초실태조사, 여성가족부(2007). 국제결혼이민자에 관한 국민 의식 조사, p.13에서 재인용.

(2) 신분 불안

여성 결혼이민자는 한국 국적 취득 전까지 외국인 신분이므로 국적 취득 전에 이혼하면 본국으로 귀국하거나 불법체류자로 전락이 된다. 1, 2차 대책으로 체류자격으로 인해 취업 등에서 불리한 입장에 처했던 점 등은 개선되었으나 국적 취득과정에서 여러 가지 어려움을 겪고 있다. 남편이 일방적으로 신원보증을 해지할 수 있다는 점을 빌미로 가정폭력으로 쉼터에 피신하고 있는 여성 결혼이민자를 억압할 수 있으며, 이혼에 의한 간이귀화 신청 시 전배우자의 귀책사유를 입증하기가 어려워 불법체류자로 전락하는 사례가 발생하고 있다.

결혼이민자 여성이 영주권 또는 국적을 취득하기 위해서는 2년간의 정상적인 혼인생활 유지가 필요하다. 정상적인 혼인생활을 유지하지 못하는 경우에는 배우자가 사망 · 실종된 경우, 배우자 귀책사유로 이혼한 경우(본인이 입증책임 부담), 이혼 후 자녀를 양육하는 경우 등의 일부 예외적인 경우에 한하여 국적 취득이 가능하다. 이 경우에도 2년 경과는 필요하다.

(3) 사회문화적 고립

다문화소비자들은 일상생활에서 경험하게 되는 여러 가지 문화적 차이로 어려움을 겪는 경우가 많으며 각종 정보 · 자원 · 취업으로부터도 소외되고 있다. 새터민들의 사회적응을 어렵게 하는 요인들 가운데 하나는 남한 주민의 냉대와 편견이다. 새터민들은 이러한 냉대와 편견 때문에 남한 사회에의 적응이 어렵다고 하고 있다(조정아 외, 2006).

결혼이민자가 한국에서 생활하면서 가장 힘들었던 점은 외로움(22.3%)과 문화적 차이(14.6%)였으며, 이민자의 약 1/3정도는 한국에서 생활하면서 차별당한 경험을 하였다. 출신국 또는 외모 등이 차별 근거가 되고 있다(여성가족부, 2006). 여성 결혼이민자의 낙태 경험률은 20.2%인데 재중 동포 이외의 여성 가운데 18.6%가 혼혈아 걱정 때문에 낙태를 한 것으로 나타났다(보건복지부, 2005). 결혼이민자가 타문화권에서 사회심리적 외로움과 소외감을 어떻게 극복하는가의 문제가 한국 문화에 적응하는 과정에서 가장 큰 과제라고 할 수 있다.

우리 사회가 다인종 다문화사회로 빠르게 전환하고 있음에도 불구하고 우리 국민의식과 사회제도는 여전히 단일민족과 순수혈통주의에서 벗어나지 못하고 있다. 다문화에 대한 전통이 없고 순수혈통주의를 중시하는 문화로 유색인종과 유색혼혈 및 타문화에 대하여 부정적 인식과 배타적인 경향이 강하게 남아 있다. 이로 인하여 결혼이민자에 대하여 배타적 감정과 편견 및 사회적 차별이 존재하고 있다. 차별의식의 뿌리는 단일민족과 혈연 중심에 대한 집착에 있다. 이러한 편견과 차별이 지속될 경우 이로 인한 사회적 갈등이 표출될 우려가 있다.

(4) 가족갈등 문제

가족은 결혼이민자와 새터민들에게 가장 든든한 후원자인 동시에 갈등을 유발하는 요인이 되기도 한다. 새터민 가족의 일반적인 갈등요인은 부모 · 자녀 간 의식격차, 부부 간 갈등 등으로 집약된다(조정아 외, 2006). 그러나 결혼이민자가정의 가족갈등의 원인으로는 한국 남성이 더 보유하고 있는 경제적 자원, 뿌리 깊은 한국 가족의 가부장적 체제, 근원적 문화 차이, 우리 나라의 역사적 배경, 한국어 소통의 어려움 등이 있다(박옥임, 2007). 여성 결혼이민자들은 일상생활에서 가족들과 긴밀한 관계를 맺지 못하고 있는 경우가 많다. 시부모와의 갈등은 여성 결혼이민자들에게 보편적으로 나타나는 현상이며, 부부폭력은 여성 결혼이민자들이 겪고 있는 가장 직접적이고 심각한 인권침해의 하나이다.

처음에는 외국인과 결혼했으므로 이해하지만 시간이 지나도 말이 통하지 않을 때 부부 간의 갈등과 좌절은 더해 간다. 말을 하지 않아도 마음을 알아줄 것으로 기대하는 '고맥락문화'에 익숙한 남편이 아내에게 일일이 설명할 능력과 태도, 그 필요성도 알지 못하는 현실이 문제를 더 심각하게 한다(박옥임, 2007). 부부갈등의 가장 큰 원인으로는 남편과의 성격 차이(33.4%), 생활방식의 차이(22.0%)를 지적하였다(보건복지부, 2005). 특히 권위적인 남편의 태도는 여성 결혼이민자들이 가장 힘들어하는 것 중 하나로서 아내로서 대하기보다는 지시적이고 한국 여자와는 다르게 취급되는 점에 대하여 불만이며 경제적으로 빈곤한 나라에서 왔기 때문에 무시받는다고 생각하였다.

(5) 자녀양육 환경 취약

다문화소비자에게 있어서 자녀의 양육과 교육은 매우 중요하고 어려운 문제이다. 북한에서 무상의무교육제, 무상의료제 등으로 자녀양육의 부담이 덜했던 새터민 부모들은 북한과 다른 자녀양육 방식, 교육제도, 교육환경 및 조건 등에 익숙하지 못하기 때문에 경제적 · 심리적 부담을 크게 느끼고 있으며, 자녀교육 관련 정보 · 지식 부족, 자녀의 학교생활 부적응, 사교육비 부담 등으로 갈등을 겪는다(조정아 외, 2006).

결혼이민자의 경우에도 자녀양육과 교육은 어려운 문제로 주로 여성이 담당한다. 결혼이민자가정의 자녀들이 새로운 소외 계층으로 형성되고 있음에도 정확한 숫자조차 확인되지 못하고 있는 실정이다. 교육부가 발표하는 학교에 재학중인 국제결혼가정의 자녀와 행정자치부에서 발표하는 국제결혼자녀의 학령기 자녀의 숫자는 30%나 큰 차이가 있다(오성배, 2007).

새터민과 결혼이민자가정의 자녀들은 대한민국 국민으로서 합법적으로 정규학교의 진입에 대한 교육기회는 보장받고 있다. 그러나 외국인 이주노동자가정의 자녀들은 심각한 상황이다. 외국인 이주노동자의 자녀는 대부분 불법체류자 신분이기 때문에 정규학교 입학조차도 학교장의 재량에 따라야 하므로 매우 어려운 과정을 거치게 된다. 이마저도 2008년 2월까지 한시적으로 허용되고 있는 상황이다. 불법체류자는 법무부의 입장에서는 단속과 추방의 대상이고 교육부의 입장에서는 유엔(UN)의 아동권리협약에 따른 교육기회 수혜의 대상이다. 따라서 상당수의 외국인 이주노동자 자녀들은 그들 부모의 경제적 활동을 위하여 교육기회를 포기하고 있는 실정이다.

결혼이민자가정의 자녀들은 부모의 낮은 경제 · 사회적 지위, 언어 · 문화 · 교육방식의 차이 등으로 가정과 학교교육에서 문제를 드러내고 있다. 정규학교로 진입하는 경우도 그들을 위한 별도의 프로그램과 지원체계가 제대로 마련되어 있지 않은 상태이기 때문에 수업내용 이해의 어려움, 문화적 차이로 인한 한국 학생들과의 마찰, 커리큘럼과 교사의 부족 등으로 문제를 겪고 있다(오성배, 2007). 여성 결혼이민자 자녀 가운데 집단 따돌림을 경험했다는 비율은 17.6%였으며, 여성 결혼이민자들이 자녀의 숙제를 거의 봐주지 못하는 비율도 55%나 되었다(보건복지부, 2005). 그로 인해 현실문제로부터 도피할 수 있는 TV 중독, 컴퓨터 중독, 행동장애에 몰입하거나 탐닉하게 되며 자신들의 내적 불안정에서 탈출할 수 있는 방법으로 일탈행동을 하기도 한다(전라남도 여성정책과, 2004). 정규학교에 다니지 못하는 다문화가정 자녀들의 경우는 한국 사회의 언어와 문화에 부적응한 상태에서 성장해 가게 된다. 이러한 청소년의 숫자가 계속 증가하고 성장해서 성인이 된 후에도 한국에 머물게 된다면 심각한 소외계층이 형성되고 사회적 문제가 발생될 가능성도 그만큼 높아진다.

표 13-7 일반학교 재학 다문화가정 자녀 현황(2007년 4월 현재)

다문화가정	초등학교	중학교	고등학교	계
결혼이민자	11,444	1,588	413	13,445
이주노동자	755	391	63	1,209
계	12,199	1,979	476	14,654

1) 출처: 교육인적자원부(www.moe.go.kr)
2) 국내 거주 6세~20세의 취학 연령 새터민은 2007년 1월 현재 1,047명(이수정, 2007)

3) 다문화소비자의 소비자교육 내용

다문화소비자들이 공동체의 일원으로서 책임과 의무를 다하고 권리를 주장할 수 있도록 지원이 이루어져야 한다. 우선적으로 한국 국민과 공평한 기회를 가질 수 있도록 제도와 법을 개선하고, 이들이 불이익을 받거나 차별받지 않도록 지원해야 한다. 다음으로 사회 소비자교육을 통하여 이들이 한국 사회에 잘 적응하고 합리적으로 소비생활을 할 수 있도록 체계적 · 단계적으로 소비자교육을 실시해야 한다. 결혼이민자가 10만 명을 넘어서면서 정부가 이들을 돕기 위하여 2006년부터 결혼이민자가족지원센터를 운영하고 있지만 예산과 인력부족으로 상담이나 지원은 거의 이루어지지 못하고 언어교육 등 기초적인 지원만 하고 있는 실정이다.

여성가족부 조사(2006년)에 따르면 결혼이민자들이 가장 선호하는 서비스는 한국어 교육(39.7%), 취업교육 · 훈련(15.2%), 컴퓨터 · 정보화 교육(13.9%) 등이다. 이는 결혼이민자뿐만 아니라 다른 목적으로 한국에 이주한 외국인들에게도 절실한 지원 사업들이다. 양육문제, 교통문제, 가족의 반대 등으로 교육에 참여하지 못하거나 복지서비스로부터 소외된 다문화소비자를 위해서는 찾아가는 소비자교육이 필요하다.

(1) 소비자정보 제공

다문화소비자가 한국 생활에 적응하고 합리적인 소비생활을 영위하기 위해서는 충분하고 정확한 각종 소비자정보가 필요하다. 그러나 다문화소비자는 일반소비자에 비해 각종 소비자정보에 있어서 정확성, 신속성, 그리고 양적인 측면에서 불리한 입장에 처해 있다. 탐색비용과 소비자능력의 한계로 스스로 실질적으로 도움이 될 수 있는 정확하고 객관적인 소비자정보를 거의 탐색하지 못하고 있는 실정이다. 최근 인터넷상에서의 소비자정보 제공이 활성화되면서 일반소비자에게는 넘치는 소비자정보로 인하여 오히려 정보 과부하가 소비자문제로 대두되고 있지만 다문화소비자에게는 소비자정보가 부족한 것이 소비자문제가 되고 있다.

보건복지부조사(2005)에 의하면 여성 결혼이민자들의 경우 소득이 최저생계비 이하인 가구가 52.9%로 다수이지만 기초생활보장 수급가구는 13.7%로 소수이며 50% 이상이 기초생활보장제도 자체를 모르고 있었다. 23.6%가 의료보험제도에 가입되지 않았는데 주된 이유는 외국인은 본래 가입이 안 되는 것으로 알고 있었기 때문이었다. 사회복지서비스 제공기관을 이용하지 않는 경우가 86%이었으며 기관이 있다는 사실을 몰라서 이용하지 못하는 경우도 39.2%로 많았다.

소비생활에서 가장 중요한 소비자의 권리는 '알 권리' 이다. 다문화소비자는 일반소비자들보다 객관적이고 정확한 소비자정보를 더욱 많이 필요로 하고 있다. 다문화소비자들이 한국 생활에 빨리 적응하고 합리적이고 효율적으로 소비생활을 할 수 있도록 생활적응과 관련된 정보는 물론 상품, 용역, 시장환경 등에 대한 각종 소비자정보를 신속 · 정확하고 적절하게 제공해 주어야 한다. 정착을 위한 초기단계에서는 결혼이민자가족지원센터를 이용하여 외국인등록증 발급 등 필요한 서비스를 제공받을 수 있는 내용과 시스템에 대한 정보를 제공해야 하며, 정착하는 단계에서는 기초생활보장제도, 국민건강보험제도, 사회복지서비스 제공기관, 소비생활 관련 제도 등 생활에 필요한 최신 정보를 제공해야 한다. 사회적응과 관련하여 조언을 받고 정보를 교환할 수 있도록 동일 국가 출신 여성결혼이민자 간 네트워크 구축에 대한 정보도 제공해야 한다.

(2) 소비자정보 활용 교육

소비자들에게는 편견이 배제된 독립적이고 객관적인 정보가 가장 중요하다. 그러나 소비자정보의 제공이 소비자에게 무조건 긍정적 기능을 하는 것은 아니다. 특히 다문화소비자는 정보의 홍수 속에서 어떤 정보가 활용할 수 있는 정확한 정보인지 판단하기 어려우며, 정확한 정보가 제공되는 경우에도 정보처리능력의 한계나 소비자정보에 대한 낮은 의식 수준으로 적극적으로 탐색되거나 효과적으로 활용되지 못하는 경우가 많다. 소비자에게 제공되는 중요한 각종 소비자정보가 소비자에 의해 제대로 활용되지 못하는 것은 매우 심각한 문제이다.

다문화소비자들이 자신들을 위해 제공되고 있는 각종 소비자정보를 적극적으로 탐색하고 충분히 활용한다면 보다 쉽게 한국 생활에 적응하고 합리적인 소비생활을 할 수 있을 것이다. 다문화소비자들이 한국 생활 적응 및 합리적 선택과 바람직한 소비생활을 위해 필요한 정보를 획득하고 평가할 수 있는 능력을 갖는 것이 무엇보다 중요하다. 다문화소비자들의 정보탐색 및 활용능력을 함양할 수 있고 소비자정보에 대한 의식수준을 향상시킬 수 있는 소비자교육이 필요하다.

(3) 배우자 교육

의사소통과 사회활동이 자유롭지 못한 상황에서 배우자를 포함한 가족이 다문화소비자들에게는 한국 생활의 전부이다. 한국에 왔으니 한국 사람이 되어야 한다고 일방적으로 강요하여 결혼이민자를 한국화하려고 하는 것은 문제가 있다. 가족 내에서 다른 문화에 대한 상호 이해를 증진시킬 수 있는 소비자교육이 필요하다. 가족들에게 결혼이민자 출신국의 언어나 생활풍습 및 소비문화 등을 이해할 수 있는 기회를 제공해야 한다. 한국 생활 적응은 결혼이민자에게만 주어지는 짐이 아니라 가족 모두가 나누어져야 할 책임이다. 결혼이민자와의 문화적 차이를 인식하고 다른 문화를 이해하고 존중하는 여유를 가지도록 해야 한다.

결혼이민자가 태어나서 자란 곳에 대하여 관심과 흥미를 가지고 부부가 함께 소비자교육에 참가하여 한국 생활에 적응하는 과정에 동참할 수 있도록 결혼이민자의 배우자를 대상으로 소비자교육을 실시할 필요가 있다. 배우자 나라 말 배우기, 한국어 및 한국문화 교육 등 결혼이민자의 생활적응과 한국문화를 이해하기 위해 실시되고 있는 각종 프로그램에 대한 정보를 제공하고 교육에의 참여를 유도해야 한다. 다문화소비자들이 교육 등 사회통합서비스를 효율적으로 받고 한국 생활에 보다 빨리 적응하기 위해서는 가족의 이해와 양해 그리고 적극적 지원이 필요하다는 것을 인식시켜야 한다.

(4) 자녀의 소비자교육

다문화가정의 자녀교육이 사회문제로 대두되고 있다. 다문화가정의 어머니들은 문화적 차이로 자녀를 교육하는 데 많은 고민을 하고 있고 자녀들은 두 나라의 문화가 혼재된 가정교육과 한국의 학교교육을 동시에 경험하고 있다. 따라서 다문화가정의 자녀들은 경중의 차이는 있지만 정체성 형성에 혼란을 겪게 된다. 또한 언어와 문화가 낯선 지역으로의 이주는 대인관계에도 영향을 미치게 된다. 언어 장벽과 정체성 혼란으로 대인관계가 소극적으로 형성되는 경향이 있다(오성배, 2007). 이들의 학교생활 적응을 도와 진학 및 취업을 무난히 이끌어 내기란 아주 어려운 일이다.

결혼이민자나 이주노동자 등 다문화가정의 자녀들이 긍정적인 정체성을 형성하기 위해서는 모국에 대한 이해, 한국에 대한 이해, 모국과 한국의 관계에 대한 이해가 기반이 되어야 한다. 스포츠, 음악 등을 공동으로 하는 다문화청소년의 만남 등을 통해 학교생활 적응과 대인관계 형성을 위한 교육을 실시해야 한다. 또한 토론문화 조성을 통해 상호 이해하고 배려하는 생활태도를 육성할 필요가 있으며, 수련 캠프 · 야영 등 자녀 · 교사 · 부모가 함께 참여하는 공동체 프로그램을 통해 타문화에 대한 이해를 높일 수 있도록 도와주어야 한다. 정규학교에 진입하지 못한 다문화가정의 자녀들을 위해서는 자원봉사자를 적극 활용하여 찾아가는 소비자교육을 실시할 필요가 있다.

다문화가정 자녀의 학교부적응 문제를 효율적으로 해결하기 위해서는 교사들의 전문성과 다문화교육 역량을 강화시킬 필요가 있다. 다문화 이해, 한국어 교육, 한국문화 교육 등 다문화주의와 소수자 배려를 위한 교원연수를 강화하고 활성화해야 한다.

(5) 다문화교육

다문화소비자들은 문화적 차이로 많은 갈등을 경험한다. 다문화소비자의 문화양극화를 해소하기 위해서는 다문화교육이 필요하다. 다문화교육은 다문화소비자뿐만 아니라 일반소비자를 대상으로도 이루어져야 한다. 다문화소비자들은 한국에 오면서 전혀 다른 환경에 처하게 된다. 다문화소비자들은 우리(we)를 앞세우는 단일 민족문화 때문에 한국에 적응하기가 힘들다. 특히 아시아권 출신의 여성 결혼이민자들이 느끼는 한국문화에 대한 적응 압력은 크다.

다문화소비자들에게는 한국어 및 한국의 소비문화 · 가족문화 · 예절 등 한국문화를 이해하고 일상생활과 소비생활에 적응할 수 있는 소비자능력을 양성하는 소비자교육이 필요하며, 일반소비자들에게는 다문화소비자에 대한 편견과 차별을 극복하고 다양한 문화를 포용하고 다문화소비자들을 적극적으로 수용할 수 있는 능력을 양성하는 소비자교육이 필요하다. 또한 다문화소비자를 교육하고 그들에게 다양한 서비스를 제공해 주는 교육자, 사회사업가, 청소년 관련 종사자들에게는 다문화 교수방법 등 현장중심적인 다문화교육을 제공해야 한다.

연 구 과 제

1. 장애 유형 중 시각장애소비자, 청각장애소비자, 지체장애소비자, 정신지체소비자를 교육대상으로 할 경우 소비자교육을 효과적으로 실시할 수 있는 방법을 조별로 나누어서 조사하고 토론해 보자.

2. 한국장애인소비자연합회의 홈페이지를 방문하여 그 기관의 설립목적과 활동사항을 조사해 보자.

3. 결혼이민자가족지원센터의 현황과 사업 및 활동 내용에 대하여 조사해 보자.

4. 결혼이민자, 새터민, 이주노동자 등 다문화가정을 위한 주요 교육지원상담기관의 종류와 기능에 대하여 조사해 보자.

PART 4

소비자교육의 실제

14 CHAPTER

소비자교육 프로그램의 설계

1. 소비자교육 프로그램의 개념
2. 소비자교육 프로그램 설계의 과정
3. 소비자교육 프로그램의 실행방법
4. 소비자교육 프로그램의 평가 및 유의사항

14 CHAPTER

소비자교육 프로그램의 설계

소비자교육을 위한 소비자교육 프로그램은 그 교육 대상 소비자들의 교육 요구도 파악이 선행되어야 한다. 소비자교육은 응용교육이며 실천교육이 되어야 하므로 변화하는 시장환경과 경제상황에 효과적으로 적응할 수 있고 사회가 요구하는 올바른 역할을 수행해 나갈 수 있도록 체계적으로 시행되어야 한다. 그러기 위해서는 매우 다양하고 실효성이 있는 구체적인 교육 프로그램을 개발해야 하며 프로그램 개발을 위한 세부적인 사항들이 구축되어야 할 것이다.

이 장에서는 소비자교육 프로그램의 개념, 소비자교육 프로그램 설계 과정, 소비자교육 프로그램 내용 및 교육방법의 선정 등에 대해 살펴보기로 하자.

01 소비자교육 프로그램의 개념

현재 또는 미래의 문제를 해결하기 위해서 학습자들은 교육을 통해 부족한 지식 또는 기술, 태도를 습득하게 된다. 이때 교육 프로그램을 개발하기 위하여 교수체제설계(Instructional Systems Design: ISD)라는 절차를 밟는다. 교육 프로그램을 실행할 때 그 기본이 되는 교수-학습과정은 많은 변수들의 상호작용을 통해 이루어진다. 이 과정에서 과거에는 교사의 자질이 중요시되었으나 최근에는 교수활동이 이루어지는 모든 요소를 강조하는 입장이다. 이와 같이 교수활동을 하나의 유기적 통합체로 보고 교육 프로그램을 설계하는 접근을 교수설계의 체제적 접근이라고 한다. 이러한 체제적 접근을 시도한 이유는 설정된 학습목표를 최소한의 노력과 시간, 비용으로 달성할 수 있기 때문에, 즉 효율성과 효과성을 동시에 얻을 수 있기 때문이다(오인경 · 최정임, 2005). 교수체제설계 과정을 거치면서 왜 교육을 하며, 무슨 내용을 제공하고, 어떻게 전달하며, 무슨 교재와 보조자료를 가지고 교육을 하고, 어떻게 평가할 것인가에 대한 보다 확신있는 의사결정을 할 수 있게 되는 것이다.

소비자교육 프로그램은 어느 특정 소비자 집단에 대해 그들의 소비자교육 요구도 분석을 토대로 하여 학습을 통해서 소비자능력, 즉 소비자지식, 태도, 기능 등에 긍정적인 변화를 가져오게 하는 것이다. 그러므로 소비자교육 프로그램은 교육대상에 대한 기본적인 이해와 그들의 교육적인 요구를 반영해야 하며 동시에 시대적, 사회적 변화와 요구도 고려해야 한다. 뿐만 아니라 이러한 요구를 기본으로 하여 올바른 소비생활을 영위할 수 있는 지식과 태도, 기능 등과 같은 소비자능력을 향상시킬 수 있도록 설계되어야 한다.

한편 소비자교육은 교육이 시행되는 장소인 가정, 학교, 사회를 모두 포함해야 하기 때문에 그 형태와 내용이 매우 다양하며 광범위하다. 따라서 소비자교육 프로그램은 교육대상, 교육주체에 따라 다양하게 설계되어야 하지만 그 프로그램에 포함되어야 할 기본적인 구성요소는 몇 가지로 정해져 있다.

02 소비자교육 프로그램 설계의 과정

일반적으로 교육 프로그램을 개발하는데 있어 첫 번째 단계는 '과연 이 교육이 필요한가' 에 대한 요구분석이다. 체제적 교수설계에 기초한 교육 프로그램을 개발할 때 일반적인 설계 모형은 분석–설계–개발–실행–평가의 형태를 갖는다.

좀더 상세히 도식화하면 다음 〈그림 14–1〉과 같다.

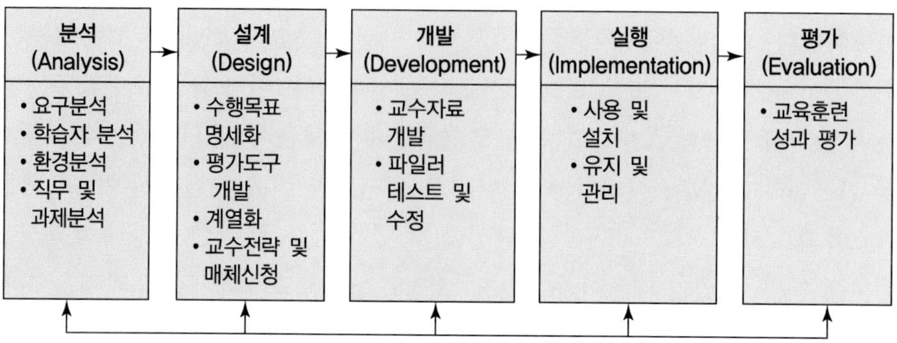

출처: 오인경 · 최정임(2005). 교육 프로그램개발 방법론, p.35.

그림 14–1 교수체제설계 모형: ADDIE 모형

앞의 그림에서 보듯이 요구분석을 통해 교육의 내용과 목표를 결정한 후 다음 단계는 구체적으로 교육 프로그램을 설계하는 것이다. 이 단계에서 효과적으로 교육을 수행할 수 있는 방법을 모색하게 되고 필요한 교수-학습안을 만들며 활용할 교수-학습 자료를 개발하게 된다. 7장에서 제시된 다양한 자료들, 이를테면 인쇄매체나 시청각 매체 등 다양한 형태의 자료들을 사용할 수 있다.

다음으로 실행의 단계에서는 설계와 개발단계에서 만들어진 교수-학습안과 자료를 활용하여 실제 교육 프로그램을 운영하게 된다.

마지막으로 실제 교육 프로그램을 수행한 후 얼마나 교육이 효과적이었는가에 대한 평가단계이다.

이 모든 교수설계 과정은 교육대상자로부터 또 최종결과로부터 피드백을 받게 되고 이를 통해 연속적으로 이루어지며 보다 나은 형태로 발전해 나가게 된다(김나연, 2006). 그러면 설계의 각 단계를 좀더 자세히 살펴보자.

1) 요구분석(Need analysis) = 왜(Why)

요구분석 단계에서는 학습자 및 환경적 요구를 분석함으로써 왜 교육을 해야 하는지를 분석한다. 요구조사에 관한 상세한 내용은 앞의 4장에서 이미 소개가 되었으므로 여기에서는 중복 설명을 하지 않기로 한다. 간단히 표현하면 현재 무엇이 문제인지, 무엇이 부족한지, 무엇을 기대하는지를 밝히는 것이다. 이를 통해 교육 프로그램을 개발할 것인지의 여부를 결정하게 되며 그 결과로 교육목적이 도출된다.

2) 직무과제 분석(Job and Task analysis) = 무엇을(What)

이 단계에서는 교육목적을 달성하기 위해 무엇을 가르쳐야 할지를 분석한다. 이 단계를 통해 교육대상자의 교육내용 요구를 확인할 뿐만 아니라 교육대상자의 특성에 대해서도 파악하게 된다. 분석의 결과로는 가르쳐야 할 교육내용의 목록(지식, 기술, 태도)과 학습목표가 설정된다.

이때, 학습목표를 기술할 때는 학습자 즉 교육대상자가 해당 교육을 마친 후 할 수 있어야 하는 행동, 학습성취에 필요한 조건, 학습성취의 판단기준 등이 포함되어야 하며 구체적인 행동 목표로 제시되어야 한다.

예를 들면 다음과 같다.

- 채무자의 상황을 반영한 신용회복 지원제도를 제시할 수 있다.
- 개인별 여건을 고려하여 재무계획을 세울 수 있다.
- 환경 라벨의 의미를 알고 그것을 어떻게 사용할 수 있는지 안다.

3) 설계(Design) = 어떻게(How)

설계단계에서는 직무과제분석에서 도출된 내용을 어떻게 가르쳐야 할지를 교수설계한다. 즉, 교수설계안(교안)을 만드는 단계이다. 교수설계안은 설정된 학습목표를 달성하기 위한 교수-학습전략 및 학습순서, 학습시간, 학습자료 등을 포함하게 된다. 또한 교육대상자와 교육주체를 선정하고 교육장소, 교육시간 등 구체적인 세부항목들이 사전에 검토되어야한다. 이때 인터넷을 이용한 이러닝(e-Learning)의 경우에는 스토리보드(Storyboard)가 제작된다.

4) 개발(Development)

개발단계에서는 설계된 교안에 따라 학습자들이 상호작용을 하게 될 학습매체를 만들거나 매체를 선정하게 된다. 즉, 학습자들이 활용할 학습자료를 개발하는 것을 말한다. 그 결과로는 교재, 보조학습자료, 평가자료, WBT 등의 다양한 자료가 만들어진다. 여기서 설계와 개발의 차이점은 설계는 설계안만을 구성하는 것이고 개발은 실제 학습자들이 사용할 교재와 보조자료 등을 만드는 단계이다. 이때, 교수설계자의 능력이나 상황에 따라 교재를 직접 개발하거나 이미 시중에 만들어져 있는 자료 중에서 교육목적에 맞는 것을 선정하여 활용할 수도 있다.

5) 실행(Implementation)

실행단계에서는 설계된 교안에 따라 개발된 교재를 활용하여 학습자들과 교수-학습 활동을 실시하게 된다. 실제 교육 프로그램을 운영하는 단계이다.

표 14-1 교안 예시 1

3회기: 나는 건강한 어린이, 도전! 건강한 어린이 골든벨

<table>
<tr><td>주제</td><td>3회기: 나는 건강한 어린이!,
도전! 건강한 어린이 골든벨</td><td>차시</td><td>3회</td><td>장소 : 강당</td></tr>
<tr><td>학습목표</td><td colspan="4">• 연계활동 점검을 통해 각 회기별 교육 내용을 회상할 수 있다.
• 영양 체조를 배움으로써 몸의 유연성과 체력을 기를 수 있다.
• 게임을 통해 안전한 식품 선택능력을 가질 수 있고 바른 식습관을 정확히 알고, 실천할 수 있다.</td></tr>
<tr><td>학습자료</td><td colspan="4">• '건강한 어린이' 실천 노트
• 영양 체조 동작 및 음악 CD
• 골든벨 문제</td></tr>
<tr><td>참고자료</td><td colspan="4">* 소비자교육론, 식품의약품안전청</td></tr>
<tr><td rowspan="2">학습단계</td><td colspan="2">교수 - 학습활동</td><td colspan="2" rowspan="2">자료 및
유의점</td></tr>
<tr><td>교사</td><td>학생</td></tr>
<tr><td>도입
(20)</td><td>• 연계활동점검:
- 가족과 함께한 건강 식단 짜기 발표 시간
- 일주일 동안 먹은 음식 기록을 점검하고 식품첨가물과 비만을 유발할 수 있는 요인이 있는지에 대한 노트 검사 및 평가
• 학습목표 제시</td><td>• 엄마와 함께한 건강 식단 짜기를 발표해 보기</td><td colspan="2"></td></tr>
<tr><td>전개
(60)</td><td>• 영양 체조 배우기
- 음악에 맞추어 몸을 움직임으로써 유연성과 체력을 기르기
• 각 회기별 교육 내용 복습: 도전! 건강한 어린이 골든벨</td><td>• CD의 동작과 음악을 통해 영양 체조를 익힌다.
• 골든벨을 울리기 위해 각 회기별 교육 내용을 회상하고 익힌다.</td><td colspan="2">• 영양체조 CD
• 골든벨 20 문제(스케치북, 방석, 굵은 펜)</td></tr>
<tr><td>정리
(10)</td><td>• 마무리
- 골든벨을 울린 어린이에게 상주기 '건강상'
- 성실하게 '건강한 어린이' 실천 노트를 작성한 어린이에게 상주기 '실천상'
• 실천
- 학교 급식 식단 검사
- 가족의 건강한 식품 먹기 운동
- 매 수업 끝난 후 영양 체조 하기(각 교실의 컴퓨터에 영양 체조 프로그램 설치)</td><td>• 정리
• 실천을 강조함으로써 건강한 어린이가 되기 위한 재인식</td><td colspan="2">• 좋은 기분으로 교육 마침</td></tr>
</table>

표 14-2 교안 예시 2
시어머니 VS 며느리 '친환경 대결'

1. 교육 목적
   1) 전체 목적: 소비가 환경에 미치는 부정적인 영향과 위험성에 대해 파악하고 친환경적인 태도를 익힘으로써 절약, 건강, 환경을 고려한 소비생활을 실천할 수 있다.
   2) 세부목표
      ① 그린마케팅에 대해 이해하고, 친환경 인증 마크와 농산물에 대해 알아봄으로써 친환경 소비를 실천할 수 있다.
      ② 무분별한 소비가 환경에 어떤 영향을 미치는지 파악하고, EM을 활용한 친환경 소비를 실천할 수 있다.
      ③ 장바구니 캠페인을 통해 친환경 소비를 함께 실천할 수 있도록 돕는다.
2. 교수자 및 학습자
   1) 교수자: 여성문화센터 강사
   2) 학습자: 친환경 소비생활에 관심이 있는 30~40대 주부
3. 교육내용

교육시간	주제	세부내용
60분	1회기: 똑 부러지는 장보기 한판!	• 그린마케팅 • 친환경농산물 인증마크 • 친환경냄비
60분	2회기: 당신의 손이 필요합니다.	• EM이란? • EM으로 친환경 소비 실천하기
120분	3, 4회기: 우리 함께 친환경 소비에 동참해 보아요!	• 캠페인을 하기 위한 사전 교육 • 장바구니 캠페인

4. 교육방법
   여성문화센터나 주부교실 등에서 집안 살림을 하며 아이를 키우는 주부를 대상으로 하여 잘못된 소비생활이 환경과 가족에게 미치는 영향을 동영상과 사진을 이용하여 알아보고 호기심과 동기를 유발한다. 그 다음으로 친환경 소비생활에 관한 중요성과 방법 등을 PPT를 사용하여 실시한다. 마지막 3, 4회기에서는 직접 캠페인을 펼쳐봄으로써 소비자로서의 책임의식을 고취시키고자 한다.
5. 기대효과
   1) 소비가 환경에 미치는 영향에 대한 정보를 제공하고 중요성을 인식함으로써 소비자로서의 책임의식을 가질 수 있다.
   2) 친환경 인증마크와 친환경 농산물 등 친환경 소비에 대해 알고, 친환경 소비생활 습관을 학습할 수 있다.
   3) EM을 이용한 친환경적인 주방 관리 방법과 음식물 쓰레기를 처분하는 방법 등 주부들의 부엌살림에 직접 활용할 수 있다.

6) 평가(Evaluation) = 얼마나(How much)

마지막 평가단계에서는 설정된 학습목표를 학습자가 얼마나 달성했는지를 측정한다. 만약, 학습자가 학습목표를 달성하지 못했다면 이전 단계로 되돌아가서 부족한 곳을 보완하면서 다시 실시한다. 이러한 순환 프로세스는 학습목표가 달성될 때까지 반복된다.

표 14-3 단계별 목적 및 아웃풋

ISD 단계	단계별 목적	단계별 아웃풋
요구분석	'왜' 교육을 해야 하는지를 결정함.	교육목적
직무과제분석	학습자가 '무엇을' 학습해야 할지를 결정함	학습내용, 학습목표
설 계	도출된 교육내용을 '어떻게' 가르쳐야(혹은 배워야) 할지를 설계함.	교수설계안 (교한: 교수-학습전략 및 학습 순서 포함)
개 발	설계된 교안에 따라 학습자들이 상호작용할 학습매체를 개발함(혹은 선정함).	교재, 보조자료, 평가자료, Job-aids, WBT 등
실 행	교안과 개발된 매체를 가지고 교수-학습활동을 실시함.	–
평 가	설정된 학습목표를 '얼마나' 달성했는지를 측정함.	교육효과, 피드백

※ 각 단계의 아웃풋은 다음 단계의 인풋으로 작용한다.
출처: 오인경 · 최정임(2005). 교육프로그램 개발 방법론, p.23.

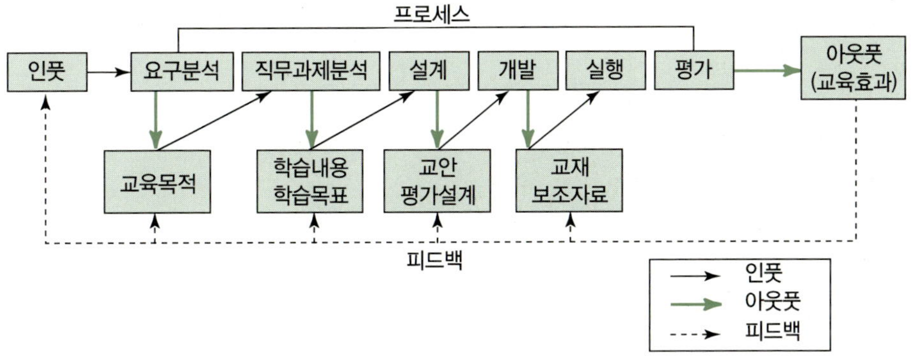

출처: 오인경 · 최정임(2005). 교육프로그램 개발 방법론, p.24.

그림 14-2 체제적 접근에 의거한 ISD 단계의 개념도

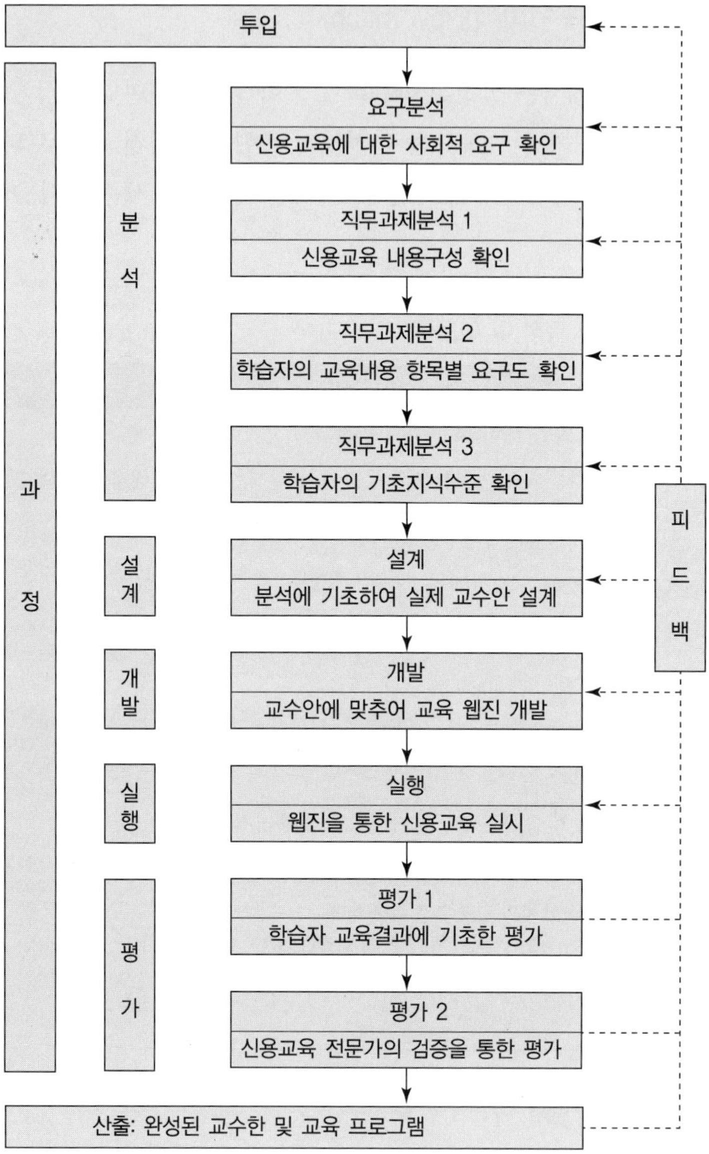

출처: 김나연(2006). 대학생을 위한 신용교육 프로그램. 서울대학교 석사학위 논문.

그림 14-3 단계별 적용 예시

이상에서 살펴본 내용은 체제적 교수설계를 적용한 교육 프로그램 설계의 과정이다. 소비자교육 프로그램에서도 이 과정을 적용하여 설계할 수 있다.

03 소비자교육 프로그램의 실행방법

1) 개발단계에서의 적용 방법

일반적으로 교육에서 활용되는 자료의 종류로는 먼저 가르치는 교사의 교수자료로서 기본적인 교육 프로그램 안내서를 비롯하여 교사 또는 강사 메뉴얼, 프리젠테이션 자료, 평가자료 등이 포함되며 배우는 학생들의 학습자료로는 학습자 메뉴얼, 보조자료, 참고자료, 과제 수행자료 등이 있다. 이러한 자료들은 다양한 형태의 매체를 활용하여 제작될 수 있다. 교육이 실행되기 위해서는 다양한 형태의 교수-학습자료를 개발하거나 선택해야 하며 어떤 자료를 개발할 것인가는 교육의 목표, 인력, 상황, 학습자의 특성 등 여러 가지 요소에 따라 결정할 수 있다. 무엇보다 중요한 것은 교수–학습자료는 학습자의 이해를 돕고 동기를 유발하며 학습에 효과적으로 기여해야 한다. 그러기 위해서는 체계적으로 잘 설계된 교수–학습자료가 개발되어야 하는데 교수–학습자료의 유형별로 그 특성을 살펴보자.

(1) 인쇄자료

가장 일반적으로 활용되는 자료이며 기술의 발달로 다양한 매체들이 소개되고 있지만 인쇄자료는 여전히 널리 활용되고 있으며 앞으로도 중요한 자료로 이용될 것이다. 인쇄자료의 장점으로는 경제적이며 제작과 활용이 용이하다. 시각적 피로감이 적으며 전체적인 내용을 파악하기가 더 쉽다. 반면 평면에서 정보가 제공되기 때문에 일차원적으로 제시되며 학습자와의 상호작용이 곤란하고 재사용을 하거나 보관하는데 비교적 소모적이다. 다수의 사용자가 반복적으로 사용하는 경우에는 인쇄자료 제작비용이 더 많이 들어서 오히려 비경제적일 수도 있다.

(2) 파워포인트 자료

파워포인트는 다양한 그래픽과 동영상, 멀티미디어 기능을 활용할 수 있기 때문에 최근에 가장 많이 활용되는 자료이다. 발표 내용을 쉽게 제작할 수 있고 표,

도형, 그래픽 등을 자유롭게 사용할 수 있으며 소리, 동영상 등의 멀티미디어 기능도 활용할 수 있으므로 입체적이고 효과적이다. 또한 한 번 제작된 프로그램은 반복적으로 사용할 수 있으며 수정하기도 쉽고 제작 비용이 저렴하다는 장점이 있다. 그러나 효과적이고 차별화된 제작을 하기 위해서는 기술적인 능력이 요구되며 기법 등을 익혀야 하는 번거로움도 있다.

(3) 웹기반 자료

최근에는 이러닝의 활성화로 웹기반 자료는 가장 널리 활용되는 교수-학습 자료가 되고 있다. 웹기반 자료는 웹의 특성을 살린, 인터넷이나 인트라넷과 같은 네트워크를 통하여 제공되는 자료를 말한다. 웹기반 자료가 폭넓게 활용되고 있는 이유는 웹의 고유한 특성 때문인데 그 장점으로는 우선 시간과 공간의 제약을 받지 않아서 언제 어디서나 학습이 가능하고 멀티미디어 기능을 다양하게 활용할 수 있기 때문에 사운드, 동영상 그래픽 등 여러 가지 특성을 이용하여 역동적인 자료를 제작할 수 있다. 또한 교수자와 학습자, 학습자와 학습자 간의 다양한 상호작용이 가능하여 능동적이며 자발적인 학습을 유도할 수가 있다. 비록 웹기반 자료에도 단점이 있지만 장점을 잘 살릴 수 있는 내용과 방법으로 사용된다면 매우 효과적일 수 있다. 웹기반 자료의 유형으로는 자율학습자료, 평가자료, 토론방이나 게시판 등을 이용한 토론 및 팀 활동, 학습 커뮤티니 운영 등이 있다.

(4) 기타 보조자료

그외 기타 보조자료로서는 게시 자료, 괘도의 일종으로 넘길 수 있는 큰 종이인 플립차트, CBT(Computer - Based Training) 즉, 컴퓨터 기반 훈련(또는 교육) 프로그램 등이 있다.

2) 실행단계에서의 적용 방법

실행단계에서는 설계된 교안에 따라 개발된 교재를 활용하여 교수-학습 활동을 실시하는 과정이다. 이 단계에서 교육 프로그램 실행방법을 적용해 보면 우선 교육운영자의 역할을 들 수 있다. 즉, 교사나 강사 관리, 학습자 관리, 교재 관리, 강의 장소 관리 등이 바로 그 역할이다.

3) 소비자교육 내용과 방법 선정

소비자교육의 내용에 대해서는 5장에서 상세히 살펴보았다. 소비자교육 프로그램을 실제로 실행하는 단계에서는 선정한 해당 프로그램의 교육목표와 교육대상, 요구도, 교육주체, 교육시간 등 여러 가지의 사항들을 고려하여 그 내용을 선정하도록 한다. 또한 교육방법의 선택에 있어서도 7장에서 소개된 여러 가지 교육방법들 중에서 교육내용과 교육대상 등 실제 적용할 교육 프로그램의 특성을 고려하여 가장 효과적인 방법을 선택한다. 이러한 선정 원칙과 방법을 적용하여 개발된 소비자교육 프로그램을 그 대상별로 나누어 다음 15장에서 직접 그 사례를 소개하므로 각 사례에서 확인해 볼 수 있을 것이다.

04 소비자교육 프로그램의 평가 및 유의사항

교육이 끝나면 그동안 진행된 교육과정이 유용하고 교육내용과 방법은 적절하였는지 무슨 문제는 없었는지 평가를 하는 것이 필요하다. 교육 프로그램의 설계와 개발 못지않게 평가단계도 체계적이고 과학적인 절차를 거쳐서 진행되어야 한다. 평가는 단지 교육 프로그램의 효과를 진단하는데 그치는 것이 아니라 추후에 개발될 교육 프로그램을 기획하고 개선하기 위해 중요한 근거가 될 수 있다.

1) 평가의 단계

평가 방법을 결정하기 위해서는 우선 무엇을 평가하려고 하는지 그 평가의 목적을 확인해야 하는데 이는 평가의 목적에 따라 평가의 내용과 방법이 달라지기 때문이다. 일반적으로 가장 널리 활용되고 있는 평가의 단계는 Kirkpatrick의 4단계가 있다.

(1) 반응 평가

학습자가 교육에 대해 어떻게 생각하는지 학습자의 만족도를 평가하는 것으로 가장 기초적인 단계의 평가이다. 이 평가를 통해서 교육 프로그램의 전반적인 질을 파악함으로써 향후 프로그램의 수정이나 개선 사항을 살펴볼 수 있는 기준을 마련할 수 있다. 가장 쉬운 방법이며 가장 일반적으로 사용되고 있다.

(2) 학습평가

학습자가 교육 프로그램이 의도한 지식과 기능을 얼마나 잘 학습하였는지를 측정하는 단계이다. 이것은 프로그램 자체의 질을 평가하기보다는 학습자의 학습성취도를 평가하는데 초점을 맞추고 있다. 가장 일반적인 방법은 사전검사와 사후검사를 실시하는 것으로 집단 수준이나 개인 수준에서 이루어질 수 있다.

(3) 행동평가

3단계인 행동평가는 학습자들이 학습내용을 이해한 정도를 넘어서 학습한 내용을 실제로 생활에서 적용하는지의 여부를 평가하는 것이다. 따라서 앞의 1, 2단계의 평가보다 교육의 효과를 더 정확하게 평가할 수 있는 방법이지만 학습한 내용을 실제로 적용해 볼 기회를 가질 때까지 충분한 시간이 필요하기 때문에 복잡하고 어려운 방법이기도 하다. 또한 실제 생활에의 적용 여부나 그 정도는 다른 여러 가지 상황적 요소의 영향을 받을 수 있으므로 정확한 교육의 효과를 측정하기 위해서는 세부 계획이 수립되어야 한다.

(4) 결과 평가

이 평가는 교육 프로그램의 효과를 학습자의 행동변화에만 한정하지 않고 관련된 다른 부분에까지 어떤 변화가 나타나는가를 측정하는 것으로 예를 들어 기업의 직원들이 교육대상자였다면 기업의 경영성과에 어떤 영향을 주었는지 평가하는 것이다. 따라서 4단계 평가를 고려할 경우 이 평가가 필요한 것인지를 먼저 판단해야 한다.

2) 평가 절차

어떤 단계의 평가를 실시하든지 평가를 하기 위해서는 일련의 절차를 거치게 되며 일반적인 절차는 다음과 같은 네 가지로 나누어 볼 수 있다.

(1) 평가계획 수립

평가를 위한 첫 번째 단계는 평가를 위한 계획을 수립하는 것이다. 평가계획은 이미 앞의 설계단계에서 교육목표를 선정할 때 함께 이루어지는 것이 일반적이다. 즉, 교육목표가 선정되면 그 목표가 달성되었는지의 여부를 어떻게 판단할지를 결정하게 되는데 그것이 평가의 목적과 방법에 영향을 주게 된다.

(2) 평가도구 개발

어떤 단계의 평가를 어떤 방법으로 실시할 것인지를 결정하고 나면 그에 따른 평가도구를 개발해야 한다. 설문조사를 할지, 관찰이나 자료분석을 할지 면담을 할지에 따라 필요한 도구가 달라지게 된다. 어떠한 경우에도 개발된 평가도구는 타당성, 신뢰성, 객관성, 실용성을 갖추어야 한다.

(3) 평가 실행

평가를 실시하는 시기는 어떤 단계의 평가를 계획하느냐에 따라 달라지게 된다. 일반적으로 학습자 반응평가나 학습자의 성취도 평가는 교육이 끝난 뒤 바로 시행할 수 있지만 앞에서 살펴본 바와 같이 3단계인 행동평가의 경우에는 일정기간이 지난 후에 평가가 이루어지게 된다.

(4) 결과분석 및 활용

평가를 통해 자료가 수집되고 나면 그 자료를 분석하고 해석하여 그 결과를 활용하게 된다. 그 결과를 통해 차기 교육 프로그램을 수정하거나 보완하는데 활용하며 장기적으로는 교육의 목적이나 교육내용 및 방향에도 영향을 미칠 수 있다.

연 구 과 제

1. 소비자교육 콘텐츠 공모전에서 수상한 작품들의 소비자교육 프로그램 설계 내용을 비교해 보자.

2. 15장에서 소개될 프로그램 사례들을 보고 조별로 실제 소비자교육 프로그램 설계를 해보자.

15 CHAPTER

소비자교육 프로그램의 실제

15 CHAPTER

소비자교육 프로그램의 실제

소비자교육을 효과적으로 실시하기 위해서는 각 대상에 적합한 교육 프로그램을 개발해야 한다. 이 장에서는 인간의 생애주기에 따른 유아 · 아동 · 청소년 · 성인 · 고령소비자와, 특수소비자에 속하는 장애인, 다문화소비자 등 각 대상에 적용할 수 있는 소비자교육 프로그램의 실제 사례를 제시하고자 한다.

01 유아소비자교육 프로그램 사례

유아소비자교육 프로그램의 실제 사례를 2006년도 우수소비자교육 프로그램/콘텐츠 공모전 수상작 자료집에서 발췌하여 제시하고자 한다.

유아의 올바른 소비생활을 위한 프로그램[1)]

(1) 교육목표

취학 전 유아의 소비자능력향상 프로그램은 5~7세 유아들을 대상으로 소비자능력을 향상시킬 수 있도록 개발된 프로그램으로서 유치원(어린이집 포함)의 그룹 활동 시간들을 활용해 실시하도록 한다. 유아에게 실질적인 소비와 돈, 시장개념, 올바른 용돈 사용방법, 합리적인 구매와 사용방법 등을 가르치고 유아교육자를 위해 유아에게 올바른 지식과 행동습관을 길러줄 수 있는 다양하고 풍부한 지식자료와 행동적 교육지침을 제공하여 원활한 교육이 이루어질 수 있도록 한다.

1) 한미라 · 김경례 · 조미란(2006). “유아의 올바른 소비생활을 위한 프로그램”. 한국소비자보호원 · 한국소비자교육지원센터 2006 우수소비자교육 프로그램/콘텐츠 공모전 수상작 자료집, 199-204.

(2) 교육대상

유치원(또는 어린이집)의 5~7세 반 유아들을 대상으로 한다.

(3) 교육자

유치원(어린이집) 교사들
〈주 진행자(한 명)와 보조진행자(두 명 이상)가 함께 프로그램을 진행한다.〉

(4) 교육방법

- 대전광역시 유치원(또는 어린이집)의 "특별활동" 시간 / 2일 동안 실시하며 하루에 2회차씩 총 4회차를 실시한다. 1회당 20분 교육, 쉬는 시간 10분으로 한다.
- 요구분석을 통해 필요한 교육내용을 추출하고 적절한 교육 방안을 마련한다.
- 유아소비자의 행동특성을 파악해 느린 속도로 학습을 전달하며 교육자료 활자를 크게 제작한다.
- 도입 부분에 레크리에이션(게임, 동화, 동요) 시간을 가짐으로써 흥미를 유도해 적극적인 수업참여를 하도록 한다.
- 다양한 매체 · 시청각 자료를 활용한 교육을 한다(비디오 영상물, 만화 등).
- 유아의 흥미를 기초로 하여 그들의 일상생활에 관한 것으로 한다(자신의 소비 경험담 이야기 나누기).
- 학습과정의 내용보다 자신의 경험을 더 의지하므로 학습자의 참여를 권장하고 의미 있는 구체적인 자료를 제시하는 것이 효과적이다(시장 역할극).

(5) 프로그램 내용

본 프로그램은 유아들을 위한 교육 프로그램이다.
2일 동안 실시하며 하루에 2회차씩 총 4회차로 실시한다. 1회차당 20~25분 소요.

<table>
<tr><th colspan="2">주 제</th><th>교육내용</th><th>교육매체</th><th>시 간</th></tr>
<tr><td colspan="2">도 입</td><td>⇨ 강사 소개 및 프로그램 소개
⇨ 1일차
(1회차="냄새 맡은 값 1편" 이라는 동화보기,
2회차="냄새 맡은 값 2편" 이라는 동화보기)
⇨ 2일차(3회차="시장에 가면~" 게임하기, 4회차="손발체조" 라는 동요 플래시를 보며 따라하기)</td><td>게임 설명 및 녹음
PPT 교육자료</td><td>5분</td></tr>
<tr><td>1회차</td><td>"저거 사줘!!!!!!!"</td><td>⇨ 유아소비생활의 특성
⇨ 유아소비생활의 문제점 이해(동영상자료를 보고 유아들의 소비생활의 특성과 문제점에 대해서 질문과 답을 하며 이야기 나누고 소비생활에 관한 교육을 한다.)</td><td>PPT 교육자료
동영상자료-유아소비생활문제과 관련된 동영상</td><td>10분</td></tr>
<tr><td rowspan="2">2회차</td><td rowspan="2">"올티쿠나!!"</td><td>⇨ 올바른 소비생활 만화를 봄
⇨ 올바른 소비생활에 관한 설명</td><td>PPT 교육자료
만화 교육자료</td><td>5분</td></tr>
<tr><td>⇨ 경험담 이야기하기(만화를 본 후 자신의 소비경험담을 이야기한다.)</td><td></td><td>5분</td></tr>
<tr><td>3회차</td><td>"이거 얼마예요?"</td><td>⇨ 역할극(시장놀이)
⇨ 구매자와 판매자 역할을 통해 돈의 개념을 이해</td><td>시장놀이를 할 재료(돈, 여러 가지 음식 모형)</td><td>15분</td></tr>
<tr><td rowspan="2">4회차</td><td rowspan="2">"혼자서도 잘해요‥"</td><td>⇨ 용돈기입장에 대한 이해
⇨ 돈기입장을 작성해 본다(역할놀이에서 구매한 물건을 작성하도록 한다.)</td><td>PPT 교육자료
(용돈기입장 자료)</td><td>5분</td></tr>
<tr><td>⇨ 유아들에게 각자 작성한 용돈기입장을 발표시킨다.</td><td></td><td>5분</td></tr>
<tr><td colspan="2">마무리</td><td>⇨ 1일차(1회차=경험담 이야기하기, 다음 교육 프로그램 설명하기, 2회차="Ten little indians" 이라는 영어동요를 따라 부르기, 다음 시간에 만날 약속하기)
⇨ 2일차(3회차=시장놀이를 통해서 어떤 물건을 구매하였고 느낌이 어떠한지 이야기 나누기, 다른 교육 프로그램 설명하기, 4회차=퀴즈를 통해 그날 학습한 내용을 확인 학습한다.)</td><td>퀴즈문제,
O/X 푯말,
PPT 교육자료
(퀴즈문제)</td><td>5분
*퀴즈는 10분</td></tr>
</table>

(6) 기대효과

이 프로그램을 통해 유아의 지식수준과 행동능력에 맞는 방법을 선택하여 실생활에 직접적으로 소비자로서 유아가 생각하고 행동하도록 가르칠 수 있고, 유아들은 '경제와 소비' 에 관련된 개념과 지식을 습득하고 의사결정능력을 향상시키며, 소비생활에 대한 올바른 가치관 · 태도 · 습관을 형성하고 소비자문제의 해결 및 예방 능력을 키울 수 있도록 하였다. 유아교육자들은 자신들이 따를 수 있는 기준이 생겨나서 보다 정확한 교육을 해줄 수 있게 되며, 현재 20%의 수준에 머물러 있는 유아교육기관에서의 유아소비자교육이 보다 더 활성화되어 유아의 합리적인 소비생활을 이끌어 줄 수 있다.

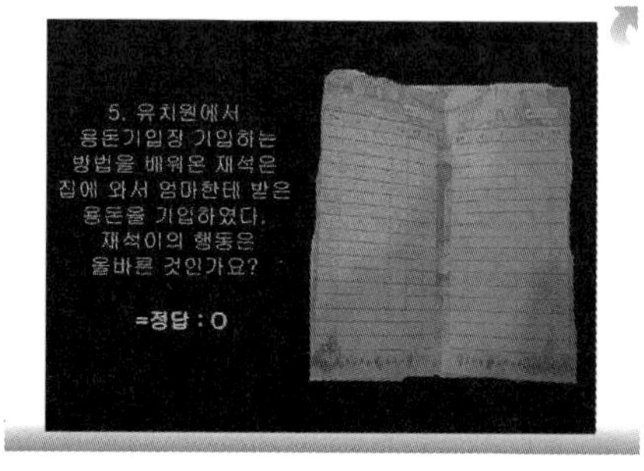

02 아동소비자교육 프로그램 사례

아동소비자교육은 가정과 초등학교를 중심으로 이루어지게 된다. 초등학교에서는 바른생활, 슬기로운 생활, 도덕, 사회, 실과 등의 교과서에서 소비자교육 내용을 다루고 있다. 학교 소비자교육에서는 관련 교과서에서 소비자교육 요소를 추출하여 체계적으로 지도해야 한다. 여기에서는 도덕, 사회, 실과 교과와 관련하여 현명한 선택을 지도하기 위한 소비자교육 프로그램 사례를 소개하고자 한다.

갖고 싶은 물건들[2)]

(1) 관련 교과 및 단원

- 3학년 1학기 도덕 3단원. 아껴 쓰는 보람(1~3/3)
- 4학년 2학기 사회 3단원. 가정의 경제생활(2~11/14)
- 5학년 2학기 실과 6단원. 용돈 아껴 쓰기(1~4/4)

(2) 수업대상

- 3~6학년

(3) 학습목표

- 일상생활에서 현명한 선택이 필요한 까닭을 예로 들어 설명할 수 있다.

(4) 학습의 기본 방향

- 인간의 무한한 욕망을 나타내는 사례를 조사하고, 자원과 가정의 수입이 한정되어 있음을 이해함으로써 현명한 선택이 필요한 까닭을 파악하도록 한다.

2) 이 프로그램은 군북초등학교 노병채 · 신동철 선생님이 작성한 것임.

(5) 학습준비

- 교실의 컴퓨터가 정상적인지 확인하고 프로젝션 TV 등 다른 교단선 전화기기를 이상 없이 조작할 수 있도록 미리 점검한다.
- 학생들이 평소에 가지고 싶었던 물건을 학습 과제나 수업 전제 교사나 분단에서 미리 조사한다.

(6) 교수–학습활동

단계	학습내용	교수 - 학습 활동	수업방법	자료 및 유의점
도입	동기유발	▶혹부리 영감 이야기하기 • 욕심을 부리면 안 되는 이유 말해보기 ▷욕심을 부리면 안 되는 까닭 알기 • 혹부리 영감의 내용에 대하여 아는 대로 말하기 • 지나치게 욕심을 부리면 도리어 화를 부리게 된다. ▶공부할 문제 확인	전체학습	
전개	가지고 싶은 물건 조사	▶가지고 싶은 물건 다섯 가지 조사하기 • 수업 전에 학생들이 평소에 가지고 싶은 물건, 가지고 싶은 이유, 아직 가지지 못한 이유를 조사한다. ▷친구들이 가지고 싶은 물건들 ▶우리 반 친구들이 가지고 싶은 물건과 갖지 못한 이유 알아보기 • 우리 반 친구들이 가지고 싶은 물건과 가지고 싶은 이유를 조사한다. • 물건을 아직 가지지 못한 이유는 무엇인가?	소집단 학습 전체학습	• 학습지 수업 전에 학습지를 준비하여 학생들이 평소에 가지고 싶었던 물건을 생각하게 한다. ⓦ 경제배움자료 ⓦ 경제배움자료
정리	학습정리	▶현명한 선택이 필요한 까닭 말해 보기 • 욕심은 끝이 없고 수입은 한정되어 있기 때문 • 자원은 한정되어 있기 때문 • 자원과 소득이 부족하기 때문	전체학습	

평가	평가관점	▶현명한 선택을 해야 하는 까닭을 정확하게 말할 수 있는가?		

■ 교수 학습 자료화면 설명

···› 친구들이 가지고 싶은 물건들

우리 반 친구들은 어떤 물건을 가장 갖고 싶을까? 함께 조사해 보자.

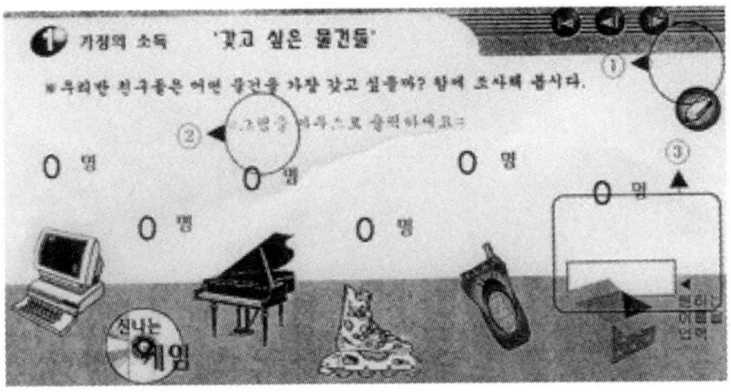

① 학습 활동 정리 화면으로 넘어가는 아이콘

② 물건을 클릭할 때마다 인원 수 증가

③ 좋아하는 물건 이름을 직접 입력

···› 친구들이 가지고 싶은 물건과 가지지 못한 이유

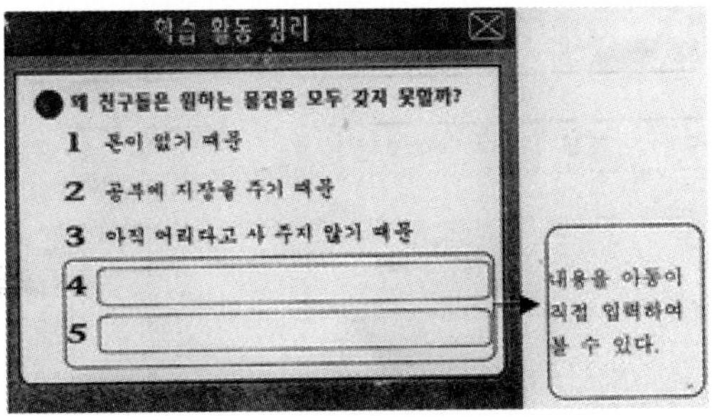

1. 갖고 싶은 물건들

( )학년 ( )반 ( )번 이름:

가지고 싶은 것을 모두 가질 수 없는 까닭을 알아보자.

⋯→ 내가 꼭 가지고 싶은 물건 다섯 가지와 가지고 싶은 이유를 써 보자.

내가 꼭 가지고 싶은 물건 다섯 가지			
번호	물 건	가지고 싶은 이유	아직 가지지 못한 이유
1			
2			
3			
4			
5			

출처: 한국소비자교육지원센터(2003). 아동의 소비생활 이렇게 교육해 보세요, pp.57-60.

03 청소년소비자교육 프로그램 사례

청소년소비자는 아동에서 성인으로 이행하는 과도기로 부모에게 의존해 왔던 위치에서 점차 독립하여 자아정체성을 확립해 나가는 시기이다. 이 시기에 속해 있는 청소년들은 성인집단과는 구별되는 자신들 특유의 정체성을 원하며, 이는 그들의 옷차림이나 머리 모양, 말투, 문화적 취향 등을 통해 독특한 하위문화를 구성한다(김혜선 외, 2002). 청소년소비자는 소비자사회화가 가장 활발하게 이루어지는 시기이므로, 이 시기의 청소년들을 미래의 현명한 소비자로 육성하기 위한 소비자교육은 무엇보다 중요하다. 여기에서는 중학생들의 과시소비성향을 예방하기 위해 개발한 소비자교육 프로그램 사례를 소개한다.

광고 바로 알고 활용하기

(1) 수업목표

중학생의 과시소비성향은 대중매체의 영향이 크며, 특히 현대사회는 지속적이고 무의식적으로 광고에 노출되기 쉽다. 따라서 광고를 무조건적으로 수용하기보다는 광고의 장점과 단점을 스스로 파악하여 광고에서 전달하고자 하는 정보를 효율적으로 활용할 수 있는 능력을 키우는 데 있다.

(2) 수업활동

① 도입단계

물품 구입 시 광고의 영향을 통계자료로 제시하고 학생들이 광고에서 받는 영향 정도를 질문한다.

② 전개단계

광고의 기능을 설명하고 광고의 장점과 단점을 정리해 준다. 학생들과 관련된 화장품 광고, 휴대폰 광고, 의류광고, 컴퓨터 광고를 선정하여 동영상 및 그림 자료를 제시한다. 광고를 보고 상품에 대해 알게 된 점, 기억에 남는 점, 느낀 점을 생각해 보도록 한다. 이때 광고를 흥미 위주로 보지 말고 소비생활과 연관을 갖도록 지도한다. 모둠별 토의 시간을 갖도록 한 후 의견을 종합하여 광고 분석표를 작성하고 발표하도록 한다. 모둠별 발표 내용을 토대로 소비자로서 광고의 효율적 활용방법에 대해 설명한다.

③ 정리 단계

수업 내용을 정리하고 형성평가 제시, 차시 수업 안을 예고한다. 구체적인 실행 안은 〈표 15-1〉과 같다.

(3) 수업효과

광고의 장단점을 알고, 그 내용을 객관적으로 이해할 수 있게 되고, 정보원으로써 광고를 올바르게 활용할 수 있게 됨으로써 과시소비를 예방할 수 있을 것으로 사료된다.

표 15-1 소비자교육 프로그램 실행 안: 광고 바로 알고 활용하기

주제	광고 바로 알고 활용하기	차시	2 / 3
대상	중학교 2학년	장소	교실
수업목표	1. 광고의 내용을 객관적으로 이해한다. 2. 소비자로서 광고의 효율적인 활용방법을 안다.		
수업자료	컴퓨터, PPT 자료, 광고 분석표		
수업방법	모둠별 탐구		
관련 사이트	http://www.adic.co.kr(광고정보센터) http://kcm.co.kr/statistics/8/s015.html(통계로 보는 우리 사회)		
수업단계(시간)	수 업 활 동		자료 및 지도상 유의점
	교사	학생	
도입(5분)	• 물품 구입 시 광고의 영향에 대해 질문하고 자료를 제시한다. • 수업목표를 제시한다.	• 지명 받은 학생이 대답한다. • 다같이 소리 내어 읽는다	• PPT 자료
전개(35분)	• 광고의 기능을 설명한다. • 광고의 장점과 단점을 정리해 준다. • 제시하는 광고를 보고 상품	• 설명을 듣는다. • 광고 사례를 보고 중심광고	• PPT 자료

전개 (35분)	에 대해 알게 된 점, 느낀 점을 생각해 보도록 한다. 1. 화장품 광고 2. 휴대폰 광고 3. 의류 광고 4. 컴퓨터 광고 • 모둠별로 토의하고 의견을 종합한다. • 모둠별 발표 내용을 토대로 소비자로서 광고의 효율적인 활용방법에 대해 설명한다.	내용과 주변 광고 내용을 분석한 후 광고 분석표를 작성한다. • 의견을 종합한 후 모둠별로 발표한다. • 광고의 장단점을 파악하게 한다.	• 광고 분석표 • 단순한 흥미에 그치지 않고 소비생활과 연관을 갖도록 지도한다.
정리 (5분)	• 본시 수업내용을 정리한다. • 형성 평가를 제시한다. • 차시 수업을 예고한다.	• 중심광고, 주변광고 내용을 명확히 이해한다.	

출처: 함현정 · 유두련(2004). "중학생의 과시소비성향과 소비자교육프로그램 개발에 관한 연구 한국생활과학회지, 13권 4호, 581-598.

04 성인소비자교육 프로그램 사례

눈에 보이는 게 전부가 아니에요[3)]

(1) 교육목적

모방소비, 과시소비에 대한 용어를 이해하고 이러한 소비가 소비자에게 미치는 영향을 알게 되며 그 소비행동을 자제할 수 있다.

명품 구매 시 자신들이 얻을 수 있는 장점과 단점을 구별하여 구매할 수 있다.

(2) 교수자 및 학습자

• 교육주체: 안동대학교 생활환경복지학과

3) 이 프로그램은 「2007 소비자교육콘텐츠 공모전」 대학생 부문 동상 수상작임. 안동대학교 생활환경복지학과 3학년 안수진 · 손영미 · 강민지 · 김희경 · 김수정.

• 교육대상: 대학생 1, 2, 3, 4학년(선착순 25명)
• 선정 이유

초 · 중 · 고등학생들의 소비자교육도 중요하지만 무엇보다 사회초년생으로서 자신의 수입원을 만들 수 있고 수입도 많아지는 시기인 대학생들에게 올바른 소비에 대한 교육이 필요하다고 생각되었다. 요즘 이슈가 되고 있는 명품소비에 대한 여러 가지 문제들이 발생함에도 불구하고 대학생들의 명품구매율은 증가하는 추세이다. 이에 따라 명품에 대한 올바른 가치관 확립이 필요하며 합리적인 소비생활에 대한 대학생 소비자교육이 필요하다.

(3) 교육내용

1회기	명품 용어정의, 여러 소비행태, 우리 나라 소비경향, 명품의 장단점
2회기	명품소비로 인한 피해 사례, 명품족 인터뷰, 명품을 계속적으로 구입하는 이유
3회기	명품 브랜드의 특성, 명품에 인센티브가 붙는 이유

(4) 교육방법

대상자들의 토론을 통한 참여형식의 교육방법과 파워포인트 자료를 바탕으로 한 강의 형태로 동영상 뉴스 기사 및 시청각자료를 통하여 교육을 진행한다.

(5) 기대효과

명품구매로 인한 피해사례, 경제적, 심리적 문제들에 대한 올바른 교육을 통하여 비합리적 명품구매가 자신에게 미치는 영향을 인지하고 제품의 특성과 제품의 재질에 따라 합리적인 구매활동을 할 수 있도록 한다.

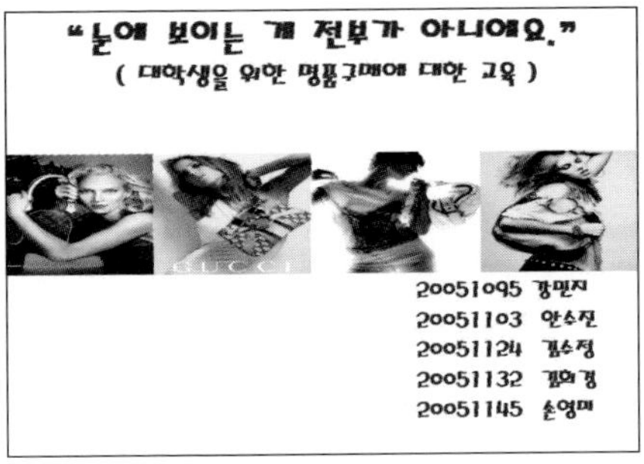
"눈에 보이는 게 전부가 아니에요."
(대학생을 위한 명품구매에 대한 교육)
GUCCI
20051095 강민지
20051103 안수진
20051124 김수정
20051132 김희경
20051145 손영미

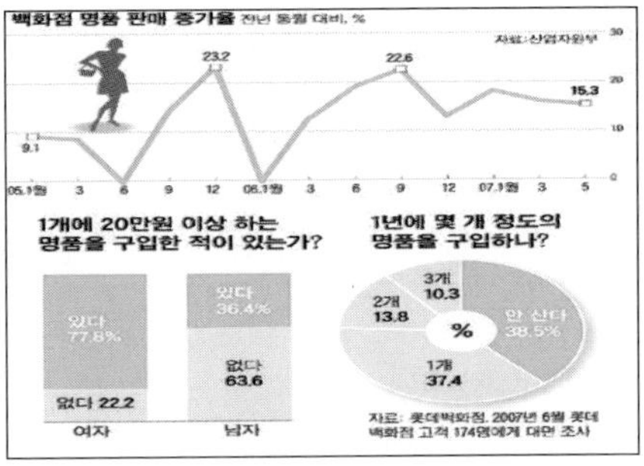
백화점 명품 판매 증가율 전년 동월 대비, %
자료: 산업자원부
9.1
23.2
22.6
15.3
05.1월 3 6 9 12 06.1월 3 6 9 12 07.1월 3 5
1개에 20만원 이상 하는 명품을 구입한 적이 있는가?
있다 77.8%
없다 22.2
여자
있다 36.4%
없다 63.6
남자
1년에 몇 개 정도의 명품을 구입하나?
3개 10.3
2개 13.8
%
안 산다 38.5%
1개 37.4
자료: 롯데백화점, 2007년 6월 롯데 백화점 고객 174명에게 대면 조사

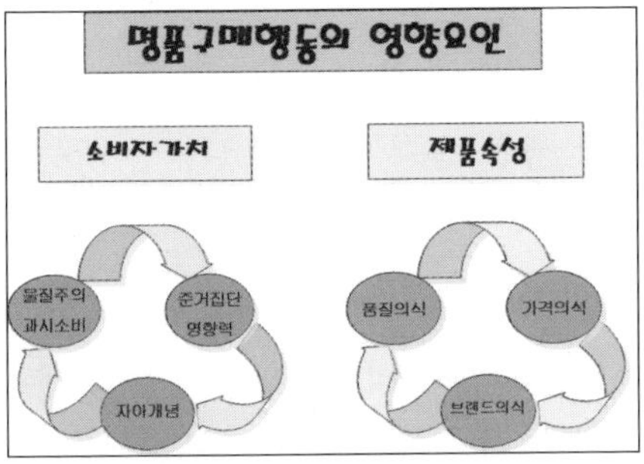
명품구매행동의 영향요인
소비자가치
제품속성
물질주의 과시소비
준거집단 영향력
자아개념
품질의식
가격의식
브랜드의식

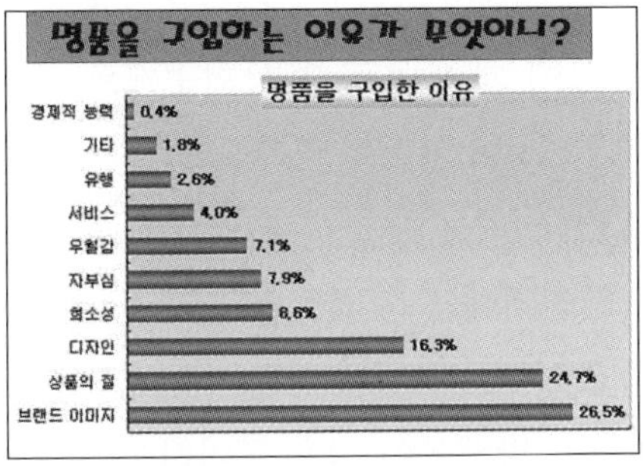
명품을 구입하는 이유가 무엇이니?
명품을 구입한 이유
경제적 능력 0.4%
기타 1.8%
유행 2.6%
서비스 4.0%
우월감 7.1%
자부심 7.9%
희소성 8.6%
디자인 16.3%
상품의 질 24.7%
브랜드 이미지 26.5%

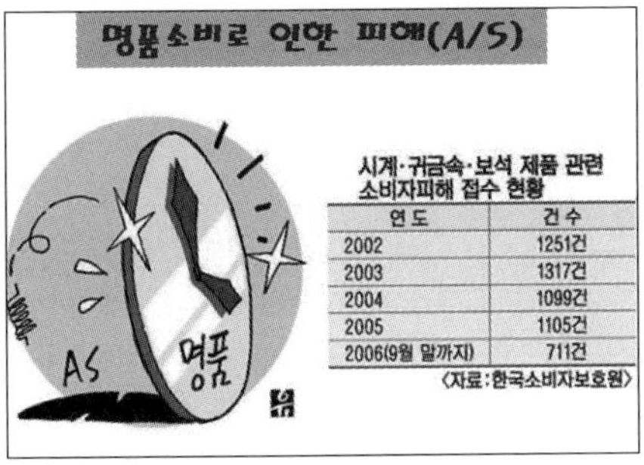
명품소비로 인한 피해(A/S)
AS
명품
시계·귀금속·보석 제품 관련 소비자피해 접수 현황

연도	건수
2002	1251건
2003	1317건
2004	1099건
2005	1105건
2006(9월 말까지)	711건

〈자료:한국소비자보호원〉

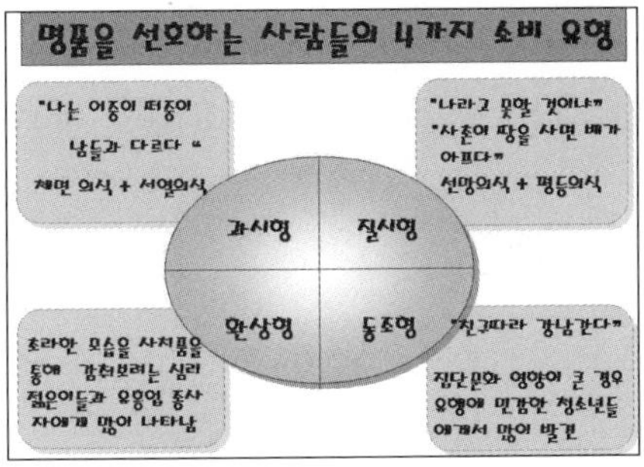
명품을 선호하는 사람들의 4가지 소비 유형
"나는 어중이 떠중이 남들과 다르다"
체면 의식 + 서열의식
"나라고 못할 것이냐"
"사촌이 땅을 사면 배가 아프다"
선망의식 + 평등의식
과시형
질시형
환상형
동조형
초라한 모습을 사치품을 통해 감춰보려는 심리
젊은이들과 유흥업 종사자에게 많이 나타남
"친구따라 강남간다"
집단문화 영향이 큰 경우 유행에 민감한 청소년들에게서 많이 발견

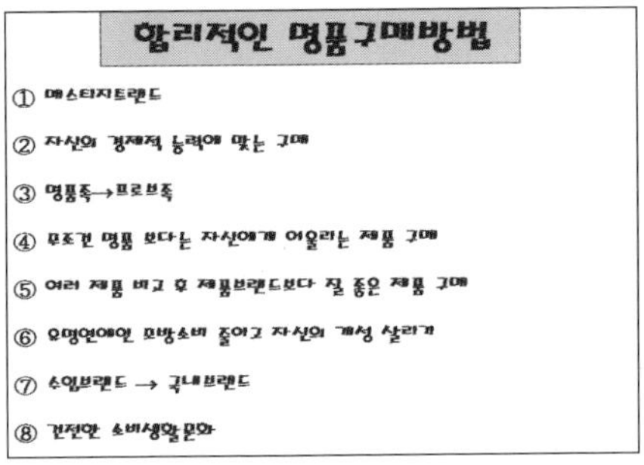
합리적인 명품구매방법
① 매스티지트랜드
② 자신의 경제적 능력에 맞는 구매
③ 명품족→프로브족
④ 무조건 명품 보다는 자신에게 어울리는 제품 구매
⑤ 여러 제품 비교 후 제품브랜드보다 질 좋은 제품 구매
⑥ 유명연예인 모방소비 줄이고 자신의 개성 살리기
⑦ 수입브랜드 → 국내브랜드
⑧ 건전한 소비생활문화

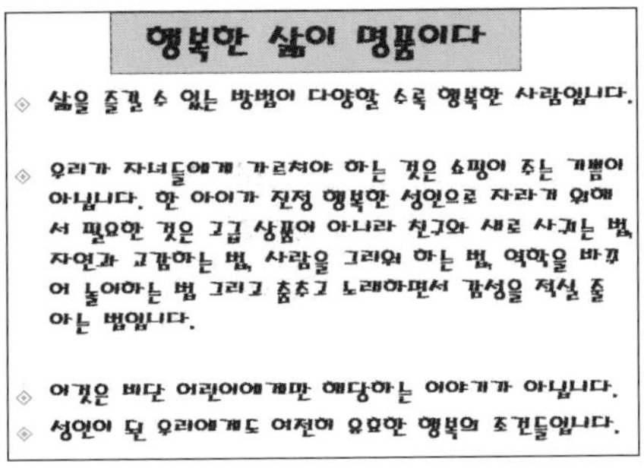
행복한 삶이 명품이다
삶을 즐길 수 있는 방법이 다양할 수록 행복한 사람입니다.
우리가 자녀들에게 가르쳐야 하는 것은 쇼핑이 주는 기쁨이 아닙니다. 한 아이가 진정 행복한 성인으로 자라기 위해서 필요한 것은 고급 상품이 아니라 친구와 새로 사귀는 법, 자연과 교감하는 법, 사람을 그리워 하는 법, 역할을 바꾸어 놀아하는 법 그리고 춤추고 노래하면서 감성을 적실 줄 아는 법입니다.
이것은 비단 어린이에게만 해당하는 이야기가 아닙니다.
성인이 된 우리에게도 여전히 유효한 행복의 조건들입니다.

05 고령소비자교육 프로그램 사례

송해와 함께하는 어르신 안전교육[4)]

(1) 교육목적

노인인구가 매년 증가하는 고령사회 진입을 눈앞에 두고 있는 사회에서 노년기 삶에 대한 욕구가 사회문제로 대두되고 있다. 특히 독거노인과 노년기부부 세대가정이 늘어나면서 노인들의 가정 내외 생활 속의 안전사고가 점차 증가하고 있다.

노년기에는 민첩성이나 반사신경이 둔해져서 몸의 균형을 유지하기 어렵게 되고 시력, 청력 등 감각기관의 기능도 쇠퇴해지면서 낙상, 미끄럼 등의 생활안전사고 발생률이 점차 증가하고 있으며, 노인들의 안전사고는 회복의 속도가 느려 대부분 장애나 사망으로 이어지기 때문에 가족케어에도 문제가 발생하고 가족의 기능을 약화시키는 요인이 되고 있다. 이에 노인들의 생활 속의 위험요인과 주거, 교통, 보행 등 물리적 환경개선을 교육하여 안전사고를 예방하고 위급상황 시 스스로 대처할 수 있는 능력을 인지시켜 안전하고 건강한 노후를 축복으로 받아들일 수 있도록 한다.

(2) 교수자 및 학습자

- 교수자: ① 교육기관의 은퇴자 어르신 중 안전지식이 있으신 분
  ② 노인전문상담사
  ③ 노인복지회관 교육담당자
- 학습자: 만 65세 이상의 어르신

4) 이 프로그램은 「2007 소비자교육콘텐츠 공모전」 대학생 부문 동상 수상작임. 안동대학교 생활환경복지학과 3학년 김순자 · 이미진.

(3) 교육내용

1회기	생활안전(욕실, 화장실, 계단)-"삐그덕, 철퍼덕" I
2회기	생활안전(방, 거실, 주방)-"삐그덕, 철퍼덕" II
3회기	교통안전(보행 시 안전, 대중교통 이용 시 안전)-"보고 또 보고"
4회기	생활 소비 제품 사용 시 안전과 상황별 응급 처치-"안전의 이름표"

(4) 교육방법

- 한국소비자원과 119의 상황별 자료 분석에 따른 안전사고 빈도가 높은 유형별 적절한 동영상과 사례를 제시하여 학습의 전달효과를 높인다.
- 이론을 제시하는 교육보다 ppt를 통해 현장감 있게 하고 학습자들이 참여하여 경험을 나누고 주거환경, 생활습관을 짚어볼 수 있도록 한다.
- 노인들의 특성을 고려하여 신나는 트로트 음악과 신체적 움직임과 자연스런 신체접촉을 통해 참여자 간 친밀감을 높여 참여 욕구를 높일 수 있도록 유도한다.
- 친숙한 노래 속에 가정 내외 안전의 중요성과 위험상황을 기억하고 행동할 수 있도록 하여 학습의 효과를 높인다(안전song 배우기).
- 퀴즈를 통해 위험상황별 예방과 대처법을 정리하고 올바른 생활습관을 개선하도록 돕는다.

(5) 기대효과

첫째, 안전사고예방의 중요성과 필요성에 대해 인식하고 올바른 생활습관을 익힘으로써 건강한 노년기를 보낼 수 있다.

둘째, 어르신 스스로 위험상황을 예방하고 응급상황 시 대처할 수 있다.

셋째, 고령사회 진입으로 인해 연금 적자, 의료비 증가의 경제적 부담을 줄일 수 있다.

넷째, 핵가족 사회에서 노인케어의 문제가 가족기능에도 영향을 미치므로 건강한 노후로 가족기능을 강화할 수 있다.

다섯째, 습득된 학습으로 인해 자신감 있고 활력 있는 생활로 심리적, 정서적 안정을 가져온다.

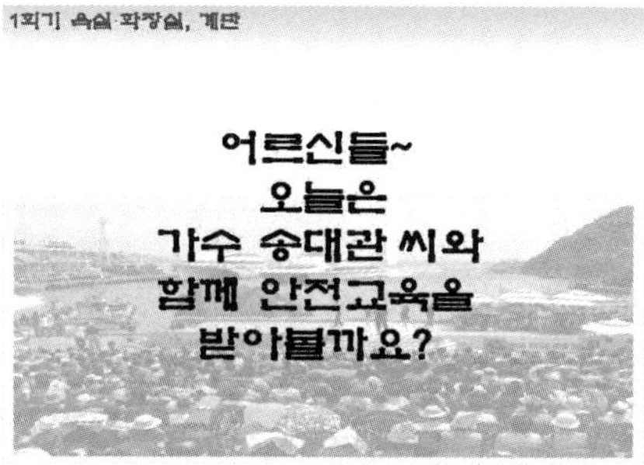

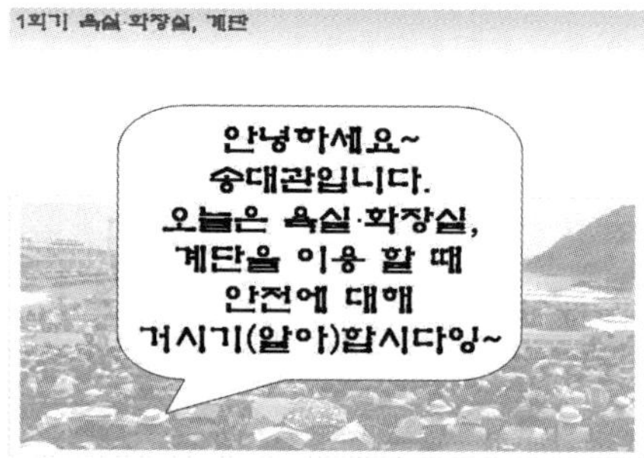

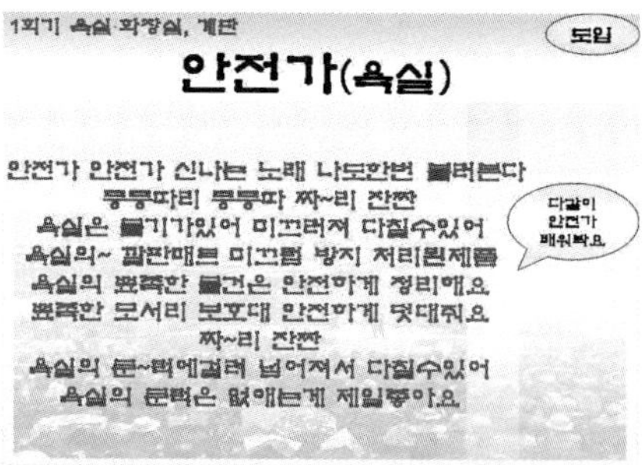

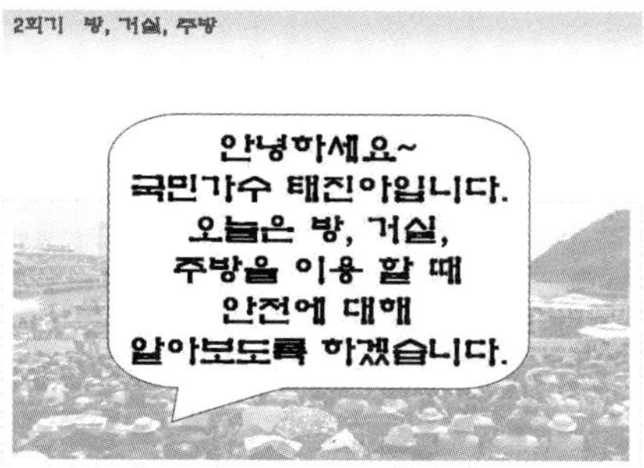

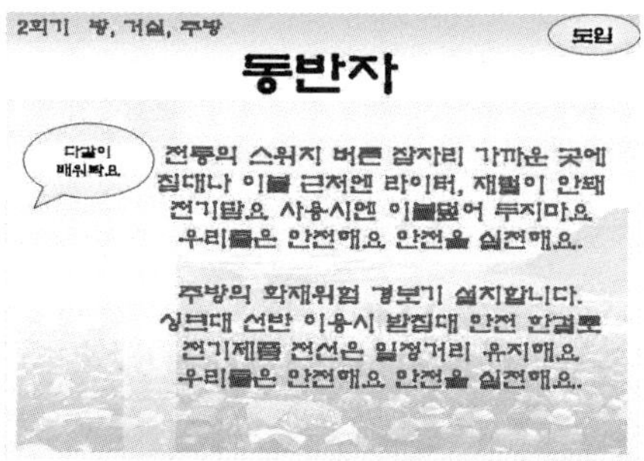

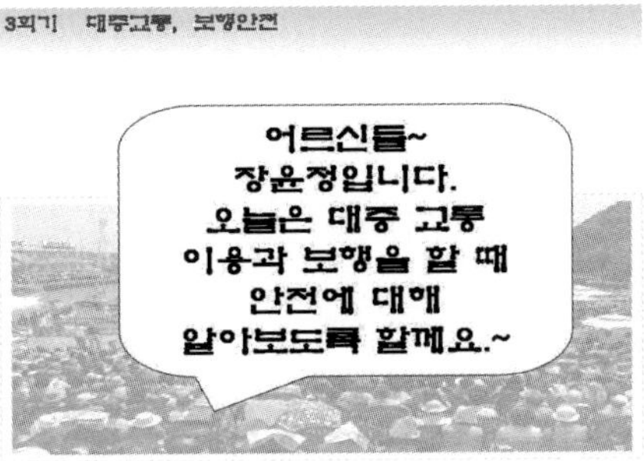

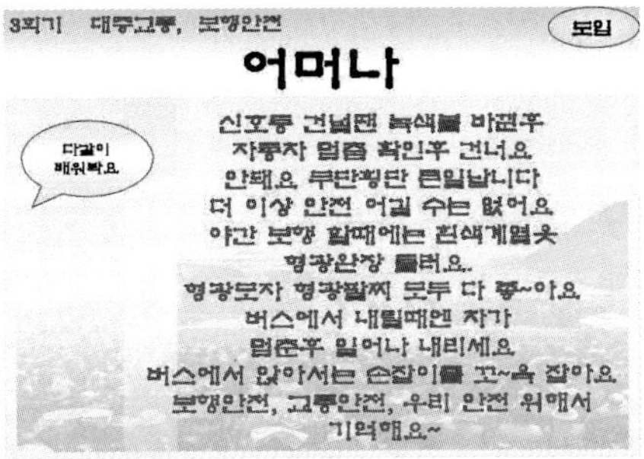

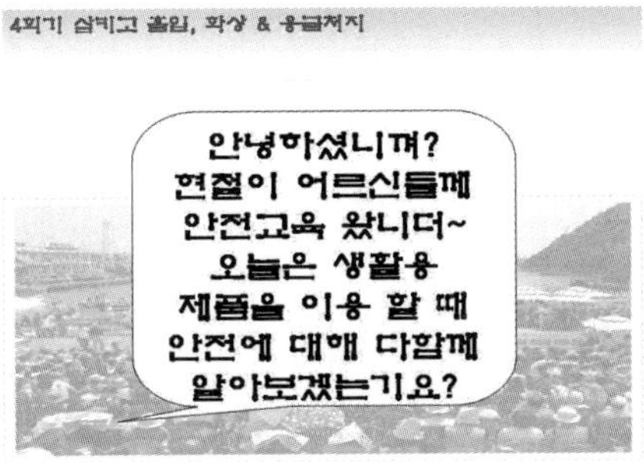

06 특수소비자교육 프로그램 사례[5]

1) 장애인소비자교육 프로그램 사례

아름다운 소리, 아름다운 마음, 아름다운 실천

(청소년 청각장애인소비자를 대상으로 한 지속가능한 소비실천교육)

장애인소비자교육 프로그램의 실제 사례를 2006년도 우수소비자교육 프로그램/콘텐츠 공모전 수상작 자료집에서 발췌하여 제시하고자 한다.

5) 박혜영 · 김민진(2006). "아름다운 소리, 아름다운 마음, 아름다운 실천(청소년 청각장애인 소비자를 대상으로 한 지속가능한 소비실천교육)". 한국소비자보호원 · 한국소비자교육지원센터 2006 우수소비자교육 프로그램/콘텐츠 공모전 수상작 자료집, 148-153.

(1) 교육목적

취약계층 소비자인 청소년 장애인소비자(청각장애인)들을 대상으로 소비의 한 단계로서 쓰레기 분류라는 기초적이고 교육적인 부분을 다루기 위해서 프로그램을 개발하게 되었다. 교육목적은 쓰레기를 분류하는 방법에 있어서 왜 분류를 해서 버려야 하는지를 환경과 관련하여 생각하고, 자연을 덜 훼손하는 방향으로 버리고 재활용을 생활화할 수 있는 실천적 태도와 기능을 함양하는 데 목적을 둔다.

(2) 교수자 및 학습자

① 교수자: 인하대학교 소비자아동학과 박사과정 2차 박혜영, 석사 2차 김민진
② 학습자: 인천시 부평구에 위치한 성동특수학교 중학생 1 · 2 · 3학년의 청각장애인 학생

(3) 교육내용

쓰레기 분류는 이미 10여 년 전부터 시행되어져 분류방법에 대해서는 이미 알고 있지만 청각장애인들은 이를 실천하기가 어렵다. 그래서 환경과 관련하여서 버려지는 쓰레기가 어떻게 만들어지고, 우리가 분류를 제대로 하지 않았을 때 어떤 해로운 일이 발생되는지를 알고, 재활용분류기호에 대해서는 퀴즈 등을 풀면서 그들의 교육 특성에 맞도록 더 쉽게 만듦으로써 알 수 있도록 한다. 체험활동 등으로 재활용품을 이용하여 직접 우리 생활에 필요한 물건도 만들어 볼 수 있다.

중학생 청각장애인소비자들의 특성(성동특수학교)

종 류	쓰레기 분류 활동 관련
종 이	1. 이면지를 사용하고 있다. 2. 우유팩 이외의 종이팩의 분류방법을 잘 모른다. ※우유팩은 반드시 물로 씻어낸 후에 버리고 있다. 3. 종이를 만들기 위해 자연의 훼손 정도를 모른다.
플라스틱	1. 병뚜껑을 따로 분류하지 않는다. 2. 재활용 마크의 구분을 전혀 하지 않는다. 3. 플라스틱으로 인한 자연의 훼손 정도를 모른다.
알루미늄	1. 버릴 때 압축시키지 않는다. 2. 가스통 등을 버릴 때 구멍을 뚫지 않는다. 3. 재활용 마크의 구분을 하지 않는다.
유 리 병	1. 내용물을 씻어내지 않는다. 2. 재활용 마크의 구분을 모른다. 3. 뚜껑을 따로 분류하지 않는다. 4. 재활용 되지 않는 병(화장품병 등)의 분류를 하지 않는다.

(4) 교육방법

청각장애라는 특수조건 때문에 '쓰레기를 분류해서 버리는 것이 좋다.' 라는 인식은 하고 있지만 왜 분류해야 하는지, 어떤 방법으로 버려야 하는지에 대해서는 수화만으로는 많이 부족하리라 사료되어 본 교육에서는 그림과 간단한 설명, 직접 물건을 구입하여 재활용 마크 표시의 구분 등을 찾아보도록 하였다. 각 교육방법별 수업 후에는 반드시 퀴즈나 물건 구입, 쓰레기를 줄이는 열 가지 방법에 대해서는 학생들이 쉽게 할 수 있는 보드게임을 이용한 교재 작성 후 직접 게임을 함으로써 실생활에 사용되어질 수 있도록 하며, 우리가 사용하고 난 후의 제품을 이용해서 재활용 만들기 등을 하고, 분류배출에 대해 반복적인 내용 인식이 되도록 한다.

【학습지도안】

주 제	아름다운 소리 아름다운 마음 아름다운 실천	교육대상	중학교 1 · 2 · 3(각 6명)
		교육장소	각반 교실
학습목표	1. 아름다운 자연과 환경파괴를 막기 위해 쓰레기 분류를 할 수 있다. 2. 재활용품 분류 시 재활용 기호를 알고 분류할 수 있다. 3. 재활용품을 종이, 알루미늄, 병, 플라스틱 등으로 분류하는 방법을 알고, 쓰레기를 줄이는 방법을 알 수 있다.		
차 시	도 입(10분)	전 개(20분)	정 리(10분)
1/4차시	푸른숲과 쓰레기더미 사진을 파워포인트 자료를 보면서 본 수업에 대한 설명을 듣는다.	종이, 플라스틱, 병, 알루미늄 등을 만들 때 훼손되어지는 자연의 모습과 쓰레기로 버려졌을 때 자연 훼손을 그림을 보면서 알 수 있다.	일상적으로 사용되어지는 제품으로 인해 자연이 훼손되어지는 것을 알고, 나의 환경 평가지를 할 수 있다.
2/4차시	쓰레기 분류 시 재활용하여 쓸 수 있는 제품의 기호 설명.	파워포인트 자료를 이용 그림과 함께 재활용 마크가 되어 있는 제품의 표시에 대해서 설명.	학생 각자가 재활용 표시가 있는 제품을 가져와서 마크를 오려 노트에 붙여 보자.
3/4차시	재활용품의 분류배출 요령, 쓰레기 처리 시 매립과 소각에 대한 설명.	그림자료를 이용하여 재활용품 분류배출하는 방법과 쓰레기를 줄이는 방법에 대해 설명.	쓰레기 줄이는 방법에 대해 '보드게임'을 만들어서 한다.
4/4차시	재활용품 만들기에 대해 설명.	종이 박스를 이용하여 조를 이루어 다용도함을 만들어 보자.	서로 다른 반끼리 만들어서 전시해 본다.
	청각장애인이기 때문에 언어적인 설명보다는 주로 그림을 보면서 수업을 전개		

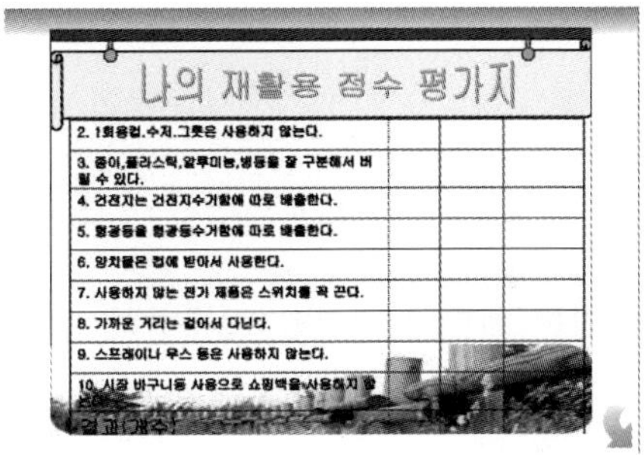

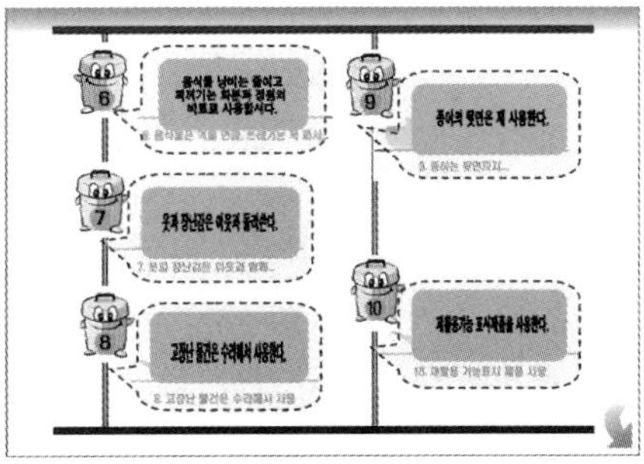

2) 다문화소비자교육 프로그램의 사례

다문화소비자들은 여러 가지로 불리한 조건을 가지고 있는 취약소비자로 소비자교육이 절실히 필요한 소비자이다. 다문화소비자들은 한국에서 소비생활을 하면서 문화적 차이, 의사소통의 어려움, 소비자정보 부족 등으로 여러 가지 소비자문제에 직면하고 있으며 소비자피해가 발생할 경우에도 그 피해를 효율적으로 구제받기가 어렵다. 다문화소비자들이 적극적으로 소비자피해에 대응할 수 있는 소비자능력을 양성하기 위한 소비자교육 프로그램을 소개하고자 한다.

소비자문제의 해결

(1) 교육목표

① 소비자피해를 예방하고 구제받을 수 있는 제도와 기관을 이해한다.
② 소비자피해를 적극적으로 해결할 수 있는 능동적인 태도를 기른다.
③ 소비자피해보상 권리와 책임을 이해하고 실천할 수 있는 능력을 개발한다.

(2) 학습준비

① 교육시간: 90분
② 교육기자재: 노트북, 빔 프로젝트
③ 교육자료: 인쇄물, PPT 자료, 역할극 관련 교구
④ 교수 · 학습방법: 문답법, 강의법, 토의법, 역할극

(3) 기대효과

① 다문화소비자의 소비자피해를 예방할 수 있다.
② 소비자피해를 입게 될 경우 합리적으로 해결할 수 있는 능력을 개발할 수 있다.
③ 소비자보호기관을 알고 이용할 수 있다.
④ 소비자로서 소비자주권의식을 향상할 수 있다.

(4) 교수 – 학습 활동

과정	교수 - 학습 활동	학습자료	유의점
도입 (5분)	• 교육시간, 진행방법, 교육내용, 교육목표 이해하기		동기유발
전개 1 (40분)	• 소비자불만과 소비자피해 사례 및 해결경험 이야기하기 – 다문화소비자로 인한 차별 경험 이야기하기 – 그때의 감정은 어떠했나요? • 소비자피해를 보상받을 권리와 소비자책임 이해하기 • 소비자피해구제의 일반적인 절차 이해하기 • 쿨링오프 등 소비자피해구제제도 이해하기 – 계약철회서 작성방법 익히기 • 소비자보호기관 알아보기 – 소비자보호기관 찾아보기 – 소비자보호기관의 활동내용과 이용방법 이해하기 • 영수증 보관의 필요성 인식하기	인쇄물 PPT	• 자유로운 발표 분위기 유도 • 직접 작성해 보기 • 홈페이지 알려주기
전개 2 (35분)	• 소비자피해 구제 사례를 역할극으로 재현해 보기 - 모둠별로 역할 정하기 - 참가자 선정 및 행동역할 구상 - 구체적인 상황 실제 경험 - 관람 자세 바르게 하기 • 역할극 내용에 대해 토의 및 평가하기 - 소비자피해 발생원인과 해결과정 이해하기 - 느낀 점 발표하기 - 소비자권리 및 책임 인식하기	대본 소품	• 역할인식 • 자유로운 토의 분위기 조성
정리 (5분)	• 쿨링오프제도와 이용방법 말하기 • 소비자보호기관의 종류 말하기 • 소비자피해발생 시 대처방법 말하기	PPT	• 소비자인식 체크표
평가 (5분)	• 교육내용 확인하기	PPT	OX 퀴즈

(5) 교수-학습 자료화면 예

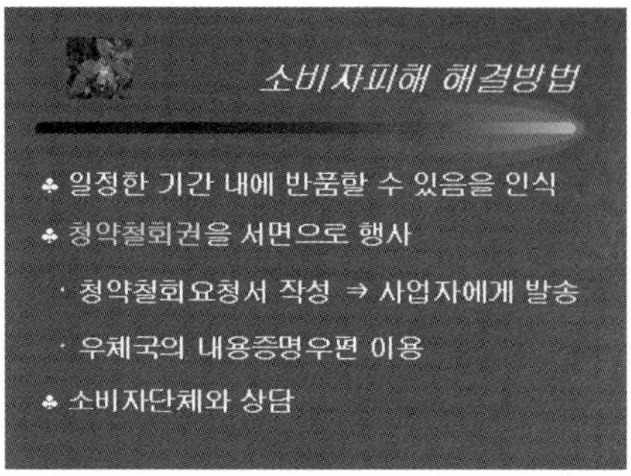
소비자피해 해결방법
♣ 일정한 기간 내에 반품할 수 있음을 인식
♣ 청약철회권을 서면으로 행사
· 청약철회요청서 작성 ⇒ 사업자에게 발송
· 우체국의 내용증명우편 이용
♣ 소비자단체와 상담

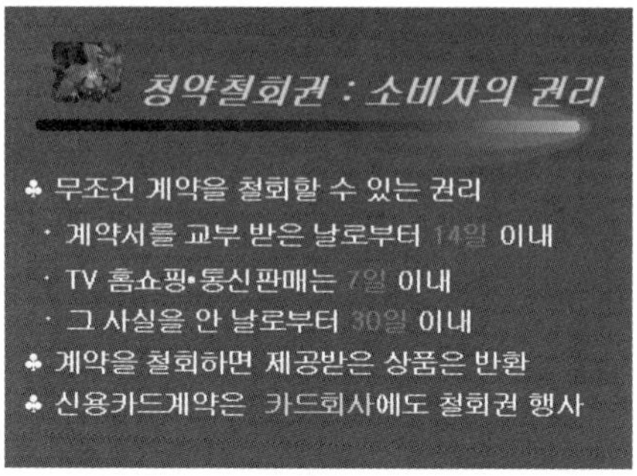
청약철회권 : 소비자의 권리
♣ 무조건 계약을 철회할 수 있는 권리
· 계약서를 교부 받은 날로부터 14일 이내
· TV 홈쇼핑•통신판매는 7일 이내
· 그 사실을 안 날로부터 30일 이내
♣ 계약을 철회하면 제공받은 상품은 반환
♣ 신용카드계약은 카드회사에도 철회권 행사

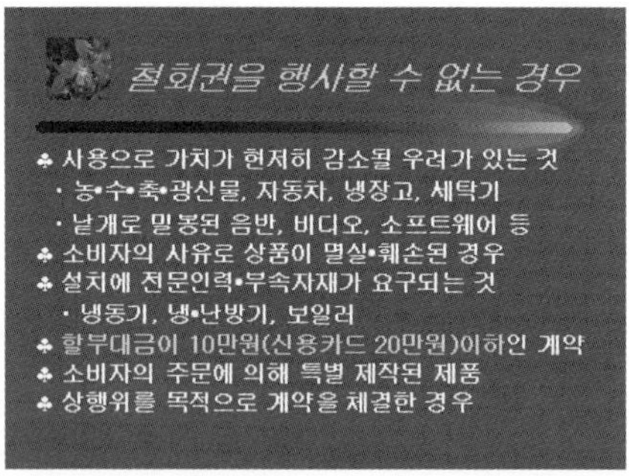
철회권을 행사할 수 없는 경우
♣ 사용으로 가치가 현저히 감소될 우려가 있는 것
· 농•수•축•광산물, 자동차, 냉장고, 세탁기
· 낱개로 밀봉된 음반, 비디오, 소프트웨어 등
♣ 소비자의 사유로 상품이 멸실•훼손된 경우
♣ 설치에 전문인력•부속자재가 요구되는 것
· 냉동기, 냉•난방기, 보일러
♣ 할부대금이 10만원(신용카드 20만원)이하인 계약
♣ 소비자의 주문에 의해 특별 제작된 제품
♣ 상행위를 목적으로 계약을 체결한 경우

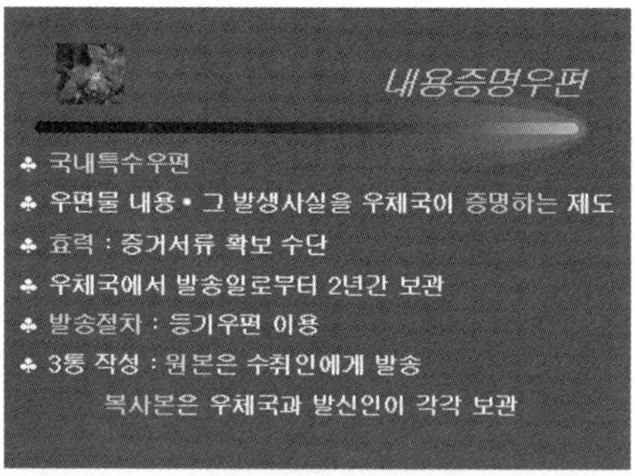
내용증명우편
♣ 국내특수우편
♣ 우편물 내용 • 그 발생사실을 우체국이 증명하는 제도
♣ 효력 : 증거서류 확보 수단
♣ 우체국에서 발송일로부터 2년간 보관
♣ 발송절차 : 등기우편 이용
♣ 3통 작성 : 원본은 수취인에게 발송
복사본은 우체국과 발신인이 각각 보관

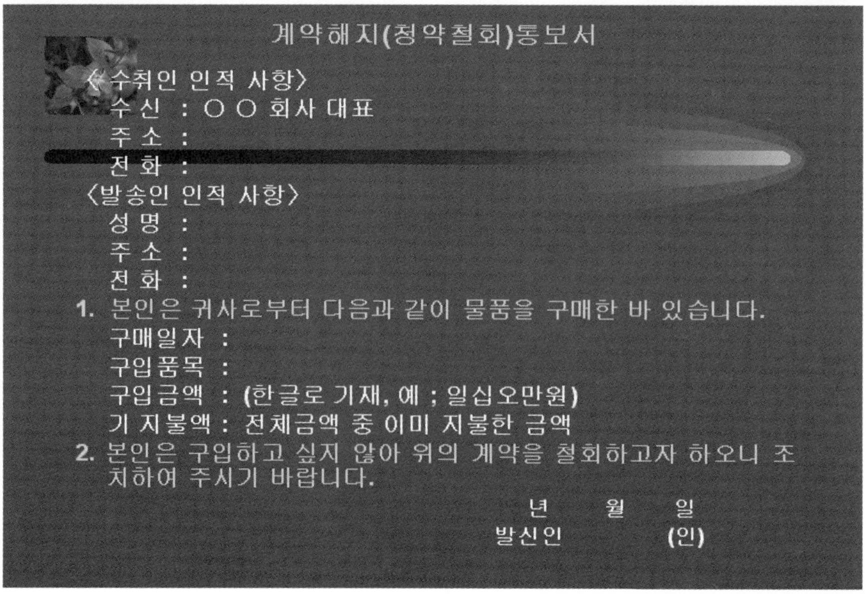
계약해지(청약철회)통보서
〈수취인 인적 사항〉
수 신 : ○ ○ 회사 대표
주 소 :
전 화 :
〈발송인 인적 사항〉
성 명 :
주 소 :
전 화 :
1. 본인은 귀사로부터 다음과 같이 물품을 구매한 바 있습니다.
구매일자 :
구입품목 :
구입금액 : (한글로 기재, 예 ; 일십오만원)
기 지불액 : 전체금액 중 이미 지불한 금액
2. 본인은 구입하고 싶지 않아 위의 계약을 철회하고자 하오니 조치하여 주시기 바랍니다.
년 월 일
발신인 (인)

연 구 과 제

1. 현재 교육기관이나 소비자단체, 한국소비자원, 한국소비자교육지원센터 등에서 개발 실시되고 있는 소비자교육 프로그램에는 어떤 것들이 있는지 조사해 보자.

2. 조별로 다양한 교육대상(유아, 아동, 청소년, 성인, 노인, 장애인, 다문화소비자 등)을 선정하여 그들에게 적용할 수 있는 소비자교육 프로그램을 프로그램 개발 절차에 따라 실제로 개발하여 발표하고 평가를 해보자.

PART 5

소비자정보

16 CHAPTER

소비자정보의 수집 및 활용

1. 소비자정보 수집의 의의
2. 소비자정보 내용의 체계화
3. 소비자정보원
4. 소비자정보 활용
5. 소비자정보 평가

16 CHAPTER

소비자정보의 수집 및 활용

정부는 21세기 소비환경 변화에 대응하는 효과적인 소비자정책을 추진하기 위하여 소비자정책의 기본 목표를 소비자경쟁력 강화를 통한 국가경쟁력 강화 기반 마련에 두고 있다. 이에 따라 정보사회에 걸맞은 소비자경쟁력 창출을 위하여 소비자교육 및 정보 확충이라는 정책과제가 등장하게 되었다.

소비자 정보는 소비자주권 실현을 위하여 바람직한 소비자역할을 수행하는데 필수적인 요소이다. 소비자가 의사결정에 필요한 다양하고 정확한 정보를 획득하고 활용할 수 있도록 하기 위하여서는 먼저, 소비자정보 생산이 확대되어야 한다. 동시에 능동적이고 적극적으로 소비자정보를 수집하고 활용할 수 있도록 하기 위해서는 소비자능력 향상을 위한 소비자교육이 실시되어야 할 것이다. 따라서, 시장에서 필요한 소비자경쟁력을 갖추도록 하기 위하여 소비자교육과 정보는 매우 중요하며 상호 밀접한 관계에 있다.

이 장에서는 소비자정보 수집의 의의, 소비자정보의 분류기준과 유형, 유용한 소비자정보를 판단하는데 필요한 평가 및 소비자정보 활용에 관한 내용을 살펴본다.

01 소비자정보 수집의 의의

소비자는 합리적이고 효율적인 의사결정을 내리기 위해 여러 가지 소비자정보가 필요하며, 소비자정보는 의사결정에 수반되는 재정적 · 심리적 불확실성과 위험을 최소화할 수 있는 모든 수단을 의미한다. 아날로그 시대에 소비자정보는 생산자 또는 판매원, 가족, 친구 등으로부터 얻을 수 있었으며, 그 범위가 정보사회에 비하여 제한적이었다. 오늘날 디지털기술이 발달되면서 소비자정보는 디지털화되어 가고 네트워크화 되어 언제 어디서나 폭넓고 빠르고 다양한 디지털 소비자정보를 얻을 수 있게 되었다. 그러나 너무 많은 정보가 생산되어 필요한 정보를 획득하는데 시간이 소비되기도 하고, 신뢰성이 결여되는 소비자정보가 제공되기도 하는 현실이다. 따라서 효율적인 구매의사결정을 내리기 위하여서는 소비자가 유용한 정보를 수집하고 활용한다는 것은 매우 중요하다.

유용한 정보란 소비자가 의사결정 시 적절하게 이용할 수 있어야 하며, 또한 신뢰할 만하고 정확해야 한다. 그러나 시장경제에서 소비자와 사업자 간 정보의 비대칭성이라는 구조적 문제가 있다(김영신 외, 2007). 따라서 정부는 표시규제, 품질인증, 등급사정, 제품표준화 제도 등을 통하여 사업자들의 올바른 소비자정보 제공을 의무화하고 있다. 또한 공공기관 및 민간소비자단체에 대하여서는 정보제공요청권을 부여하고 있으며, 사업자의 과도한 광고를 제한하는 중요정보 공개제도를 두고 있다. 더 나아가 정부는 정보내용을 소비자에게 널리 알릴 수 있도록 지원정책을 펼쳐나가고 있다. 지원정책 내용에는 소비자에게 상품시험 결과를 공표하여 정보를 제공해 주는 것, 공공기관 또는 민간 소비자단체로 하여금 상품검사결과와 상품품질정보를 제공하도록 지원하는 것 등이 있다. 이러한 정보는 객관적이고 신뢰할 수 있다는 특성 때문에 소비자의사결정 시에 매우 중요한 정보원이 된다.

특히 오늘날 사회에서 경쟁력 있는 소비자란 주체적이고 정보화되어 있으며, 책임 있는 소비자행동을 할 수 있는 소비자를 의미한다(한국소비자원, 2002). 정보화된 소비자란 소비자정보의 중요성을 인식하고 소비자정보를 충분히 수집하여 의사결정을 함에 있어서 효율적으로 활용하는 소비자이다. 따라서 소비자는 객관적이고 신뢰할 수 있는 정보를 수집하고 활용할 수 있는 능력을 갖추어야 할 것이다.

02 소비자정보 내용의 체계화

1) 소비자정보 내용 체계화 및 분류기준

소비자로 하여금 효율적으로 소비자정보를 활용하도록 하기 위하여서는 제공되고 있는 다양한 정보내용을 일정한 기준에 따라 상 · 하위 개념으로 조직적으로 분류하고 체계화하는 것이 필요하다. 이와 같이 소비자정보 내용의 범위와 분류기준을 모색하고 그 기준에 따라 소비자정보의 주제 영역과 각 주제 영역에서 다루어야 할 정보내용을 구체화하는 것을 소비자정보 내용의 체계화라고 할 수 있다(김기옥 외, 2004).

소비자정보 내용의 체계화는 연구자에 따라 다양하게 시도되고 있다. 소비자정보 내용에 대한 연구를 종합해 보면 구매단계별 소비자정보, 상품 종류별 소비자정보, 일상 소비생활 영역별 소비자정보로 크게 나누어볼 수 있으며, 또한 소비자정보는 특정상품구매가 구체적으로 정해졌을 경우 상품 종류와 구매단계를 동시에 포함하여 분류체계를 고려할 수도 있다.

(1) 구매단계별 소비자정보의 체계화

구매단계별 소비자정보의 분류 내용은 구매 전 단계, 구매단계, 구매 후 단계로 구분할 수 있으며, 각 단계별 소비자정보의 내용을 살펴보면 다음과 같다(김영림, 2004).

① 구매 전 단계

〈일반생활 정보〉

- 일반생활 영위에 필요한 정보
- 구매주의 정보: 오프라인 · 온라인 구매 시 유의사항

〈정책 및 법률정보〉

- 소비자정책 정보: 주요 소비자정책 동향
- 소비자법률 정보: 소비자보호법, 약관규제법, 할부거래법, 방문판매법, 주택임대차보호법, 공정거래법, 제조물책임법, 소비자분쟁해결기준

〈사이트 정보〉

- 각종 사이트 정보: 소비자정보제공 사이트 안내(소비경험, 안티사이트, 소비자단체, 정부 및 지방자치단체 사이트)
- 이용정보: 보안서비스 정보, 이용안내 및 약관, 게시판, Q&A
- 운영정보: 방문자 수, 상품 수, 자료 갱신일
- 사업자정보: 회사 상호 및 안내, 사업개시일, 주소

② 구매단계

〈시장정보〉

- 상점안내 정보: 오프라인 상점안내, 온라인 상점안내, 기타 상점안내
- 할인정보: 할인 시기 · 장소 · 가격, 쿠폰 정보

〈상품정보〉

- 상품명, 모델명, 상품 제조일, 상품 원산지, 상품의 주요 기능과 특징, 신상품의 기능, 상품구매 및 선택방법, 상품표준 약관과 계약서

〈가격정보〉

- 상품 가격정보: 상품의 판매가격, 상표별 가격비교, 가격 관련 법/제도
- 물가정보: 상품물가 목록, 상품물가 동향, 소비자물가지수
- 결제수단정보: 전자화폐 이해, 신용카드 사용

〈비교정보〉 전문가/소비자의견, 대체 안에 대한 상품비교평가 정보

〈위해 · 안전정보〉 상품 안전관리에 관한 정보

③ 구매 후 단계

〈사용정보〉 상품 사용방법 및 관리방법

〈소비자보호정보, 소비자피해구제정보〉 소비자분쟁해결기준, 소비자피해구제방법 및 절차, 소비자피해구제사례, 소비자상담기관 사이트 안내

〈배송정보〉 배송시간, 기간, 배송수단, 지역, 배송조건, 배송조회 여부, 배송료

(2) 상품 종류별 소비자정보의 체계화

상품 종류에 따라 소비자정보를 분류해 보면 식품, 의복, 주거관리와 관련된 정보를 비롯하여 건강관리 관련 정보, 재무 관련 정보, 통신이용 관련 정보, 전자상거래 관련 정보 등 다양하게 나누어볼 수 있다. 이외에도 생활에 필요한 다양한 상품 종류에 따른 정보내용을 생각해 볼 수 있으며, 예를 들어보면 다음과 같다.

① 식품
- 식품안전: 유전자조작식품, 식품유해물질, 식수안전
- 식품정보: 제철 식품정보, 가공식품 종류

② 의복
- 패션 정보: 패션 트렌드, 패션코디 노하우
- 제품정보: 섬유 소재 종류, 소재의 특성, 기능성

③ 주거
- 부동산: 부동산 시세 · 분양 · 매매 등 관련 정보와 법률정보, 이사 업체 선정 및 관련 세무 · 법률정보
- 가정생활: 인테리어 활용, 유익한 TV 프로그램

④ 건강관리
- 건강계획: 1일 영양권장량, 필수영양소, 식생활 평가
- 의료: 응급처치, 의약품 종류 · 관리방법, 의료기기 종류 및 관리방법, 의료보장, 의료기관

⑤ 재무
- 자금관리: 금융기관 및 금융서비스 종류와 선택 · 활용방법, 은행카드 사용방법, 세금관리
- 자산증대: 보험 상품 선택 및 유의사항, 저축관리, 증권 관련 기본 사항, 부동산관리
- 신용관리: 신용 및 대출관리, 파산절차 및 극복방안

⑥ 통신

- 이동전화: 이동전화 가입 및 사용 시 주의사항
- 인터넷: 인터넷 관련 용어, 관련 서비스 종류와 이용방법

⑦ 전자상거래

- 인터넷 쇼핑몰: 사이트 안내, 안전한 이용방법
- 프라이버시: 스팸 메일 차단방법, 개인정보보호, 전자서명 사용방법

(3) 상품별 구매단계에 따른 소비자정보의 체계화

소비자정보는 소비자의 구체적인 상품구매 목적에 따라 상품 종류와 구매단계를 동시에 고려하여 분류체계를 설명할 수 있다. 예를 들면, 식품구매에 있어서 구매 전 단계에서는 식품안전에 관한 내용으로서 일반 생활정보, 구매주의 정보, 정책 및 법률정보를 들 수 있고 구매단계에서는 상품정보와 품질정보, 그리고 구매 후 단계에서는 피해구제와 관련된 소비자보호정보를 들 수 있다. 이러한 소비자정보 내용의 분류는 식품 이외에도 특정한 상품을 구매하고자 할 때 예를 들면, 가전제품, 금융상품, 통신제품, 어린이용품, 가구인테리어제품, 패션제품, 스포츠 용품, 여행상품 등 각 상품에 대하여 구매과정에 따라 유용하게 활용하면 체계적인 소비자정보를 개발할 수 있을 것이다.

다음의 표는 식 · 의 · 주 영역에서 구매단계별 소비자정보에 대한 예를 정리한 것이다.

표 16-1 상품별 구매단계에 따른 소비자정보

식품	구매 전	일반생활 정보: 건강계획, 식품안전
		구매주의 정보: 오프라인 · 온라인 구매 시 유의사항, 악덕상술 유형
		정책 및 법률정보: 주요 소비자정책, 소비자 법률상식
		각종 사이트 정보: 소비자정보제공 사이트
	구매 시	상점정보: 인터넷 쇼핑몰 및 기업 사이트, 쿠폰사이트 및 공동구매 사이트 등
		품질정보: 가격비교 사이트 및 소비자평가 사이트
	구매 후	소비자보호정보: 소비자분쟁해결기준, 피해구제방법 및 절차, 소비자 상담기관 사이트
가구 인테리어 제품	구매 전	일반생활 정보: 유행 경향, 인테리어 간단 활용
		구매주의 정보: 오프라인 · 온라인 구매 시 유의사항, 악덕상술
		정책 및 법률정보: 주요 소비자정책, 소비자법률상식
		각종 사이트 정보: 소비자정보제공 사이트
	구매 시	상점정보: 인터넷 쇼핑몰 및 기업 사이트, 쿠폰사이트 및 공동구매 사이트 등
		품질정보: 가격비교 사이트 및 소비자평가 사이트
	구매 후	소비자보호정보: 소비자분쟁해결기준, 피해구제방법 및 절차, 소비자 상담기관 사이트
패션제품	구매 전	일반생활 정보: 패션 트렌드, 패션코디 노하우
		구매주의정보: 오프라인 · 온라인 구매 시 유의사항, 악덕상술
		정책 및 법률정보: 주요 소비자정책, 소비자법률상식
		각종 사이트 정보: 소비자정보제공 사이트
	구매 시	상점정보: 인터넷 쇼핑몰 및 기업 사이트, 쿠폰사이트 및 공동구매 사이트 등
		품질정보: 가격비교 사이트 및 소비자평가 사이트
	구매 후	소비자보호정보: 소비자분쟁해결기준, 피해구제방법 및 절차, 소비자 상담기관 사이트

출처: 김영림(2004). 소비자정보내용의 체계화에 관한 연구. 성균관대학교 대학원 석사학위청구논문.

(4) 일상생활 영역에 따른 소비자정보

한걸음 더 나아가 소비자정보는 소비생활을 영위해 나가는 가운데 유용하게 활용되는 것이라고 할 때 소비생활 영역을 어떻게 구분할 수 있는가를 고려하여 소비자정보를 분류할 수 있을 것이다. 김영림(2004)은 일상생활을 중심으로 하는 종합적인 소비자정보의 체계화를 시도하였으며 구매, 재무, 공공 및 통신, 환경 및 안전, 건강 및 여가 등의 다섯 개 영역으로 일상생활 영역을 분류하고 있다. 각 영역에서 정보내용에 대한 하위 분류기준을 설명하면 다음의 〈표 16-2〉와 같다.

표 16-2 일상생활 중심의 소비자정보 분류체계

구매	구매주의	오프라인: 구매지침 및 현명한 구매자 역할
		온라인: 안전한 쇼핑몰 이용, 안전한 결제방법
		악덕상술: 악덕상술 유형
	구매가이드	상품/가격/상점: 구매 시 평가기준, 다양한 구매 장소, 관련 사이트
	정책 및 법률	소비자정책: 주요 소비자정책 동향
		소비자법률: 소비자 기본권익 보호, 소비자거래규제, 불공정거래규제, 전자상거래 관련 규제
	소비자피해	소비자피해구제: 소비자분쟁해결기준, 소비자피해구제 방법 및 절차, 소비자피해 구제 사례
		소비자상담 및 정보제공 사이트
재무	세금관리	세금납부와 연말정산
	신용관리	대출: 대출관리
		신용카드: 신용카드 사용
		파산: 파산관리
	자산관리	자산관리: 금융상품과 금융서비스
		재테크/투자: 재테크 전략, 부동산투자, 증권투자
		보험: 보험가입 절차와 방법
	노후설계와 상속	노후설계: 연금가입, 퇴직금 산정
		상속증여: 관련 과세 및 공제
공공 및 통신	공공	교통: 대중교통 이용, 교통안전
		전기: 전기안전, 전자파, 전기요금
		가스: 가스안전, 요금안내
		수도: 수도안전, 수도요금
	통신	이동전화: 요금안내, 가입, 관련 피해사례
		인터넷: 안전한 인터넷 환경, 올바른 인터넷 이용, 개인정보 관리
환경 및 안전	환경	대기: 대기관리 관련법, 실내공기 유지관리, 황사주의 사항
		수질: 수질관리
		폐기물: 폐기물 처리방법과 재활용 방법
		생태계 보호: 자연환경 파손현황, 생태계의 중요성과 보호방법
		환경친화소비: 소비실천 중요성 및 사례

환경 및 안전	안전	식품: 유전자조작식품, 식품유해물질, 식중독 예방법
		자동차: 올바른 운전, 자동차관리
		가전제품: 계절별 제품관리
		소비자: 놀이 안전, 화재 안전, 가정 안전, 인터넷 안전
건강 및 여가	건강	의료: 의약품관리, 의료기기, 응급처치, 건강검진
		건강계획: 1일 영양권장량, 식생활평가
		체력관리: 체력진단과 운동 활용
	여가	여가생활: 여가계획
		여가활용: 수상 레저, 지상 레저, 항공 레저 활용

출처: 김영림(2004). 소비자정보내용의 체계화에 관한 연구. 성균관대학교 대학원 석사학위청구논문.

2) 소비생활정보 내용 체계

이상에서 살펴본 바와 같이 소비자정보는 다양한 분류기준에 따라 나누어 볼 수 있으며, 각 분류기준에 따라 다루어야 할 정보내용이 구성될 수 있음을 알 수 있다. 이러한 소비자정보의 내용을 종합해 보면 소비생활에 필요한 기본적인 정보내용은 가격정보, 품질정보, 시장정보, 환경정보, 신용정보, 소비자보호정보, 위해정보 등으로 정리해 볼 수 있다.

(1) 가격정보

가격은 상품을 평가하고자 함에 있어서 가장 기본적인 정보가 된다. 가격정보의 내용에는 첫째, 상품의 판매가격, 상품별 가격비교 등을 포함하는 상품가격정보 둘째, 상품물가 동향, 상품물가 목록, 소비자물가지수 등에 관한 물가정보 셋째, 신용카드 또는 전자화폐 사용 등에 관한 결제수단 정보 넷째, 가격 관련 법과 제도 등이 포함된다. 이 중에서 좁은 의미의 가격정보라 하면 상품 판매가격을 의미한다. 사업자는 정확한 판매가격을 표시해야 하며 소비자가 이를 활용하여 효율적인 구매를 할 수 있도록 소비자선택의 자유를 보장해 주어야 한다.

소비자 선택권을 보장하기 위하여 정부는 가격표시제도를 운영하고 있다. 현행 가격표시제도 실시 현황을 살펴보면 첫째, 소매 점포에서 판매하는 전 품목에 대하여 판매자가격표시(Open Price)를 하도록 하고 있으며 둘째, 가공식품 15개와 일용잡화 6개 품목에 대하여 단위가격(Unit Price)을 표시하도록 하고 있다. 또한 가전제품 11개, 의류제품 4개, 기타 용품 7개 등에 대하여서는 권장소비자가격의 표시를 금하고 있다.

트레저 헌터(Treasure Hunter)

'트레저 헌터'란 사이버상에서 가격 대비 최고의 가치를 주는 상품을 구입하기 위해 끊임없이 정보를 탐색하는 소비자를 말한다. 이들은 가격비교 사이트에서 가격을 비교하거나 다른 구매자들의 사용 경험담을 읽어본 후 신중하게 구입을 결정한다.

출처: www.seri.org

(2) 시장정보

소비자는 자신이 구매하고자 하는 상품이 어느 시장 혹은 어느 상점에서 취급하고 있는지 또한 어떤 조건으로 판매되고 있는지에 대한 시장정보가 필요하다. 상점 유형에 따라 취급하는 상품의 종류가 다르고 상점마다 가격이 다르며, 배달가능성 여부나 지불방법, 구매 후 서비스 등과 같은 판매조건에서도 차이가 있으므로 효율적인 구매를 위해서는 이들에 대하여 알아두는 것이 필요하다. 이러한 차이는 백화점, 전문점, 대형 할인매장, 재래시장, 소매상 등의 기존 시장 간에 있어서 차이가 있을 뿐만 아니라, 홈쇼핑 업체와 인터넷 쇼핑몰 등의 온라인 상점 간에도 차이를 보이고 있다. 판매업자 측에서는 각 상점에 어떤 상품을 취급하며, 어느 정도의 가격수준으로 판매하고 있는지, 어떤 판매조건으로 거래하고 있는지 등에 대하여 충분한 정보를 제공하지 못하고 있는 실정이다. 실제로 구매결정을 함에 있어서 도움이 되는 상점들 간의 객관적인 비교정보는 매우 부족하나, 인터넷 쇼핑몰 이용이 활발해지면서 대안상품에 대하여 각 쇼핑몰별로 얼마의 가격에 판매하고 있는지를 비교 · 검색하는 서비스는 제공되고 있다.

(3) 품질정보

소비자는 최소의 가격으로 보다 우수한 품질의 상품을 구매하고자 하지만 수없이 많은 상품들 중에서 소비자가 원하는 상품을 찾아내기란 쉬운 일이 아니다. 따라서 상품의 품질을 평가하는데 도움이 되는 품질정보가 필요한 것이다.

더구나 기술집약적인 신상품에 대하여서는 품질정보를 얻기란 더 어려운 실정이다.

정부는 소비자정보정책의 일환으로 소비자가 품질을 평가하는데 도움을 주기 위한 각종 표시제도와 품질인증제도, 농산물표시 관련 제도, 등급사정제도를 시행하고 있다. 또한 한국소비자원 등의 공공기관에서는 상품비교테스트 등을 실시하여 그 결과를 소비자에게 제공하고 있다.

상품에 대한 품질정보를 제공하는 표시제도의 내용을 살펴보면 식품영양표시제도, 건강기능식품에 관한 표시제도, 원산지표시제도, 지리적 표시제도 등이 있다. 품질인증제도에는 공산품 품질규격인증마크, 품질우수인증마크, 특수마크 등이 있으며, 국제표준화기구에서 운영하고 있는 ISO 9000시리즈와 ISO 14000시리즈가 있다. 농산물표시 관련 제도에서는 국립농산물품질관리원 주관하에 농수산물의 표준 출하 규격화와 특산물 및 전통식품품질인증제도를 실시하고 있다. 또한 환경농업 육성의 일환으로 친환경농산물표시인증제도를 시행하고 있다. 등급사정제도에는 에너지소비효율등급표시제도, 자동차안전성등급표시제도, 쇠고기품질등급표시제도 등이 시행되고 있다. 이러한 제도들은 소비자로 하여금 상품선택 시에 좀더 합리적인 구매결정을 할 수 있도록 정보를 제공해 주는 데 그 목적이 있다.

(4) 환경정보

21세기는 환경의 세기가 될 것이라는 von Weizaecker(1999)의 말처럼 정보사회에 있어서 환경오염에 대한 관심이 증가하고 있다. 이는 환경이 우리 삶의 질에 대단히 중요한 문제로 등장하고 있기 때문이며, 따라서 상품에 있어서도 환경 관련 정보는 매우 중요하다. 소비자선택을 도와주기 위한 환경 관련 상품에 대한 정보제도는 최근에 다양하게 사용되고 있다.

① 환경마크제도

가장 먼저 사용되기 시작한 것으로 환경마크표시제도가 있다. 현재 환경부의 행정적 지원하에 친환경상품진흥원(www.koeco.or.kr)에서 환경마크제도를 운영하고 있다. 환경마크제도는 동일 용도의 제품 중 생산 및 소비과정에서 오염을 상대적으로 적게 일으키거나 자원을 절약할 수 있는 제품에 환경마크를 표시하여 제품에 대한 정확한 환경정보를 소비자에게 제공하고, 기업으로 하여금 소비자의 선호에 부응하여 친환경제품을 개발, 생산하도록 유도하는 제도이다.

② 친환경상품 보급정책

공공기관에 친환경상품 의무구매를 부여한 '친환경상품 구매촉진에 관한 법률' 은 2005년 7월부터 시행 중에 있다. 친환경상품이란 제품의 생산, 소비, 폐기 등 모든 과정에서 환경오염 저감에 기여하고 유해물질의 사용을 최소화하는 제품과 서비스를 의미하며, 이러한 친환경상품의 보급을 촉진함으로써 환경친화적인 생산 및 소비체계를 구축하여 국민경제의 지속가능한 발전을 도모하고자 하는 정책이다(www.me.go.kr).

기존 환경마크제품과 우수재활용(GR) 상품에 대해 각각 개별적으로 실시하던 친환경상품 구매정책을 체계적이고 통합적으로 실시할 수 있도록 지원함으로써 친환경상품 구매정책의 효율성을 추구하고자 하는 것이다. 2008년 5월 31일 현재 친환경상품 인증현황을 살펴보면 환경마크 제품은 122개 제품군에 1,217개 업체와 5,316개 제품이 있으며, GR 마크 제품은 17개 분야 234개 업체의 285개 제품(2007년 11월 말 기준)이 있다(환경부, 2008). 적용대상 공공기관으로는 총 713개 기관이며, 그 내용을 살펴보면 국가기관, 지방자치단체, 정부투자기관, 정부 및 지방자치단체 출연 연구기관, 국공립 대학병원 등이 포함된다(www.ecoi.go.kr).

③ 친환경농산물인증제도

친환경농산물이란 환경을 보전하고 소비자에게 보다 안전한 농산물을 공급하기 위해 농약과 화학비료 및 사료첨가물 등 화학재료를 전혀 사용하지 아니하거나 최소량만을 사용하여 생산한 농산물을 말한다. 친환경농산물인증제도는 전문인증기관이 엄격한 기준으로 선별 · 검사하여 정부가 그 안전성을 인증해 주는 제도로서 소비자에게 보다 안전한 친환경농산물을 제공해 주기 위한 제도이다. 친환경농산물인증 종류에는 유기농산물, 전환기유기농산물, 무농약농산물, 저농약농산물 등 네 종류가 있으며, 축산물의 인증에는 유기축산물과 전환기유기축산물이 있다(환경부, 2007).

④ 분리배출표시제도

생산자책임재활용제도 시행에 따라 일반 국민들이 재활용의무대상 포장재를 쉽게 확인하고 이를 분리배출하도록 하기 위해 도입하고 있다. 분리배출 가능한 재질에는 플라스틱, 금속(철, 알루미늄), 종이, 유리 등이 있다.

(5) 신용정보

현대사회의 특징을 지칭하는 말에는 디지털사회, 정보사회 등과 함께 '신용사회'가 있는 것처럼 오늘날 사회에서 신용은 매우 중요하다. 신용이란 객관적인 자료를 통해 나타내 보일 수 있는 신뢰의 수준, 즉 사회적 믿음의 정도라고 할 수 있다.

신용의 종류에는 판매신용, 현금대출, 서비스 신용이 있으며, 소비자가 금융기관으로부터 대출을 받거나, 개별 상품을 신용으로 구입할 때 해당기관에 의하여 신용이 매겨지고 있다. 따라서 소비자는 신용관리를 해야 할 필요가 있으며, 가장 우수한 자신의 신용을 확보하고 유지하는 것이 필요하다.

(6) 위해정보

'소비자기본법' 제52조 1항에 의하면 위해정보란 물품 등으로 인하여 소비자의 생명 · 신체 또는 재산에 위해가 발생하였거나 발생할 우려가 있는 사안에 대한 정보이다. 우리 나라에서는 소비자위해감시시스템(Consumer Injury Surveillance System: CISS)에서 위해정보제도를 운영하고 있다.

①소비자위해감시시스템

위해정보를 수집하고 분석, 평가하여 관련 조치를 취할 수 있도록 구축된 소비자위해 상황 상시 감시시스템이다.

②위해정보제도

소비자가 물품이나 서비스를 사용하거나 이용하는 과정에서 인체에 상해를 입거나 사망한 사례 등을 수집하여 그 원인을 분석하고 사고의 재발방지 대책을 강구하기 위한 일련의 과정이다. 소비자기본법에서는 소비자안전 업무를 지원하도록 한국소비자원에 '소비자안전센터'를 설치하도록 정하고 있다. 소비자안전센터가 위해정보를 효율적으로 수집하는데 필요한 경우에는 행정기관 · 병원 · 학교 · 소비자단체 등을 위해정보제출기관으로 지정 · 운영할 수 있다. 2008

년 현재 전국 65개 병원, 18개 소방서 등 위해정보제출기관을 통하여 수집하고 있다(www.ciss.or.kr).

(7) 소비자보호정보

구매를 결정하기 전에 소비자는 안전하게 온라인을 이용할 수 있는 방법과 악덕상술 등에 대하여 알아둘 필요가 있다. 인터넷 서비스가 확산되면서 상품거래를 위하여 개인정보를 제공하게 되고, 개인이 의식하지 못하는 사이에 개인정보는 악용될 수도 있다. 이에 정부에서 운영하는 대표적인 인증마크에는 i-Safe와

표 16-3 소비자생활정보 내용 체계

구분	내용
상품정보	상품일반정보: 상품 주요기능과 특성, 신상품의 기능, 상품표준 약관과 계약서
	대체 안 정보: 대체 안 평가, 대체 안 속성
	사용정보: 상품 사용방법 및 관리
가격정보	상품가격정보: 상품의 판매가격, 상표별 가격비교, 가격 관련법/제도
	물가정보: 상품물가 목록, 상품물가 동향, 소비자물가지수
	결제수단정보: 전자화폐 이해, 신용카드 사용
	가격 관련제도: 단위가격표시제도, 판매자자격표시 제도
시장정보	상점정보: 오프라인 상점안내, 온라인 상점안내, 기타 상점안내
	할인정보: 할인시기 · 장소 · 가격, 쿠폰 정보
품질정보	품질표시정보: 품질규제의 유용성, 품질인증제도 설명
	품질테스트 정보: 품질 테스트 결과, 품질 테스트 기관
환경정보	환경마크 표시: 친환경상품에 표시
	친환경농산물인증: 유기-, 전환기 유기-, 저농약-, 무농약 농산물
신용정보	신용의 종류: 판매신용, 현금대출, 서비스 신용
	신용관리의 중요성
위해정보	소비자위해감시시스템: 소비자안전센터 운영
	위해정보제도: 위해정보제출기관 운영
소비자 보호정보	구매가이드 정보: 오프라인 · 온라인 구매 시 유의사항, 악덕 상술 유형
	소비자 관련 법률 정보: 소비자보호법, 약관규제법, 할부거래법, 방문판매법, 주택임대차보호법, 공정거래법, 제조물책임법, 소비자분쟁해결기준
	소비자피해구제정보: 소비자피해구제방법 및 절차, 소비자피해구제 사례, 소비자상담기관 사이트 안내
	각종 사이트 정보: 소비자정보제공 사이트 안내(소비경험, 안티사이트, 소비자단체, 정부 및 지방자치단체 사이트), 개인정보보호 우수사이트 인증마크

eTrust 등의 인터넷사이트 안전마크가 있으며, ePRIVACY 마크로서 개인정보보호 우수사이트 인증마크가 있다.

더 나아가 다양한 거래에서 소비자기본권익을 보호받을 수 있는 소비자 관련 법률, 예를 들면 소비자기본법, 약관규제법, 방문판매법, 할부거래법, 전자상거래에 관한 법, 공정거래법, 제조물책임법 등을 알고 적절하게 활용할 수 있어야 한다. 또한 소비자피해구제방법 및 절차, 소비자상담기관 등에 대하여 알고 있음으로써 소비자피해 발생 시에 피해보상에 대처할 수 있을 것이다. 〈표 16-3〉은 이상의 소비자생활정보의 주요 내용을 종합 정리한 것이다.

03 소비자정보원

1) 소비자정보원

소비자정보원은 일반적으로 사업자, 소비자, 중립적 정보원천으로 구분하고 있다. 가장 쉽게 접근할 수 있는 소비자정보는 사업자가 제공하는 것으로서 해당 상품의 광고를 통하여 접할 수 있고, 또는 제품 자체에 부착된 상품표시, 그리고 구매 시 판매원으로부터 들을 수 있는 부가적 설명을 통하여 얻게 된다. 이러한 정보는 소비자로서 적은 노력으로 얻을 수 있다는 장점은 있으나 사업자 중심으로 제품의 장점 위주로 구성되므로 소비자가 필요한 정보는 누락되고 편견이 개제될 가능성이 크기 때문에 소비자정보로서 한계가 있다.

또한 소비자는 가족, 친구, 이웃, 친지 등 소비자들로부터 개인적 소비경험에 의한 소비자정보를 얻을 수 있으며, 이러한 정보내용은 신뢰성이 높아 상품선택에 매우 유용하다. 그러나 개인적 경험에 의한 것이므로 정확성은 감소될 수 있으며, 지속적으로 제공되기가 어려울 뿐만 아니라 개인적 정보의 의사소통 범위에 한계가 있어 충분히 활용되기가 어렵다.

한국소비자원, 정부기관, 소비자단체, 신문 · 잡지 등 대중매체 등의 중립적 정보원으로부터 소비자정보를 얻을 수 있다. 이들 정보는 편견이 개재(介在)되지 않고, 객관적인 사실에 근거한 것으로서 신뢰할 수 있는 장점이 있으나 정보의 적시성 측면에서 최신성이 부족한 경우가 많고 정보비용이 상대적으로 높은 편이다.

아날로그 소비자정보는 사물을 매개로 전달되기 때문에 정보를 교환할 수 있는 사람들의 범위와 수신자에게 전달될 수 있는 정보의 양, 의사소통의 상호작용성, 소비자 개인의 정보요구에의 적합성 등에 있어서 제한적이었다. 따라서 시장에서 소비자는 생산자에 비하여 충분한 정보를 가지고 있지 못하고, 사업자 또는 판매자가 제공하는 정보에 의존해야 하는 종속적인 지위에 처하였다.

정보사회에 들어서면서 디지털 기술의 발전으로 아날로그 형태의 정보가 디지털 형태로 바뀌고, 이러한 디지털 정보는 인터넷이라는 새로운 매체가 등장함에 따라 종래와는 다른 형태로 정보의 수집 · 처리 · 가공 · 전송 · 이용 등이 가능해지게 되었다. 인터넷은 디지털 소비자정보를 유통시킴으로써 소비자와 생산자 간의 정보비대칭성을 해소하는 소비자정보 혁명을 가져왔다. 소비자정보를 제공하는 영리 · 비영리 단체들의 인터넷 사이트가 급속하게 생겨나고 있으며, 종전에는 소비자가 원하는 상품을 구입하기 위한 정보를 얻기 위해 많은 시간과 노력을 들여야 했다면, 이제는 '마우스 품' 을 팔아 시간과 노력을 더 적게

표 16-4 기존 소비자정보와 디지털 소비자정보의 비교

<table>
<tr><th rowspan="2">정보원 유형</th><th colspan="3">기존의 소비자정보</th><th colspan="5">인터넷 소비자정보</th></tr>
<tr><th>예시</th><th>장점</th><th>단점</th><th>예시</th><th colspan="2">장점</th><th colspan="2">단점</th></tr>
<tr><td>상업적 정보원</td><td>판매원, 설명서, 무료샘플, 광고</td><td>적은 노력과 비용, 다양한 정보 존재</td><td>필요정보누락, 편견개제 가능성, 신뢰성감소</td><td>홍보메일, 판매자홈페이지, CD, 쇼핑몰, Q&A</td><td>자세함. 상호작용적, 최신정보</td><td rowspan="3">1. real time으로 정보수정 가능
2. 시간적 · 공간적 제약없이 이용 가능
3. 하이퍼링크를 통한 여러 정보 연결 이용 가능</td><td>필요정보 누락, 피상적</td><td rowspan="3">1. 누구나 정보생산이 가능하므로 정확성 · 객관성 보장 곤란함
2. 정보이동성이 높아 정보소재 추적이 어려움</td></tr>
<tr><td>개인적 정보원</td><td>친구 · 가족 · 이웃 또는 개인적 경험 등</td><td>신뢰성 높음, 맞춤형 정보획득 가능</td><td>정확성 감소, 간헐적, 개인적 노력 필요함</td><td>소비경험 사이트, 안티사이트, 개인홈페이지, 커뮤니티</td><td>폭넓은 경험, 정보공유</td><td>정보과다</td></tr>
<tr><td>중립적 정보원</td><td>신문, 잡지, 간행물 등</td><td>공정하고 사실적 정보</td><td>높은 정보비용, 최신성 부족, 규칙적 이용 불가</td><td>소비자단체 및 공공기관 사이트, 인터넷 신문</td><td>공정함, 신속함</td><td>정보과다, 체계적 분류 미흡</td></tr>
</table>

출처: 김기옥 · 김난도 · 이승신(2004). 디지털사회의 소비자정보론. p.95 재구성. 시그마프레스.

들이고 인터넷을 이용하여 편안하게 정보를 얻을 수 있게 되었다(김기옥 외, 2004). 기존 소비자정보와 인터넷 소비자정보 원천에 있어서 장단점을 살펴보면 〈표 16-4〉와 같다.

2) 인터넷 소비자정보

(1) 인터넷 특징 및 서비스 종류

인터넷의 급속한 성장과 보급으로 정치, 경제, 사회 · 문화 · 교육 등 모든 분야에 걸쳐 우리 사회에 큰 변화를 초래하고 있으며, 이에 따라 소비생활의 디지털화도 이루어지게 되었다. 특히 전자상거래가 활성화되는데 중요한 기반으로 작용하면서 인터넷은 정보사회의 핵심 기반으로 등장하고 있다. 이와 같이 인터넷이 급속도로 발전하게 된 것은 인터넷이 가지고 있는 몇 가지 중요한 특징과 사용자의 광범위성으로부터 기인한다(윤준수 · 최선희, 1997).

첫째, 인터넷은 개방된 표준의 TCP/IP 프로토콜을 사용함으로써 개방형 네트워크를 구축하고, 이에 따라 자유로운 정보 유통을 가능하게 한다.

둘째, 인터넷은 실시간으로 전세계를 연결하고 있기 때문에 세계성을 확보하고 있다.

셋째, 인터넷은 전세계적으로 수많은 호스트 컴퓨터와 사용자들이 연결되어 있어서 방대한 양의 멀티미디어 정보와 자료가 제공되고 있으며, 이들은 인터넷상 제공된 정보의 소비자인 동시에 정보제공자로서 역할을 하고 있다.

넷째, 인터넷은 기존의 유사한 통신서비스와 비교할 때 매우 큰 경제성을 지니고 있다.

다섯째, 인터넷 사용자가 국내외에서 급속히 증가하고 있는 것도 인터넷이 미래의 정보통신 네트워크로서 중요한 의미가 있기 때문이다.

여섯째, 인터넷은 단순히 정보통신 네트워크로서의 역할뿐만 아니라 월드와이드웹(WWW)의 등장으로 인하여 전통적인 상거래의 패러다임을 전자상거래로 전환시키면서 상업적인 차원에서 이용되고 있다. 인터넷을 이용한 기업의 환경변화는 소비생활의 급속한 환경변화로 이어지고 있다(최동수, 1999).

인터넷상에서 제공되는 서비스의 종류를 살펴보면 다음 표와 같다.

표 16-5 인터넷의 주요 서비스

서비스	내 용
전자우편	다른 사람에게 텍스트, 파일, 사운드 이미지를 전송함
인스턴스 메시지	두 명 이상이 인터넷에서 실시간으로 의사소통함, 메신저
원격접속	원거리의 컴퓨터에 접속하여 프로그램을 실행함
파일 전송(FTP)	컴퓨터 간에 파일을 복사함
채팅	두 명 이상이 인터넷에서 실시간으로 키보드를 이용하여 대화함
인터넷 폰	인터넷을 이용하여 전화통화를 함
인터넷 화상회의	음성과 화상을 이용한 동시 통신을 지원함
스트리밍	음성, 영상 등의 멀티미디어 데이터를 인터넷으로 중단없이 전송함
인터넷 쇼핑몰	인터넷에서 구매 및 판매 행위가 이루어짐
웹 경매	인터넷에서 제품 및 서비스에 대한 경매가 이루어짐
음악, 비디오 등	인터넷에서 음악을 듣거나 관련 파일을 다운로드할 수 있음
전자문서교환	기업의 업무처리에 관한 데이터를 표준형식으로 교환함
공공 서비스	광범위한 공공 데이터베이스 및 서비스를 제공함
원격학습	정보통신을 이용하여 강의실을 가상공간으로 확장함
WWW	전세계의 컴퓨터를 연결하는 네트워크에서 제공되는 인터넷 서비스

출처: 강재정 · 김정곤 · 방명하 · 윤종수 · 이동만 · 황인수(2005) 공역. 정보시스템의 이해. 한경사, p.187 재구성.

인터넷의 발전은 정보획득의 차원을 넘어서 전자상거래의 발전을 이끄는 견인차 역할을 하고 있다. 전자상거래라 함은 인터넷 전자상거래를 포함한 광의의 전자상거래를 의미하며, 여기에는 전자매체를 이용한 광고뿐만 아니라 거래에 필요한 정보의 교환, 전송 가능한 상품의 주문 및 전송, 물리적 상품과 디지털 상품 및 서비스의 주문과 배송, 대금결제 등이 포함된다.

(2) 인터넷 소비자정보의 체계화

인터넷 환경의 발전은 소비생활환경이나 정보환경에도 큰 변화를 가져왔으며, 아날로그 방식의 시장경제에서 소비자정보와 비교해 볼 때 더 다양하고 차별화된 인터넷 소비자정보가 제공되고 있다. 인터넷 소비자정보란 '의사결정에 수반되는 재정적 · 심리적 불확실성과 위험을 최소화할 수 있는 모든 수단' 이라는 기존의 소비자정보의 개념과 뉴미디어가 가지고 있는 컴퓨터 및 통신기술 특성이 결합되어 새로운 형태의 정보수집, 처리와 가공, 전송, 이용 등이 가능해진 소비자정보를 의미한다. 즉 소비자가 의사결정을 내릴 때 다양한 선택 대안 가운데 가능한 한 불확실성을 감소시켜 줄 수 있는 대안으로서 인터넷상에서 제공되는 정보라고 정의해 볼 수 있다(황은애 · 이승신, 2002).

기존 소비자정보와 마찬가지로 인터넷 소비자정보에 있어서도 정보내용과 매체 특성을 고려하여 제공되고 있는 정보를 체계적으로 분류하여 소비자들로 하여금 효율적으로 이용가능하게 할 수 있을 것이다. 이승신(2002)은 인터넷 소비자정보 사이트 체계화를 시도하였다. 인터넷상 소비자정보 제공을 중심으로 하는 사이트 126곳을 대상으로 정보제공 특성을 분석한 결과 정보유형별, 정보내용별, 정보특성별, 정보이용 형태별 그리고 정보제공 주체별 분류기준을 정하고, 각 분류기준에 따라 제공되고 있는 소비자정보의 세부 영역을 다음 〈표 16-6〉과 같이 제시하고 있다.

표 16-6 인터넷 소비자정보의 체계화

분류기준	정보 내용
정보유형	소비생활정보, 소비자교육, 소비자상담, 소비자법률, 소비자평가, 소비자패널조사, 안티사이트 및 소비자운동
정보내용	상품에 관한 정보, 가격에 관한 정보, 품질에 관한 정보, 시장 및 사용에 관한 정보, 서비스 정보
정보이용 형태	무료 회원 가입 형태, 방문자 이용 가능 형태, 유료 회원 가입 형태
정보 특성별	정보제공을 중심으로, 정보공유를 중심으로, 이용자 간 의견교환 및 같은 목적으로 형성된 그룹을 중심으로
정보제공 주체	공공기관, 소비자단체, 개인사업자, 개인소비자 및 학교

출처: 이승신(2002). 정보사회에서의 소비자주권 확립을 위한 소비자정보체계화 연구-인터넷소비자정보 사이트개발을 중심으로. 소비자학 연구, 13(3), p.196.

04 소비자정보 활용

1) 소비자정보 활용의 기본 개념 및 특징

산업사회에서의 문맹은 문자를 이해하고 있느냐에 따라 결정되지만, 정보사회에서 문맹의 판단 여부는 정보 활용능력에 있다고 할 수 있다. 정보사회에서 지식과 정보를 효과적으로 활용할 수 있는가 하는 것은 개인이 지녀야 할 매우 중요한 능력이기 때문이다. 효율적인 정보 활용을 위하여 다양한 측면에서 개인의 능력이 요구된다. 먼저 정보기기에 대한 이해나 최신 정보기술이 제공하는 주요 기능이나 특성만이 아니라 정보가 필요하다는 문제인식 능력, 문제해결에 적합한 정보를 찾고 선택할 수 있는 능력, 찾은 정보를 문제해결에 적용할 수 있는 능력도 포함된다. 더 나아가 윤리의식을 가지고 합법적인 절차에 따라 정보를 활용할 수 있는 능력도 포함된다. 따라서 정보 활용능력을 갖추었다고 하는 것은 지식을 조직하는 방법, 정보를 찾는 방법, 정보사용하는 방법을 알고 있다는 것이다(한상완 외, 2005). 이러한 맥락에서 '소비자정보의 효율적인 활용' 이란 소비자가 문제 상황에 처하였을 때 문제해결을 위한 가장 적합한 정보를 획득하여 문제를 가장 효과적으로 해결하는 과정을 의미한다(한상완 외, 2005).

정보 활용능력을 갖춘 소비자의 특성은 다음과 같이 정리할 수 있다(Doyle, 1994).

- 소비자정보의 필요성을 인지한다.
- 의사결정의 기본은 정확하고 완전한 정보라는 것을 인식한다.
- 정보요구에 맞는 정보검색 질문을 생성할 수 있다.
- 잠재적인 정보원을 확인한다.
- 검색 전략을 개발한다.
- 정보기술을 통해 정보원에 접근한다.
- 정보를 평가할 수 있다.
- 상황에 맞게 정보를 적용하기 위해 정보를 조직한다.
- 기존의 지식체계에 새로 검색한 정보를 통합할 수 있다.
- 비평적 사고를 가지고 문제해결을 위해 정보를 사용한다.

2) 소비자정보 활용과정

소비자정보 활용이란 소비자가 어떤 상품이나 서비스에 대하여 문제인식을 하였을 때 문제해결에 가장 적합한 정보를 획득하여 그 상황을 효과적으로 해결하는 과정을 의미한다. 따라서 정보 활용과정은 소비자가 의사결정을 하고자 할 때, 가지고 있는 정보가 부족하여 새로운 정보가 필요하다는 것을 인식하는 정보요구 단계에서부터, 필요한 정보를 탐색한 후에 수집한 정보의 평가과정을 거친 다음, 이들을 정리 및 관리하는 종료단계까지 네 단계로 구분해 볼 수 있다.

(1) 정보요구 단계

소비자의사결정 과정에서 특정상품에 대한 문제인식을 하게 되면, 소비자가 자신의 욕구를 충족시키기 위하여 구매의 필요성을 느끼고 의사결정의 다음 단계인 정보탐색단계로 진행된다. 정보탐색단계에서 소비자의 정보요구(information need)는 문제의 불명료함, 지식이나 이해의 결여 정도, 불확실성의 정도 등 상황에 따라 상이하게 나타난다. 정보요구 단계에서 정보 필요성을 인지하여 표현하게 되는 과정은 다양한 수준으로 나타나며, 테일러(Taylor)는 이를 네 가지 수준으로 나누어 설명하고 있다(Taylor, 1968). 즉, 첫 단계로서 본능수준 둘째, 인식수준 셋째, 구체화 수준 넷째, 탐색수준의 단계를 거쳐 정보요구를 명확히 인식하고 표현해 나간다는 것이다.

① 본능수준(visceral level)

문제를 인식하지만 정보요구를 실제로 표현할 수 없는 정도의 수준이다. 즉, 정보가 많이 필요하고 가치 있는 정보를 찾는 것이 현재 문제 상황에서 가장 중요하다는 것을 알지만 막상 무엇을, 어떻게, 언제, 왜 필요한지를 표현할 수 없다. 이러한 단계를 벗어나려면 우선 필요로 하는 정보의 큰 범주를 정해주는 것이 바람직하다.

예: 만약 어떤 소비자가 출퇴근용으로 자동차를 사고자 한다. 이때 "어떤 차를 살 것인가?" 에 대한 것이 본능수준의 정보요구 수준이다.

② 인식주준(conscious level)

정보를 인식하는 수준은 아주 구체적이지는 않지만 적어도 어떤 분야의 정보가 필요하다는 것은 인지하는 단계이다. 정보에 대한 막연한 필요성을 조금씩 좁혀 나가는 과정이다.

예: "어떤 차를 살 것인가?" 에 대한 요구사항을 좀더 구체화할 필요가 있으며, 세부적으로 필요한 정보를 파악해 나가야 한다. 자동차 구입을 위하여 얼마나 투자할 수 있는가? 몇 명 정도 타는 것으로 할 것인가? 유지비는 얼마나 들 것인가? 하는 것이 정보요구의 인식수준이다.

③ 구체화 수준(formalized level)

인식수준에서 설정한 정보의 범위 내에서 필요한 정보가 구체적으로 무엇인지 고민하면서 찾아나가는 과정이다. 필요한 정보 분야를 탐구하면서 일반적이고 추상적인 정보요구에서 구체적인 정보요구로 발전시켜 나가는 단계이다. 이 과정에서 핵심적으로 필요한 정보를 탐구하는 방법에는 브레인스토밍(brainstorming)과 콘셉트매핑(concept mapping)이 있다. 정보요구의 구체화 단계에서 필요한 것은 정보가 어떤 유형인지 파악하고, 그러한 정보를 찾는데 적합한 정보원이 무엇인지를 선택하는데 도움이 되도록 하는 것이다.

예: 유지비는 얼마나 들 것인가? 하는 것에 대한 정보요구의 인식수준에서 더 나아가 이와 관련된 구체적인 정보에는 자동차 보험료는 얼마이며, 자동차 세금과 휘발유 값은 얼마나 들 것인가에 대한 정확한 정보를 파악하는 것이다.

④탐색 수준(compromised level)

구체화된 정보요구를 실제 정보탐색과정에 적용할 수 있도록 특정 용어로 표현하는 단계이다. 다시 말하면 정보를 찾기 위해 필요한 키워드를 선정함에 있어서 찾고자 하는 정보의 개념을 어떤 용어로 표현할 것인가를 고려하고, 정보원 선정에서는 어떤 정보원을 어떤 용어로 검색할 것인지를 결정하는 것이다.

(2) 정보탐색 단계

정보탐색 단계에서는 먼저 정보수집 전략을 수립해야 한다. 정보수집 전략의 첫 단계는 정보원의 유형과 특성을 파악하는 것이다. 이는 성공적인 정보활용에 있어서 반드시 갖추어야 할 지식이면서 동시에 정보수집의 성과를 좌우하는 중요한 요소라고 할 수 있다.

소비자정보 원천의 유형과 특성은 16장 〈표 16-4〉에서 설명하는 바와 같이 소비자정보 제공자가 사업자 원천인가, 소비자 원천인가, 또는 중립적 원천인가에 따라 구분된다. 이러한 유형의 소비자정보가 기존의 아날로그 형태로 되어 있거나 또는 디지털 형태의 소비자정보로 되어 있으므로, 각 소비자정보 원천이 가지고 있는 장단점을 잘 파악하여 알아보고자 하는 정보의 내용에 따라 적합한 정보원을 활용해야 할 것이다. 기존에 인쇄매체로 유통되던 자료들이 인터넷상에서 전자 형태로 제공되는 경우가 많다. 이러한 경우에는 정보가 유통되는 방식만 다를 뿐 그 내용과 속성에 있어서는 인쇄매체와 크게 달라지지는 않는다고 할 수 있다.

이와는 달리 인터넷에서만 생산되고 유통되는 정보원들이 있는데, 여기에는 각 기업에서 운영하는 기업 홈페이지, 또는 쇼핑몰 사이트가 있으며, 또한 소비경험사이트, 안티사이트가 있다. 중립적 정보를 제공하는 정보원으로서는 소비자단체 사이트, 공공기관 사이트 등이 있다. 이외에도 개인 홈페이지, 게시판, 커뮤니티 등을 통하여 원하는 정보를 탐색할 수도 있으며, 인터넷 신문이나 방송으로 시간에 제한 없이 정보를 찾아볼 수 있고, 질의응답 사이트를 통하여 요구하는 정보를 얻기도 하면서 동시에 상황에 따라서 정보생산자의 역할도 하게 된다. 또한 사이트 특성에 따라 상품의 종류, 가격, 품질에 관한 정보 등과 같이 내용별 소비자정보를 찾아볼 수도 있다.

웹 정보원은 기존의 정보에 비하여 장점이 있는 반면에 단점도 있다(한상완 외, 2005). 먼저 웹 정보원의 장점을 살펴보면 첫째, 다양한 배경과 계층의 사람들이 제공하는 다양한 수준의 정보이다. 둘째, 출판과 이용에 제한이 없어 정보의 개방성을 최대한 보장하고 있다. 셋째, real time으로 정보의 수정이 용이하여, 원문을 수정하여 정보를 갱신하는데 제한이 없다. 넷째, 시간적 · 공간적 제약 없이 이용가능하다. 다섯째, 웹 문서는 문자, 도형, 이미지, 애니메이션, 음성 등 정보를 다양한 버전으로 제공하고 있다. 여섯째, 하이퍼링크를 통하여 여러 정보를 연결하여 이용가능하다. 일곱째, 인터넷으로 연결된 여러 사람이 공동으로 참여하여 정보생산이 가능하다는 것이다.

다른 한편 웹 정보원의 단점을 살펴보면, 첫째, 누구나 인터넷 정보를 만들어 낼 수 있기 때문에 정보의 정확성, 객관성을 보장하기 힘들다. 둘째, 인터넷 주소가 바뀌거나 홈페이지 내용이 바뀌는 등 정보의 이동성이 높아 정보의 소재를 추적하기 어렵다는 점이다. 셋째, 하이퍼링크로 정보가 분산되어 있는 경우 전체 정보의 양이나 깊이를 파악하기 어려운 점이 있다.

정보탐색 과정에서 필요한 그 다음 전략은 정보이용자의 정보탐색 기술 및 정보자료 활용능력이다. 이는 정보이용 결과에 결정적인 영향을 미치게 된다. 인터넷상에서 검색도구는 웹 디렉터리, 웹 검색 엔진이 있다. 최근 웹 검색 엔진은 대부분 웹 디렉터리 서비스와 병행하여 한 사이트에서 통합검색을 지원하고 있으며, 네이버(Naver)와 다음(Daum) 등과 같은 인터넷 포털사이트에는 웹 검색 엔진과 웹 디렉터리 검색 및 각종 검색 서비스가 결합되어 있어서 실제 이용자는 웹 디렉터리 검색 및 백과사전 검색까지 통합된 결과를 얻을 수 있다.

(3) 정보평가 단계

정보평가 단계에서는 먼저 검색된 결과가 원래 찾고자 하는 정보에 적합한지에 관하여 평가해 보아야 한다. 이는 탐색과정에 대한 정보적합성 여부를 판단하는 과정이며, 정보적합성에 대한 평가기준으로서는 다음과 같은 요소가 고려되어야 한다.

첫째, 찾고자 하는 정보가 검색되었는가?

둘째, 정보량이 충분한가?

셋째, 탐색에 소요된 시간이 적절했는가?,

넷째, 중복된 정보가 많았는가?

다섯째, 정보요구에 변화가 있었는가?

여섯째, 검색용어가 구체적이고 적절하게 표현되었는가?

등이다(한상완 외, 2005). 이러한 기준에 따라 소비자가 적합한 정보인가를 판단할 수 있으며, 검색결과에 만족하지 않을 경우에는 재탐색을 해야 할 것이다.

다음 단계에서는 탐색된 결과를 평가해야 한다. 특정상품에 따라 여러 가지 평가기준이 있을 수 있으나 이용자가 보편적으로 적용할 수 있는 인터넷 소비자 정보 평가요소는 정확성, 다양성, 활용성, 최신성, 신뢰성, 용이성, 지속성, 연결성, 의사소통성 등이다(황은애 · 이승신, 2002). 이 중에서 소비자가 인터넷 정보를 이용할 때 가장 중요하게 생각하는 평가요소는 정확성이다. 그러나 이용자가 정보원의 내용이 정확한지 판단하는 것은 쉽지 않으며, 특히 내용이 수시로 변경되는 웹 정보내용의 정확성을 파악하는 것은 더욱 어렵다. 정확성을 파악하기 위해서는 유사한 정보를 제공하는 사이트를 추가로 찾아 내용을 비교해 볼 수 있다. 관련 사이트 정보를 제공하거나 링크를 제공하는 사이트는 정보의 정확성을 보장하고 있는 것으로 볼 수 있다.

(4) 종료 및 개인 정보관리

필요한 정보를 찾아 활용하고 나면 대부분 다시 정보를 이용하게 될 경우가 발생한다. 그러므로 한번 이용했던 정보를 잘 관리하여 정보를 재이용할 수 있도록 정리하는 것도 정보 활용의 중요한 과정에 속한다.

정보사회에서는 유통되는 정보가 점차 늘어나면서 개인에게 축적되는 정보도 증가하고 있으며, 이러한 축적된 개인정보를 얼마나 잘 관리하느냐에 따라 문제해결 및 새로운 지식 생산능력 수준에도 큰 영향을 미치게 된다고 할 수 있다. 같은 정보를 필요할 때마다 찾는 것이 아니라, 필요한 정보가 있다면 그 정보가 자신한테 있는 정보인지 여부를 먼저 확인한 후에 추가로 정보탐색을 해야 할지를 판단하는 것이 정보탐색에 드는 시간과 노력을 낭비하지 않는 방법이 될 수 있다. 이를 위해서는 자신에게 있는 정보를 체계적으로 관리해 두는 것이 필요하다.

정보목록을 만드는 방법으로는 엑셀 프로그램을 이용해서 목록 파일을 저장해 두거나 색인을 이용하여 소장하고 있는 정보를 찾을 수 있도록 정리해 둔다. 또는 개인이 가지고 있는 정보를 유사한 것끼리 모아서 컴퓨터 폴더를 생성하거나 디렉터리를 만들어서 체계화하여 저장하면 검색시간을 단축할 수 있다(김영신 외, 2002). 분류할 때 기준은 예를 들면, 소비자교육, 소비자상담, 소비자법률 등 소비자소비생활 영역을 기준으로 분류하거나 또는 상품에 관한 정보, 가격에 관한 정보, 품질에 관한 정보 등 정보내용별로 폴더를 만들어서 관리할 수 있다 (16장 2. 소비자정보 내용의 체계화 및 유형 참조). 이러한 내용을 다시금 시간적인 기준에 따라 정리해 두면 필요한 자료를 찾을 때마다 필요한 자료를 어디서 어떤 순으로 찾아서 내려가면 원하는 자료를 찾을 수 있을 것인가를 파악하는데 매우 유용하게 이용할 수 있을 것이다.

3) 소비자정보 활용행태 모델

이용자의 정보탐색 행위에 대한 연구는 1960년대 중반부터 연구되어 오고 있으며, 인간행동에 대한 연구가 발전되면서 정보이용행태 연구에서도 사회과학 이론과 모델들이 적용되고 있다(정동열 · 김성진, 2003; 한상완, 2001). 정보이용 행태에 대한 설명은 어떤 이용자가 정보를 필요로 하는 어떤 영역에서든지 공통적으로 적용될 수 있을 것이며, 따라서 소비자정보탐색을 설명함에 있어서도 적용이 가능할 것이다. 이 절에서는 정보이용 행태에 대한 대표적인 모델 이론으로서 크리케라스(Krikelas) 모델에 대하여 살펴봄으로써 소비자정보탐색행동을 설

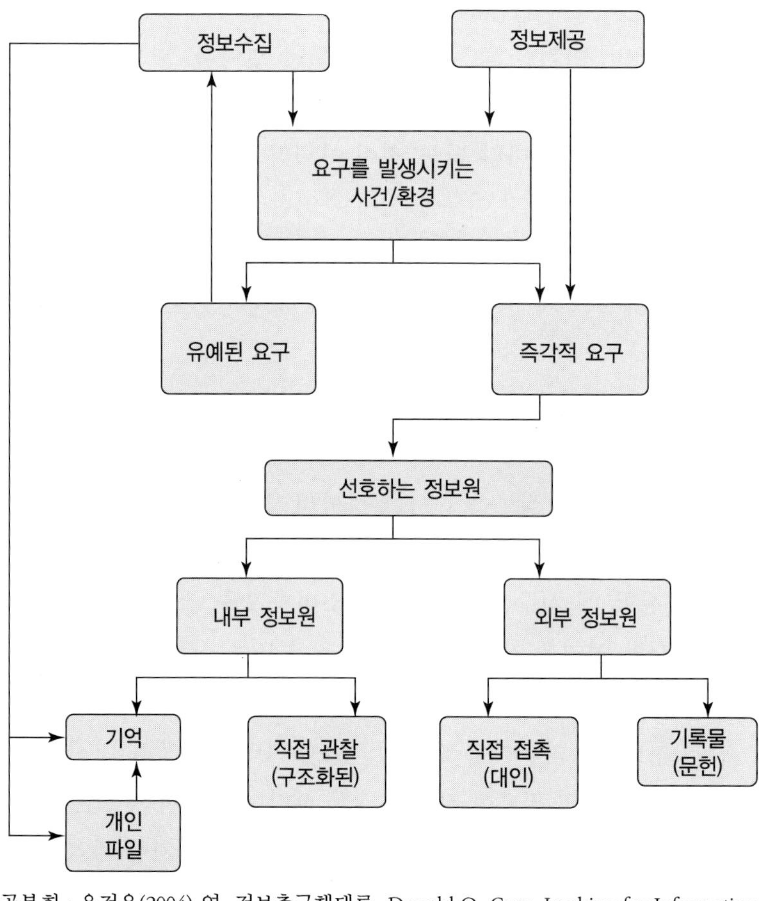

출처: 사공복희 · 윤정옥(2004) 역. 정보추구행태론. Donald O. Case, Looking for Information 저. 한국도서관협회, p.128.

그림 16-1 크리케라스 정보추구행태 모델

명하고자 한다.

일상생활에 가장 널리 인용될 수 있는 일반적인 모형으로 알려진 크리케라스 모델은 〈그림 16-3〉에서 나타난 바와 같이 정보수집과 정보제공의 형태로 정보탐색을 시작하는 것으로 설명되고 있다. 정보수집행위는 정보요구를 발생시키는 사건이나 환경으로부터 자극을 받아왔으나 유예되었던 요구에 반응하여 발생한다.

소비자의 경우를 살펴보면, 실제 상태와 희망하는 상태에서 차이를 느끼고, 여기서 발생되는 문제인식에서 구매를 통해 이를 해결하고자 하는 구매동기를 갖게 되며, 구매를 위한 의사결정과정에서 수반될 수 있는 위험과 불확실성을 감소시키기 위해 정보탐색을 시작하게 된다. 정보요구를 발생시키는 일련의 사건이나 환경에 대하여 크리케라스 모델에서는 직접적인 설명이 제시되어 있지 않다. 그러나 윌슨의 수정된 정보행위 모델에서는 심리적, 인구학적, 역할이나 대안의 유무, 정보원의 특성 등과 같은 개입변수를 통하여 개별 소비자가 가지는 동기 요인이 서로 상이하다는 것을 설명하고 있다(사공복희 · 윤정옥, 2004; 재인용). 정보수집의 결과는 기억으로 저장되거나 또는 어떤 물리적 형태의 개인 파일이나 기타 축적 메커니즘을 통하여 저장되어 있다가 요구가 있으면 활성화되어 활용된다.

정보제공은 정보요구가 즉각적으로 충족되어져야 할 때, 이러한 정보요구를 충족시키기 위하여 정보탐색자는 의식적으로 정보원을 선택한다. 정보원은 내부적인 것, 즉 기억에 저장된 것일 수도 있고 외부적인 것일 수도 있다. 외부적인 것이란 다른 사람이나 다양한 매체를 통해 정보를 얻을 수 있는 모든 수단이 포함된다. 오늘날 새로운 미디어 환경하에서 외부정보원은 1983년 당시에 크리케라스가 제안하는 직접 대인접촉과 기록된 문헌 이외에도 전화, 화상전화, 이메일, 음성 메일, 비디오테이프, 디지털콘텐츠 등 매우 다양하게 발달되어 있는 현실임을 고려하여 크리케라스 모델을 이해할 필요가 있다.

4) 인터넷 소비자정보 활용

황은애 · 이승신(2002)은 인터넷 소비자정보체계화에 관한 연구에서, 인터넷 사이트의 분류기준을 정보유형, 정보내용, 정보이용 형태, 정보특성 및 정보제공

주체 등으로 하여 그 내용을 설명하고 있다.

(1) 정보유형별 사이트

정보유형은 소비생활정보, 소비자교육, 소비자상담, 소비자법률, 소비자평가, 소비자패널조사, 안티사이트 및 소비자운동 사이트 등으로 나누어 볼 수 있다. 이러한 내용을 제공하고 있는 사이트 사례를 살펴보면 다음과 같다.

① 소비자평가 · 소비자운동 · 안티사이트 · 소비자패널조사

인터넷 사용이 증가하면서 사이버커뮤니티 사이트가 활성화되었으며, 따라서 소비자 간 정보교환이 용이해지고, 소비경험을 소개하는 소비자평가 사이트 및 안티사이트, 사이버 소비자운동사이트 등이 운영되고 있다. 서비스 내용을 살펴보면, 〈표 16-10〉에서 나타난 바와 같이 구매경험뿐만 아니라 가격비교, 서비스 불만, 관련 제품에 대한 소비생활 가이드 등이 소개되고 있다.

표 16-7 소비자평가 · 소비자운동 · 안티사이트 · 소비자패널조사 사이트

구분	사이트 명	URL	서비스 내용
소비자 평가	한국소비자평가연구원	www.kcr.or.kr	소비자분석 및 연구사업, CS 관련조사 및 리서치, 인터넷리서치
	엔토크	www.entalk.co.kr	상품 및 서비스 이용소감, 라이프 가이드
소비자 운동	컨슈머가이드	www.consumerguide.com	미국 소비자평가사이트, 제품소개 및 리뷰, 가격비교
	과소비추방범국민운동본부	www.cceo.or.kr	시민감시단, 신용회복복지센터, 캠페인 광장
안티 사이트	급발진닷컴	www.kupbaljin.com	차량 급발진 현상 소비자모임, 사건사례, 신고게시판
	SK텔레콤 안티사이트	www.sktelecom.org	요금제도 및 서비스불만, 고객센터 운영, 휴대폰 보조금 조회
소비자 패널 조사	AC닐슨코리아	http://kr.acnielsen.com	시장조사, 분석도구 및 서비스, 진단서비스, 경쟁력 분석
	TNS코리아	www.tns-global.co.kr	여론조사 전문업체, 마케팅솔루션

② 소비자상담 사이트

국내에서 운영되고 있는 소비자상담 사이트는 상담의 주체에 따라 정부기관(중앙정부 및 지방자치단체), 소비자단체, 기업에서 운영하는 사이트가 있다. 다음에서는 정부기관 및 민간 소비자단체 사이트 사례를 살펴보고자 한다. 〈표 16-11〉에서 제시하는 바와 같이 각 기관에서는 소비자상담실 운영뿐만 아니라 소비자피해구제, 소비자교육, 각종 소비자정보 제공, 물가조사 등에 관하여 공통적인 업무를 수행하고 있으며, 정부기관의 경우에는 소비자 관련 제도 및 시책수립에 관한 정보와 함께 객관적인 소비자정보를 제공한다는 점에서 매우 중요한 역할을 하고 있다. 소비자단체에 비하여 인력이나 재정적 측면이 보장되어 있기 때문에 자료의 보완이 꾸준히 진행되고 있다고 볼 수 있다.

소비자단체에서도 양질의 디지털 소비자정보를 제공하기 위해 노력하고 있다. 일반 소비자정보뿐만 아니라 법률정보, 소비자불만공유, 환경전문 정보 등 다양하면서도 특정한 주제에 대한 전문화된 정보를 제공하는 사이트도 있다. 기

표 16-8 정부 및 소비자단체 상담 사이트

구분	사이트 명	URL	서비스 내용
정부기관	한국소비자원	www.kca.go.kr	상담실 운영, 관련 시책 수립, 교육실시, 물가정보, 피해예방 등
	재정경제부	www.mofe.go.kr	물가 관련 기본정책 수립, 소비자정책 총괄
	공정거래위원회	www.ftc.go.kr	약관심사 및 표준약관, 불공정거래행위의 유형기준 제정 등
	경상북도 소비생활보호센터	www.gyeongbuk.go.kr	상담실 운영, 정보제공, 교육, 제도개선
	경기도 소비자정보센터	www.goodconsumer.net	상담실 운영, 물가, 피해예방, 관련 규정에 관한 정보
소비자단체	한국소비자단체협의회	www.consumer.or.kr	상담실 운영, 상품검사, 물가조사, 정보자료 제공
	한국소비자연맹	www.consumersunion.or.kr	상담실 운영, 교육, 정보제공
	녹색소비자연대	www.gcn.or.kr	녹색시민권리센터 운영, 녹색소비자자료실, 환경정보
	전국주부교실중앙회	www.nchc.or.kr	상담실운영, 사회환경개선, 식생활개선, 에너지절약사업 등

업에서는 거의 모든 경우에 인터넷 소비자상담 사이트를 운영하면서 소비자불만 처리 및 관련정보 제공을 하고 있다.

(2) 정보내용별 사이트

정보내용에 따른 사이트는 상품에 관한 정보, 가격에 관한 정보, 품질에 관한 정보, 시장 및 사용에 관한 정보, 서비스 정보 사이트로 나누어 볼 수 있다. 개인사업자는 소비자들에게 가격, 제품정보, 품질 등에 관하여 자사상품을 알리고 판매를 촉진하고자 하는 목적으로 사이트를 운영하고 있다. 개인사업자의 사이트 운영 유형을 보면 오프라인 사업을 하면서 사이트를 병행하여 운영하는 경우도 있고, 온라인 사업만을 하는 사이트도 있다. 온라인 사업만을 하는 사이트 운영자는 운영에 전념하는 만큼 보다 전문적이고 객관적이며 신속한 정보를 제공할 수 있는 가능성이 더 많다.

표 16-9 정보내용별 사이트

구분	사이트 명	URL	서비스 내용
상품	유기데이닷컴	www.62nong.com	유기농산물 쇼핑몰
	Gizmodo	www.gizmodo.com	전자제품 전문 쇼핑몰
가격	OMI	www.omi.co.kr	가전, 컴퓨터, 화장품 등 가격비교 및 상품 검색
	정글투어	www.jungletour.co.kr	해외여행 가격비교 전문 사이트
품질	코스인사이드	www.cosinside.com	화장품 품질평가, 제품 리뷰, 가격비교
	인터넷품질테스트	www.speed.nia.or.kr	초고속 인터넷 속도 테스트
시장	아파트소비조합	www.aptsobi.com	아파트 네트워크 사이트
	인터넷카스타동호회	http://cafe.daum.net/cyberc arsta	공동구매, 업소 추천, 벼룩시장 수록
사용 및 서비스	바이크셀	www.bikesell.co.kr	중고자전거 거래정보, 자전거 장비관리, 주행 테크닉
	피오라러브	www.fioralove.com	페라몬향수 피오라 쇼핑몰, 정보제공

(3) 정보이용 형태별 사이트

정보이용 형태에 따라 무료회원 가입, 방문자 이용가능, 유료회원 가입 형태 등으로 나누어 볼 수 있으며 이에 대한 사이트의 예를 찾아보면 다음과 같다.

표 16-10 정보이용 형태별 사이트

구분	사이트 명	URL	서비스 내용
무료 회원 가입	펜팔닷넷	www.penpalnet.com	해외 펜팔 친구 검색
	KT한국통신 080무료전화가입센터	www.080kt.com	전화가입 신청, 요금안내
	파워무료회원가입	www.powerting.net	화상 채팅사이트, 포인트 지급
방문자 이용 가능	HTTP접속자마케팅	www.http.or.kr	실시간 정보제공 및 상품추천
	XCE	www.xce.co.kr	유무선 인터넷서비스 제공, 모바일 메신저, 그림앨범 등의 콘텐츠 제공, 디자인사업
	마이크로소프트 방문자센터	www.microsoft.com	MS 관련 정보 다운로드 제공
유료 회원 가입	코리아 메일	www.koreamail.co.kr	POP3 메일서비스 1메가 무료제공, 유료 등록 후 용량확대
	피싱넷	www.fishnt.net	유료 낚시터, 실내·외 낚시터 검색, 낚시기법 안내

(4) 정보특성별 사이트

인터넷 사이트는 정보특성에 따라 정보제공 기능을 주로 하고 있는지, 정보공유, 이용자 간 의견교환을 주요 기능으로 하고 있는지 또는 같은 목적을 가진 그룹으로 이루어진 사이트인지 등으로 나누어 볼 수 있다.

표 16-11 정보특성별 사이트

구분	사이트 명	URL	서비스 내용
정보제공 중심	디앤비코리아	www.dnbkorea.com	기업정보제공기관, 신설 법인, 마케팅 데이터 구매
	보르도	www.bordeux.com	프랑스 와인브랜드, 양조기술 및 시음 정보, 관련 용어
정보공유 중심		www.jjangdisk.com	파일공유 서비스 제공, 문서열람, 웹 하드
	오케이하드	www.okhard.co.kr	무료 다운로드 서비스, 파일공유, 자료 저장, 웹 하드
이용자 간 의견교환	마음웨이	www.maumwedding.com	지역별 웨딩정보(예식장, 웨딩드레스, 신혼여행, 혼수) 소개
	귀농클럽	www.귀농클럽.kr	귀농인 커뮤니티, 농사자료, 장터 운영
	애니콜사용자 모임	www.anycalluser.com	삼성휴대폰 정보, 사용 후기, 서비스 제안, 사용자모임 소개
동일목적 이용자 중심	동백사랑	www.dblove.net	동백지구 아파트 커뮤니티, 투자정보 소개, 사이버토론
	TC클럽		관광통역 안내원 취업 및 자격증 취득 정보, 의견교환

05 소비자정보 평가

1) 소비자정보 평가기준

오늘날 너무 많은 정보가 오히려 소비자에게 혼란을 초래하고 합리적 선택에 도움이 되지 못하는 경우도 있다. 인터넷을 사용하게 되면서 각종 정보가 여과 없이 제공되고 있고, 익명성으로 인해 왜곡된 정보가 유통되기도 한다. 따라서 소비자가 필요로 하는 유익한 정보를 선별하고 수집하기 위해서는 정보의 가치나 질을 평가할 수 있는 정보기술과 능력이 요구된다.

일반적으로 소비자정보의 질은 소비자들이 정보를 획득하고 사용함에 따라 인지하는 만족도로서 측정된다(이승신, 2002). 따라서 정보만족도의 하위요인으로서 정보의 질을 평가하기 위한 다양한 요건과 특성이 충족되어야 한다.

소비자정보원이 제공하고 있는 정보의 유형에는 일반적으로 제품정보, 가격정보, 제품의 존재 여부에 관한 정보, 품질정보 등이 있으며, 이들 정보가 소비자에게 유용하게 전달되기 위해서는 소비자정보로서 바람직한 필수 요구 사항들이 있다. 공통적으로 적용 가능한 소비자정보 평가기준은 다음과 같이 다섯 가지로 제시할 수 있다(Maynes, 1991).

첫째, 정보의 이용가능성(available and portable information). 정보를 이용함에 있어서 소비자가 편리한 장소에서 이용가능한가 하는 것이다.

둘째, 정보의 적시성(timely and updated information). 소비자들이 정보를 필요로 할 때 최신정보 및 현행정보를 적절하게 이용할 수 있는가 하는 것이다.

셋째, 상호작용성(interactive information). 상품에 대하여 소비자가 질문을 하였을 때 답변을 받을 수 있는가 하는 것이다.

넷째, 저렴한 정보비용(low-cost information). 정보를 이용하는데 발생되는 화폐비용, 시간비용 등이 저렴한가에 대한 것이다.

다섯째, 조직화된 정보(well-organized information). 소비자에게 특정상품에 대하여 회상할 수 있게 하고, 사용을 촉진시켜 줄 수 있을 정도로 정보가 조직화되어 있는가 하는 것이다.

2) 인터넷 소비자정보의 평가기준

인터넷 소비자정보에 있어서는 디지털기술과 결합되어 기존 정보와는 차별화된 다양한 특성을 내포하고 있으며, 뉴미디어를 통해 자유롭게 소비자에게 전달될 수 있게 됨으로써 소비자의 정보력을 높이는 효과를 가져왔다. 따라서 정보의 질을 평가하기 위한 하위 항목에 있어서도 기존의 항목과는 구별되며, 그 항목으로서 지향성, 지속성, 유연성, 연결성, 소통성, 이동성 등 여섯 가지를 제시하고 있다(박준식, 1999). 이상을 종합하여 황은애 · 이승신(2002)은 기본적인 정보항목 특성과 인터넷 소비자정보의 특성을 파악할 수 있는 항목을 추가하여 인터넷 소비자정보의 질을 평가할 수 있는 특성을 아홉 가지 하위요소로 구성하여 그 중요도를 알아보고자 하였다. 연구결과를 살펴보면 아홉 가지 특성 중에서 가장 중요성을 높게 인지하는 요인은 정확성이었고, 다양성, 활용성, 최신성, 신뢰성 등의 순으로 나타났다. 이상의 요소는 기존의 아날로그 소비자정보에서 필수적으로 갖추어야 하는 요소일 뿐만 아니라 인터넷 소비자정보에서도 기본적으로 갖추어야 하는 요소라고 볼 수 있으며, 이러한 요소가 충족된 후에 인터넷 상에서의 지속성, 연결성, 의사소통성이 추가적으로 갖추어져야 할 것으로 이해할 수 있다.

표 16-12 인터넷 소비자정보의 특성 및 평가기준

정보 특성	내용 설명
정확성	소비자에게 필요한 정보를 적시에 정확하게 전달할 수 있는 특성
다양성	소비자가 필요로 하는 다양한 정보를 획득할 수 있는 특성
활용성	소비자가 획득한 정보는 정보의 필요성에 따라 다양하게 활용할 수 있음
최신성	구매의사결정에 도움이 될 만한 최근의 정보를 얻어 낼 수 있는 특성
신뢰성	사실에 근거한 신뢰성 있는 정보를 제공받을 수 있음
용이성	필요할 때 원하는 정보의 획득이 가능하고, 누구든지 획득할 수 있는 특성
지속성	물리적 시간과 공간의 개념을 넘어 한번 구축된 정보는 영속성을 갖는 것
연결성	네트워크화를 통한 정보의 연계성이 있음
의사소통성	사이버공간에서 정보제공자와 사용자, 사용자 간의 원활한 의사소통을 가짐

출처: 황은애 · 이승신(2002). 인터넷소비자정보 탐색가치유형에 따른 정보특성인지-인터넷소비자정보 분류를 중심으로. 대한가정학회지, 40(4), pp.108-109.

3) 사이트에서 고객서비스 평가기준

기업 활동에서 고객서비스는 매우 중요하다. 제품이나 서비스의 종류에 따라 고객서비스는 다양하게 제공될 수 있으며, 마케팅에서는 일반적으로 제품이나 서비스상품에 부가되는 서비스로 인식하고 있다(박명희 외, 2001). 소비자학에서 고객서비스의 내용은 고객에게 가치 있는 정보제공, 고객 상담 및 불평처리 시스템 운영, 고객 상담의 전문화와 효과성을 제고하기 위한 교육 등으로 그 범위가 훨씬 넓게 적용되고 있다. 인터넷이 발달되면서 이를 통한 고객서비스는 기존의 전통방식에서 고객서비스보다 그 성과가 더 빨리 전달되고 효과가 훨씬 광범위하므로 더 중요해지고 있다. 박명희 등(2001)은 인터넷 사이트에서 고객서비스 현황을 평가하기 위하여 고객의 접근성과 서핑 편의성, 제공하는 정보의 정확성과 신뢰성, 고객에 대한 반응성, 그리고 사이트별 고유한 서비스 등 네 개의 분류기준으로 나누고, 각 영역에서 세부 평가항목을 정하여 그 결과를 알아보고자 하였다.

고객서비스에 대한 평가와 사이트 성과(사이트 만족도와 재이용 의도)와의 관계를 분석해 본 결과 사이트 성과는 사이트 평가에 의해 큰 영향을 받지 않는 것으로 나타났다. 즉, 고객서비스 개별 항목에 대한 평가보다 고객서비스를 어떻게 하고 있을 것 같다는 기대와 사이트 인지도가 인터넷 사이트 성과에 더 영향을 미치고 있는 것으로 나타났다. 이는 고객서비스의 실제 수준이 사이트별로 거의 차이가 없기 때문인 것으로 해석하고 있다.

표 16-13 인터넷 사이트 고객서비스 평가항목

<table>
<tr><th colspan="2">평가항목</th><th>세부 평가항목</th></tr>
<tr><td colspan="2">고객의 접근성과 서핑 편의성</td><td>-사이트 접속 성공률, 초기화면 뜨기까지 시간
-서핑 중 오류발생 정도, 추가설비나 프로그램 필요성
-사이트 내에서 서핑의 편리성, 사이트 주소 기억이 편리함</td></tr>
<tr><td colspan="2">제공하는 정보의 정확성과 신뢰성</td><td>-제공정보의 다양성, 제공정보의 최신성, 제공정보의 상세성 및 정확성, 제공정보의 체계성, 제공정보의 이해성</td></tr>
<tr><td colspan="2">고객에 대한 반응성</td><td>-기업 전화번호 또는 이메일 주소 제공
-고객 불만해결창구가 잘 되어 있음
-게시판이나 Q&A가 잘되어 있음
-고객에 대한 반응이 신속함
-고객에게 진지하고 성의 있게 반응</td></tr>
<tr><td rowspan="4">사이트별 고유한 서비스</td><td>포털 서비스</td><td>-검색 엔진이 기능적임, 여러 가지 부가 서비스 제공함
-원치 않는 광고화면이 자주 뜸
-검색 전후에 다른 사이트로 이동이 편리함
-검색 목록이 체계적임</td></tr>
<tr><td>커뮤니티</td><td>-고객을 존중함
-경품이나 포인트 등 참여에 대한 대가를 줌
-다양한 이벤트를 열고 있음
-다양한 소공동체 활동 지원함</td></tr>
<tr><td>상거래</td><td>-약관이 눈에 잘 뜨임, 쇼핑하기가 쉬움, 고객의 사용경험에 대한 정보가 있음, 제품 검색과정이 간편함
-단골고객 우대함</td></tr>
<tr><td>정보제공</td><td>-사이트 내 검색 엔진의 유무, 자료를 다운로드하기 편함, 자료이용에 대한 안내가 있음</td></tr>
</table>

출처: 박명희 · 김주영 · 김경자(2001). 인터넷사이트에서의 고객서비스와 사이트 성과분석. 2001년도 정기총회 및 학술발표회 자료집, p.236.

4) 온라인 포털 사이트 평가기준

인터넷 서비스가 확산됨에 따라 포털 사이트에 대한 관심도 증가하고 있다. 포털 사이트란 인터넷에서 원하는 정보 또는 사이트를 찾는데 관문역할을 하는 것이며, 소비자들의 욕구가 다양화되어 감에 따라 포털 사이트에서 제공되는 서비스 역시 그에 따라 변화되어 가고 있는 추세이다. 그러나 정보제공자 관점에서 인터넷 서비스 품질평가를 위해 개발된 소수의 연구를 제외하고는 이러한 사이트가 제공하는 서비스의 품질을 평가할 만한 기준이나 척도개발에 관한 연구는 충분히 이루어지지 않은 상태이다. 김현경 등(2001)은 온라인 포털 사이트를 이용하는 사용자의 입장에서 서비스의 품질을 평가하는 체계적인 기준을 마련해 보고자 하는 목적으로 기존의 서비스품질 평가를 위한 연구를 참고로 하고 전문가들의 협조를 통하여 온라인 포털서비스에 대한 소비자 평가측정 항목을 개발해 보고자 하였다. 요인분석을 통하여 도출된 평가항목의 구성은 다음 〈표 16-14〉와 같다.

표 16-14 온라인 포털 사이트의 서비스 평가 차원

평가차원	해당항목	세부설명
정보 (Information)	-정보	-정보의 최신성 · 적절성 -사용자 이해의 용이성
사용자 편의성 (User Friendliness)	-사이트 디자인 -사용자 인터페이스	-화면의 조화 분위기 -사용자 중심의 분위기 향해 설계 -전체 구조 및 위치파악의 용이성 -탐색의 편리성
의사소통 (Communication)	-이용자 간의 의사소통 -기업과 사용자 간의 의사소통	-이용자 간의 의사소통 -기업과 이용자 간의 의사소통 -개인화 서비스
안전성 (Security)	-시스템 안전성 -소비자보호, 보안, 신뢰	-시스템의 속도 및 안정성 -개인정보 보호

출처: 김현경 · 이문규 · 김해룡(2001). 온라인 포털 서비스에 대한 소비자평가측정도구의 개발. 한국소비자학회 2001년도 추계 학술대회자료집, p.93.

연구과제

1. 소비자정보 내용을 체계화하는데 정보 분류기준은 매우 중요하다. 소비자정보 분류기준에 대하여 논의해 보자.

2. 인터넷 소비자정보 사이트를 체계화함에 있어서 분류기준에 대하여 논의해 보자.

3. 소비자정보 활용과정을 네 단계로 구분할 때, 이러한 과정을 실생활에 적용하여 설명해 보자.

4. 가장 많이 사용하는 인터넷 사이트에서 제공하고 있는 소비자정보에 대하여 소비자정보 평가기준을 중심으로 평가하고, 평가결과를 사이트별로 서로 비교해 보자.

17 CHAPTER

기업의 소비자정보 제작

1. 소비자정보 제공의 필요성
2. 소비자정보 제작을 위한 내용 선정기준
3. 소비자정보의 제작
4. 기업의 고객정보 관리

17 CHAPTER

기업의 소비자정보 제작

기업들이 고객만족을 중요시하고, 고객관리를 지향하는 고객관계경영을 도입하게 됨에 따라 소비자들이 단순히 구매자라는 기존의 인식에서 장기적인 고객관계 유지를 통하여 기업의 경쟁력을 창출하는 시장경제 파트너로 인식하게 되었다. 이에 따라 기업 내에서 소비자업무는 매우 중요한 위치를 차지하게 되었다. 기업은 끊임없이 변화하는 소비자요구를 파악하기 위하여 고객의 정보를 수집하고, 고객과의 접점에서 소비자욕구를 충족시키기 위한 목적으로 그들이 제공하는 상품과 서비스에 대한 정보를 제공할 뿐만 아니라 상품과 관련되는 소비생활정보를 제공하고 있다.

이 절에서는 기업의 소비자정보 제공과 고객정보관리에 관하여 살펴보고자 한다.

01 소비자정보 제공의 필요성

기업 소비자정보 제공은 기업과 소비자 양측 면에서 그 필요성을 고찰해 볼 수 있다. 먼저 기업 입장에서 소비자정보 제공은 기업경쟁력 향상에 기여할 수 있으며, 소비자입장에서는 합리적인 의사결정을 위한 도구로서 매우 중요하다.

구매에 대한 문제인식을 하게 된 소비자는 욕구충족을 위하여 관련된 정보를 찾게 된다. 일반적으로 소비자는 정보탐색을 통하여 제품 및 서비스의 대안, 판매점과 가격에 대한 정보, 제품의 품질과 속성, 대체상품의 존재 여부와 장단점, 제품의 사용방법 또는 관리방법 등에 관한 정보를 얻고자 한다. 이러한 정보를 얻기 위하여 소비자가 가장 쉽게 접할 수 있는 정보원천은 기업에서 제공하는 제품에 대한 광고, 제품설명서, 사용설명서, 브로슈어, 카탈로그와 팸플릿 등이다.

오늘날 많은 제품들은 첨단의 과학기술에 의하여 생산된 것으로서 이들의 제품을 이해하기 위해서는 전문적인 지식이 필요하다. 그러나 소비자들은 대부분의 경우 제품의 전문적인 기능과 품질, 제품 간의 상세한 성능의 차이를 이해하기가 어렵다. 제품에 대한 정확한 이해 없이 구매하였을 경우 소비자불만족이 발생하게 될 가능성이 크고, 이는 장기적인 관점에서 기업경쟁력을 향상시키는데 바람직하다고 할 수 없다. 따라서 기업에서는 소비자가 이해할 수 있도록 자사제품에 대한 정확한 상품 관련 정보를 제공함으로써 소비자불만을 최소화하고 소비자만족을 높이는데 기여하고자 한다. 더 나아가 소비자만족은 제품에 대한 긍정적인 이미지 형성에 영향을 미치게 되며, 시장점유율을 높이는데 중요한 요소로 작용하게 될 것이다.

특히, 의사결정 초기단계에서 소비자는 기업이 제공하는 정보원천을 가장 많이 활용하고 있고, 구매 후에는 개인적 정보원천으로부터 정보를 더 많이 이용하는 경향이 있으므로(이학식 외, 2006), 구매결정에 도움이 될 수 있는 소비자정보의 제공은 마케팅 전략적으로 매우 중요하게 인식되고 있다. 따라서 기업에서도 소비자를 위한 자사제품에 대한 정보제공은 매우 활발하게 이루어지고 있으며, 그 내용에 있어서 제품정보뿐만 아니라 제품과 관련되는 소비생활정보도 다양하게 제공하고 있다. 기업의 소비자정보 제공 활동이 과거의 경우에 구매 전에는 주로 상품판매를 촉진하기 위한 목적으로 이루어져 왔고, 구매 후에 발생하게 되는 소비자불만이나 피해구제를 중심으로 이루어져 오던 것에 비교하면 많은 변화를 찾아볼 수 있다.

소비자 측면에서 제품정보는 의사결정에 수반되는 재정적 · 심리적 불확실성과 위험을 최소화하고 합리적이며 효율적인 의사결정을 내릴 수 있는 수단이 되므로 매우 중요하다. 기업은 상품에 대하여 정확하게 파악하여 그 내용을 소비자에게 알려 주고, 따라서 소비자는 구매 전에 상품에 대한 기대수준을 적절하게 가질 수 있게 될 것이다. 제품에 대한 적절한 소비자만족으로 이어지고 소비자불만 또한 최소화할 수 있을 것이다.

그러므로 기업에서 구매 전 소비자의 정보요구뿐만 아니라 구매 후에도 어떠한 정보요구가 있는지를 정확하게 파악하여 이를 제공해 줌으로써 소비자만족을 증가시키는데 기여할 뿐만 아니라, 궁극적으로 기업의 경쟁력 향상을 위하여서도 매우 중요하다.

02 소비자정보 제작을 위한 내용 선정기준

기업에서 소비자를 위한 정보를 제작함에 있어서 어떤 내용으로 구성할 것인가를 결정하는 것은 매우 중요하다. 정보내용을 선정함에 있어서 고려해야 하는 것은 다음과 같이 다섯 가지로 정리해 볼 수 있다(김혜선 외 2002).

첫째, 정보의 중요성이다. 무엇보다도 먼저 제공하고자 하는 정보의 내용이 실질적으로 소비자에게 중요한 것이어야 한다는 것이다. 급변하는 시장환경에 따라 소비자가 중요시하는 정보의 내용도 변화되고 있으며, 이러한 환경적 변화에 부응하는 정보의 내용을 선정하는 것이 소비자요구를 충족시킬 수 있을 것이다.

둘째, 정보의 교육적 효용성이다. 소비자에게 제공되는 정보는 단순히 지식을 전달하는 것에만 머무르지 않고 소비자정보를 생활에 적절히 활용할 수도 있으며, 이를 통하여 소비자능력을 향상시킬 수 있는 내용으로서 유용한 것인가에 대하여도 고려해야 한다.

셋째, 정보수준의 적절성이다. 정보를 이용하는 소비자가 제공되는 정보를 이해하고 이를 적절히 활용할 수 있어야 할 것이다. 따라서 소비자 계층의 특성과 이해능력을 충분히 고려하여 정보내용과 설명방법을 구성해야 할 것이다.

넷째, 정보의 흥미성과 참신성이다. 소비자가 정보에 대하여 관심을 가지도록 하기 위해서는 지속적으로 새로운 정보내용을 제공할 수 있도록 해야 하며, 더 나아가 흥미를 불러일으킬 수 있도록 재미있게 구성해야 한다.

다섯째, 정보의 정확성이다. 정보를 제공함에 있어서 가장 기본적으로 요구되는 것은 정확한 정보의 제공이며, 따라서 정보는 사실에 근거한 정확한 내용으로 구성되도록 해야 한다.

03 소비자정보의 제작

기업에서 소비자에게 상품 관련 정보를 제공하기 위하여 사용하는 전달매체로는 웹사이트, 제품 사용설명서(매뉴얼), 팸플릿, 카탈로그, 브로슈어, 리플릿, 팝광고(POP), 포스터, 현수막, 기타 DM 광고 등 다양하다.

1) 웹사이트

(1) 웹사이트의 정보적 기능

인터넷이 마케팅에 도입됨에 따라 소비생활환경과 정보사용환경에 일대 변혁을 가져오게 되었다. 특히 정보환경 측면에서 인터넷이 가지고 있는 쌍방향적이고 상호 반응적인 특성 때문에 커뮤니케이션에 적용되는 분야가 다양해지고 그 파급효과 또한 크다.

인터넷 커뮤니케이션이 가지고 있는 주요한 특징은 다음과 같다.

▶**쌍방향성**: 기존의 커뮤니케이션 경로는 일방적 정보제공인 것에 비해 인터넷은 정보제공자와 수용자 간에 쌍방향적으로 커뮤니케이션이 가능하다. 따라서 기업은 소비자로부터 제공된 제품과 서비스에 대한 즉각적인 반응을 파악하게 되며, 궁극적으로는 소비자에게 제공되는 정보의 효율성을 높일 수 있게 된다.

▶**개별성**: 인터넷을 통하여 정보를 원하는 고객에게만 선택적으로 제공하는 것이 가능하다. 즉 쌍방향성을 이용하여 수집된 고객정보는 일대일 마케팅의 기본 자료로 사용되며, 전자메일과 웹 인터페이스를 통해 소비자 개개인에 대한 차별화된 마케팅을 실시할 수 있다.

이러한 인터넷 커뮤니케이션의 특성은 기업으로 하여금 인터넷이 고객과 만날 수 있는 매우 중요한 인터페이스라는 점을 인식하게 되었고, 웹사이트 상에서 정보를 매개로 한 다양한 고객중심적 활동을 펼쳐나가고 있다. 기업 웹사이트가 수행하고 있는 소비자 정보적 기능을 나누어 보면 소비자정보의 제공, 소비자정보의 교류, 소비자정보의 개인화된 서비스 등이다.

▶**소비자정보 제공기능**: 기업에서는 상품과 서비스에 대한 다양한 정보를 체계적으로 제공하고 있으며, 기업이 제공하는 정보원으로부터 소비자는 목적에 따라 정보탐색을 할 수 있다. 정보내용에 따라 소비자구매결정에 영향을 미칠 수 있으므로 기업에서는 정보를 지속적으로 업데이트하여 소비자에게 유용한 정보가 되도록 하여야 한다.

▶**소비자정보 교류기능**: 인터넷의 커뮤니케이션 특징이 쌍방향성이라는 점은 소비자와 기업 상호 간의 의사소통을 가능하게 하며, 동시에 소비자 간에도

상호 의사소통이 가능하게 되었다. 정보교류를 통하여 소비자는 기업에 대하여 의견을 제안하거나 질문, 상담, 피해보상을 요청하기가 수월해졌다. 상호 간의 활발한 의사소통환경은 기업의 고객지향적 마케팅 활동을 촉진하고, 소비자는 기업에 대한 신뢰감을 구축해 나갈 수 있는 기회가 되므로 고객충성도도 향상될 수 있다. 웹사이트에서 가능한 정보교류 경로에는 전자메일, 게시판, 실시간 상담 등이 있다.

▶**소비자정보 개인화 기능**: 인터넷상에서 기업 웹사이트를 방문하는 고객정보를 기초로 하여 소비자가 원하는 개인화된 정보를 제공할 수 있게 되는 것이다. 다시 말하면, 웹사이트 방문자가 정보를 효율적으로 탐색하고 그들의 개별적인 취향, 관심, 정보욕구 등을 신속하고 정확하게 전달할 수 있도록 사이트를 설계하고 구성 및 관리하는 것이다.

(2) 웹사이트 구축 시 유의사항

온라인 환경에서 소비자가 정보탐색을 할 때 겪게 되는 문제점은 정보과부하 문제이다. 그러므로 소비자정보 웹사이트를 구축할 때 정보과부하 문제가 발생되지 않도록 함으로써 더욱 더 효율적인 정보매체로서의 역할을 수행할 수 있도록 해야 할 것이다.

또한 소비자가 기업 웹사이트 정보탐색을 할 때, 모든 재화와 서비스에서 동일한 정보탐색활동 과정을 수행하는 것이 아니라 제품의 특성에 따라 다양한 정보탐색활동을 수행하는 것으로 나타나고 있다(황은애, 2004). 이러한 결과는 제품의 특성에 따라 소비자가 필요로 하는 정보의 형태가 상이하며, 의사결정 시 정보사용의 방법도 다르다는 것을 반영하는 것이다. 따라서 소비자정보 사용을 효과적으로 할 수 있는 웹사이트를 구축하기 위하여 무엇보다도 먼저 각 기업에서 판매하는 제품의 특성을 검토하여, 소비자가 필요로 하는 정보의 내용을 파악하는 것이 필요하다.

예를 들면, 경험재나 신뢰재를 생산하는 기업에서는 웹사이트의 정보적 기능 중에서 정보교류 또는 정보개인화 기능이 의사결정 사고비용을 감소시키는 요인으로 작용하는 것으로 나타났다(황은애, 2004). 이러한 결과는 소비자가 의사결정을 함에 있어서 정보교류 또는 정보개인화를 통하여 의사결정을 하는데 필요한 정보탐색활동을 줄일 수 있다는 의미로 이해할 수 있다. 기업이 판매하는 제품의 특성에 따른 다양한 형태의 정보제공은 소비자의사결정의 합리성을 높여줄 수 있을 것이다.

2) 제품 사용설명서

(1) 제품 사용설명서의 필요성

소비자를 대상으로 하는 설문조사에서 카메라 또는 핸드폰 등을 구입하였을 때 사용설명서를 꼼꼼히 읽고 활용하는 편인지, 아니면 스스로 알아서 터득하거나 기본적인 기능만 사용하는 편인지에 대하여 질문한 결과 '반드시 먼저 읽고 활용한다' 가 86%로 나타났으며, 나머지 14%는 '그냥 알아서 한다' 로 응답하였다(http://blog.naver.com/). 이러한 결과에서 반영하는 바와 같이 첨단기술이 사용된 제품이 늘어감에 따라 일반 소비자들이 제품을 제대로 사용하기가 쉽지 않다. 사용환경과 조작방법이 복잡해짐에 따라 소비자들은 제품을 사용하기 전에 매뉴얼과 제품을 비교해 보면서 학습을 하는 경향이 높아지고 있다.

잘 만들어진 사용설명서는 제품의 올바른 사용을 도와주고 제품의 기능을 제대로 활용할 수 있도록 하며, 그 결과 불필요한 애프터서비스를 줄여주고 소비자 만족도 향상에 기여할 수 있을 것이다. 따라서 제품의 기능과 사용방법을 알려주는 제품 사용설명서를 올바르게 제작하여 제공하는 것은 기업의 사후 마케팅 수단으로서 중요한 의미가 있다고 할 수 있다.

(2) 제품 사용설명서 제작원칙

제품 사용설명서 제작은 제품의 특성에 따라 작성내용이 서로 다르다. 일반적으로 제품 사용설명서를 제작할 때 주의를 기울여야 할 내용은 다음과 같다.

첫째, 제품의 구조와 성능에 대한 이해를 극대화시킨다. 제품기능이 점차 다양해지고, 제품 관련 용어가 전문화되고 있으므로 제품 사용설명서는 소비자가 제품기능과 용어를 가능한 한 쉽게 이해하고 제대로 조작할 수 있도록 작성되어야 한다.

둘째, 사용자의 입장에서 제작한다. 어려운 용어 사용, 복잡한 구성은 소비자들이 사용설명서를 외면하는 요인이 되고 있으므로 제품 사용설명서는 사용자인 소비자가 쉽게 이해하고 사용할 수 있도록 작성되어야 한다.

셋째, 기획, 집필, 그래픽, 편집, 인쇄의 모든 과정을 일관되게 유지한다. 특정 제품설명서를 제작할 때는 기획단계에서부터 마지막 인쇄단계까지 제품별 이용 소비자의 유형, 능력을 고려하여 일관성을 유지하는 것이 중요하다.

넷째, 쉽고 정확하게 서술한다. 문장의 흐름을 자연스럽게 작성하고, 맞춤법에 의거하되 표준어를 사용하도록 하며, 상황과 문맥에 맞는 단어를 사용하여 의미가 정확하게 전달될 수 있도록 한다.

다섯째, 그래픽 처리는 간결하면서 전달이 잘 될 수 있도록 한다.

여섯째, 편집과 인쇄의 질을 높여 제품에 대한 이미지를 높여줄 수 있도록 한다. 제품 사용설명서는 제품의 일부분으로서 사용소비자 교육을 위한 중요한 커뮤니케이션 수단이며, 기업과 제품을 반영하는 이미지 역할을 담당하고 있다고 할 수 있다. 따라서 제대로 작성된 제품설명서를 통하여 제품 이미지 향상을 도모하도록 한다.

3) 다양한 기업홍보물

소비자에게 기업을 알리기 위한 홍보물에는 기업을 소개한 것부터 상품 광고를 위한 것까지 대우 다양한 형태의 판촉도구가 있으며, 일반적으로 카탈로그, 브로슈어, 팸플릿, 리플릿 등의 형태가 많이 사용되고 있다. 이들 각각의 도구는 서로 다른 특징이 있으나, 최근에는 이들 간에 영역이 없이 자유롭게 제작되는 경향이 있다.

(1) 카탈로그

카탈로그(catalog)는 기업의 업무 영역이나 기업이념 또는 종합적인 홍보용으로 많이 제작되고 있다. 카탈로그에는 취급하고 있는 제품의 사양을 제시하고 있으며, 또한 각 제품의 특성과 기능, 가격, 디자인 등을 설명하고 있을 뿐만 아니라 제품을 사용하였을 때 소비자가 얻을 수 있는 유익한 점에 대해서도 설명하고 있으므로 소비자로 하여금 제품에 대하여 충분히 이해할 수 있도록 하는 기능이 있다. 따라서 카탈로그를 목록, 안내서라고도 한다.

카탈로그는 박람회, 전시회, 견본시장 등에서 기업의 판매전략을 위한 도구로 많이 사용되고 있다. 홍보물을 제작함에 있어서 제품 카탈로그에서부터 리플릿까지 기본 디자인을 토대로 체계적이고 일관성 있게 제작하는 것이 기업 이미지를 통합적으로 나타낼 수 있으므로 효율적이라고 할 수 있다.

(2) 제품 팸플릿

제품 팸플릿(pamphlet)은 특정 사업내용이나 단일 제품 등에 대한 소개를 집중적으로 설명하고 부각시키는 목적으로 사용한다. 시장에는 수많은 제품이 있으며, 특정 제품의 존재에 대한 정보를 소비자가 얻기는 매우 어렵다. 따라서 제품 팸플릿은 소비자에게 제품의 존재를 시각적으로 알릴 수 있는 수단으로 사용되므로, 보다 넓은 범위의 소비자에게 제품의 존재에 대한 정보를 제공하고, 이를 쉽게 기억할 수 있도록 제작해야 한다. 제품 팸플릿은 고객에게 큰 부담이 없이 접근할 수 있도록 하기 위하여 규격은 소책자 형식으로 하고, 제작비용이 상대적으로 저렴하다.

소비자에게 알리기 위한 목적으로 제작하므로, 제작 시에는 특히 다음 사항을 유의해야 한다. 첫째, 제품의 소개를 함과 동시에 제품의 우수성과 제품의 효용에 대한 핵심정보도 함께 전하도록 제작해야 한다. 둘째, 가격정보도 포함되도록 한다. 셋째, 다른 제품과 차별화될 수 있도록 하면서 소비자가 쉽게 이해할 수 있도록 시각적으로 작성되어야 한다.

(3) 리플릿

리플릿(leaflet)은 한 매로 제작된 광고 인쇄물이다. 특정기업이 판매하는 모든 제품의 특징과 장점을 간단명료하게 설명하고 있으므로 소비자를 위해서는 제품선택을 위한 도구로 사용된다. 한 장으로 되어 있어서 신문에 끼워 넣는 방법으로 광고수단으로 이용된다. 대형 리플릿은 두세 번 정도 접을 수 있도록 되어 있어서 제품과 서비스의 내용에 그림을 이용함으로써 다양하게 표현을 할 수 있으며, 스타일과 소재도 다양화되고 있는 추세이다. 최근에는 백화점이나 가전 판매점에서 많이 이용하고 있으며, 전시회에서 홍보수단으로 사용하기도 한다.

리플릿 작성 시에 있어서도 제품 팸플릿의 경우에서와 마찬가지로 제품에 대한 소개와 제품의 우수성에 대해서도 함께 포함되도록 제작하며, 소비자의 시각에서 쉽게 이해될 수 있도록 구성되어야 한다.

04 기업의 고객정보 관리

1) 고객정보 관리의 필요성

기업들은 정보기술의 발전으로 소비자의 웹사이트 방문정보나 거래정보를 이용하여 고객데이터 베이스를 구축할 수 있게 되었으며, 이러한 고객정보를 근거로 하여 고객관계관리(Customer Relationship Management: CRM)를 도입하고 있다. CRM은 개별 소비자에게 보다 나은 가치를 제공하는 일대일 마케팅을 의미하며, 선별된 고객으로부터 수익을 창출하고 장기적인 고객관계를 유지하는 경영방법이다.

고객관계를 중시하는 CRM은 고객에 관한 자료를 활용함으로써 가능하다. 고객의 끊임없이 변화하는 요구를 파악하기 위하여 고객정보를 수집하고, 고객은 어떠한 구매경험을 가지고 있으며, 어떠한 상품을 조회하고 있으며 또한 어떤 구매계획을 가지고 있고, 캠페인에 대한 고객의 반응은 어떠하며, 고객의 불만은 무엇인가 등 기업과 고객과의 접점에서 발생하는 모든 데이터를 수집하여 필요한 형식으로 정리 보관하다가 필요시 고객정보를 활용하는 것이 CRM의 가장 중요한 기초이다. 이와 같이 CRM을 성공적으로 추진하기 위하여 필요한 것이 바로 고객정보 관리이다.

고객에 관한 정보가 수시로 변화하고 있지만 이러한 고객정보를 뒷받침할 수 있는 시스템이 없었다. 그러나 정보기술의 발전으로 빠른 시간 내에 많은 고객데이터를 처리할 수 있게 되고, 인터넷의 등장으로 기업은 고객과 접촉 채널이 매우 다양해지면서 고객데이터를 확보할 수 있게 되었으며, 정보기술과 연계되어 고객에게 실시간으로 맞춤형 서비스를 제공할 수 있게 되었다. CRM은 단순하게 고객과의 관계에 머무르지 않고 신규고객 및 기존고객의 다양한 접점을 활용하여 기존 고객의 유지, 신규고객의 확보, 우수고객의 유치를 이루어 내고 궁극적으로는 기업 수익을 가져오도록 하는 데 목적이 있다.

2) 고객정보시스템의 개념 및 구성

디지털 사회에서 사업자는 정보기술력을 가지고 고객에 대한 정보를 조직하고 시스템화함으로써 기존의 제품을 향상시키거나 새로운 제품을 개발하여 시장에서 경쟁우위를 성취하고 있다. 이 절에서는 정보시스템의 개념에 대하여 알아보고, 더 나아가 고객정보시스템의 구성요소 및 정보시스템 구축에 필요한 정보 기술적 내용에 대하여 살펴보고자 한다.

(1) 정보시스템의 개념 및 필요성

정보시스템(information system)은 기업과 같은 조직단위에서 어떤 목표를 달성하기 위해서 데이터와 정보를 수집(입력), 가공(처리), 저장, 분배(출력)하고, 목표를 충족시키기 위한 피드백 메커니즘을 제공하는 관련 요소들의 집합으로 생각할 수 있다(강재정 외, 2005).

입력(input)은 가공되지 않은 데이터를 수집하는 활동이다. 예를 들면, 월급을 정산하기 위해서 필요한 개개 종업원들의 근로시간을 집계하거나 또는 학생 성적을 내기 위하여 개별 과목 담당교사가 산출한 과목 성적을 집계하는 것이다. 또는 구매 시에 상품의 바코드를 읽는 스캔 작업도 일종의 데이터 입력이다. 종래에는 모두 인간의 손으로 데이터를 직접 모으는 경우가 많았으나, 최근에는 컴퓨터 통신시스템의 발달에 의해 컴퓨터 또는 통신시스템에 의한 수집이 가능해졌다.

정보시스템에서 처리(processing)는 일정한 질서를 가지고 수집된 데이터를 축적하거나 가공 · 분석하여 유용한 결과물(산출물)로 변환하는 활동을 말한다. 축적된 데이터를 가공 · 분석한다는 것은 두 가지 방법으로 가능하다. 첫째는 통계학에 기초한 일련의 방법을 이용하는 것으로 다변량분석, 상관분석, 중회귀분석 등을 이용하여 변수 간의 관계를 명확히 설명하고자 하는 것이다. 두 번째 방법으로는 개발된 프로그램(또는 모델)을 사용하여 데이터를 분석 · 가공하는 것이다.

출력은 처리된 결과물이며, 정보시스템에서는 유용한 정보가 된다. 조직운영자가 활동결과를 원하거나, 보고서를 작성하거나, 조회를 하고자 할 때 원하는 결과물을 얻게 되는 것이다. 출력된 데이터 그 자체가 그대로 가치를 가지는 것이 아니고, 사용자의 판단이나 해석 등의 요인이 들어가서 비로소 정보로서의 가치를 가지게 된다.

피드백은 데이터의 입력 또는 처리활동을 변화시킬 것인가의 여부에 영향을 미치는 활동이다.

기업의 국내외적인 환경변화에 적절하게 대응할 수 있는 의사결정을 하기 위하여서는 기업환경 여건을 예측하고, 경영방침, 목표 및 전략을 세워야 하는데, 이러한 예측은 주로 정확한 정보와 올바른 해석 및 판단에 의하여 가능한 것이다. 복잡해진 기업의 운영을 관리해 나가기 위하여 기업에서는 조직 내의 운영, 관리, 분석, 의사결정 등의 기능을 지원하는 정보가 필요해졌으며, 따라서 이러한 통합적인 정보제공이 가능한 경영정보시스템(Management Information System: MIS)을 구축하게 되었다. 경영정보시스템은 컴퓨터를 기반으로 한 시스템으로서 의사결정자 모두에게 정보를 제공하게 된다. 정보사회가 도래하면서 정보는 사람, 물건, 금전에 이어 제4의 중요한 경영자원으로 위치를 차지하게 되었으며, 이러한 정보를 최대한 활용하기 위한 정보통신 네트워크 시스템의 구축은 오늘날 어느 기업에서나 경쟁력을 가지기 위한 중요한 과제가 된 것이다.

기업에서 정보를 얻기 위한 경영정보시스템은 규모에 관계없이 다음과 같이 구성된다.

- 하드웨어: 입력, 처리, 출력을 수행하는 컴퓨터 장치
- 소프트웨어: 컴퓨터 운영을 관리하는 프로그램, 예를 들면 Window XP, Window 2000, 문서작성을 가능하게 하는 Office 2000 등
- 데이터베이스: 두 개 이상의 데이터 파일로 구성되는 자료 저장장치로서 데이터베이스 관리시스템은 유용한 결과물을 만들어 내기 위해 데이터베이스를 생성, 유지, 조작하는 소프트웨어로 구성된다.
- 통신망: 네트워크, 인터넷을 통하여 업무를 수행할 수 있도록 구성원 간에 정보를 자유롭게 전달할 수 있음
- 사람: 지식근로자로서 이러한 시스템을 관리 · 운영하는 전문가

(2) 고객정보시스템 구축을 위한 정보기술

기업에서는 고객관리를 위하여 대용량의 정보처리가 가능한 경영정보시스템을 운영하고 있다. 산업사회가 성숙되면서 마케팅 활동의 중심은 단순한 상품판

매와 시장점유율 증대 목적에서 더 나아가 장기적으로 고객과의 관계를 구축하고, 고객과 기업이 파트너십을 형성하는 관계마케팅(Relationship Marketing)으로 변화되었다. 이러한 고객관계관리(Customer Relationship Management: CRM)는 고객과의 관계가 일부 부서 차원이 아닌 전사적으로 전개되어야 하는 것과 일회적이 아니라 지속적으로 전개되어야 하며, 일방향적이 아니라 양방향적으로 서로 주고받아야 함을 의미하는 것이다. 이와 같이 CRM은 고객, 정보, 사내 프로세스, 전략, 조직 등 경영 전반에 걸친 관리체계이며 이는 정보기술이 뒷받침 되어 구성되는 것이다.

CRM을 위해 필요한 정보기술은 운영계 시스템(Operational System: OS)과 의사결정지원시스템(Decision Support System: DSS)으로 나누어 볼 수 있다. 운영계시스템 환경에서 고객들과의 접점을 통해 발생한 데이터들은 의사결정지원시스템을 활용하여 분석할 수 있게 된다.

운영계 시스템 데이터

운영계 시스템 데이터에는 콜센터 데이터, SFA(Sales Force Automation), 캠페인 관리도구 데이터 등이 있으며 이들 데이터는 CRM을 위한 필수적인 요소 중 하나이다. 콜센터 데이터를 활용하기 위해서는 고도의 CTI(Computer Telephony Integration) 기능이 필요하며, 여기에는 Call Traffic 분석, Call 모니터링, Call Transfer 등을 실시할 수 있는 분석도구가 집약되어 있다. SFA(Sales Force Automation)는 영업지원시스템의 일종이다. 다양한 고객정보, 영업담당자의 고객접촉현황정보를 지원하고, 영업 매니저에게 영업담당자의 전반적인 현황에 대한 정보를 제공한다. 캠페인 관리도구 데이터는 고객접점을 활용하여 캠페인을 실시할 경우에 캠페인에 대한 목적, 형태, 전략을 제시하며, 캠페인 실시 이후 고객의 반응까지 확인할 수 있는 전 과정을 한눈에 볼 수 있는 프로세스를 제공하는 관리도구이다.

의사결정지원시스템

의사결정지원시스템에서 필요한 주요 기술에는 데이터 웨어하우스(Data Warehouse: DW)의 구축과 고객세분화, 고객유지, 고객분석 등에 관한 의사결정을 위한 다양한 데이터를 얻는데 필요한 데이터 마이닝(Data Mining: DM), 온라인 분석처리(On-Line Analytical Processing: OLAP) 기술 등이 있다.

이러한 기술 각각에 대하여 간단히 살펴보면 다음과 같다.

첫째, 기업이 보유하고 있는 고객, 상품, 거래 등에 관련된 데이터를 데이터 웨어하우스(DW) 관점에 기초하여 통합한다. 운영계 시스템으로부터 데이터를 빠르게 전송할 뿐만 아니라 변경된 데이터들에 대해서도 효과적이고 빠르게 검색할 수 있도록 해준다.

둘째, 고객특성을 세분화하기 위한 데이터 마이닝(DM) 도구가 필요하다. 구축된 데이터 웨어하우스를 대상으로 데이터 마이닝 작업을 통해 고객의 특성을 분석하게 되며, 고객 개개인의 행동을 예측하기 위한 목적으로 모형을 구축하기 위해 활용되는 기법에는 신경망(Neural Network) 기법과 의사결정지원나무(Decision Tree) 기법이 있다.

셋째, 다차원 데이터를 분석하고 레포팅할 수 있는 온라인 분석처리(OLAP) 기술이 필요하다. 보다 상세한 데이터가 필요할 경우 사용자는 원천 데이터에 접근할 수 있고, 또한 다른 사용자들과 상세 데이터를 서로 공유할 수 있도록 해준다. 〈표 17-1〉은 고객데이터 시스템에서 어떠한 종류의 고객정보를 창출해 내고 있는가를 설명하고 있다. DB는 기업이 축적하고 있는 다양한 고객 데이터들에 대한 정보내용이며, OLAP를 통하여 DB에 저장된 고객 데이터를 세분화하여 차별화된 마케팅 전략을 수립할 수 있도록 하는 것이며, DM 도구를 통하여 저장하고 있는 데이터 간의 관련성을 찾아내어 고객관리에 활용할 수 있도록 한다.

표 17-1 고객 데이터와 고객관리

구분	내용		
DB	-가망고객 자료 -영업직원 보유정보 -이벤트를 통한 자료 -설문조사자료	-신용정보 -경제(경제성장률, 이자율, 환율) -산업정보 -거래고객 인구통계정보	
OLAP	-고객세분화 -구매성향분석 -채널선호도 분석	-이탈고객 특성분석 -고객만족/불만족 요인분석 -우수고객 보상계획	-불량고객 특성분석 -우수고객 특성분석 -우수점포/영업직원 특성분석
DM	-가망고객 추출 -가망상품 추출 -이탈 영업직원 감지	-이탈고객 점수화/감지(조기경보시스템) -시장바구니 분석(연결판매) -부정적구전행동의 추적	

출처: 김영신 · 이희숙 · 유두런 · 이은희 · 김상욱(2002). 소비자정보 관리의 이해. 시그마프레스. p. 284 재인용.

고객 데이터 분석기법 주요 개념

(1) 데이터 웨어하우스(Data Warehouse: DW)

데이터 웨어하우스는 기업의 프로세스, 제품, 고객 등을 포함하는 모든 원천으로부터 기업 정보를 수집하여 사용자의 의사결정을 지원하기 위해 기업이 축적한 많은 데이터를 사용자 관점에서 주제별로 통합하여 별도의 장소에 저장해 놓은 데이터베이스(DB)이다.

(2) 데이터 마이닝(Data Mining: DM)

데이터 마이닝은 데이터 웨어하우스 내에 존재하는 패턴과 관련성을 자동적으로 발견하고자 하는 정보 분석도구이다.

(3) 온라인 분석처리(On-Line Analytical Processing: OLAP)

온라인 분석처리는 데이터 웨어하우스 정보를 저장하고 전달하는 데 사용된다. OLAP는 사용자로 하여금 여러 가지 다른 관점에서 데이터를 탐색할 수 있도록 하는 소프트웨어이다.

데이터 마이닝과 온라인 분석처리는 데이터 웨어하우스 내의 응용 프로그램이다.

CRM에서 고객 데이터 활용 사례

A 기업이 인터넷과 PC통신망을 이용한 마케팅을 실시하였다면, 이후 A 기업은 제품을 구매한 고객들에게 콜센터를 통하여 고객에 대해 만족도 여부에 관한 전화를 걸 수 있다. 고객 만족조사 결과와 기타 정보는 다시 내부 데이터로 수집되어 모여지고, 이를 다른 데이터와 통합하여 데이터 웨어하우징(DW)과 데이터 마이닝(DM)으로 발전되게 된다. 이후 온라인 분석처리(OLAP)를 통하여 고객에 대한 세분화작업을 실시하거나 차별화된 마케팅을 실시하게 되고 마케팅 캠페인에 대한 효과를 분석할 수 있게 된다. 이러한 프로세스는 마케팅 과정에서 계속해서 반복적으로 이루어지게 된다.

3) 고객정보시스템의 활용

수집된 고객 데이터는 여러 가지 분석기법을 통하여 고객관리를 위하여 활용되며, 고객관리는 다양한 목표에 따라 이루어지고 있다. 예를 들면, 우량고객을 위한 차별화된 서비스 제공, 신규고객 확보, 이탈고객의 분석 및 관리 또는 시장세분화 및 고객세분화 등을 위하여 고객 데이터가 활용된다. 고객관리를 통하여 기업에서는 궁극적으로 고객가치 증대를 달성하고자 한다.

(1) 우량고객의 유지 및 로열티 극대화

일반적으로 기업의 이익은 '20 대 80의 법칙' 에서 의미하는 바와 같이 충성도 높은 20%의 고객으로부터 발생된 매출로 운영된다고 해도 과언이 아니다. 이러한 20%의 고객이 기업 입장에서는 우량고객이다. 우량고객은 매출량을 안정화시키는 데 기여하고 있으며, 이를 통하여 가격을 안정되게 유지시켜 주고, 이들을 통하여 고객의 요구 또는 경쟁정보를 얻을 수 있게 된다. 그러므로 우량고객을 어느 정도로 유지할 수 있는가 하는 것이 기업이익을 안정시킬 수 있는 방법이 되는 것이다.

고객 데이터를 활용하여 우량고객의 원인을 분석하여 우량고객을 세분화할 수 있으며, 이에 따라 우량고객에 대한 서비스를 차별화할 수 있다. 또한 기존 고객 전체를 대상으로 하여 우량 가능성 있는 고객들로부터 기존고객의 우량화를 도모할 수도 있을 것이다. 신규고객의 확보비용은 기존 고객을 유지하는데 드는 비용보다 더 많이 필요하다는 점을 고려하면, 기존 고객을 잘 유지하고 우량고객에게 차별화된 서비스를 제공하여 반복구매를 촉진시키도록 하는 것은 비용 측면에서 매우 효과적이다.

(2) 신규고객 확보

기업에서는 텔레비전이나 잡지, 신문 등의 광고매체를 이용하여 잠재고객에게 기업의 상품 존재를 알릴 필요가 있다. 새로운 가망고객을 발굴하고자 할 경우에는 각종 채널을 통하여 접촉되는 잠재고객에 대하여 분석하고, 제공 상품별 특성을 파악한 후에 제공 상품에 가장 적합한 목표고객을 선정하여, 캠페인을 통한 신규고객 확보를 도모할 수 있다.

(3) 이탈고객의 분석 및 관리

이탈고객을 대상으로 하여 이탈 패턴과 고객 특성을 파악하게 되면 이탈가능성 고객을 별도로 구분해 낼 수 있다. 이탈가능성이 높은 고객은 이탈방지를 위하여 적극적으로 관리하는 것이 필요하다. 이탈고객에 대하여서는 불만족의 원인을 파악한 후에 이들로부터 신뢰성 확보를 위하여 별도의 관리를 해야 한다.

(4) 고객세분화 및 시장세분화

고객세분화 관점에서 고객데이터를 활용하여 사회계층별, 지역별, 구매성향별 등 다양한 기준으로 세분화할 수 있다. 이러한 고객세분화 결과를 기준으로 상품개발, 고객선정 및 부가 서비스 제공, 지역특성을 고려한 마케팅 전략 수립, 고객의 점수화 방안 등을 마련할 수 있을 것이다.

또한 시장세분화 관점에서 고객데이터를 활용하여 목표고객 수와 목표수익의 크기를 도출해 낼 수 있으며, 이를 기본으로 하여 일정고객을 유지하기 위한 전략수립과 일정한 기준의 수익성 유지를 위한 목적의 시장관리와 수익성변동 내역관리가 가능하게 된다.

연 구 과 제

1. 기업은 소비자들이 필요로 하는 소비자정보를 제공해 줌으로써 어떠한 이익을 달성할 수 있는지에 대하여 논의해 보자.

2. 소비자입장에서 제품의 기능과 특성에 대하여 쉽게 이해할 수 있도록 제작되어 있는 제품설명서를 찾아보자.

3. 기업에서는 고객관리를 위하여 고객정보시스템을 운영하고 있다. 소비자들은 정보원으로부터 수집한 다양한 상품정보 및 소비생활 관련 정보들을 관리하기 위하여 어떠한 소비자정보시스템을 구축할 수 있을 것인지에 대하여 논의해 보자.

참고문헌

강성진 · 손수진 · 김인숙(1994). 소비자지향적 행정체계연구. 한국소비자보호원.

강수영(2005). 제주지역 성인소비자의 소비자능력과 교육요구도에 관한 연구. 제주대학교 교육대학원 석사학위논문.

강이주(1984). 청소년의 생활양식 유형 분석-서울시 고교생을 중심으로-. 이화여자대학교 대학원 석사학위논문.

강재정 · 김정곤 · 방명하 · 윤종수 · 이동만 · 황인수(2005). 정보시스템의 이해, Ralph M. Stair; George W. Reynolds(2003), Fundamentals of Information Systems, 2nd ed. 공역. 한경사.

고희정 · 정순희(2007). 어머니의 소비자교육 인식 및 소비자기능이 아동의 소비자기능에 미치는 영향. 소비문화연구, 10(2), 29-50.

공정거래위원회(2004). 소비자주권이 실현되는 시장환경 조성을 위한 소비자보호 종합계획.

공정거래위원회 (2007). 「소비자주권」시대의 소비자교육 추진전략.

공정거래위원회 (2007). 소비자정책발전방안. 공정거래위원회 인터넷 자료.

곽현정 · 이승신(2003). 아동소비자의 소비자행동의 합리성에 관한 연구-초등학교 고학년 학생을 중심으로. 대한가정학회지, 41(5), 71-87.

구혜경 · 이기춘(2004). 내용분석을 통한 기업 홈페이지 실태 연구 -소비자정보 제공과 의사소통을 중심으로. 대한가정학회지, 42(1), 17-37.

권대봉(2006). 성인교육방법론. 서울: 학지사.

권정원 · 이기춘(1997). 노인소비자 교육요구분석-노인교육기관을 중심으로. 생활과학연구, 서울대학교 생활과학연구소 22, 1-18.

권정원 · 이기춘(2002). 일본 학교소비자교육의 사적동향과 그 구체적인 활용사례. 대한가정학회지, 40(12), 13-29.

권정원 · 이기춘 · 김정숙 · 장오준개(2003). 제주지역 고령자의 소비자교육 프로그램의 방향에 관한 연구-제1보. 소비자 능력에 관한 연구. 대한가정학회지, 41(2), 13~29.

김광수(1997). 광고비평: 광고표현. 그 이론과 원칙. 도서출판 한나래.

김기옥 (2006). “소비자주권 시대의 소비자교육 활성화를 위한 주체별 역할 - 소비자교육체계 및 학계의 역할”. 한국소비자교육지원센터 제5회 정기심포지엄 자료집, 7-34.

김기옥(2000). 소비자의 정보격차 분석 : 정보사회가 가져올 또 하나의 소비자 문제. 대한가정학회지, 38(10), 97-116.

김기옥 · 김난도 · 이승신(2004). 디지털사회의 소비자정보론. 서울: 시그마프레스.

김기옥 · 배윤정(2000). 정보사회의 소비자교육내용 구성에 대한 전문가-소비자의 의견 비교분석. 대한가정학회지, 38(12), 225-239.

김기옥 · 허경옥 · 정순희 · 김혜선(2001). 소비자와 시장경제. 서울: 시그마프레스.

김기혁(2006). HRD(Human Resource Management)가 경쟁력이다. 북갤러리.

김나연(2006). 체제적 교수설계를 적용한 소비자교육 프로그램 개발과정 연구. 서울대학교 대학원 박사학위논문.

김대현 · 김석우(2005). 교육과정 및 교육평가. 서울: 학지사.

김미리(2006). 대학생 소비자의 금융이해력 및 금융소비자교육 요구도 분석. 건국대학교 대학원 석사학위논문.

김민정 · 김기옥(2003). 성인소비자 대상의 온라인 소비자교육프로그램 개발 및 평가- 소비자주의영역을 중심으로-. 한국가정관리학회지, 21(5), 77~91.

김선미(2004). 지식정보화 사회의 주부소비자교육을 위한 기초연구. 한국생활과학회지, 13(3), 425~440.

김성숙(2006). 미국 · 유럽 · 일본 청소년 소비자교육 프로그램 비교 연구. 과학논집, 계명대학교생활과학연구소, 제32권, 115-133.

김시월 옮김(2004). 일본의 소비자교육. 서울: 시그마 프레스.

김시월(2001). 소비자교육 내용 및 소비자 특성별 소비자 교육용 시청각 교구 개발에 관한 연구. 소비자학연구, 12(1), 133-154.

김시월(2001). 소비자 교육용 CD-ROM 제작 및 개발에 관한 기초 연구. 소비자학연구, 12(4), 119-141.

김시월(2004). 부모와 자녀가 함께 하는 소비자교육. 서울: 시그마프레스.

김시월(2004a). 디지털시대에 대응하는 한국소비자보호원의 발전방향. 소비자학연구, 15(1), 39-63.

김시월(2004b). 한국 · 일본 민간 소비자단체의 활동 비교 연구. 소비자학 연구, 15(3), 45-65.

김영림(2003). 소비자정보내용의 체계화에 관한 연구. 성균관대학교 대학원 석사학위논문.

김영숙(2005). 소비자교육과 정보. 서울: 세종출판사.

김영신 · 김인숙 · 이희숙 · 강성진 · 유두련(2007). 새로 쓰는 소비자법과 정책. 경기: 교문사.

김영신 · 서정희 · 송인숙 · 이은희 · 제미경(2004). 새로 쓰는 소비자와 시장 환경. 서울: 시그마프레스.

김영신 · 이희숙 · 유두련 · 이은희 · 김상욱(2002). 소비자정보관리의 이해. 서울: 시그마프레스.

김영옥 · 이기춘(1991). 아동소비자 교육내용의 체계화에 관한 연구: 초등학교의 소비자교육 내용 및 교사의 요구분석을 중심으로. 서울대학교 생활과학연구소 생활과학연구, 16, 1-13.

김영옥 · 홍혜경(1998). '유아의 소비생활 인식과 경제교육을 위한 교육과정 모색'. 한국아동학회춘계학술대회 자료집, 41-63.

김용자(1989). 우리나라 소비자 전담부서의 실태분석. 소비생활연구, 1, 한국소비자보호원, 4-23.

김유 · 신승원(2002). 어린이 시장을 다시 본다. Cheil Communications, 10-14.

김인숙(2002). 초등학생 어린이 소비실태. 소비자시대 5월호. 한국소비자보호원, 4-5.

김재문(1993). 가족 커뮤니케이션 유형과 소비자사회화와의 관계에 관한 연구. 서울대학교 대학원 석사학위논문.

김정환 · 강선보(2005). 교육학 개론. 서울: 박영사.

김정희(1998). 중등학교 소비자교육 실태와 개선방안, 사회과학논총, 안동대학교 사회과학연구소 10, 99~119.

김정희 · 김향란(2006). 중학교 창의적 재량활동 시간을 활용한 소비자교육프로그램 개발 및 효과. 한국가정과교육학회지, 18(4), 103~126.

김정희 · 박경숙(2005). ICT를 활용한 자기주도적 환경교육 교수-학습 자료개발과 적용, 교과교육연구논집, 안동대학교 교육대학원 교과교육연구회 2, 235~226.

김지경 · 양정혜 · 박인순(2002). 학교소비자교육 지원 기관을 위한 방향 모색. 대한가정학회지, 40(2), 131-142.

김진화(2002). 평생교육프로그램 개발론. 경기: 교육과학사.

김학희(2007). 용돈으로 인성교육을 한다. 소비자시대 5월호, 16-17.

김현경 · 이문규 · 김해룡(2001). 온라인 포털 서비스에 대한 소비자평가측정도구의 개발. 한국소비자학회 2001년도 추계 학술대회자료집, 91-95.

김현정 · 정순희(2002). 대학 교양과목으로서의 소비자교육 교과모형 개발. 교과교육학 연구 6(2). 103~123.

김혜선 · 김시월 · 김정훈 · 허경옥 · 정순희 · 배미경(2002). 소비자교육의 이해. 서울: 시그마프레스.

김효정(1992). 노인소비자 문제해결을 위한 소비자교육 프로그램 개발에 관한 연구. 계명대학교 대학원 석사학위논문.

김효정(2001). 아동의 용돈관리에 관한 연구. 대한가정학회지, 39(10), 125-139.

김효정(2004). 아동소비자의 용돈관리행동과 구매행동에 관한 연구, 대한가정학회지, 42(8), 77-94.

김효정(2005). 대학생 소비자의 충동구매행동에 관한 연구. 한국생활과학회지, 14(6), 973~983.

남기화 · 여정성(2005). 아동소비자 대상 방송광고 실태분석을 통한 규제방안 연구. 대한가정학회지, 43(1), 203-223.

노영화(1989). 소비자정보제공의 효율화 방안. 한국소비자보호원.

노은호 · 민경일(2000). 교수 · 학습방법론. 서울: 동문사.

농촌자원개발연구소(2005). 여성 농업인 교육담당자를 위한 워크북 요구분석. 농촌진흥청

농업과학기술원.
문세연(2006). 성인교육학의 이론적 기초. 성인교육특강자료.
박기영(2001). 인터넷상의 소비자정보 만족도, 가전제품 정보를 중심으로. 건국대학교 대학원 박사학위 논문.
박명숙(1998). 학습자가 실생활에 도움이 된다고 인지한 소비자 교육 내용과 방법에 관한 연구. 한국가정과교육학회지, 10(2), 79-86.
박명숙(2005). N세대 대학생을 위한 효과적인 교수법-교수자의 입장을 중심으로. 동국대학교 지역발전연구, 8, 109-125.
박명희(2002). 소비자의사결정론 2판. 경기: 학현사.
박명희(2002). N세대를 위한 소비자 교육 정책 연구. 대한가정학회지, 40(2), 143-159.
박명희(2005). 소비자교육의 실효성을 위한 정책적 제안 -학교 소비자교육을 중심으로. 한국소비자교육지원센터 제4회 정기심포지엄 자료집, 1-42.
박명희 · 김주영 · 김경자(2001). 인터넷사이트에서의 고객서비스와 사이트 성과분석. 2001년도 정기총회 및 학술발표회 자료집, 231-241.
박명희 · 송인숙 · 박명숙(2005). 소비자의사결정론. 경기: 교문사.
박명희 · 이승신 · 박수혁 · 이창범 · 박미혜(2000). 21세기 소비환경의 변화에 따른 학교 소비자 교육의 방향. 공정거래위원회 연구용역 보고서.
박수경 · 이기춘(1990). 소비자 사회화측면에서 본 아동소비자의 TV광고 정보처리능력. 한국가정관리학회지, 8(1), 31-47.
박순덕 · 박명숙(1999). 청소년이 구매기능, 사용기능, 처분기능과 관련 변수. 한국가정과교육학회지, 11(2), 65-76.
박옥임(2007). 농촌다문화가족의 복지. 한국지역사회생활과학회 추계학술대회 자료집, 29-43.
박정현(2005). 리틀파워 프리틴을 잡아라. 주간경제 841호. LG경제연구원. 16-20.
박준식(1999). 정보기술의 발전. 정보사회의 이해(정보사회학회 편). 경기: 나남출판.
박희주(2007). 개정 소비자기본법 해설. 한국소비자원.
배순영 (2004). 초 · 중 · 고등학교 소비자교육 내용모형개발. 한국소비자학회 정기총회 및 춘계학술대회 자료집, 135-148.
배순영 (2006). 본원 소비자교육 발전방안. 한국소비자보호원 온라인 자료.
배순영(2002). 바람직한 어린이 소비자교육. 소비자시대 5월호, 한국소비자보호원, 6-8.
배순영(2002). 푸른 나무의 용돈 에피소드 세 가지. 소비자시대 2월호, 한국소비자보호원, 68-69.
배순영(2004). 초 · 중 · 고등학교 소비자교육 내용 모형개발. 2004 소비자학회 춘계학술대회 발표논문집, 135~148.
배순영 · 이기춘(2001). 디지털시대, 교육패러다임변화와 온라인 소비자교육. 한국소비자학회 정기총회 및 춘계학술대회 자료집, 191-211.
배윤정(1999). 정보사회의 소비자교육내용 체계화에 관한 연구. 성균관대학교 석사 학위논문.
배윤정 · 김기옥(2000). 정보사회의 소비자교육내용 체계화를 위한 연구. 소비자학연구, 11(4), 63-84.
백병성(2001). 지방소비자행정의 정착방안에 관한 연구. 한국소비자보호원.
백병성(2004). 정부 및 공공기관 소비자정보제공의 체계화 방안 연구. 한국소비자보호원,
백병성(2004). 지방소비생활센터 운영체계화 방안연구. 한국소비자보호원.
백병성(2005). 고령소비자의 안전확보 방안 연구. 한국소비자원.
백선균 외 7인(2004). 교육방법 및 교육공학. 서울: 학지사.
백선미 · 정용선(1996). 아동소비자의 TV광고 판별능력에 관한 연구. 소비자학연구, 7(1), 15-33.
백영균 외 7인(2004). 교육방법 및 교육공학. 서울: 학지사.
법무부(2006). 국내체류 외국인 기초실태조사.
보건복지부(2005). 국제결혼 이주여성 실태조사 및 보건 · 복지지원정책방안 보고서.
사공복희 · 윤정옥(2004). 정보추구행태론, 원저 Donald O. Case, Looking for Information, 공역, 한국도서관협회.
서정희 (1998). 21세기 소비자주권을 실현하기 위한 소비자교육. 한국소비자학회 정기총회 및 학술대회 자료집, 25-45.
서정희(1991). 소비자주권에 관한 연구. 서울대학교 대학원 박사학위 논문.
서정희(1998). 어머니와 교사의 학령 전 아동 소비자교육 요구분석: 울산시를 중심으로. 대한가정학회지, 36(1). 81-98.
서정희(1999). 21세기 소비자주권시대를 실현하기 위한 소비자교육의 과제와 방향. 소비문화연구, 2(1), 119-138
서정희 · 허은정(2005). 보육교사 교육을 위한 아동 소비자교육의 이론과 실제. 울산대학교 출판부.
성영애 외 5인(2001). 아동소비자의 화폐관리교육 프로그램개발-초등학교 고학년을 대상으로. 한국가정관리학회지, 19(1), 111-129.
성영애 · 이기춘(1988). 소비자교육내용을 중심으로 한 소비자교육에 대한 요구분석 : 주부소비자를 대상으로. 서울대학교 석사학위논문.
송미애 · 이승신(2004). 아동소비자의 소비생활문제에 관한 연구. 대한가정학회지, 42(1), 81-97.
송순영(2000). 노인소비자 보호 방안에 관한 연구. 한국소비자보호원.
송순영(2001). 노인소비자를 위한 소비자교육 프로그램 개발. 한국소비자보호원.
송순영(2001). 일본의 노인소비자 정책에 관한 연구. 소비자문제연구, 24, 111~134.
송순영(2006). 고령소비자 피해구제 활성화 방안 연구. 한국소비자원.
신혜선(1994). 청소년기 자녀의 소비자사회화의 유형과 소비자능력에 관한 연구. 숙명여자대학교 대학원 석사학위논문.
심미영(2004). 환경친화적 소비자교육내용 구성을 위한 소비자정보요구 분석. 소비문화연

구, 7(3), 1-15.

심영(2003). 노인 소비자 교육. 응용과학연구, 12(1), 147-159.

심영(2003). 충북 지역 노인 소비자의 소비자 정보화 교육 방안 지역사회 주민을 위한 충북의 정보화 교육과의 연계. 대한가정학회지, 41(5), 15~39.

심영(2005). 정보사회의 노인 소비자를 위한 생산적 복지 지향의 소비자 교육방안. 한국소비자학회 소비자학연구, 16(1), 151~178.

안현숙(2007). 노인소비자 피해 예방을 위한 제도 개선방안 연구. 숙명여대 대학원 석사학위논문.

여성가족부(2006). 결혼이민자 가족실태조사 및 중장기 지원정책 방안연구.

오성배(2007). 국제경혼 및 외국인 이주노동자 가정 자녀의 교수 · 학습 실태와 지원방향. 다문화교육을 위한 교육 · 학습 지원방안 탐색 세미나자료집. 한국교육과정평가원, 37-66.

오인경 · 최정임(2005). 교육 프로그램 개발 방법론. 서울: 학지사.

우윤재 · 여윤경 · 차은영(2004). 소비자상품테스트지의 상품품질정보에 대한 국제간 비교분석. 소비문화연구, 7(2), 47-64.

유진형(2005). 2005년. 우리의 자화상은?. 제일기획 2005 전국소비자조사.

유진형 · 조미현(2006). 세대별로 본 소비자특성 - MOSAIC. 제일기획 2006 전국소비자조사.

유현정(1994). 정보원속성과 정보내용의 측면에서 평가한 소비자정보원의 질수준. 성균관대학교 석사학위 논문.

유현정(2005). 아동소비자의 소비자능력수준 및 소비자교육 요구분석-청주시 소재 초등학생과 학부모.. 교사를 중심으로. 생활과학연구논총, 충북대학교 생활과학연구소, 169-187.9(1)

윤경희(1993). 노인의 소비자교육요구와 소비자행동에 관한 연구 : 서울시를 중심으로. 건국대학교 석사학위논문.

윤상림(2005). 정보활용능력을 위한 온라인 튜토리얼 모형에 관한 연구. 연세대학교 석사학위논문.

윤숙현(2002). 아동의 소비자능력증진을 위한 소비자교육의 방향. 호남대학교 학술논문집, 23, 349-360.

윤준수 · 최선희(1997). 인터넷 기반의 인트라넷 및 넥스트라넷의 발전 전망. 정보통신정책, 9(20), 23-25.

윤희중(1991). TV광고가 어린이 및 청소년에게 미치는 영향에 관한 연구: 어린이 및 청소년의 소비성향에 미치는 영향을 중심으로. 광고학연구, 2, 21-25.

이기숙 · 김희진 · 이경미 · 이순영(1998). 유아를 위한 소비자교육 프로그램. 경기: 양서원.

이기춘 (1985). “소비자능력 개발을 위한 소비자교육에 관한 연구”. 서울대학교 박사학위논문.

이기춘(1996). 소비자교육학. 경기: 교문사.

이기춘(1999). 소비자교육의 이론과 실제. 경기: 교문사.

이기춘 · 이승신(2000). 소비자교육연구의 전개와 새로운 지평. 소비자학연구, 11(2), 181-199.

이득연 · 송순영(1992). 소비자교육의 교육내용모형 개발 연구-사회교육을 중심으로. 한국소비자보호원.

이득연 · 송순영(1993). 소비자교육 관련 교과서 내용집필방향. 한국소비자보호원.

이득연 · 최선경(1994). 소비자의사결정과정에서의 소비자정보 활용도 평가. 한국소비자보호원.

이명호 (1997). 21세기에 적합한 학교교육의 방향과 학교의 재구조화. 소비자문제연구, 19, 54-70.

이세진(2005). 우리시대의 미드필더, 635세대. 제일기획 트렌드 리포트.

이수정(2007). 새터민 청소년의 교육현황과 정책과제. 다문화교육을 위한 교육 · 학습 지원 방안 탐색 세미나자료집. 한국교육과정평가원. 69-83.

이수희(1997). 소비자능력 향상을 위한 고등학교 가정과 소비자교육 수업모형 개발 연구. 한국가정과교육학회지, 9(1), 111-131.

이승신(2002). 정보사회에서의 소비자주권 확립을 위한 소비자정보체계화 연구-인터넷소비자정보 사이트개발을 중심으로. 소비자학연구, 13(3), 189-213.

이승신 · 김민경 · 조정자(2003). 7차 교육과정의 학교소비자 교육 내용 분석. 대한가정학회지, 41(1), 231-248.

이승신 · 류미현 · 황은애(2004). 소비자교육과 정보. 서울: 신정.

이승희(2000). 청소년의 대중스타 우상화와 과시소비성향과의 관계분석. 동아대학교대학원 석사학위논문.

이연수(2007). 주목! 여성싱글 소비자의 파워. LG경제연구원.

이은희 (2001). 소비자교육의 필요성과 방향. 한국소비자교육지원센터. 제1회 소비자교육 포럼 자료집, 21-52.

이재경(2003). 지체장애 소비자의 구매심리특성과 광고효과, 중앙대학교 대학원 박사학위논문.

이종혜 · 이기춘(1998). 한국 소비자단체의 형성과 운영에 관한 연구-정치적 기업가의 역할과 선택적 편익제공 이론을 중심으로-. 소비자학 연구. 9(4), 117-135.

이학식 · 이희정(1991). 가족구매의사결정에 있어서 자녀의 영향력에 관한 연구. 소비자학연구, 2(1), 1-12.

이현진(2006). 일본 소비자정책의 전환과 지방 소비자행정의 동향. 한국가정관리학회지, 24(4), 103-116.

이혜임(1995). 노인소비자의 구매문제와 소비자정보 및 교육요구. 건국대학교 대학원 박사학위논문.

이희숙 · 손상희 · 최현자 역(2001). 어린이와 돈, 그리고 가치, 시그마프레스; Estess, P.S. & Barocas, I. (1994). Kids, Money and Values, Ohio: Better way Books.

이희자 · 김수진(2000). "유아교사의 특성에 따른 유아소비자교육 요구분석". 한국생활과학회지, 9(2), 189-203.

장명화 · 김영신(2000). 여성노인들의 소비자문제 경험에 관한 연구. 소비문화연구, 3(3), 129-151.

전라남도 여성정책과(2005). 전남지역 국제결혼이주여성 사회안전망구축을 위한 워크샵 자료집.

전라남도(2006). 전남지역 국제결혼이주여성 복지실태조사 보고회 자료집.

전은경(1998). 청소년소비자 교육프로그램 개발을 위한 교육요구분석. 이화여자대학교. 석사 학위논문.

정동열 · 김성진(2003). 이론정보학-정보이론의 분석적 연구. 한국도서관협회.

정옥분(2003). 아동발달의 이론. 학지사.

정용선 · 김병숙 · 서정희 · 제미경 · 김민정 옮김(1998). 소비자교육론. 서울: 도서출판 하우.

정창덕 · 김광철(2003). 기업경영정보시스템. 도서출판 그린.

정혁진(2006). 신사업 기회, 스트롱 시니어를 잡아라. LG경제연구원.

정혜정(1997). "6 · 7세 아동을 위한 소비자교육 프로그램". 원광대학교 석사학위논문.

제미경 · 김영옥(2002). 소비자 교육과 관련 변수가 초등학교 학생의 소비자 능력에 미치는 영향. 한국가정과교육학회지, 14(3), 25-36.

제미경 · 김영옥(2002). 유아의 경제개념에 따른 유아소비자교육 프로그램 개발. 소비문화연구, 5(2), 159-178.

제미경 · 김영옥(2005). 웹기반 소비자교육과 소비자능력 -초등학교 4학년생을 중심으로-. 인제논총, 20(1), 329-345.

제미경 · 김효정(2001). 소비자교육 유무에 따른 초등학생의 소비자능력 평가에 관한 연구 -경남지역 민간소비자단체의 소비자교육 실시를 토대로-. 소비문화연구, 4(1), 25-44

제미경 · 서정희 · 김영옥(2004). 대학생의 소비자 비윤리 지각과 행동 및 관련 변수. 한국생활과학회지, 13(6). 891-901

조도근 (1996). 외국의 학교 소비자교육에 관한 연구 + 일본 · 미국의 학교 소비자교육을 중심으로+. 한국사회과교육학회. 사회와 교육,197-218.

조영제(1983). 아동과 광고와의 상호작용 및 그 문제점 개선방안. 서울대학교 대학원 석사 학위논문.

조재희 · 박성진(1996). 데이터웨어하우징과 OLAP. 대청정보시스템(주).

조재희 · 박성진(1999). OLAP 테크놀로지, 시그마지식 경영연구서 1. 도서출판 삶과 꿈.

조정아 · 임순희 · 정진경(2006). 새터민의 문화갈등과 문화적 통합방안, 한국여성개발원 통일연구원.

진서훈(2005). CRM과 데이터마이닝, 마이크로마케팅 총서 3. 경기: 교문사.

진영은 · 조인진 · 김봉석(2003). 교육과정과 교육평가의 탐구. 서울: 학지사.

진원득 · 사성규(1994). 소비자정책결정에 관한 연구. 한국소비자보호원.

채정숙(1991). 우리나라 소비자운동의 효율적 전개방안에 관한 연구. 가정생활연구, 6. 대구대학교 가정생활연구소. 5-26.

채정숙 · 김정숙 · 유두련 · 김정희 · 강혜경(2006). 소비자의사결정 로드맵. 서울: 신정.

최돈민 · 이희수 · 윤여각(1999). 평생교육요구분석. 한국교육개발원.

최선경(1993). 소비자단체의 발전방향에 관한 연구. 한국소비자보호원.

최향미(1998). 아동 소비자의 구매행동과 TV광고. 서울대학교 대학원 석사학위논문.

최희곤(2006). 지식정보사회의 이해. 한국디지털도서관포럼.

통계청(2007). 2006년 인구주택 총조사(가구 · 주택부문).

통계청(2007). 2006년 혼인 · 이혼통계 결과.

한국소비자교육지원센터(2003). 제1회 소비자교육 우수사례공모전 시상식 및 입상작 발표회 자료집.

한국소비자교육지원센터(2004). 제2회 소비자교육 우수사례공모전 시상식 및 입상작 발표회 자료집.

한국소비자보호원 (2002). 소비자교육 종합 발전계획.

한국소비자보호원 · 한국소비자교육지원센터(2006). 2006 우수소비자교육 프로그램/콘텐츠 공모전 수상작 자료집.

한국여성개발원(2006). 새터민의 문화갈등과 문화적 통합방안.

한국정보문화진흥원(2003). 정보기회(Digital Opportunity)의 대두와 효율적 정보 활용. 동향분석 03-04.

한상완(2001). 지식정보사회와 지식정보의 활용. 구미무역(주)출판부.

한상완 · 이지연 · 이재윤 · 최상희(2005). 지식정보사회에서의 정보 활용. 한국도서관협회.

함현정 · 유두련(2004). 중학생의 과시소비성향과 소비자 교육 프로그램 개발에 관한 연구. 한국생활과학회지, 13(4), 581-598.

해양수산부(2006). 수산물 이력추적제 가이드라인.

환경부(2005). 친환경상품구매촉진에 관한 법률.

환경부(2007). ' 07년 친환경상품 구매지침.

환경부 · 한국자원재활용공사(2005). 생산자책임재활용제도.

황덕순 · 김미라(1997). 아동의 소비자 능력에 관한 연구. 소비자학연구, 8(2), 119-134.

황덕순 · 김미라 · 홍은실(1999). 주부의 소비자기능과 관련변수간의 인과관계. 한국가정관리학회지, 17(3), 131-143.

황은애(2003). 기업웹사이트의 소비자정보지향성이 의사결정 사고비용에 미치는 영향. 건국대학교 대학원 박사학위 논문.

황은애 · 이승신(2002). 인터넷소비자정보 탐색가치유형에 따른 정보특성인지-인터넷소비자정보 분류를 중심으로. 대한가정학회지 40(4), 105-124.

황정선 · 이득연 · 김인숙(2003). 소비자정책에서의 소비자참여 확대방안. 한국소비자보호원.

Berti, A.E. & Bombi, A. S.(1988). *The Child's Construction of Economics*: Cambridge University Press.

Bonnie, D.(1992). *Money Skills : 101 Activities to Teach Your Child about Money*, Hawthorne : The Career Press.

Boyle, Patrick G.(1981). *Planning Better Programs*. New York: McGraw-Hill Book Company.

Dickinson, V. H(1980). Consumer Education: A Development Approach, Processding the 27th Annual Conference of the American Council of Consumer Interest, 267-287.

Doyle, Christina S.(1994). *Information Literacy in an Information Society: A Concept for the Information Age*. Syracuse. NY: ERIC Clearinghouse on Information & Technology.

John Deborah Rodder(1999). Consumer Socialization of Children: A Retrospective Look at Twenty-Five Years of Research, *Journal of Consumer Research*, 26(3), 183-213.

Kaufman, Roger & Herman Jerry(1991). *Strategic Planning in Education Lancaster*: Technomic Publishing Company.

Knowles, Malcolm S.(1977). *The Modern Practice of Adult Education*. New York: Association Press.

Long, Huey B.,(1983). *Adult Learning: Research and Practice*. New York: Cambridge.

McNeal, J. U.(1992). *Kids as Consumers : A hand Book of Marketing to Children*. Lexington Books.

Moschis George P. &, G. A. Churchill(1978). Consumer Socialization: A Theoretical and Empirical Analysis, *Journal of Marketing Research*, 15, 599-609.

Moschis, D.(1985). The Role of Family Communication in Consumer Socialization, *Journal of Consumer Research*, 11, 893-913.

Queeney, Donna S.(1995). *Assessing Needs in Continuing Education*, San Francisco: Jossey-Bass.

Ralph Tyler(1998). 교육과정과 학습지도의 기본원리. 교육과학사.

Robertson, T.S. & Rossiter, J.R.(1974). Children and Commercial Persuasion an Attribution Theory Analysis, *Journal of Consumer Research*, 1, 13-20.

Stampfl, R.W.(1979). Family Research: Consumer Education Needs in the Family Life Cycle, *Journal of Home Economics* 71(Spring), 22-27.

Stamplf, R. W., G. Moschis & J. T. Lawton(1978). "Consumer Education and the Preschool Child", *Journal of Consumer Affairs*, 12(1), 12-29.

Stufflebeam, Daniel L. et. al.(1985). *Conducting Educational Needs Assessment*, Hingham: Klumer-Nijhoff Publishing.

Swagler, Roger M.(1982). *Consumer and Market*, 2nd ed., D.C. Toronto: Heath and Company.

Taylor, R. S.(1968). Question-Negotiation and Information Seeking in Libraries, College & Research Libraries, 29: 178-194.

Von Weizaecker(1999). 환경의 세기. 권정임 역, 생각의 나무.

Ward Scott(1974). Consumer Socialization, *Journal of Consumer Research*, 1(2), 2 1-14.

Ward, S. & Daniel Wackman(1972). Children's Purchase Influence Attempts and Parental Yielding, *Journal of Marketing Research*, 9, 316-319.

Ward, S.(1974). "Consumer Socialization", *Journal of Consumer Research*, 1, 1-14.

Witkin, B. R., & Altschuld, J. W(1995). *Planning and Conducting Needs Assessment : A Practical Guide*. Thousand Oaks, CA: Sage Publication.

교육인적자원부(http//www.moe.go.kr)
기업소비자전문가협회(http://www.ocap.or.kr)
녹색소비자연대(http://www.gcn.or.kr)
농수축산신문(www.aflnews.co.kr)
법무부(http://www.moj.go.kr)
북한이탈주민후원회(http://www.dongposarang.or.kr)
삼성경제연구소(http://www.seri.org)
소비자위해감시시스템(www.ciss.or.kr)
여성가족부(http://www.mogef.go.kr)
제일기획(http://www.cheil.co.kr/index.jsp)
친환경상품정보(www.ecoproducts.or.kr)
친환경상품진흥원(www.koeco.or.kr)
통계청(http://www.kosis.kr)
통일부(http://www.unikorea.go.kr)
한국소비자단체협의회(http://www.consumernet.or.kr)
한국소비자원(http://www.kca.go.kr)
한국여성단체협의회(http://www.kncw.or.kr)
환경부(www.me.go.kr)
LG경제연구원(http://www.lgeri.com)
친환경통합정보시스템(www.ecoi.go.kr)
환경부(2008). '08년 친환경상품 구매지침.

찾아보기

■ 저자 약력

채정숙
동국대학교 대학원 가정학과 졸업(박사, 소비자학 전공)
캐나다 McGill대학교 객원교수
현재 대구대학교 가정복지학과 교수

김정숙
영남대학교 대학원 가정학과 졸업(박사, 소비자학 전공)
현재 제주대학교 가정관리학과 교수

유두련
독일 Justus Liebig Universitaet Giessen 졸업(박사, 소비자학 전공)
미국 The University of Georgia 객원교수
현재 대구가톨릭대학교 생활복지주거학과 교수

김정희
경북대학교 대학원 가정학과 졸업(박사, 소비자학 전공)
현재 안동대학교 생활환경복지학과 교수

박명숙
동국대학교 대학원 가정학과 졸업(박사, 소비자학 전공)
미국 Ohio State University 객원교수
현재 동국대학교 사범교육대학 가정교육과 교수

저자와의
협의하에
인지생략

소비자 주권시대의 소비자교육

2008년 8월 15일 초판 1쇄 인쇄
2008년 8월 20일 초판 1쇄 발행
2011년 9월 10일 초판 2쇄 발행

지 은 이 채정숙 · 김정숙 · 유두련 · 김정희 · 박명숙
펴 낸 이 최용구
펴 낸 곳 도서출판 신정

주 소 서울시 용산구 원효로 1가 48-1호(140-846)
전 화 3211-4782 · 0266(관리 · 영업부), 3211-4783(편집부)
이 메 일 shinjeong@hanafos.com
홈페이지 www.sj-book.com
등 록 2001년 5월 11일 제13-702호

기획마케팅 최용구 · 장만동 · 송대용
책임편집 박정선 · 고귀숙
편집디자인 이안기획
표지디자인 SDY
인 쇄 신화인쇄 제 본 성하제책

ISBN 978-89-5912-046-8 93320

정가 20,000원